KB003148

PROJECT LEARNING
왁자지껄 배우는 재미,
프로젝트 학습

왁자지껄 배우는 재미,
프로젝트 학습

1판 1쇄 인쇄 2020년 10월 19일
1판 1쇄 발행 2020년 10월 25일

지은이 | 최경민 · 김율리 · 이영기 · 오상준 · 이규진 · 임윤혜
펴낸이 | 모홍숙

이 책을 만든 사람들
편집 | 김루리, 이지수
기획 | 박은성, 안나영
일러스트 | 김병용

종이 | 제이피시
인쇄 | 현문인쇄

주소 | 서울시 용산구 한강대로 104라길 3 내하빌딩 4층
전화 | 02-775-3241~4
팩스 | 02-775-3246
이메일 | naeha@naeha.co.kr
홈페이지 | http://www.naeha.co.kr

값 20,000원
ISBN 979-11-87510-16-1(13000)

이 책은 저작권법에 따라 보호받는 저작물이므로 무단전재 및 복제를 금합니다.
잘못된 책은 바꾸어 드립니다.

이 도서의 국립중앙도서관 출판예정도서목록(CIP)은 서지정보유통지원시스템 홈페이지(http://seoji.nl.go.kr)와
국가자료공동목록시스템(http://www.nl.go.kr/kolisnet)에서 이용하실 수 있습니다.(CIP제어번호 : CIP2020040745)

PROJECT LEARNING
왁자지껄 배우는 재미,
프로젝트 학습
최경민 · 김율리 · 이영기
오상준 · 이규진 · 임윤혜
“다양한 경험을 가진 교사들이 모여,
현 교육 현실의 문제점의 해결 방안을
프로젝트 학습에서 찾다!”
상상채널

프롤로그 1

지겹지 않으신가요?

교과서 중심의 교사 위주 수업이 지겹지 않으신가요?

많은 교사들은 교과서 중심 수업을 하는 가장 큰 이유로 다음과 같은 말을 흔히들 한다.

'효율적·효과적인 수업이라서요'

그렇다면 과연 여기서 말하는 효율적·효과적인 수업이란 어떠한 수업을 의미하는 것일까? 아마도 여기서 의미하는 효율적이란 단어는 짧은 시간에 되도록 많은 학생들에게 학습할 수 있는 기회를 제공하는 것이고, 효과적이란 되도록 많은 학생들이 학습할 내용을 배워서 수업 목표에 도달하는 것을 말한다. 하지만 여기에서 우리는 효율적·효과적이라는 단어에 수업에 대한 매우 중요한 요소가 빠져있는 것을 알 수 있다. 그건 바로 학생들의 자발성과 적극성이다. 수업의 효율성과 효과성을 높이기 위해서는 교과서의 내용을 빠른 시간에 정확히 전달해주는 교사의 전문적인 수업 기술도 중요하지만, 이 보다 더 중요한 것이 수업에 대한 학생들의 자발성과 적극성이다. 그럼에도 불구하고 우리나라 대부분의 학교와 교실은 그러한 요소를 배제한 체 어떻게 해서든지 정해진 수업 시간에 더 많은 지식을 효율적으로 알려주고, 더 많은 학생이 효과적으로 학습할 수 있도록 교과서 중심의 설명식 수업을 지속하고 있다.

물론 효율적·효과적 수업이 잘못되었다는 것은 아니다. 다만 이러한 교실 수업에 대한 문제점 및 역효과가 수 년 전부터 우리나라에서 불거지기 시작하였기에 조심스럽게 말을 꺼내보려는 것이다. 바로 PISA와 같은 국제 학업성취도 평가 결과를 통해서 말이다. 모든 국민이 알고 있듯이 전 세계적으로 학력적인 측면에서는 매우 높은 성적을 보이고 있는 우리나라이지만, 정의적 영역에 대한 검사 결과는 정 반대로 최하위권을 벗어나지 못하고 있다. 이것이 바로 교사들이 그동안 강조해왔던 효율적·효과적인 수업의 역효과가 아닐까 생각을 한다. 우리 사회나 학교는 그동안 효율적·효과적인 측면만을 강조하면서, 학생들의 정의적인 측면보다는 수업 목표 도달도를 높이기 위해서 어떻게 하면 더 많은 지식을 기억하고 암기하게 할 것인지에 대한 지식적인 측면에만 초점을 두어 왔다. 그리고 이로 인해 그동안 대부분의 교실에서 이루어진 수업들은 학생들의 자발성과 적극성을 무시하게 되었으며, 경직된 교육과정을 운영해 왔기 때문에, 지식적인 측면과 별개로 수업과 학습에 흥미와 관심을 잃어버리게 되었고, 결국 학습을 포기하는 학생들도 생겨난 것이 아닐까 생각한다.

설명식 위주의 교과서 중심 수업에 대한 문제점은 이뿐만이 아닐 것이다. 우선 상당수 교사들이 교과서를 유일한 학습 도구로 여기면서 수업을 진행하고 있는 교실 상황이 그러하다. 물론 교과서가 좋지 않는 학습 자료라는 의미는 아니다. 교육과정에 따라 잘 정선된 최적의 학습 자료가 교과서임은 분명한 사실이다. 다만 교과서가 교과 중심, 단원 중심, 차시 중심으로 엮어져 있다 보니 전체적인 틀 속에서 내용을 확인하여 수업을 진행함에 있어서 다소 어려움을 가질 수 밖에 없는 것이 사실이다. 또한 이러한 구성으로 인해 교사들은 단원별 혹은 차시별로 교과서 학습 내용을 확인하는 차원에서 교재 연구를 하게 된다. 이는 마치 숲은 보지 못하고 나무만 보고서 길을 걸어가는 것과 같다고 할 수 있다. 즉, 1년을 교육과정 운영의 기준 기간이라고 하였을 때, 1년 동안 어떻게 교육과정을 꾸리고 운영해야 할지에 대한 연구와 고민보다는, 한 차시 수업을 어떻게 하면 좋을지에 대해서 연구하고 고민하며, 바로 앞의 수업만을 바라보며 길을 나아가는 것이다. 1년 후, 아이들이 어떠한 모습으로 성장하고 발전하게 될지도 모른 채 말이다.

또한 교과서는 한 권의 책 안에 많은 양의 학습 내용을 담고 있기 때문에, 학생들의 개인별 활동 중심의 학습이 주를 이룰 수 밖에 없는 교실 수업 시스템 및 문화를 형성하게 한다. 지역별, 학교별, 심지어 한 학급 내에서 조차도 학생들의 능력 차이가 상담함에도 불구하고, 그러한 차이에 대한 고려 없이 전국의 모든 학생이 동일한 수준, 동일한 내용으로 학습하고 수업을 받는다.

그래서인지 몰라도 교과서 중심으로 수업을 하게 될 경우 학습 능력이 우수한 학생, 혹은 부족한 학생은 수업에서 제외될 가능성이 매우 높아지게 된다. 즉, 학습 능력이 우수한 학생들이나 학원에서 선행학습이 이루어진 학생의 경우에는 학습 내용이 너무 쉬워 수업에 대한 흥미를 느끼지 못하게 되고, 학습 능력이 부족하거나, 기초 학습 능력이 부족한 학생들은 학습 내용이 어려워서 수업을 포기하게 된다. 물론 기초학습 부진 학생을 위한 다양한 교육 정책(학력향상 중점학교, 학습종합클리닉센터, 두드림 학교, 기초학력 진단-보장 시스템 등)이 운영되고 있고, 선행학습을 근절하기 위해 공교육 정상화법이 추진되고 있다. 하지만 이 또한 학교간, 계층간, 소득간, 지역간 교육 격차 심화로 인해 기초 학력 편중 현상은 더욱 심화되고 있으며, 공교육 정상화법 시행을 비웃기라도 하듯이 학원에서는 여전히 선행학습이 이루어지고 있는 것이 교육 현실이다.

이와 더불어 학교와 학생이 처한 서로 다른 교육 환경을 고려하지 못하고 있는 것 또한 문제점이라고 할 수 있다. 즉, 수업을 할 때 교사들은 학습자의 다양한 학습 수준, 학교의 다양한 교육 환경 등을 고려하여 그에 적합한 학습 자료를 투입해야 수업 실패의 가능성이 줄어든다. 그러나 교과서는 그러한 다양한 교육환경을 고려하지 못하며, 그 안에 담을 수 있는 지식의 양 또한 매우 한정적일 수 밖에 없다는 문제점을 지니고 있다.

지금껏 언급했던 것들보다 더 심각한 문제점은 교과서가 교육과정이 개정되기 전까지 언제나 같은(혹은 유사한) 내용으로 구성된다는 것이다. 교과서를 개정하기 위해서는 천

문학적 수치의 인적·물적 자원이 소요되기에 쉽게 변화될 수 없다는 점을 인정하지만, 그러한 국가주도 교과서 개발로 인해, 학교 현장에서는 매년 똑같은 교과서, 똑같은 수업, 똑같은 이야기가 이루어지게 된다. 이로 인해 교사들은 별 문제가 없는 한 이전 학년과 동일한 학년의 담임교사를 선호하게 되며, 몇 년간 동일한 학년을 지속적으로 담당하면서, 교재 연구, 교육과정 연구와는 조금씩 멀어지게 되고, 업무가 과중해지면서 종국에는, 개인적인 승진에만 관심을 가지는 부정적인 현상이 발생하게 되는 것인지도 모른다. 그런데,

이러한 수업, 이제는 지겹지 않으신가요?

어쩌면 우리 교사들은 교사로서 자기가 하고 싶은 것, 자신만의 기준과 가치관을 찾지 못한채 내가 누구인지, 내가 진정으로 바라는 것이 무엇인지를 모른 채 바쁘게 업무에만 치여서 살아온 것이 아닌가 싶다. 교육이라는 본연의 역할과 임무보다는 업무에 치여서 수업은 뒷전이 되어도 우리에게는 교과서가 있기에 수업시간을 충분히 때울 수 있기에, 어쩌면 우리 교사들은 수업보다는 업무에, 성장보다는 승진에 더 많은 관심을 가질 수 있었던 것이 아니었을까 생각해본다.

교과서가 정해준 기준에 따라, 혹은 승진을 위해 교육청과 학교가 정해준 기준에 따라 교사로서 자기 삶의 주도권과 주체성을 빼앗긴 채, 여기저기서 요구하는 업무만을 처리해주기에도 너무 바쁜 교사들의 삶,

힘들지 않으신가요?

매년 동일한 교과서, 매년 동일한 수업 내용, 그리고 매년 동일한 방법과 말, 그리고 행동으로 이루어지는 수업

이제는 지겹지 않으신가요?

우리들이 그러했다. 업무 처리로 인해 아이들이 뒷전이 되기도 했던 우리들, 교과서 진도를 나가기에도 벅차하던 우리들, 학부모의 다양한 민원에 변명거리만을 찾던 우리들, 교과서와 지도서만으로 교재 연구를 하던 우리들, 매년 같은 학년을 희망하고서 같은 학년, 같은 교과서로 매년 같은 수업을 운영하면서 점차 교재 연구와는 담을 쌓고 업무에만 치중하며 선생님으로서의 삶과는 점차 멀어지던 우리들, 이로 인해 힘들기만 하던 교직 생활, 그리고 수업이 지겹고 따분했던 우리들이었다.

그래서 우리는 함께 하게 되었다. 그리고 함께 성장하고 발전하고자 노력하고 실천하게 되면서, 교사의 열정으로 준비하는 수업, 아이들의 활기로 가득한 교실, 학부모의 신뢰를 얻을 수 있는 교육과 수업, 학교가 직면한 여러 문제들을 수업을 매개로 해결할 수 있는 방법, 이 모든 것을 프로젝트 수업에서 찾을 수 있게 되었다.

교사로서 내가 바라는 아이들은 어떠한 모습이었는지, 교사로서 진정으로 꿈꾸던 교실과 수업의 모습은 무엇이었는지, 교사로서 내가 추구하고 싶은 삶은 어떠한 가치였는지, 그러한 것들에 대해 함께 모여서 이야기를 나누고, 그러한 이야기가 기반이 되어 아이들과 또 다른 이야기를 만들어내는 과정을 거치면서 교사로서 우리들의 주도권과 주체성을 높여보고자 노력하게 되었고, 그러한 노력의 중심에 프로젝트 수업이 자리하게 되었다. 그리고 프로젝트 수업과 함께하는 노력의 끝에 교사 회복, 교실 회복, 학교 회복의 또 다른 해결 방법을 찾게 될 것이라는 희망을 발견하게 되었다.

물론 우리들의 이야기와 경험이 모든 학교, 모든 교실, 그리고 모든 교사에게 해당될 수는 없을 것이다. 다만 다양한 경력과 경험을 가진 교사들이 모여서 찾은, 현 교육 현실의 문제점을 해결할 수 있는 하나의 해결 방안이 프로젝트 수업이 될 수 있음을 이야기하고 싶었다.

물론 우리와 생각이 다른, 그리고 철학적인 측면에서 보다 더욱 훌륭한 면을 지니고 계신 우리나라의 수많은 선생님들에게 미리 양해의 말을 구하고 시작하고자 한다. 교육 철학을 한 마디로 정의 내릴 수 없을 뿐 더러, 프로젝트 수업 또한 한 마디로 정의 내릴 수 없는 것이라고 생각한다. 이는 교사들의 수 만 큼이나 많은 교육 철학이 존재하기 때문이고, 프로젝트 수업을 진행하는 교사들의 수 만 큼이 많은 프로젝트 수업에 대한 정의가 있기 때문이다. 또한 본 저서를 통해 전하고 싶은 이야기들은 교과서 중심의 설명식 수업을 하고 있는 교사들, 승진을 위해 부단히 노력하고 나아가는 교사들을 비난하거나 비판하고자 하는 것이 아니다. 그저 교사로서의 주체성과 정체성을 높이고, 우리들 스스로 교권을 회복할 수 있는 방안을 찾아보고자 하였던, 다소 어리숙하기도 하고, 다소 엉뚱하기도 한 우리들의 이야기를 통해 이러한 방법도 있구나, 이러한 또 다른 교육적 방향도 있구나 라는 사실을 그저 이야기하며 전해주고자 하는 마음일 뿐이다.

그래서 다소 부족하기도 하고, 바보스럽기도 하고, 억척스럽기도 하며, 엉뚱하기도 하고, 괴짜 같기도 한 우리들의 이야기이지만, 프로젝트 수업을 기반으로 한 우리들의 이야기가 이 글을 읽고 있는 여러 독자들에게 교사로써, 성인으로써, 혹은 부모로써의 또 다른 울림을 선사할 수 있기를 바라는 마음에서 조심스럽게 이야기를 시작하고자 한다.

선생님 어떡해요? 걱정이 되네요.

대부분의 학교가 그러할 것이다. 매년 2월이 되면 전입해온 선생님들과 만남을 가지게 되고, 새로운 학년(새로운 학년이라고는 하지만 특별한 이유가 없는 한 많은 교사들은 이미 익숙해져 있고, 학습 내용을 이미 알고 있는 전년도와 동일한 학년을 선호하는 경향이 강하기에 이전 학년과 동일한 학년을 지속적으로 맡게 된다), 새로운 선생님들을 만나게 되며, 학교별로 방식에는 조금씩 차이가 있겠지만, 대부분의 학교에서는 제비뽑기의 방식을 적용하여 학급을 결정하게 된다.

그리고 봉투 안에 들어 있는 1년간 나와 함께 하게 될 아이들의 이름을 살펴보고, 전년도에 아이들을 담당하고 가르쳤던 교사들에게 올해 맡게 될 아이들이 어떠한지 묻게 된다. 심지어 어느 학교에서는 새로 맡게 될 담임교사를 위해 학생들에 대해 미리 알아두면 좋을 내용을 간략하게 적어서 비고란에 기록해서 주기도 한다.

우리 학교 또한 별반 다르기 않았다. 2월 달, 전근을 오게 될 교사들과의 첫 모임을 가지고, 학년별로 모여서 제비뽑기를 통해 학급을 선정하였다. 본 저자 또한 제비뽑기를 하고, 봉투 안에 들어 있는 학생들의 이름을 하나씩 살펴보았다. 그리고 학생들의 소식에 관심이 많은 한 선생님이 나의 종이에 적힌 한 학생의 이름을 보더니 이 말을 하였다.

"선생님, 어떡해요? 임수지(가명)는 우리 학년에서, 아니 우리 학교 전체에서 가장 말썽장이에요. 일 년이 걱정이 되겠어요."

사실 그랬다. 임수지(가명)는 우리 학교에서 가장 말썽장이였다. 3학년 때는 친구들과 다투고, 선생님께 혼이 났다는 이유로 교실 창문을 뛰어나가려고 했다. 그래서 그전까지 우리 학교 창문에는 아이들을 보호하기 위한 봉이 하나였는데, 그 사건 이후로 창문에는 아이들을 보호하기 위한 봉이 3개로 늘어나게 되었다. 그리고 4학년 때는 수업 시간에 교실을 뛰쳐나가기 일 수였다. 그 당시 담임 선생님은 임수지(가명)를 찾기 위해 집까지 찾아 간 적이 한 두 번이 아니었다.

이러한 이야기를 전해 듣고 걱정이 안 되었다고 하면 거짓말일 것이다. 그동안 프로젝트 수업을 진행하면서 그 어떠한 아이들도 학교에 적응을 시킬 수 있다고 자신하였고, 모든 아이들이 학교와 수업을 즐겁게 생각하도록 만들었다고 자신하였지만, 이 학생의 경우에는 그동안 내가 맡아왔던 아이들과는 질적인 측면, 양적인 측면에서 모두 넘치는 아이가 아닐까라는 불안감이 엄습해왔다.

그래도 내가 맡은 아이였기에, 그리고 이러한 아이들에게 프로젝트 수업이 어떠한 영향을 줄 수 있을지도 궁금하였기에 1년을 함께 살아가기로 마음을 먹고 함께 1년간의 삶의 이야기를 만들어갔다.

결론부터 이야기하고 시작한다면, 1년이 지나고 이 아이는 매우 긍정적인 성장을 하게 되었고, 그 어떤 아이들보다 학교와 수업 활동에 적극 참여하게 되었으며, 친구들과 함께 자신의 의견을 나누며 문제를 해결할 줄 아는 아이로 발전하였다.

어떻게 그것을 이렇게나 확신하며 말할 수 있을까?

나와 함께 했을 때가 5학년이었고, 일 년이 지난 후 본 저자는 시 만기(저자가 근무하는 지역은 경북지역으로써 경북지역은 학교에서 근무할 수 있는 년 수, 그리고 각 지역별로 근무할 수 있는 년 수가 정해져 있었으며 그 당시 근무하던 지역이 구미시였기에 시 만기라고 흔히들 말을 하였다)가 되어서 다른 지역, 다른 학교로 옮겨갈 수 밖에 없었다. 지역과 학교를 옮긴 후에도 그 학교에서 이전 학교에서 함께 공동체를 형성하였던 선생님에게 임수지(가명)의 소식을 지속적으로 전해 듣게 되었고, 학교에서 계속 근무를 하고 있던 선생님에게서 어느 날 갑작스럽게 아래의 사진 한 장을 카톡으로 받게 되었다.

그 사진의 주인공은 바로 임수지(가명)였다. 과학 탐구 대회에서 학교 대표로 선발이 되었고, 지역 대회에서도 상을 받게 되었다는 소식과 함께 말이다.

대체 이 아이에게 어떠한 일이 일어난 것일까? 학교의 최고 말썽꾸러기였던 아이가, 나와 함께 하고 난 후 과학 탐구대회에서 학교 대표로 선발이 되고, 지역 대회에서 상을 받았으니 말이다. 과학 탐구대회 대표가 되었다는 것, 상을 받았다는 것도 중요한 사실이기는 하지만, 과학 탐구대회라는 종목에서 그러한 성과를 가져왔다는 점이다. 이 대회는 학생 혼자 참여하는 대회가 아니라 다른 친구와 함께 팀을 꾸려서 나가는 대회로써, 친구를 배려할 수 없었거나 함께 협력하지 못하였다면 이룰 수 없는 성과이기 때문이다.

4학년 때까지의 임수지(가명)는 친구들은 안중에도 없고, 자신의 기분과 감정에 따라 행동하고 말을 하던 아이었기에, 친구와의 관계를 바르게 형성하지 못했을 뿐 아니라 어떻게 친구들과 관계를 형성해야 하는지도 알지 못했던 아이었다. 그런데 프로젝트 수업을 1년간 접하게 되고 난 후 친구와의 관계를 바르게 형성하는 방법을 스스로 체득하게 되었고, 주변 사람을 배려하는 방법을 알게 되었으며, 친구들과의 협력을 실제로 실천할 수 있게 되었다는 사실에 놀랍기도 하였고, 고맙기도 하였다.

어떻게 그렇게 변화될 수 있었을까?

무엇이 그를 그렇게 변화시킬 수 있었을까?

그 아이와의 1년 살이에 대해 짧게나마 이야기 나눈 후, 본 저서의 본격적인 이야기를 하고자 한다.

3월 첫 날, 임수지(가명)와의 만남은 생각보다 좋았다. 임수지(가명)를 맡았던 담임 선생님 뿐 아니라 많은 선생님들로부터 듣고, 상상했던 아이의 이미지와 달리 첫 만남은 너무나도 평온했다. 다소 자세가 불량하기도 하고, 오래도록 의자에 앉아 있는 것을 힘들어 하는 모습을 보이기는 하였지만, 자리 배치, 팀 구성, 팀 빌딩 활동에 참여하는 모습을 보면서 왜 그렇게 학교에 적응을 하지 못했었을까? 하는 의구심이 생겼으니 말이다. 지금 돌이켜 생각해보면, 아마도 다른 선생님들로부터 그러한 이야기를 듣지 않았다면, 그렇게 문제를 일으킬만한 아이라고 생각하지 못했을 것 같았다.

그러면서 이러한 생각을 하기도 했던 것 같다. 평소에 나는 전년도 선생님들이 작성해서 넘겨주는 학생 배정표를 받게 되면, 제일 먼저 비고란을 찢어버리고 보지 않는다. 그런데 임수지(가명)를 만나게 되었던 그 해에는, 찢어버리고 할 것도 없이 주변 선생님들이 먼저 학생에 대해 알려주고, 이야기를 해주어서 어쩔 수 없이 알게 되었다. 만약, 그러한 이야기가 없었다면 아마도 임수지(가명)를 만나기 전 이 아이가 어떠한 아이였는지 알아보려고도, 알려고도 하지 않았을 것 같다. 과연 무엇이 옳은 것인가에 대한 궁금증이 생겼다. 아마 그동안의 나처럼 특정 아이가 어떠한 아이였는지 모른 채 우리 반 아이들을 만났더라면 임수지(가명)에 대해 색안경을 끼고 보는 일이 없지 않았을까? 라는 생각을 하였다. 물론 내년도 선생님들을 위해 나 역시 비고란에 학생 개개인에 대한 기록을 한다. 문제아라서, 특별한 보호가 필요한 아이라서가 아니라 그 아이의 성격, 혹은 교실 수업 참여 정도에 대해 간단하게 적어두는 편이었다.

실제 본 저자는 친구들과의 관계 형성을 어려워하는 아이, 친구들을 이끌어가는 장의 역할을 하고자 하는 아이, 생각이나 의견은 있지만 친구들 앞에서 발표하는 것을 꺼려하기에 옆에서 격려하고 독려해주어야 하는 아이, 친구들 앞에 나서서 자신의 생각을 이야기 나누는 것, 혹은 노래를 부르며 발표하는 것을 좋아하는 아이 등 등 학교 수업을 함께 있어서 어떠한 성향을 가지고 있는지에 대해 간단하게 기록을 해준다.

그저 이러한 것만으로도 충분하지 않을까? 물론 문제를 일으킬 소지가 다분한 아이에 대해 미리 안내를 해줌으로써 앞으로 발생할지 모르는 문제 상황을 미연에 대처하고 미리 상담할 수 있는 기회를 제공해주는 것도 중요하기 때문이다. 이 부분에 대한 판단은 독자들의 몫으로 넘겨두고자 한다.

어쨌든 그렇게 평범한(?) 첫 만남을 하고서, 3월 한 달간은 임수지(가명)와 많은 이야기를 나누고자 노력하였다. 처음에는 자신의 이야기를 하지 않으려던 임수지(가명)였지만, 지속적으로 시간을 마련하고, 옆에서 이야기를 건네고, 학생의 이야기를 계속해서 들어주며 시간을 보냈다. 그러한 기다림과 들어줌 때문이었을까 어느 순간 조금씩 마음의 문을 열더니 자신의 이야기를 하기 시작했다. 그동안 왜 그렇게 행동을 했었는지에 대해 임수지(가명)의 이야기를 요약하자면,

같은 행동을 해도 자신이 더 크게 혼이 나는 경우가 많았고, 자신의 이야기를 들어주지 않는 경우가 많았고, 점심시간 먹기 싫은 반찬을 자꾸 먹으라고 혼만 내었고, 안 먹으면 남겨서 청소를 시키는 경우가 있었고, 친구와 다투고 나면 내가 더 크게 혼이 나는 경우가 많았고....

임수지(가명)의 이야기를 들으면서 자신의 이야기에 귀를 귀담아 주지 않아서, 문제가 생기면 자신을 믿어주지 않아서, 그리고 그러한 경험이 쌓이고 쌓이게 되면서 교사에 대한, 선생님에 대한 불신으로 이어지게 되었음을 알 수 있었다. 그래서 문제가 생기면 화를 내게 되고, 감정을 컨트롤 하지 못하게 되었던 것 같다. 이야기를 들으면서 임수지(가명)가 참으로 가엾다는 생각을 하였다.

대체 이 아이를 누가 이렇게 만들었을까?
왜 이렇게까지 이 아이를 사지로 내몰게 되었을까?

물론 그동안 이 아이를 맡아왔던 담임교사들에게 그 책임을 묻고자 하는 것은 아니다. 그건 어쩌면 아이들의 말을 귀담아 들을 수 없도록, 아이와 이야기 나눌 수 있는 시간이 부족하고, 업무에 치중해야 하고, 없는 시간을 쪼개가며 진도를 나가야 하고, 진도에 맞게 학습하고 있는지 평가를 해야 하는 우리 내 교육 시스템이 그렇게 만들었던 것은 아니었을까 생각한다.

임수지(가명)와 이런 저런 이야기도 하고, 상담 아닌 상담도 하고, 상담 후 앞으로 어떻게 함께 지내야 할지 생각하고 고민하다보니 어느덧 3월 중순이 되었다. 이 기간은 상담주간이어서 임수지(가명) 학생의 학부모님과 상담하게 되었다. 그런데 상담을 하며 또 다른 놀라운 사실을 알게 되었다.

임수지(가명)에게는 누나가 한 명이 있고, 누나가 몸이 불편하다는 사실을 알게 되었다. 그러한 이유로 어린 시절부터 임수지(가명)는 누나의 보호자 역할을 해왔던 것이다. 가정에서 조차도 임수지(가명)학생의 이야기를 들어주는 시간이 부족했고, 학생을 돌봐주거나 보듬어주기 보다는 우선은 몸이 불편한 누나를 위해 동생으로써 이러한 것을 해주어야 한다, 이렇게 해주어야 한다, 그리고 이러한 것은 하면 안 된다와 같이 해야 할 것과 하지 말아야 할 것만을 지시하고 있었던 것이다. 마치 학교에서 그러한 것처럼 말이다.

사실 임수지(가명)는 집, 학교 그 어디에서도 자유롭지 못했다. 그동안 임수지(가명)는 해야 할 것들과 하지 말아야 할 것들을 강요받으며 버텨온 것은 아닌가 생각되었다. 그러한 생각을 하고나니, 그때에야 비로소 왜 그동안 임수지(가명)가 학교 시스템을 거부하고, 학교에 오는 것을 즐거워하지 않았으며, 수업에 참여하지 않고, 문제아로 낙인이 찍혔는지를 조금은 이해할 수 있었다.

어쩌면 이 아이에게 필요했던 것은 학교, 교실, 그리고 수업에서 이루어지는 억압이 아니라 자유로움이 아니었을까, 자신이 하고 싶은 것을 할 수 있는 기회를 제공해주는 것이 아닐까하는 생각을 하게 되었고, 앞으로 1년 간 함께 하게 될 프로젝트 수업이 이 아이의 성장과 발전에 도움이 될 수 있을지도 모른다는 작은 희망과 확신을 갖게 되었다.

그리고 1년 후 그 아이는 몰라보게 성장하고 발전하게 되었다. 그러한 과정 중에 옆의 한 선생님이 그 아이를 보면서 이러한 말을 하였다.

"오늘 임수지(가명)가 정말 열심히 하던데요. 점심시간에 혼자 남아서 계속해서 목공을 하는 모습을 봤는데, 정말 집중력이 대단하던데요. 어떻게 하면 그렇게 아이가 변할 수 있는 거예요?"

이 말에 나는 이렇게 답을 했다.

"변한 것이 아니라 원래 그런 아이였던 것 같아요. 다만 그동안의 학교 시스템은 그러한 모습을 발견할 수 없었던 것 뿐 인 것 같아요. 자유롭게 자신의 생각을 표현할 수 있게 해주고, 직접적인 표현의 기회를 수업 시간을 통해 제공해줌으로써, 애벌레가 껍질을 벗듯이 그 아이 역시 자신을 둘러싸고 있던 껍질을 한 꺼풀 벗겨낸 것이 아닐까요?"

이 글을 빌려서 솔직히 말을 하자면, 1학기는 교사로서 나도 조금은 힘들었던 것 같다. 어디로 튈지 모르는 임수지(가명)와 함께 있으면서 마음 조린 적도 있었다. 4월 초의 어느 날 무슨 이유에서인지 갑작스럽게 친구와 다툼이 있었다. 10년 넘게 교직 생활을 하면서 그러한 눈을 한 학생을 본 적이 없었다. 친구와의 다툼에 분이 안 풀린 임수지(가명)는 교실 뒤에 앉아서, 검은 눈동자는 보이지 않고 흰자만 보이는 눈으로 교실 앞을 씩씩거리며 5분 넘게 응시하는 모습을 보면서 섬뜩한 느낌을 받기도 하였다. 어떻게 해야 될지 몰라서 가만히 있었던 적도 있고, 그 당시 그 아이를 지금 건들면 어떠한 행동을 하게 될지 상상이 되기도 하여서 우선은 감정이 가라앉을 때 까지 가만히 두기로 하였다. 그렇게 시간이 흐른 뒤, 온정신으로 돌아왔다고 판단되어질 때쯤, 불러서 이야기를 나누었다. 이전 상담에서 알게 된 사실이 있었기에, 혼을 내거나 다그치지 보다는 그 상황에 대해 더 자세하게 물어보았다. 그리고 관련된 학생과 함께 무엇을 서로가 잘못을 했는지 이야기를 나누고, 서로가 이해할 수 있는 수준에서 벌칙을 수행하도록 하였다. 은근히 걱정이 되었다. 혹시나 이전 학년에서처럼 인정을 하지 못하고 뛰쳐나가거나 하면 어떡하나 걱정이 되었다. 그런데 생각지도 못하게 임수지(가명)가 웃으며 나에게 말을 하였다.

"선생님 조금 전에 제가 화가 나서 잘못된 행동을 한 것 같아요. 죄송합니다."

뜻밖이었다. 정말 뜻밖이었다. 임수지(가명)는 문제를 가진 아이가 아니라, 그동안 문제를 가진 아이라고 주변에서 낙인을 찍었을 뿐이라는 것을 알게 되었다. 혹시 이글을 읽고 있는 독자가 교사, 부모, 혹은 아이를 가르치는 직업이라면, 아니면 그냥 누군가 문제아라고 생각을 하고 있는 사람이라면 다시 생각을 하면 어떨까?

혹시나 문제가 있는 것이 아니라, 내가, 혹은 주변이, 아니면 사회가 그렇게 문제를 가지고 있는 아이라고 낙인을 찍고 있는 것은 아닌지, 그리고 그러한 낙인에 따라 그 아이를 바라보고 판단하고 있었던 것은 아닌지 말이다.

4월 초, 나는 뜻밖의 사건으로 인해 임수지(가명)를 다시 생각하게 되었으며, 내가 다른 선생님들의 말을 듣고 그 아이에게 어떠한 낙인을 찍고 있었던 것은 아니었었는지 스스로를 돌아보고 성찰하게 되었다.

솔직하게 임수지(가명)와의 1년을 떠올리면, 이 사건을 제외하고는 너무나도 행복했다. 어쩌면 임수지(가명) 덕분에 내가 더 성장하고, 발전할 수 있었던 것 같다.

특히 2학기에는 임수지(가명)의 덕분에 힘들었던 역사 프로젝트를 마무리 지을 수도 있었다. 역사 프로젝트에 대한 내용은 이전 톡톡 시리즈인 '즐거운 프로젝트 수업, 상상채널(2019)'를 참고하면 좋을 것 같다.

각 반이 6개의 팀으로 나누어서 각자 다른 시대 관을 맡아서 역사박물관을 6개의 학급이 함께 꾸미기로 한, 거대한 한 학기 프로젝트로써 우리 반은 고려시대 관을 맡게 되었다. 임수지(가명)는 제비뽑기 결과 다른 시대(고조선시대 관)의 역사관에 소속이 되었지만, 우리 반에서 꼭 함께 하고 싶다는 간곡한 청에 따라, 반 아이들과 협의 후 프로젝트를 함께 하기로 하였다.

그때 속으로

'아.. 왜 그러지? 무슨 일이 생기는 것은 아니겠지?'

솔직히 걱정이 되기도 하였다. 그동안과 달리 다른 반 친구들과 섞여서 진행되는 프로젝트였기에 혹시나, 다른 반 친구들과 문제가 발생하면 어쩌지 라는 고민이 생기기도 하였다.

그런데 함께 이야기를 나누고, 고려시대 관을 어떻게 만들지 계획을 세우는 토의·토론을 통해 그러한 고민과 걱정이 사라졌다. 고려시대 관을 꼭 해야겠다고 주장했던 것은 임수지(가명)가 개인적으로 하고 싶은 것이 있었기 때문이었다. 고려시대 관에서 하게 될 프로젝트 중 하나로, 우유팩으로 원각사지 10층 석탑 만들기가 계획되어 있었는데, 바로 임수지(가명)가 그 활동을 꼭 하고 싶어 했던 것이다.

만약에 그 아이의 그 말을 무시하고, 그냥 내가 편하자고 그 아이를 내밀었다면, 어떡했을까? 또 다시 학교를 미워하고, 수업을 싫어하게 되지는 않았을까? 이런 생각에 아찔하기까지 하였다.

••• 처음 6명이서 시작한 원각사지 10층 석탑 만들기

그러한 아차 했던 순간을 경험하고 난 후, 우유팩을 이용해서 원간사지 10층 석탑 만들기가 시작되었다.

처음에는 재미있을 것 같았는지, 여러 명이서 함께 하기도 하였지만, 하나 둘씩 힘들어서 포기하였다. 그런데 한 명. 임수지(가명)만은 끝까지 남아서 글루건으로 우유팩 탑을 쌓았다. 정말이지 열심이었다. 점심시간, 쉬는 시간 할 것 없이 학교에만 오면, 틈이 날 때마다 탑을 쌓았다.

한 번은 글루건에 손이 데어서 보건실에 다녀오기도 하였다. 그래서 위험하니 조금만 쉬고, 다른 거 하면 어떨까라고 이야기를 했는데, 임수지(가명)는 거침없이

"선생님, 괜찮아요. 아무렇지도 않아요,
재미있어요. 제가 다 완성할거에요"

라고 웃으며 말하였다. 사실 역사박물관 열기 당일, 우유팩 탑을 보면서, 임수지(가명)가 없었다면 어떡했을까 라고 생각하며, 임수지(가명)에게 고마운 마음이 생기게 되었다.

••• 끝까지 혼자 남아서 탑을 쌓은 임수지(가명)

임수지(가명)와 함께 참으로 다사다난했던 한 해를 보냈던 것 같다. 그러한 삶 속에서 임수지(가명)에게 어떠한 성장과 발전이 있었는지 함께 있을 때는 잘 몰랐다. 사실 잘 몰랐다고 하기보다는 혹시나 이러한 모습이 그 해가 지나고 나서 다시 원래의 모습으로 돌아가면 어쩌나 하는 걱정이 더욱 컸던 것 같다. 그래도 한 가지 알게 된 사실은,

프로젝트 수업을 통해 학교를 즐거워하게 되고, 수업을 재미있어하며, 친구들과 함께 하는 활동에 흥미를 느끼게 되고, 자신의 생각을 수업 시간에 표현하게 되었으며, 그러한 생각을 직접 행동과 실천으로 옮기게 되었다는 것이다.

2학기 말이 되어서, 임수지(가명)가 하고 싶어 하는 것이 너무 많아지게 되고, 수업 시간에 자신의 생각을 너무나도 많이 표현을 하게 되면서, 농담 섞인 말로

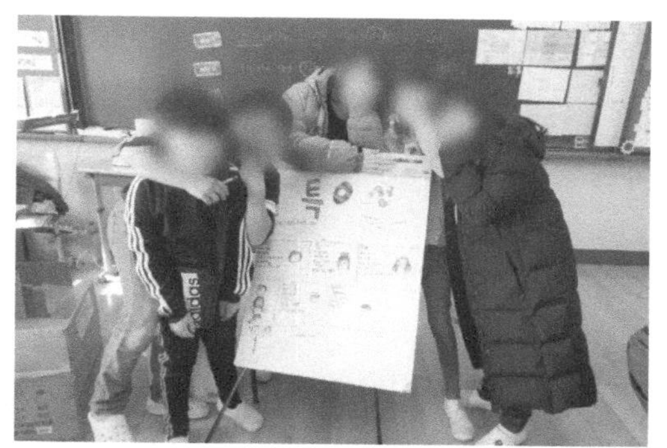
• • • 친구들과 행복해하는 모습의 임수지(가명)

"5학년 때는 왜 이렇게 학교를 잘 나오냐"

는 말을 했던 것 같다. 근데 그저 농으로 했던 말인데, 임수지(가명)는 그러한 나의 장난 섞인 질문에 심각하게 대답하였다.

"저는 학교가 좋아요. 이제는 나가기 싫어요....."

무엇이 이 아이의 생각을 이렇게 변화시킬 수 있었을까? 교사로서 내가 뛰어난 역량을 가지고 있어서? 수업이 재미있어서? 매일 노는 것 같이 공부를 해서?

아마 이러한 이유 모두 아닐 것이다.

그 이유는 다만 자신의 생각을 충분히 들어주는 수업, 그리고 그 생각을 충분히 표현할 수 있는 수업을 경험해서라고 조심스럽게 답을 하고 싶다.

프로젝트 수업은 이러한 수업이다. 단순히 재미있는 수업도 아니고, 놀이 중심의 즐거운 수업도 아니며, 교사의 뛰어난 역량이 필요한 수업도 아니다. 다만 아이들의 생각을 충분히 들어줄 수 있는 기다려주는 수업, 그리고 생각을 충분히 표현할 수 있는 교육적 기회와 경험을 제공해주며 또 기다려주는 수업, 그리고 스스로 자신의 모습을 발견하고 성장하며 발전해 나갈 수 있기를 더 기다려주는 수업, 이러한 기다려주고, 또 기다려주고, 더 기다려줄 수 있는 기다림의 수업이 바로 프로젝트 수업인 것이다.

기다림이라는 쉼표 안에 아이들의 성장과 발전의 비밀이 숨어 있었던 것인지도 모른다. 그동안 우리들의 수업은 쉼표 없는 수업, 기다림 없는 수업이었으며, 이러한 기다림 없는 수업으로 인해 아이들이 스스로 성장하고 발전할 수 있는 기회를 박탈해왔던 것은 아니었을까.

임수지(가명)의 발전과 성장 모습을 살펴보면서 나 또한 교사로서 스스로 반성하고 성찰해 볼 수 있는 1년의 시간을 함께 살아가게 되었던 것 같다.

끝으로 이런 말을 하고 싶다.

어느 연수에서 이 아이에 대한 이야기를 했더니 이렇게 물어왔다.

"임수지(가명)처럼 특별한 아이에게만, 혹은 몇 몇의 아이에게만 프로젝트 수업을 통해 성장하고 발전하는 것은 아닐까요?"

이에 나는 이렇게 답을 했던 것 같다.

"임수지(가명)처럼 문제아라고 낙인찍힌 아이들에게 조차도 자신의 소질과 흥미, 적성을 살려줄 수 있는 수업이 프로젝트 수업이 아닐까요? 기다려주세요. 또 기다려주세요. 그리고 더 기다려주세요. 그러한 기다림이 어쩌면 우리 아이들에게는 더 필요한 교육과 배움의 시간일지도 모르니 말입니다. 물론 기다림에 대한 조건은 있어야 합니다. 아이들이 무엇인가를 할 수 있는 조건, 배경, 여건을 만들어 주고 아이들이 할 수 있게 기다려주어야 합니다. 그리고 그러한 조건, 배경, 여건을 저희들은 프로젝트 수업 속에서 찾고 발견하게 되었던 것 같습니다. 선생님들도 선생님들만의 방법으로 그러한 배경과 여건을 만들어주고, 아이들이 스스로 성장하고 발전할 수 있는 기회를 교실 수업 속에서 쉼표라는 기다림으로 제공해보세요. 어쩌면 더 놀라운 성장과 발전이 있을지도 모릅니다. 그동안 우리들이 가지고 있던 성급함과 조급함이 어쩌면 아이들의 성장과 발전을 저해하고 있었을지도 모르니 말입니다."

나의 이 대답에 연수에 참여했던 선생님뿐 아니라 이 글을 읽고 있는 독자들도 어떻게 생각하고 판단할지 모른다.

그래서 이 글을 쓰게 된 것인지도 모르겠다.

교실 속의 쉼표, 기다림이 아이들의 성장과 발전으로 어떻게 이어질 수 있을지, 그리고 프로젝트 수업이 그러한 기다림과 쉼표가 어떻게 될 수 있을지.

앞으로의 이야기가 나의 마지막 대답에 대한 여러분의 생각과 판단에 있어서 작게나마 도움이 되었으면 하는 마음을 담아 우리들의 이야기를 시작하고자 한다.

이 글을 읽고 있는 여러분에게 우리들의 이야기가 또 다른 울림이 될 수 있기를 기도하는 마음으로 조심스럽게 글을 시작한다.

차례

프롤로그 1 지겹지 않으신가요? 004

프롤로그 2 선생님 어떡해요? 걱정이 되네요. 010

1부 프로젝트 수업이란? 오해를 넘어 진실을 찾아서

1장 프로젝트 수업이란? 031

2장 프로젝트 수업은 여전히 강력한 교수·학습방법이다. 037

3장 프로젝트 수업은 가장 포괄적인 교수·학습 방법이다. 048

4장 프로젝트 학습에서 교사의 역할은 더욱 다양해진다! 070

5장 프로젝트 수업은 학력 향상에도 도움이 된다. 085

6장 프로젝트 수업은 진도 나가기에 유리하다. 100

7장 프로젝트 수업은 교육과정을 재구성하게 된다. 108

8장 프로젝트 수업은 과정중심평가를 실행한다. 124

2부 프로젝트 수업 교육 현장 문제에 대한 바람직한 해결 방안 제시

1장 교권 회복과 프로젝트 수업 144

2장 학교 폭력 예방과 프로젝트 수업 162

3장 교실 회복과 프로젝트 수업 177

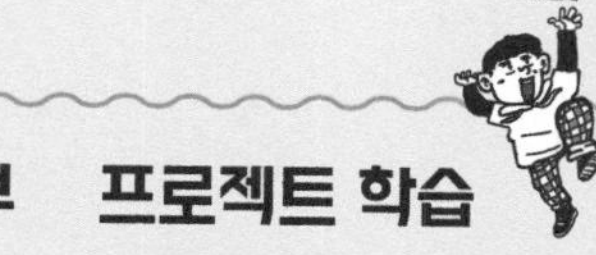

3부 프로젝트 학습 이렇게 하니. 모두가 좋아요.

1장 프로젝트 수업, 이렇게 시작해보세요, 194

2장 5년 차, 김율리 선생님이 전해주는 프로젝트 학습 이야기 202

3장 13년차, 이영기 선생님이 전해주는 프로젝트 학습 이야기 245

4장 2년 차, 임윤혜 선생님이 전해주는 프로젝트 학습 이야기 287

5장 8년차, 오상준 선생님이 전해주는 프로젝트 학습 이야기 301

6장 15년차, 이규진 선생님이 전해주는 프로젝트 학습 이야기 332

에필로그 358

참고문헌 361

찾아보기 362

PROJECT

1부

프로젝트 수업이란? 오해를 넘어 진실을 찾아서

우리나라의 60년대 교실과 현재의 교실을 비교해보자.

머릿속에 그 둘의 모습을 비교하거나, 실제 인터넷을 통해 사진을 비교해보다면, 과거와 현재의 교실 모습에는 큰 차이가 있다. 우선 현재의 교실은 과거에 비해서 학생 수가 현저하게 줄었다. 저자가 초등학교(그 당시에는 국민학교였다)에 입학하고, 2학년 때까지는 학급에 학생 수가 넘쳐나서 오전반과 오후반으로 나누어서 학교에 등교를 하였고, 그 조차도 각 반에는 50명에 가까운 친구들이 교실에서 공부를 하게 되었다. 그러나 현재의 교실은 오전반과 오후반은 생각도 하지 못할 뿐 아니라, 학급 내 학생 수 또한 반 이상이 줄어 25명 안팎으로 구성된 학급이 대부분이다. 그리고 교실 자체의 모습 또한, 과거에 비해 현재의 교실은 컴퓨터, 빔프로젝트, TV, 실물화상기 등 첨단 기기들이 즐비한 교실로 변화되어 있다.

그런데, 과연 그 속에서 이루어지는 실제적 수업의 모습에는 어떠한 변화가 있을까?
과연 과거와 현재의 교실 수업 모습에는 어떠한 차이가 있을까?

모르긴 몰라도, 대부분의 사람들(교사들을 포함하여)은 과거의 교실 수업 모습이나 현재의 교실 수업 모습이나 별 반 다른 점을 발견하지 못했을 것이다. 여러분의 머릿속 과거와 현재 교실 수업 비교에서, 교사들은 언제나 학생들을 바라보면서 칠판 앞에 서서 설명을 하고 있는 모습, 칠판 앞에서 열심히 판서를 하는 모습, 자세한 설명과 함께 교과서 속 지식을 아이들이 쉽게 기억하고 암기할 수 있도록 교과서를 들고서 열심히 가르치고 있는 모습일 것이다. 혹은 쉽게 외우고 기억할 수 있도록 단어의 앞 글자를 따서 외우게 하는 재미있는 모습을 떠올릴지도 모른다. 그리고 학생들은 그러한 교사들의 설명을 열심히 들으면서 판서하는 모습, 얼마나 열심히 공부를 하였는지 얼마나 잘 기억하고 암기를 하였는지를 단원평가, 학기말 평가, 혹은 수업 속 질문과 대답을 통해 확인받게 되는 모습을 떠올리게 될 것이다. 물론 교사들이 교실에서 활용하게 되는 교수·학습의 방법적인 측면에서 어느 정도의 변화가 있을지 모른다. 과거에 비해 다양한 교수·학습방법이 소개되면서 수업적인 측면이 더욱 세련되어 보일 수도 있고, 더욱 다양해져 보일 수도 있지만, 그 안의 실질적인 수업 모습에서의 교사와 학생의 역할에 어떠한 변화가 있을까?

아마 많은 사람들, 학생들, 혹은 교사들 조차도
큰 변화를 느끼지 못했을 것이다.

하지만 지금의 우리 아이들이 앞으로 맞이하게 되고, 살아가게 될 4차 산업혁명사회라고 일컬어지는 미래 사회(어쩌면 미래가 아닌 현재가 될지도 모르겠다)는, 교과서를 통해 암기하여 기억하게 된 단편적인 지식이 풍요롭고 풍족한 삶을 보장하지 않은 사회라고 한다. 그리고 그러한 미래 사회는 결코 저 멀리 있는 것이 아니고, 이미 우리 사회 곳곳에서 시작되고 있으며 사회를 변화시키고 있다.

예를 들어, 이미 우리나라 대기업에서는 과거 업무중심의 부서배정에서 벗어나, 프로젝트 단위로 팀을 꾸리고 있다. 특정 주제를 중심으로 서로 다른 장점을 가지고 있는 사람들이 모여 각자의 장점을 발휘하면서 주어진 프로젝트를 함께 수행함으로써, 보다 창의적인 결과물을 만들어내는 방식으로 일을 처리하고 있으며, 그 결과에 따라 성과를 평가하고 있다. 즉, 과거의 피라미드형의 지위계통에서 벗어나, 여러 사람들이 방사형 구조로 팀을 이루어서 함께 과제나 문제를 해결하고 있는 것이다. 이러한 사회에서 과연 우리 아이들에게 필요한 것이 무엇일까에 대한 궁금증과 의문점이 들었다.

그래서 겉에 보이는 교실 모습이 변화되고 발전되어 왔듯이, 교실 안의 알맹이, 핵심이라고 할 수 있는 수업에도 변화와 발전이 필요하다. 어쩌면 우리 아이들에게 진정으로 필요한 것은 교과서 속 단편적 지식이 아니라, 함께 팀을 꾸릴 수 있는 능력과 하나의 팀이 되기 위해 서로를 배려할 줄 아는 인성, 팀의 한 일원으로서 자신의 역할에 최선을 다할 줄 아는 역량일지도 모른다. 물론 교과서 속 지식이 전혀 필요 없다는 의미는 아니다. 그동안 지식을 아는 것이 전부라는 인식에서 벗어나, 자신이 지닌 지식과 역량을 어떻게 발휘하면 좋을지, 주변의 사람들과 함께 자신의 지식과 역량을 어떻게 발휘하면 되는지, 그리고 서로의 장·단점을 살려서 주어진 문제를 보다 창의적으로 해결할 수 있는 능력이 필요하다. 이러한 능력이 바로 교육과정에서 강조하고 있는 역량이 아닐까 한다.

이에 우리 저자들은 함께하기 위해 필요한 학생들의 인성과 역량을 함양해 줄 수 있는 교실 속 수업 방법으로 프로젝트 수업을 가장 강력하고, 가장 위대한 수업 방법으로 소개하고자 한다.

그렇다면 프로젝트 수업이란 무엇인가.

프로젝트 수업에 대한 오해는 무엇이고 그에 대한 진실은 무엇인가,

이에 대한 이야기를 1부에서 하고자 한다.

프로젝트 수업이란?

프로젝트 수업이란 학습자가 스스로 문제를 찾아내고 해결방안을 기획하며 협력적인 조사 탐구를 통해 과제를 해결하고 결과를 공유하는 일련의 과정에서 배움이 일어나는 수업 형태이다. 프로젝트 학습은 교사가 교육과정을 구성하고 수업을 기획함으로써 학습자와 조력할 뿐 아니라 학습자와 상호작용하여 역동적 배움의 장을 형성하는 것이다.

– 이성대 외8, 프로젝트 수업 교육과정을 만나다 에서

최근 기업에서 이루어지는 일처리 방법은 특정 주제를 중심으로 하여 팀을 이루고, 주제에 따른 해결방안을 찾기 위해 서로 다른 장점을 가진 팀원이 모여서 각자의 장점을 발휘하며 프로젝트를 수행하게 된다. 이와 유사하게 학교에서도 흥미와 관심을 가질 수 있는 주제를 제공하고, 서로 다른 성격과 특징을 지닌 학생들이 함께 팀을 꾸리고, 주제를 해결해나가는 과정을 경험하게 하는 수업을 진행하게 되는데, 이러한 수업 방법을 바로 프로젝트 기반 학습(Project Based Learning, 줄여서 PBL이라고 말을 한다)' 이라 하며, 이를 줄여서 프로젝트 학습이라고 한다.

그리고 Buck 연구소(22년간 프로젝트 학습에 대해 연구 및 워크숍을 실시한 프로젝트 학습 중심 미국 연구소)에서 발간한 '프로젝트 학습; 초등 교사를 위한 안내' 라는 책을 보면 프로젝트 학습에 대해 아래와 같이 설명을 하고 있다.

> 프로젝트 학습(PBL)이 아닌 것(예를 들어 종합적인 지적 탐구로부터 동떨어진 학습지와 같이)을 설명하기는 쉽지만, "PBL은 [ ] 이다" 라고 한 마디로 정의하기는 쉽지 않다.
>
> PBL은 포괄적으로 문제 기반 학습, 도전적 과제 설계, 현장 기반 학습, 복합적인 사회 시뮬레이션의 활용, 그리고 안내된 탐구와 같은 유사한 수업 방법들이 포함된다.

위의 정의에 따르면 프로젝트 학습은 학습과 배움의 과정을 강조하는 교수-학습과 매우 유사한 면이 많으며, 과정을 강조하는 현 시대에서 강조되고 있는 학생중심 교수·학습방법들을 모두 아우를 수 있는 학습법이 바로 프로젝트 학습이다. 왜냐하면 여기서 의미하는 프로젝트라 함은 학생들이 프로젝트 학습을 수행하기 위하여 세우게 되는 계획이나 구상, 탐구활동, 또는 이와 관련된 여러 가지 활동 주제를 종합적으로 아우르는 용어이기 때문이다.

본 장에서 안내하고 있는 PBL에 대한 정의를 살펴보면 하나는 프로젝트 수업, 또 다른 하나는 프로젝트 학습이다. 아마 PBL에 대해 관심이 있는 사람이나 한 번쯤 시도를 해보았던 교사들은 이 두 용어를 모두 들어보았을 것이며, 혼용하여 사용하였을 것이다.

그렇다면, 이 두 용어에는 어떠한 차이점이 있는 것일까?

이 두 용어의 차이점을 알기 위해서는 학습과 수업에 대한 관점이해가 우선 되어야 한다. 학습이란 배워서 익히는 일, 지식의 획득, 인식의 발전, 습관의 형성 등을 목표로 하는 의식적 행동을 가리키는 용어로써 교사보다는 학생 중심적인 용어에 가깝다. 반면에 수업이란 학교와 같은 형식교육 기관에서 학문이나 지식 등을 가르쳐 주는 것으로, 학습이 일어날 수 있도록 학습자의 내적 그리고 외적 조건을 체계적으로 조정하는 과정을 의미하기에 학생보다는 교사 중심적인 용어에 가깝다. 이에 프로젝트 학습과 프로젝트 수업이란 동일한 교수·학습 방법을 의미하지만, 어느 대상을 중심으로 하여 바라보느냐에 차이점이 있다고 할 수 있다. 프로젝트 수업에 있어서 교사들의 기획력과 실천력은 매우 중요한 요소이다. 이에 교사의 수업력을 중심으로 하여 PBL을 바라볼 경우에는 프로젝트 수업이라고 하고, 반면 프로젝트 학습은 학생중심 수업의 대표적인 교수·학습방법으로 학생들이 스스로 문제를 발견하고, 함께 모여서 문제를 해결하여 결과물을 이끌어내는 과정 중에서 학습과 배움이 일어나게 된다는 측면에서 PBL을 바라볼 경우에는 프로젝트 학습이라고 한다.

이에 본 저서는 교사의 입장에서 프로젝트 수업이란 무엇인지, 프로젝트 수업이 왜 필요한지, 그리고 프로젝트 수업이 어떠한 영향을 줄 수 있을지 등 프로젝트 학습 및 수업에 대한 전반적인 안내서에 가까운 성격을 지니고 있기에 앞으로는 프로젝트 학습이 아닌 프로젝트 수업이라고 한다.

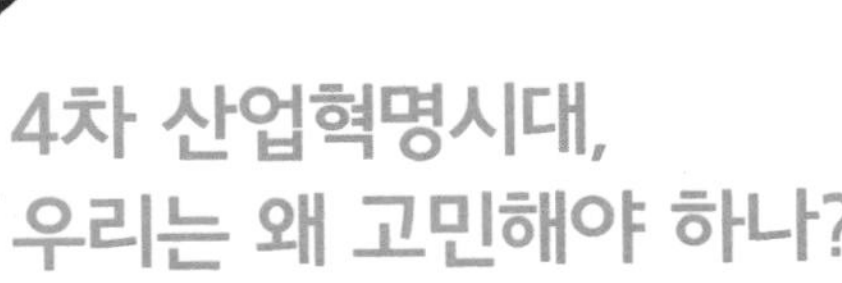

쉬어가는 페이지

4차 산업혁명시대, 우리는 왜 고민해야 하나?

다음 장의 이야기를 하기에 앞서 4차 산업혁명시대와 교육에 대한 짧은 이야기를 먼저 하고 넘어가고자 한다.

4차 산업혁명사회의 특징 및 체제의 혁명적 변화는 새로운 직업의 탄생, 그리고 기존의 상당수 직업의 소멸로 이어지게 될 것이다. 조상식, 김기수(2016)에 의하면 현재의 기술 속도를 고려할 때 현재 초등학교에 입학하는 아동이 사회에 나갔을 때는 70%가 현재 존재하지 않는 새로운 일자리를 가지게 될 것이라고 보고되었다. 이에 4차 산업혁명은 일자리를 줄이는 문제가 아니라 일자리를 없애는 문제가 쟁점이 될 정도로 일자리 감소문제가 심각할 것이라고 예상되며, World Economic Forum(2016)에서는 2020년까지의 분야별 일자리 증감을 다음과 같이 분석·발표하였다.

〈표〉 2015~2020년 일자리 변화 (단위: 천명)

일자리 감소		일자리 증가	
산업분야	인원 수	산업 분야	인원 수
사무, 행정	−4,759	비즈니스, 금융 운영	+492
제조, 생산	−1,609	경영	+416
건설, 채굴	−497	컴퓨터, 수학	+405
예술, 디자인, 엔터네이먼트, 스포츠, 미디어	−151	건축, 엔지니어링	+339
법률	−109	영업, 관계	+303
시설, 유지	−40	교육, 훈련	+66
일자리 감소 총계	−7,165	일자리 증가 총계	+2,021

그리고 미국에서 나타난 기술 발전에 따른 일자리 직무변화를 살펴보면, 창의적 커뮤니케이션과 비구조화 된 문제해결이 필요한 일자리는 꾸준히 늘어나지만, 과거 산업사회에 필요했던 반복적이거나 육체를 활용한 직무는 지속적으로 감소 추세에 있음을 알 수 있다. 이는 World Economic Forum(2016)에서 발표한 내용과 유사한 결과임을 알 수 있다. 이에 BBC에서 발표한 인공지능의 직업 대체율을 살펴보면 그러한 내용을 더욱 확연히 알 수 있다.

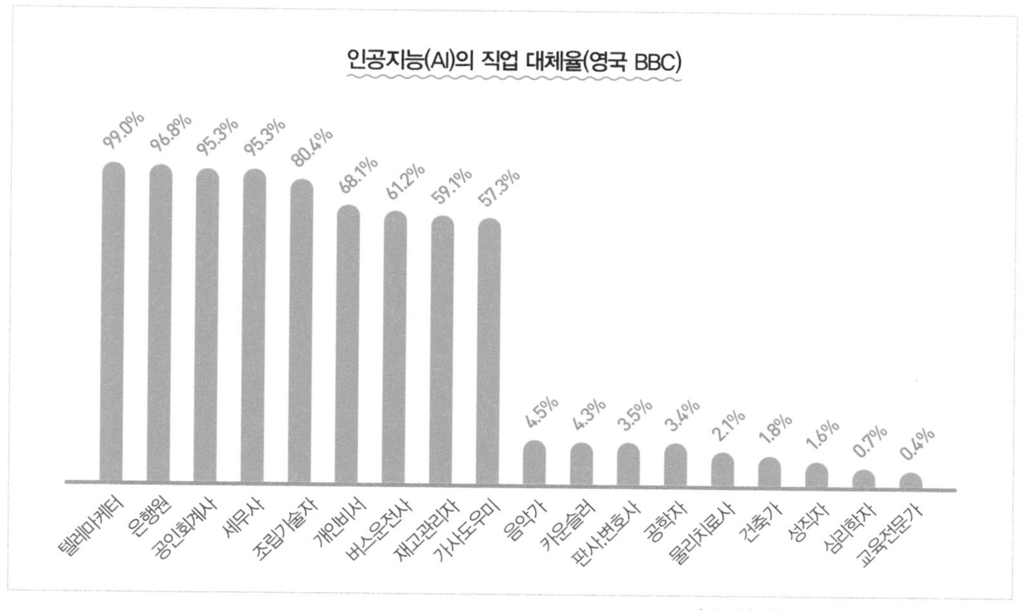

자료: 임종헌, 유경훈, 김병찬(2017), p. 14

위 그림에서도 텔레마케터처럼 반복적인 업무를 담당하는 일자리는 인공지능으로 대체되면서 줄어들게 될 것이라는 사실을 알 수 있다. 반면 교육전문가의 경우 인공지능 대체율이 매우 낮음을 알 수 있는데, 이는 World Economic Forum(2016)의 발표에서도 교육 분야의 일자리가 증가할 것이라는 예상과 동일한 결과이다. 4차 산업혁명시대가 되더라도 교직은 사라지지 않는다고 한다. 그 한 예로 아래의 그림처럼 JTBC 뉴스에서도 20년 안에 사라질 가능성이 높은 직업에 대한 조사 결과를 통해 초등교사는 사라질 확률이 0.4%로 매우 낮은 직업군에 속함을 알 수 있다.

이러한 조사 결과에 우리는 마냥 웃으며 좋아만 할 수 있을까?

4차 산업 혁명시대를 맞이하여 시대가 교사들에게 요구하는 것이 무엇인지 어떠한 교육을 실천해야 할지에 대해 고민을 시작해야 할 시점이라고 역설하고 있는 것은 아닐까?

교육은 인간의 본질과 관련된 직업으로 고유의 가치를 잃지 않을 것임을 기대하게 된다. 하지만 한 가지 명심해야 할 것은 현재처럼 교과서 중심의 암기위주의 설명식 수업이 지속 된다면 인공지능이 그 자리를 대체할 수도 있을 것이다. 이처럼 20년 안에 교사가 사라지지 않을 것이라고 예측하는 이유는 그것이 사람을 기르는 고유한 본질적 가치에 의한 것이며, 미래 세대를 살아가게 될 우리 아이들에게 어울리는 학교와 교사의 역할 변화가 수반될 때 가능한 것이라고 할 수 있다.

이러한 상황을 직시한 교사들이 스스로 지식습득 위주의 단편적인 암기 교육에서 머물러 있던 한국 교육에서 벗어나기 위해서 수업을 바꾸고자 노력을 기울이고 있지만, 바꿀 만한 자율성이 주어지지 않는 것 또한 사실이다. 수업을 바꾸기 위해서는 교육과정 편성 운영에 대한 자율권이 교사에게 주어져야 하며, 학교운영 시스템 또한 교장 중심의 체제에서 교사, 학생, 학부모를 포함한 학교 구성원 중심의 수평적·민주적인 시스템으로의 변화가 필요하다. 왜냐하면 관료적 시스템은 하루가 다르게 변화하는 교육현장의 이해와 요구를 즉각적으로 반영하기 어렵기 때문이다. 이에 한국교육의 방향전환과 함께 교육의 본질적 가치에 대한 고민이 필요한 시기라고도 할 수 있다(김기표, 2016).

2장

프로젝트 수업은 여전히 강력한 교수·학습방법이다.

위의 그림에 보이는 사진들의 공통점은 무엇일까?

아마 이 글을 읽고 있는 독자들도 한번쯤은 직접 시청을 하였거나, 누군가로부터 들어 보았을 TV 프로그램들의 제목이다. 그리고 사진에서 보이는 모든 프로그램은 학교 교육 모습을 소개하고 있다는 공통점을 가지고 있으며, 대부분의 프로그램이 해외 교육 선진국의 학교 교육 모습이 어떠한지를 우리나라에 소개하고 있다. 물론 우리나라를 대표하는 교육방송인 EBS에서 학교 교육의 모습을 소개하는 프로그램을 제작·반영하는 것은 놀라운 일은 아니다. 그런데 가만히 살펴보면 민영 방송국에서도 학교 교육의 모습을 소개하고 있으며, 이들은 거의 대부분 우리나라의 학교가 아닌 해외 교육 선진국의 학교 교육 모습을 소개하고 있다. 프로그램 제작과 반영에 막대한 금액이 들어감에도 불구하고, 시청률적인 측면에서 화제성이 떨어질 경우 제작이 어려움에도 불구하고, 다양한 방송국에서는 해외 선진국의 학교 교육 모습을 프로그램으로 제작하여 반영을 하고 있다. 게다가 프로그램의 화제성과 시청률 면에서 긍정적인 결과를 보여줌으로써 시리즈로 반영이 되었던 프로그램도 여럿이다.

과연 이것이 무엇을 의미할까?

이는 학교 교육에 대한 관심이 사회적으로 매우 높아졌음을 보여주는 단적인 예라고 할 수 있다. 그리고 우리나라의 학교 교육 모습이 아닌 해외 선진국의 학교 교육 모습을 중점적으로 보여주는 것은 우리나라 학교 교육이 앞으로 어떻게 나아가야 하는지 그 방향성을 보여주고자 함이 아니었을까하는 생각을 하게 된다. 또한 해외 선진국 학교의 모습 속에서 우리나라 교육의 모습을 비판적으로 보여주려고 한 것은 아니었을까 조심스럽게 추측해본다. 굳이 우리나라 학교 교육의 모습을 직접적으로 비판하거나 잘못되었다고 말을 하지 않더라도, 우리나라가 아닌 해외 교육 선진국에서 이루어지는 학교 교육의 모습을 다양하게 보여줌으로써 현재 우리나라 교육의 모습을 간접적으로 비판하고자 했던 것은 아니었을까 생각한다.

그런데 이러한 프로그램에서 소개하는 소위 World Tour School이라고 일컬어지는 높은 수준의 학교들의 공통점을 살펴보면, 거의 대다수의 학교에서 프로젝트 수업을 기반으로 교실 수업이 이루어지고 있음을 알 수 있다. 소개되었던 나라별, 학교별로 운영되는 형태나 모습에는 차이가 있기는 하지만, 이들 모든 학교에서는 프로젝트가 기반이 되어 수업이 진행된다.

이쯤에서 묻고자 한다.
그럼에도 불구하고 정말 프로젝트 수업은 진부한 것일까?

프로젝트 수업에 대한 강의를 가보면, 몇 명의 교사들이 프로젝트 수업은 과거부터 계속되어 온 교수·학습 방법인데 왜 아직도 프로젝트로 수업을 하느냐고 묻곤 했다. 그런데 앞에서 언급했던 프로그램에서 보여주는 학교가 속한 나라는 핀란드, 덴마크, 스웨덴, 미국 등 소위 교육 선진국이다. 이러한 나라에 속한 학교 교육의 핵심에 프로젝트 학습, 프로젝트 수업이 존재하고 있음에도 불구하고 프로젝트 수업이 과연 과거로부터 이어져 오던 진부한 수업인 것일까?

아마도 그 대답은 "NO"일 것이다.

어느 시대나 그 시대를 대표하고 새로운 변화를 이끌어낸 흐름이라는 것이 존재하기 마련이고, 이는 교육 분야에서도 예외가 아닐 것이다. 미래 사회를 살아갈 우리 학생들이 변화된 사회의 모습에 맞추어서 살아갈 수 있고, 변화된 맥락과 상황에서 자신의 능력을 발휘하면서 자신에게 맞는 삶을 살아갈 수 있는 역량이 발현될 수 있도록, 사회는 지속적으로 교육의 변화를 요구하고 있다.

이러한 맥락에서 최근 세계 각국에서는 교육 변화에 대한 요구를 적극 수용하고 있으며, 핵심역량을 키워드로 교육 개혁의 붐이 일게 되었다. 그리고 핵심역량 함양을 위한 배움 중심 수업 방법으로써 프로젝트 수업이 그 중심에 있게 되었다.

이는 OECD의 PISA평가에서 매년 최상위권의 순위를 기록하고 있으면서 학생들의 행복 및 정의적 영역에서 매우 높은 순위를 기록하고 있는 핀란드의 교육 모습을 근거로 하여 발견하게 된다. 핀란드는 우리나라와 함께 PISA에서 높은 수준의 학업 성취를 보여주고 있는 국가이지만, 우리나라와 상당히 다른 교육 문화를 가지고 있는 국가로서 우리나라에서 교육적인 측면에서의 관심이 매우 높은 국가라 할 수 있다. 우리나라의 아이들은 정규 학교 수업이외에 대부분의 여가 시간을 공부에 몰두하고 있고, 학원과 과외의 과열 양상이 사회적 문제가 된지 오래이다. 반면 핀란드는 협력과 평등의 교육을 기저로 학업성취 뿐 아니라 다양한 측면에서의 학생 성취를 이루도록 노력함으로써 학생들의 행복도, 학습에 대한 흥미도가 매우 높게 유지되고 있고, 삶의 질이나 청렴도 면에서도 매우 높은 수준을 보여주고 있기에 전 세계적으로 교육의 우수성을 인정받고 있다(유경훈, 임정훈, 김병찬, 2017).

핀란드 교육이 이러한 성공적인 결과를 얻을 수 있게 된 원동력에는 통합교육 기반의 교육 이념, 자율성과 책무성을 극대화한 교육과정, 그리고 프로젝트 학습 기반의 교육 방법이 자리 잡고 있었다. 학생들로 하여금 자유롭게 수업에 참여할 수 있도록 과목중심이 아닌 주제중심의 수업이 주를 이루었고, 배움중심학습에 따라 학습자의 자기주도성 그리고 창의성을 증진시키기 위해 배운 것을 스스로 평가하는 과정을 강조하였으며, 주변의 환경을 향유할 수 있는 방법에 대한 학습을 실천함으로써 학습한 내용이 삶과 동떨어진 교과서 속의 이론적인 지식에 머무는 것이 아니라, 실제적으로 인간(학생)의 삶에 중요한 부분이 된다는 것을 배울 수 있는 학습하는 과정, 배우는 과정을 강조하였다. 그리고 이러한 학습하는 과정의 핵심으로 프로젝트 수업을 적극 활용하고 있었으며, 이러한 과정에서 역량이 함양될 수 있는 교실 수업이 주를 이루고 있었다.

이는 비단 핀란드뿐이 아니었다. 앞서 언급했던 프로그램에서 소개되어진 해외 교육 선진국의 교육 방법이 모두 이와 닮아 있었다. 해외 교육 선진국의 사례를 통해서도 알 수 있듯이 프로젝트 수업은 진부한 것이 아니다. 미래 사회를 준비하고 살아가야 할 우리 아이들에게 매우 적합한 수업 방법이며 여전히 가장 강력한 교수·학습방법이 바로 프로젝트 수업인 것이다.

그러면 누군가가 다시 되물을 것이다.
미래 사회에 적합한 교육 방법이 왜 굳이 프로젝트 수업인가?

미래 사회라고 하면 흔히들 4차 산업사회를 언급한다. 인공지능으로 대변되는 4차 산업사회는 현재의 산업 사회형 대량생산 방식 특성인 표준화, 규격화, 정형화된 학교 교육에서 벗어나 사회의 변화에 따라 다양성, 창의성, 유연성을 강화할 수 있는 학교 교육으로의 변모가 이루어져야 한다고 한다.

그렇다면 4차 산업혁명사회[1]는 과학 기술이 사회 변화를 이끌고 교육계는 그에 맞게 변화에 적응해나가고 있는 현 시점에서, 4차 산업혁명사회를 대비한 학교 교육은 어떻게 변모되어야 할까?

4차 산업혁명사회는 더욱 복잡해진 세계 속에서 다양한 능력이 요구되는 사회이다. 이에 세계 각국(미국, 호주, 캐나다 뉴질랜드, 독일, 싱가포르 등)은 지식습득 – 암기위주의 수동적 교육에서 역량 함양 중심의 능동적 교육을 강조하게 되었으며, 역량 기반의 창의적·협력적 인재를 육성하는데 교육의 초점을 맞추고서 교육과정, 교수-학습방법, 평가방법 등 교육 관련 전 영역에서 역량중심의 교육혁신을 실천하게 되었다. 4차 산업혁명사회에서 교육이 앞으로 나아가야 할 변화 방향을 정리하면 아래의 표와 같다.

1) 4차 산업사회의 특징을 요약하면 아래와 같다.

특징	내용
속도	4차 산업혁명사회에서는 과학기술을 포함한 인간 삶의 변화 속도가 산술적 증가를 넘어 기하급수적 증가로 나타날 것이며, 각 분야들 간의 연계 및 융합이 가속화 될 것이다
범위와 깊이	4차 산업혁명사회에서는 디지털 혁명을 기반으로 한 과학기술의 변화가 주도적으로 나타나지만, 과학기술의 변화에 머무르지 않고 사회, 경제, 문화, 교육 등 사회 전반의 광범위한 변화로 이어질 것이며, 물질적측면의 변화를 넘어 인간의 정체성에 대한 철학적 사유, 논의까지 요구하는 변화가 될 것이다.
체제 변화	4차 산업혁명사회에서는 인류 사회에 부분적인 변화가 아니라 시스템 및 체제의 변화, 즉 패러다임의 변화를 가져올 것이며, 이로 인해 개인적인 삶에서부터 국가 체제의 변화를 넘어, 세계 체제의 변화까지 이어지는 시대가 될 것이다.

자료: 임종헌, 유경훈, 김병찬(2017), p. 11

〈표〉 4차 산업혁명사회에서 교육의 변화 방향

구분	내용	주요 강조 사항
교육 철학	평생학습자 육성, 개인의 개성의 발견과 발전, 협력과 소통, 인간존중	평생교육 체제 안에서 총체적 재구성
교육 과정	국가 교육과정의 유연화, 교육과정 경로 다양화, 삶 중심 교육과정 재구성	교육과정 재구성 강조
교육 내용	역량 중심 교육, 인성/시민성/협업능력 강조	인성과 역량 교육 강조
교육 방법	다양한 교육방법 활용, 학습자주도, 테크놀로지 기반 교육, 온라인 기반, 네트워크 기반	학습자 중심의 교수-학습 강조
교육 복지	교육의 공공성 강화, 소수자와 소외자를 위한 교육복지 강화	공동체로서의 학교

자료: 임종헌, 유경훈, 김병찬(2017), p. 15~16의 표를 수정

위의 표에서 알 수 있듯이 4차 산업혁명에서 교육의 변화는 인간존중을 지향하면서 아이들의 삶이 중심이 되고 역량과 인성이 강조될 수 있도록, 교육과정 재구성을 통한 학습자 중심의 교수-학습의 실천이 그 핵심이라고 할 수 있다.

그렇다면 이러한 교육의 변화에 적합한 학교의 모습 변화는 어떠할까? 이에 대해 임종헌, 유경훈, 김병찬(2017)은 다음과 같이 제시를 하였다.

첫째	역량을 길러줄 수 있는 학교가 되어야 한다.
	4차 산업혁명사회에 필요한 것은 단편적인 지식이 아닌 자신이 아는 지식 혹은 다양한 방법을 통해 알 수 있는 지식을 활용할 수 있는 역량이기 때문이다.
둘째	융합수업이 일상화된 학교가 되어야 한다.
	4차 산업혁명사회의 학교에서는 통합수업 및 융합수업이 일상화될 것이다. 학생들의 삶이 중심이 될 수 있는 교육이란 학생들이 살아가는 삶의 모습과 세계를 담을 수 있어야 한다. 이에 학생들이 살아갈 세계는 정태적인 지식 사회가 아니라 다양한 모습들이 통합, 융합되는 세계이기에, 학교는 분절적 지식을 가르치는 접근에서 벗어나야 한다. 이에 따라 4차 산업혁명사회의 학교에서는 교과 간의 통합이 이루어질 것이며, 실제 현실 맥락에 맞는 다양한 주제를 중심으로 분절된 교과목들이 통합될 것이다. 이에 교육과정 재구성이 필수적으로 요구될 것이며, 현실 맥락적 주제 중심 학습을 위해 프로젝트 학습이 주요한 교수-학습 방법으로 활용될 것이다.

셋째	무학년제 및 무학급제 학교가 되어야 한다. 4차 산업혁명사회의 학교에서는 가상세계, 글로벌 네트워크 속에서 학생들의 학습 양식 및 격차가 더욱 크고 다양하게 나타날 것이기에 학년이나 학급의 구분이 큰 의미를 가지지 못하게 될 것이다. 이에 무학년제, 무학급제 학교가 일반화될 것이며, 학생 각자의 발달 단계 및 필요에 따라 다양한 학습이 가능하도록 1년 동안 1명의 교사에게서 배우는 기존의 학교 형태에서 벗어나 개별 학생의 필요에 맞는 학습과 경험이 제공될 것이다.
넷째	울타리가 없는 학교가 되어야 한다. 4차 산업혁명사회의 학교에서는 현재의 고립적인 학교의 모습에서 벗어나 울타리가 낮아지거나 없어져서 배움의 장이 넓어지게 될 것이다. 학교와 마을, 학교와 지역사회는 하나의 학습 공동체가 될 것이며, 심지어는 한국 학교와 미국 학교의 교실이 실시간으로 연결되어 함께 학습하게 될 것이다. 또한 인공지능의 발달로 어느 장소에서든 배움이 가능하게 된다면 가정, 마을, 일터 등 어느 곳에서나 학습과 배움이 가능하기에 전통적인 학교 울타리는 사실상 그 의미를 상실하게 될 것이다. 이에 학교는 세상의 다양한 온라인과 네트워크를 기반으로 한 배움의 거점(base)으로 변화하게 될 것이다.
다섯째	공동체로서의 학교가 되어야 한다. 4차 산업혁명사회의 학교에서는 전통적인 권위적, 위계적 체제가 지속되지 못할 것이다. 이에 학교는 공동체로서의 학교가 될 것이며, 교사와 교사간의 공동체, 교사와 학생간의 수평적인 관계 형성이 이루어지게 될 것이다. 4차 산업혁명사회에서 학생이나 교사가 다루어야 할 세계는 더욱 복잡해지고 고도화 될 것이고, 이는 어느 개인의 능력이나 역량만으로 해결할 수 없으며 구성원들 사이의 협력과 협동이 필수적으로 요구되기 때문이다. 이러한 의미에서 학생들에게 요구되는 역량 또한 개인적인 능력이 아닌 서로의 다름을 이해하고 그러한 이해 속에서 창의적인 능력을 발휘할 수 있는 협력적 문제 해결 역량이라고 할 수 있다,
여섯째	인간교육 장으로서의 학교가 되어야 한다. 인공지능, 로봇 등의 과학기술의 급격한 발달로 대변되는 4차 산업혁명사회에서는 인간소외, 비인간화가 사회적 문제로 크게 부각될 가능성이 매우 높다. 이에 학교에서는 학생들에게 철저한 인간교육이 실시되어야 한다. 인간 존엄과 가치에 대한 교육, 인간 자체의 소중함과 고귀함에 대한 교육, 타인에 대한 배려와 존중에 대한 교육 등이 엄격하게 이루어져야 한다. 즉, 인간 사이에 발생할 수 있는 갈등과 격차, 그리고 비인간적인 사회 도래에 대한 우려와 걱정을 학교 교육을 통해 해결하고 예방해 나가야 할 것이다.

이처럼 4차 산업혁명사회에서 요구하는 학교 교육의 모습은 단편적 지식이 아닌 지식을 활용할 수 있는 실천중심 배움을 강조하고 있으며, 서로가 지니고 있는 역량과 지식의 다름을 이해하고, 그러한 다름 속에서 함께 협력하여 창의적인 것을 발견하고 발전시켜나

갈 수 있는 역량, 그리고 인간 자체에 대한 소중함과 타인에 대한 배려와 존중과 같은 인성이 강조되는 수업을 필요로 하고 있다. 그리고 이를 위해 아이들의 삶이 중심이 될 수 있도록 실제 현실 맥락에 맞는 다양한 주제를 중심으로 분절된 교과목들을 통합하는 교육이 이루어지고 있다. 즉, 4차 산업혁명사회의 학교 교실 수업은 그동안의 교과서 중심의 교사 및 강의 위주 수업에서 벗어나 학습자가 중심이 될 수 있는 학생 중심의 교수-학습 방법, 아이들의 삶의 모습이 중심이 될 수 있는 교수-학습 방법의 실천 방안이 바로 프로젝트 수업인 것이다. 그리고 이러한 프로젝트 수업은 학생 개개인을 중요시 여길 수 있는 수업을 현실화할 수 있는 가장 강력한 교수·학습 방법이 될 것이다.

평균의 종말

프로젝트 수업이 왜 강력한 교수·학습 방법이 될 수 있는지, 그동안의 교육 방법이 어떠한 잘못된 방향으로 흘러왔는지에 대해 생각해보게 해주는 토드 로즈(2018)의 평균의 종말이라 내는 책을 소개하고자 한다.

토드 로즈(2018)는 '평균의 종말'이라는 저서를 통해 그동안 학교 교육은 숀다이크의 이론에 따라 모든 학생을 똑같은 수준으로 교육시킬뿐 아니라, 학생들을 타고난 재능 수준에 따라 분류해왔다. 이로 인해 현재의 21세기 교육 시스템은 손다이크가 의도했던 그대로 초등학교 저학년 때부터 평균적 학생에 맞춰 설계된 표준화 교육 커리큘럼상의 수행력에 따라 분류돼 평균을 넘어서는 학생들에게는 상과 기회가 베풀어지고 뒤처지는 학생들에게는 제약과 멸시가 가해진다고 하며 그러한 평균주의에 의해 학생들을 사회에서 적절한 위치에 배정시키기 위한 효율적 등급화가 이루어졌다고 한다.

그동안 우리 교육 사회에서 통념화되오던 평균주의는 평균이 이상적이며 개개인은 오류라는 케틀레의 신념과 한 가지 일에 탁월한 사람은 대다수의 일에서 탁월성을 보일 가능성이 높다는 골턴의 신념에 의한 것이었다. 그러나 이제는 그러한 평균주의에서 벗어나 개개인성(재능, 지능, 인성, 성격 같은)을 중요시 여기는 교육과 수업이 필요한 시대이다. 개개인은 오류가 아니며 가장 중시 여겨져야 하는 인간 자질을 하나의 점수로 전략시켜서는 안 된다.

그는 구글, 마이크로소프트 등 유명 대기업의 사례를 예를 들었다. 이들 기업들 역시 2000년대까지는 다른 대기업과 같은 단일 점수 시스템을 적용하여 등급을 매기고, 그에 따라 보너스와 승진, 경고, 심지어는 퇴사 조치도 내렸다. 그러나 2000년 중반 그동안의 인재 선발 방식에 문제가 있음을 감지하고, 성적, 등급, 졸업장 등 흔히 활용하는 기준으로는 다양한 재능을 가진 지원자를 제대로 포착하지 못한다는 인식이 점차 확산되었고, 평균주의에 의한 일차원적 사고 방식에서 벗어나 들쭉날쭉의 원칙에 따라 진흙 속의 진주를 찾으며 인재를 선발하였다.

그러면서 '평균의 종말'에서는 이러한 말을 하고 있다.

> 우리가 간과한 재능을 알아본 것이라 해도 그 재능은 특이하거나 숨겨져 있던 것이 아니라 진정한 재능이고, 그동안 쭉 있어왔고, 들쭉날쭉한 특성을 가진 인간에게만 존재할 수 있는 그런 재능이다. 따라서 진짜 난제는 재능을 구별할 새로운 방법을 찾기가 아니라, 알아보지 못하게 시야를 방해하는 우리들의 일차원적인 눈가리개를 제거하는 일이다.
>
> -「평균의 종말」 토드 로즈(2018), p 143

프로젝트 수업은 교사들이 가질 수 있는 평균주의에 의한 일차원적인 눈가리개를 제거해 줄 수 있다고 굳게 믿고 있다. 본 저서의 에필로그에서 소개한 아이가 바로 그러하지 않을까 한다. 학생이 보여왔던 잘못된 행동으로 인해 가지게 되었던 눈가리개를 프로젝트 수업을 통해 제거하고서 그 학생을 바라봤을 때 그 학생은 문제가 있는 아이가 아니라, 하고 싶은 것이 많고, 하고 싶은 말이 많았던 아이었고, 하고 싶은 것들을 충분히 할 수 있는 기회를 프로젝트 수업을 통해 제공하니 자신이 가지고 있던 진정한 재능을 발휘할 수 있게 되었다.

프로젝트 수업은 수업 시간에 교사에게 충분한 시간을 제공한다. 아이들을 관찰할 수 있는 시간, 피드백을 줄 수 있는 시간, 이야기를 나눌 수 있는 시간을 말이다. 그러한 시간이 아이들에 대한 일차원적인 눈가리개를 제거할 수 있는 기회를 제공하고, 본래 가지고 있었던 재능을 제대로 발휘할 수 있도록 이끌어 주고 기다리는 여유가 필요하다.

이러니 학생 개개인을 소중히 여길 수 있고, 4차 산업혁명시대를 맞이하여 우리 아이들에게 요구되는 역량과 인성, 그리고 지적인 측면을 함께 함양시켜줄 수 있는 가장 강력한 교수·학습 방법이 바로 프로젝트 수업이 될 수 있을 것이라고 믿는 것이다. 물론 이러한 믿음이 우리들만의 이야기일 수는 있지만, 한번쯤 실천해보기를 바란다. 어쩌면 본 저자들이 느끼고 경험했던 것들보다 훨씬 더 강력한 경험을 하게 될지도 모르니 말이다.

3장

프로젝트 수업은 가장 포괄적인 교수·학습 방법이다

프로젝트 수업에 대한 정의가 다양하고 정형화된 정의가 내려져 있지 않듯이, 프로젝트 수업의 모습 또한 매우 다양하다. 하지만 우리나라에 프로젝트 수업이 도입되고 해석되어 적용되는 과정 중에서 찾게 된 좋은 적용 방법이 정형화되고 원칙처럼 굳어져서, 하나의 형태로 프로젝트 수업이 받아들여졌기에 일선의 교사들은 프로젝트 수업이 마치 하나의 형식이 있는 것처럼 여겨지게 되었다(최경민, 이영기, 손장호, 2018).

하지만 앞서 언급했듯이, 프로젝트 학습에서 의미하는 프로젝트는 학생들이 프로젝트 학습을 수행하기 위하여 하는 계획이나 구상, 탐구활동, 또는 이와 관련된 여러 가지 활동 주제를 종합적으로 이르는 의미를 지닌다. 그러한 과정 중에 학생들은 프로젝트를 계획하고 구상하기 위해서 현재 자신이 겪고 있는 문제 혹은 과제가 무엇인지 삶과 연관 지어서 발견하는 과정을 경험하게 된다. 그리고 수업을 통해 공동의 문제나 과제를 경험하게 된 학생들이 함께 팀을 이루고, 팀원들은 서로의 장점을 살려서 각자의 역할을 찾아서 최선을 다하게 되고, 그러한 과정 중에 서로의 다름을 이해하게 된다. 또한 이러한 조정과 협력의 과정을 거치면서, 그들이 공동으로 지니고 있던 문제 혹은 과제를 함께 해결하게 된다. 이러한 과정의 결과로서 학생들은 공동 혹은 개별의 결과물을 만들어내게 되는데, 이러한 프로세스가 바로 프로젝트 수업이다.

여기서 중요한 것은 프로젝트 수업은 결과물을 중요시 여기지 않는다는 점이다. 흔히들 프로젝트 수업을 진행하면서 크게 범할 수 있는 오류나 잘못은 결과에 집착을 하고 평가를 하려는 것이다. 물론 프로젝트 수업이 결과물을 중요시 여기기는 하지만 그보다 결과물을 만들어내는 과정, 즉 학습하는 과정 그 자체를 더욱 중요하게 생각한다. 결과물을 만들어내는 과정 중에서 학생들이 경험하고, 깨닫고, 체득하는 것이 바로 인성과 역량이다. 이에 프로젝트 수업은 인성과 역량을 함양시켜주기에 매우 강력한 교수·학습방법이라 할 수 있다. 다시한번 정리하면 프로젝트 수업은 결과물에 대한 평가가 아닌, 결과물을 만들어내는 과정 중에 학생들이 체득하고 깨닫고 경험하고 이해하게 되는 모든 것들을 더욱 중요시 여기고 있으며, 그러한 것들이 바로 인성이 되고 역량이 되는 것이다.

그리고 그러한 과정 중에서 어려움을 겪게 되는 학생들에게 교사는 조력자의 역할, 퍼실리테이터로서의 역할을 수행하게 되고, 수업 내용 및 과제의 어려움 정도에 따라서 협동학습, 토의·토론학습, 설명식 수업, 거꾸로 교실, 액션러닝 식 수업 등 다양한 교수-학습법을 활용하게 된다. 프로젝트 수업은 어떠한 방법으로, 어떠한 방식으로 수업을 진행하라고 명시된 것이 없다. 과제를 발견하고, 같은 과제 혹은 문제를 경험하고 있는 친구들이 팀을 꾸리고, 문제 혹은 과제를 해결하는 과정, 즉 프로세스일 뿐이며, 그러한 과정 중에 필요하다면 현존하고 있는 그 어떠한 교수·학습방법을 활용해도 무방하다.

이러한 점에서 프로젝트 수업은 하나의 교수·학습 방법으로 정형화할 수 없다고 말할 수 있다. 즉 프로젝트 수업은 하나의 교수-학습 방법을 강조하거나 정형화된 틀이 정해져 있는 것이 아니라, 문제를 스스로 찾고, 함께 해결방법을 찾아서 해결해나가는 일련의 학습 과정을 중요시 여기는, 학습하는 과정, 즉 프로세스에 더욱 가깝다고 할 수 있다. 이에 교사들은 학생들이 문제를 해결해나감에 있어서 필요로 하는 다양한 교수-학습을 활용할 수 있는 개방적인 교수·학습 방법이라고 할 수 있다. 이에 본 저자들은 기존의 교수·학습 방법을 모두 적용할 수 있는 가장 포괄적 의미의 교수-학습 방법으로 프로젝트 수업을 제안하고 있으며, 이에 대한 우리 저자들의 생각들은 아래와 같이 도식화될 수 있을 것 같다.

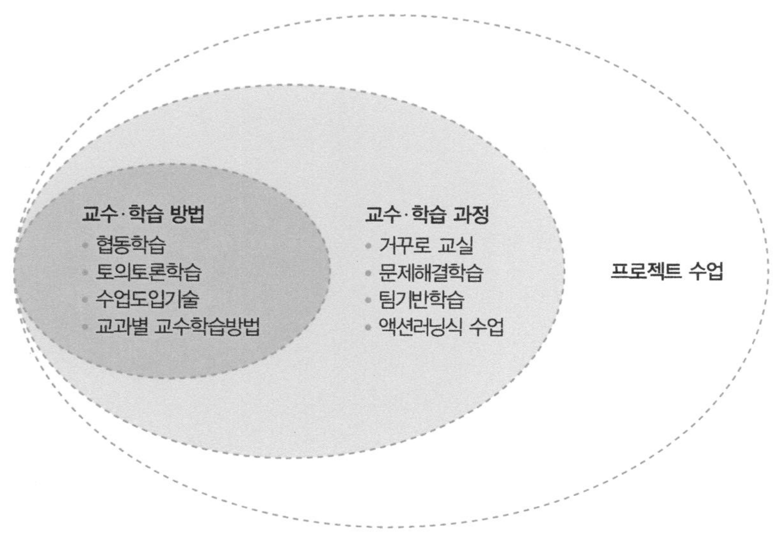

많은 교육대학교 학생들은 임용시험 준비를 위해 교과별로 다양한 교수학습 방법을 습득한다. 그런데 막상 학교에서 아이들을 가르치고 있자면 그러한 교과별 교수학습 방법을 적용하여 수업을 하는 경우는 드물지만 공개수업 지도안 작성 시에는 필요하다. 상황이 이러한데 과연 교과별로 적용 가능한 교수학습 방법을 암기하는 것이 중요한 것일까? 그리고 다양한 교수학습 방법을 살펴보면, 모든 학습 방법은 도입, 전개, 정리로 귀결되어짐을 알게 된다.

그래서 그런지, 기존의 교과별 교수·학습 방법에 대한 보완책으로 학생 중심, 활동 중심 교수·학습이 진행되었다. 협동학습, 토의·토론 학습 등과 같은 교수·학습이 다양한 형태로 진행되었고, 교과별 교수학습 방법보다 이러한 교수학습 방법에 대한 연수가 주를 이루고, 중요시 여겨졌던 시기(아마 2000년 후반에서 2010년 초반 정도로 여기면 될 것 같다)도 있었다. 실제로 2010년 전후로 하여 교사 대상의 연수 중 토의·토론 수업 및 협동학습에 대한 주제가 주를 이루기도 했으니 말이다.

하지만 학생 활동 중심 수업 또한 학습과 배움 보다는 활동에 집중하게 될 수 있다는 비판을 받게 되면서, 거꾸로 교실, 문제해결학습, 팀 기반 학습, 액션 러닝 식 수업 등 활동과 함께 학습과 배움의 과정을 함께 강조하게 되는 교수·학습 방법이 각광 받게 되었다.

물론 학생 중심 교수·학습과 과정을 강조하는 교수·학습에 대한 분류 기준이 명확하게 구분지어서 정의되어 있는 것은 아니지만, 본 저자들은 짧은 호흡이 요구되는 한 두 차시 수업을 교수·학습 방법이라고 분류하였고, 많은 차시로 이어지는 긴 호흡이 요구되어, 여러 차시 수업으로 진행되면서 학습 방법 및 학습 과정을 강조하는 수업을 교수·학습 과정이라고 구분 짓고자 하였다. 그리고 과정을 강조하는 교수·학습법이라고 할지라도 차시별 수업 내용에 따라서 현직 교사들은 협동학습, 토의·토론 학습과 같은 활동중심 수업 뿐 아니라 필요할 때는 설명식 수업도 함께 진행하기도 하였다. 이러한 측면에서 과정을 강조하는 교수·학습법 안에 활동 중심의 다양한 교수·학습 방법들을 포함시키는 도식화를 위와 같이 그리게 되었다.

여기서 한 가지 궁금증이 생기게 되었다.
과연 과정을 강조하는 교수·학습은 어떠한 특징이 있을까?

앞서 잠깐 언급 했듯이, 교육대학교에서 교과별 교수·학습 방법을 공부하면서 우리 저자들 뿐 아니라 많은 예비 교사들은 한 가지 의문점이 들었을 것이다. 그것은 바로 교과별로 다양한 이름의 교수·학습이 존재하고, 교수·학습의 이름에 따라서 단계별로 서로 다른 단계가 존재하고 있기는 하지만, 가만히 들여다보면 모든 교수·학습의 단계가 모두 도입, 전개, 정리로 귀결이 된다는 점이다. 한 차시 수업이 모두 도입, 전개, 정리의 단계로 이루어짐에도 불구하고 왜 우리 예비 교사들은 그렇게나 힘들게 서로 다른 교수·학습에 따라 다른 이름으로 명명된 수업 단계를 아무런 이유 없이 외우고만 있어야 하는 것이었을까? 심지어 힘들게 외웠던 다양한 교수·학습과 단계들이 실제로 교직 생활을 함에 있어서는 별 필요가 없는 것 또한 더욱 심각한 문제라 할 수 있다. 이러한 측면에서 우리는 과정을 강조하는 교수·학습 또한 그러한 면이 있지 않을까하는 궁금증이 생기게 되었고, 우리가 제시한 과정을 강조하는 교수·학습에 대한 공통점이 무엇일까를 찾아보고자 하였다.

그 결과 위 그림에서 제시하는 학습하는 과정을 강조하는 교수-학습 과정들은 그 과정에 있어서 약간의 차이가 있기는 하였지만, 대부분이 학생들 스스로 문제를 발견하게 하고, 문제에 대한 해결방법을 학생들이 함께 찾아가도록 하는 학습의 과정을 강조하고 있으며, 그러한 학습 과정 중에 학생들 스스로 인성과 역량, 그리고 창의성이 함양될 수 있는 배움을 강조한다는 공통점을 발견하게 되었다.

물론 학습별로 다른 점도 존재[2] 하였다. 우선 흔히들 프로젝트 수업과 혼동하기 쉬운 문제해결학습과 액션러닝 식 수업을 비교하자면, 과제의 성격에 가장 큰 차이가 있다. 액션러닝은 학생들의 삶과 직접적인 관련이 있는 실제 과제인 반면, 문제 중심 학습은 학생들의 삶과 간접적으로 연관이 있을 것 같은 문제를 학습상황에 적용시킨 실제적인 과제이다. 이러한 면에서 액션러닝을 학교에 적용하는 것에는 큰 무리가 있다고 한다. 액션러닝은 기본적으로 학습에 참여하는 참여자들이 실제의 문제를 경험하고 있어야 하며, 그러한 실제의 문제를 해결하기 위해 액션러닝 코치와 함께 학습을 진행해야 한다는 이론적인 측면이 강하기에 학교에 적용하는 것에는 무리가 따른다고 할 수 있다. 그럼에도 불구하고 현대중공업, 삼성중공업 등 한국의 대기업에서 그들이 지닌 실제 문제를 해결하기 위해 액션러닝을 도입한 결과 매우 긍정적인 측면이 발견되었기에 교육적인 측면에서 학교에 도입이 되기는 하였다. 그래서 흔히들 학교에서는 액션러닝 식 수업이라고 말하기도 한다. 하지만 엄밀히 말하면 이는 액션러닝이라고 말할 수 없으며, 액션러닝에서 활용되는 다양한 방법들을 교실 속 수업에서 활용하는 단계에 그치고 있다.

그리고 두 번째, 과제해결 프로세스에서 차이점을 발견할 수 있다. 과제해결 프로세스의 경우 "과제의 명확화 ➡ 과제해결을 위한 연구 ➡ 해결안 모색 ➡ 실행"의 단계를 보통 거치게 된다. 액션러닝의 경우에는 이러한 단계를 거칠 때 과제의 성격 및 맥락에 따라

2) 최경민, 김규태(2015). 거꾸로 배움, 교실에서 찾은 행복 열쇠(경기: 양성원)에서 내용을 발췌하여 수록

다른 방식으로 세분화된 절차나 과제해결 도구 활용을 강조한다. 이에 반해 문제해결학습은 과제 해결 프로세스를 더욱 강조하고 있으며, 교실에서 각각의 과제를 해결하기 위하여 다양한 과제해결 학습 도구를 개발하고 학생들이 각각의 과제 성격에 맞게 학습 도구를 활용할 수 있다고 제시한다.

세 번째, 교사의 역할에 차이점이 있다. 문제해결학습에서 교사는 학습자가 학습을 얼마나 어떻게 이루어 가고 있으며 학습하는데 있어 필요한 사항이 무엇인지 스스로 깨달을 수 있도록 도움을 주는 조언자 혹은 동료학습자로서의 역할을 하게 된다. 반면 액션러닝에서의 교사는 문제해결학습에서의 교사 역할과 더불어 적절한 과제해결을 위하여 프로세스와 학습 도구를 개발하고, 선택함으로써 학생들이 이를 잘 활용할 수 있도록 안내하는 역할도 포함하게 된다. 이제 실제 저자들의 교실 수업에서는 과제해결 도구에 대한 다양한 선택을 위하여 학생들의 과제해결에 도움을 줄 수 있도록 액션러닝 식 학습법을 활용한 다양한 교수학습방법을 개발하고 이를 선택하여 사용할 수 있게 하였다.

이러한 문제해결학습과 액션러닝 식 수업을 요약 비교하면 아래의 표와 같이 도식화 할 수 있다.

〈표〉 문제 중심 학습과 액션러닝 학습 차이

	문제 중심 학습	액션러닝학습
실제성	학생들의 삶과 간접적으로 관련된 실제적인 과제	학생들의 삶과 직접적으로 관련된 실제 과제
과제해결 프로세스	과제의 명확화 ➡ 과제해결을 위한 연구 ➡ 해결안 모색 ➡ 실행	문제 중심 학습과 동일한 과정을 거치지만 과제의 성격 및 맥락에 따라 다른 방식으로 세분화된 절차나 과제해결 도구 활용을 강조
조력자 (교사) 역할	조언자, 동료학습자	안내자, 조력자

출처: 최경민, 김규태, 2016, P. 14

다음으로는 거꾸로 교실에 대해 알아보겠다. 거꾸로 교실은 플립-러닝(flippde-learning)이 우리나라에 들어오면서 재해석된 용어로, 학습 과정에 있어서 일정한 순서가 정해져 있는 것이 아니라 학교에서 배워야 할 부분을 가정에서 스스로 미리 학습하고, 학교에서는 가정에서 각자 학습한 내용을 기반으로 교실에서 주어지는 문제나 과제를 함께 협력하여 해결해나가는 교수·학습 방법이라고 할 수 있다. 플립-러닝은 학교에서 학습에 관심과 흥미가 없는 학생들로 하여금 어떻게 하면 수업에 몰입하게 할 수 있을지에 대한 문제점에서 시작한 학습방법으로써, 가정에서 미리 학습하도록 한 후 학교에서는 이를 기반으로 하여 다양한 활동에 참여하게 함으로서 수업에 대한 흥미와 관심, 그리고 몰입도를 높이고자 하는 교수·학습 방법이다. 그럼에도 불구하고 우리나라에 플립-러닝이 소개가 되고, 거꾸로 교실이라는 이름으로 재탄생하면서, 이와 관련된 수 많은 연수들은 동영상을 어떻게 제작해야 하는지에 초점을 두는 잘못된 방향으로 거꾸로 교실이 나아가고 있는 것은 아닌지 조심스럽게 말을 꺼내본다. 플립-러닝은 동영상이 아닌 학습지로도 사전 학습이 가능하다고 언급을 하고 있음에도 불구하고, 거꾸로 교실을 처음 적용하고 운영하였던 교사들의 소개 내용이 정형화되어서 마치 동영상을 제작해야만 거꾸로 교실을 적용할 수 있는 것처럼 인식되어지면서 많은 오해와 편견이 만들어진 교수·학습 방법이라고 생각한다.

거꾸로 교실에 대해서 힘을 주어 말을 하고자 한다. 거꾸로 교실은 동영상을 제작하는 것이 중요한 것이 아니라, 학생들이 활동을 하고 수업에 참여하기 위해 필요한 기본 지식을 가정에서 미리 학습해 오도록 하고, 수업에서는 학생들이 학습 한 내용을 기반으로 다양한 활동에 참여토록 하여 더욱 폭넓은 학습과 배움의 경험을 제공해주는 교수·학습 방법이다. 그리고 가정에서의 학습에 도움을 주기 위해서 동영상 자료도 좋기는 하지만, 기존의 학습지 혹은 책, 교과서도 훌륭한 자료로 활용이 가능하다는 점을 기억해주면 좋을 것 같다. 이러한 사고가 기반이 된다면 조금 더 쉽고 다양한 거꾸로 교실이 가능해지지 않을까 한다.

다음으로는 팀 기반 학습에 대해 알아보겠다. 팀 기반 학습은 공동의 목표를 달성하기 위해 팀원이 서로 비전을 공유하고, 효율적인 의사소통 체계를 갖추고, 팀원 간의 활발한 상호작용을 통하여 성과를 달성하는 팀 체계에 바탕을 둔 교수학습 방법이다. 다만 팀 기반 학습은 특별한 순서를 가지고 있으며, 다양한 학습활동의 집합이라 할 있고, 아래의 그림과 같은 학습 순서를 지니고 있다.

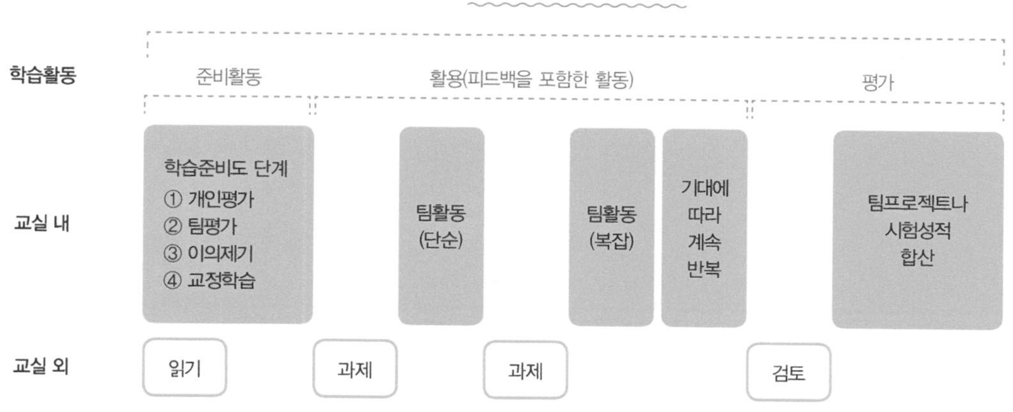

출처: 이영민, 전도근, 2009, P. 42

학습 준비활동 단계에서는 학습을 위한 주요 정보 및 아이디어를 소개하게 되는데, 이러한 준비 활동은 플립러닝(거꾸로 교실)과 유사한 면을 발견하게 된다. 실제 학습 과정에서는 팀별로 과제를 제공하고 단순한 활동과 복잡한 활동을 통해 문제를 해결할 수 있도록 하는데, 이 과정은 학생들에게 문제를 제시하고, 함께 협력하여 해결 방안을 찾고 해결해나가는 앞서 언급했던 과정을 강조하는 교수·학습 방법과 별반 다르지 않았다.

팀 기반 학습의 과정을 살펴보면 플립-러닝, 액션러닝, 프로젝트 수업과 유사한 면을 많이 발견하게 된다. 그럼에도 불구하고 학교에 널리 활용되지 않는 이유는 팀이 가지는 기본적인 성격, 특징 때문이다. 팀 기반 학습에서 말하는 팀은 흔히 학교에서 이루어지고 모둠과는 그 의미가 상당히 다르기 때문이다. 팀 기반 학습에서 의미하는 팀과 협동학습에서 의미하는 모둠과의 차이를 살펴보면 아래의 표와 같다.

〈표〉 팀 기반 학습과 협동학습의 차이 분석

	협동학습	팀 기반 학습
집단 유지 기간	반 학기	전체 학기
집단의 크기	4명 이하	5~7명
역할 분담 활용	활용함	활용하지 않음 (오히려 역효과)
집단 활동 성적	때에 따라	매우 중요
집단 학습 과정 분석하고 설명하기 위한 시간 활용	매우 중요	좋은 생각이지만 매우 중요하지 않음
즉각적인 피드백 제공	좋은 생각이지만 매우 중요하지 않음	매우 중요
동료평가 사용	때에 따라	매우 중요

출처: 최경민, 김규태, 2016, P. 16

이러한 모둠과 팀의 차이로 인해 학교에 적용하기에는 큰 무리가 따르는 학습법이다. 한 학기동안 팀을 유지해야 하고, 많은 학생들이 팀을 꾸리고 학생별로 배정되는 역할이 없기 때문에 무임승차가 발생할 수 있는 가능성이 커지게 되고, 학습 과정 중 설명을 위한 시간을 중요하게 여기지 않는다는 점에서 이러한 학습방법은 대학에서 적용하는 것이 더 효율적이라고 생각하게 된 것 같다. 하지만 역할이 없다고 하여, 구성원이 많다고 하여, 오랜 시간 팀을 구성해야 한다고 하여 초등학교, 중·고등학교에 적용하는 것에 무리가 있는 것일까? 과연 각자에게 배정된 역할이 있다고 하여 학생들은 학습 활동에 참여하는 것일까? 어쩌면 학습 준비도 단계, 동료평가와 피드백 제공을 강조하고 있다는 점, 다양한 아이들의 생각을 모을 수 있기에 협동학습보다 집단의 크기가 크다는 점, 역할 분담을 활용하지 않고 팀이 스스로 역할을 찾아 책임감을 강조한다는 점에서 교실 수업에 적용할 만한 철학적인 측면이 더욱 많은 것이 아닐까 생각해보았다. 이에 대해 실제 우리 교실 이야기를 잠깐 해보고자 한다.

사실 6~7년 전 팀 기반 학습을 처음 알게 되고, 위에서 언급한 팀 기반 학습의 철학에 동의하면서 초등학교 2학년을 대상으로 하여 팀 기반 학습을 적용한 적이 있었다.

물론 학부모님들의 반대와 걱정을 받기는 하였지만, 프로젝트 수업과의 연계성을 설명하면서 크게 다르지 않음을 안내하였고, 학부모님들을 대상으로 이해와 설득의 과정을 거친 후 적용을 하였다.

우선 한 학기동안 한 팀을 구성·운영이 된다는 점에 큰 무리가 있을 것이라는 반대를 받게 되었다. 그런데 다시 한 번 생각해보자. 물론 다양한 친구들과 모둠을 형성하고, 다양한 친구들과의 관계 형성을 경험하게 하는 것도 중요하다. 그러나 실제 사회에 나와서 우리들의 인간관계 형성이 어떠한지 물어보고 싶다. 다양한 사람들과 관계를 형성하며 살아가는 존재들도 있지만, 대다수의 사람들은 자신의 주변 사람들, 자신과 연계된 일부부의 사람들과 좁지만 깊은 관계를 형성하며 살아가는 것 같다. 이러한 말도 있지 않은가?

'나를 믿어주는 한 사람만 있으면, 모든 일을 할 수 있다.'

이러한 말을 하면서 여러 친구들과의 관계형성도 중요하지만, 우리 교실에서는 일 년 간 몇 몇의 친구들과 깊은 관계를 형성하는 교육적 경험을 제공해주고자 하였다. 100% 동의를 하였는지는 모르겠지만, 어쨌든 학부모들이 나의 이런 말에 어느 정도의 공감을 하게 되었다.

그리고 역할에 대한 질문도 많았다. 이제 초등학교 2학년인 아이들에게 역할을 주지 않고, 스스로 역할을 찾고, 정하는 활동이 어렵지 않을까라는 걱정이 많아 아래와 같이 설득을 하였다.

"모둠활동을 하면서 아이들은 두 가지 성향을 가지는 것 같다. 하나는 모둠장의 역할을 하고 싶어 하는 아이들, 하나는 하고 싶지 않은 아이들이다. 즉, 나눔이가 되기 위해, 그리고 기록이가 되기 위해 아이들은 학교에 오는 것이 아니다. 몇 몇 아이들은 모둠장이 되고 싶지만 못하게 되는 상황이 생기게 되고, 관심이 없지만 기록이나 나눔이가 되어야 하는 상황이 생긴다. 물론 그 또한 방관자를 만들지 않고, 학습에 있어서 어느 활동이라도 참여를 하게 하기에 도움이 될 수 있을 것이라고 말을 한다면 나 또한 그 부분에 대해서는 어느 정도 동의한다. 하지만 과연 하고 싶지 않은 역할을 자의가 아닌 타의에 의해서 결정이 되고 해야만 할 경우 그 아이는 학교에 오는 것이, 수업을 하는 것이 즐거울까? 그래서 우리 교실에서는 해야 하는 역할도 정하지 않을 것이고, 개인적으로 어떠한 역할을 맡아야 하는지도 정해주지 않을 것이다. 팀을 꾸리고, 팀에서 활동을 하면서 필요한 역할을 찾고, 각자의 장·단점을 찾아서 스스로 잘 할 수 있고 열심히 할 수 있는 역할을 찾게 된다면, 그것만으로도 교육이 되고, 배움이 되고, 학습이 되지 않을까?"

이전 산업시대와 비교하여 4차 산업혁명 시대의 가장 큰 변화는 개개인의 역량과 역할을 중요시 여긴다는 점이다. 1명의 뛰어난 사람이 몇 천 명을 먹여 살리던 산업시대에서 벗어나, 모든 사람들이 각자의 자리에서 자신의 역량을 발휘하여 함께 협력하여 살아가야 하는 사회가 4차 산업혁명 시대라 할 수 있다. 이러한 점에서 자신이 잘 할 수 있는 것이 무엇이고, 주변 친구들에게 도움을 줄 수 있는 것이 무엇인지를 스스로 발견하고, 그러한 역할에 최선을 다하여 협력하는 방법을 교실 수업을 통해 배우고 학습하게 된다면, 미래 사회를 대비할 수 있는 수업과 학습이 되지 않을까 생각한다.

그리고 2학기가 되자 더욱 놀라운 일을 발견하게 되었다. 어느 팀에서 매주 월요일 아침이 되면 공책을 꺼내고 열띤 토론을 펼치는 것이었다. 초등학교 2학년이 말이다. 어떤 토론을 하는지 궁금했던 나는 그 팀으로 가서 가만히 지켜보았다. 토론 주제는 다른 것이 아니라 이번 주 역할 배정에 대한 것이었다. 1학기동안 활동을 하면서 팀에서 필요한 역할이 무엇이었는지 함께 찾게 되었고, 서로가 하고 싶은 역할이 중복되었기에 그 팀에서는 매주 돌아가며 역할을 하자고 의견을 모으게 되었다고 한다. 그래서 이렇게 매주 월요일 아침마다 토론을 하게 된 것이었다. 놀라운 일은 계속 이어졌다. 이 팀의 이러한 활동을 주변에서 지켜보던 다른 팀들도 그 팀을 따라서 매주 월요일 역할 배정에 대한 토론을 시작하였다는 것이다. 물론 이 경우 역시 하고 싶지 않은 역할을 해야 하는 상황은 반드시 생겨난다. 그래도 앞서 말을 했던 협동학습의 상황과 매우 다른 점이 있다. 그건 하고 싶지 않은 역할을 해야 하는 상황이 발생하기는 하지만, 그러한 상황 자체를 만든 것이 교사 혹은 어떤 타의에 의해서 아니라 자신과 자신이 속한 팀이 함께 나눈 의견이나 생각, 활동과 경험에 의한 것이었기에 스스로 그러한 상황을 받아들이게 되고, 하고 싶지 않은 역할이더라도 책임감을 가지고 적극적으로 참여하는 방법을 배우게 되었다.

이러한 변화된 모습을 보였던 아이들은 초등학교 2학년이었다. 초등학교 2학년들조차도 이렇게 생각이 자라게 되고, 그들 스스로 서로에게 도움이 될 수 있는 방향으로 발전하고 성장하는 모습을 직접 교실에서 눈으로 몸으로 경험하고 체험하게 되었다.

개인적으로는 기적과도 같은 일이라고 생각하였다. 그 당시에는 혼자서 연구하며 프로젝트 수업을 계획·실천하면서 매우 어렵고 힘들게 수업을 진행해오던 시기였다. 그런데 1년간의 팀 기반 학습에 기초한 프로젝트 수업을 진행하면서 이제 9살인 친구들이 스스로 활동에 참여를 하는 모습을 살펴보게 되었고, 학부모로부터 아이들이 집에서 스스로 과제를 하게 되었고, 이전과는 다르게 무엇인가를 스스로 하려는 모습을 보이게 되었다는 피드백을 받기도 하였다.

이러한 1년 동안의 경험은 프로젝트 수업에 대한 중요성, 필요성을 깨닫게 되는 계기가 되었고, 교실 수업에 바른 방법으로 적용된다면 분명히 교사들과 아이들에게 좋은 교육적 경험을 제공해 줄 것이라는 자신감을 가지게 된 계기가 되었다.

이처럼 과정을 강조하는 교수-학습 방법들이 각각의 성격 및 특징에 있어서 미묘한 차이가 있기는 하지만, 학습과 배움의 과정을 강조하는 교수-학습 방법들은 대부분이 학습자 중심의 교육을 통해 학습자들이 능동적이고 주도적으로 참여하고, 교사에게는 학생들의 학습 환경이 삶과 더욱 밀접한 관련이 있을 수 있도록 실제적 맥락의 문제 혹은 주제를 제공하고 안내하는 촉진자 역할을 해야 함을 강조하고 있다. 이에 교사와 학생은 그동안의 위계적 관계에서 벗어나 동등한 관계에서 서로 도움을 주고받을 수 있는 수평적 관계를 형성할 수 있도록 하고 있다.

그러기에 본 저자들은 이 모든 교수·학습 방법을 아우를 수 있는 교수·학습 방법으로 프로젝트 학습을 제시하게 되었다.

프로젝트 및 프로젝트 수업에 대한 정의적인 측면에서 알 수 있듯이, 프로젝트 수업 방법은 매우 자유롭고 다양하다고 할 수 있다. 프로젝트 수업이 지니고 있는 기본적인 성격 및 목적에 의한다면, 프로젝트 수업은 학생들이 경험하고 체험하고 있는 삶 속에서 찾을 수 있는 문제나 과제에 대해 폭넓게 사고하도록 하여 그 시작점을 찾고, 문제에 대해 복합적이고 실질적인 접근을 통해 학생 주도적으로 탐구하는 동시에 협력하여 문제를 해결해가는 과정을 통해 문제나 과제를 해결할 수 있는 공동의 결과물을 만들어 낼 수 있도록 기회를 제공해 주면 된다. 그리고 그러한 과정에서 학생들 스스로 의사소통 역량, 협동력, 비판적 사고력, 문제해결력 등 인성적인 요소와 역량적인 요소를 습득할 수 있다면 그 모든 학습들이 모두 프로젝트 수업이라고 여겨질 수 있는 것이다.

그러니 프로젝트 수업은 정형화된 하나의 교수·학습 방법이 아니라고 할 수 있으며, 기존의 교수·학습 방법을 모두 아우를 수 있는 학습 프로세스라고 할 수 있다.

우리들은 모두가 다르고, 다양성이 인정받는 사회에서 살고 있다. 학생들이 다양하듯 교사가 다양하고, 교사가 다양하듯 수업이 다양하고, 수업이 다양하듯 프로젝트 수업을 적용하고 활용하는 방법 또한 매우 다양한 것이다. 프로젝트 수업은 하나의 틀로 정형화된 교수·학습이 아닌, 학습하는 과정을 강조하고 그러한 과정 중에 스스로 역량을 발현할 수 있도록 배움의 기회를 제공해주는 학습 프로세스이기 때문이다. 그러니 프로젝트 수업은 하나의 교수·학습 방법으로 정형화된 것이 아니라고 말할 수 있다.

물론 그렇다고 하여 프로젝트 수업이 최고라든지, 이것만이 학교 교육이 나아가야 할 하나의 지향점이라는 말은 아니다. 다만 프로젝트 수업은 어느 하나의 이론이나 방법, 절차를 고집하는 것이 아니라 변화와 포용을 바탕으로 다양한 교수-학습을 인정하고 받아들이며 다양한 모습을 띨 수 있기에 한국의 학교 교육이 나아가야 할 최적의 교수·학습 방법으로 제시하고 싶은 것이다.

프로젝트 수업, 핵심 아이디어 열

프로젝트 수업의 오해와 편견에 대한 솔직한 이야기, 그리고 그 안에 담겨진 진실을 알게 되면서, 몇 몇 교사들은 그럼 나도 프로젝트 학습을 시작해볼까라고 생각을 하게 될지도 모른다. 아니 꼭 그러한 마음을 가지고 직접 실천했으면 좋겠다. 이러한 선생님들에게 프로젝트 학습을 실천함에 있어서 프로젝트 학습을 더욱 빛나게 해 줄 10가지의 핵심 아이디어[3]를 알려주고자 한다.

핵심 01 일단 시작하세요.

우선 처음 시작하는 프로젝트 학습은 간단하고 쉬운 것부터 시작하는 것이 좋다. 그러면 일단 시작하는데 어려움과 두려움이 사라질 것이다. 모든 것을 갖추어 놓은 상태에서 프로젝트 학습을 시작하려면 모든 것이 어려워진다. 그냥 쉽고 간단한 것부터 시작하는 것이 중요하다. 조금씩 수정하고 추가해나가면서 프로젝트 학습의 모습을 갖추어 가면 되는 것이다.

핵심 02 선택하고 집중하라

모든 교과서, 교과서 안의 모든 내용을 프로젝트 학습에 담으려고 하지 말아야 한다. 교과서는 잘 정돈된 하나의 교수학습 자료일 뿐이다. 성취기준에 따라 가르칠 것만 골라내고, 나머지는 과감히 버림으로써 선택하고 집중함으로 학생들뿐 아니라 교사들도 여유를 가져야 한다.

단편적인 일회성의 학교 행사를 조금은 접어두고서, 학년 중심의 교육과정 재구성에

3) 최경민, 이영기, 손장호(2018). 학교가 행복한 우리 아이들 92~95쪽의 내용 발췌하여 수록함.

집중해야 한다. 행사가 아닌 교육과정이 중심이 되는 교실 수업이 중요한 것 같다. 이에 교육적인 것인지 그렇지 않은 것인지 고민하고 교육적인 것이 아니라면, 그저 일회성의 행사에 그치는 것이라면 과감히 버리고서 교육적인 것을 선택하고 집중하는 것이 하다.

핵심 03 나만의 스타일을 만들어라

프로젝트 학습을 시작하기 위해 잘 짜여 진 다른 프로젝트 학습을 살펴보게 된다. 그러면서 나는 할 수 없다는 좌절감을 맛보게 될 것이다. 교사 개인마다 처한 상황이 다르기에 앞서 실행에 옮기고 있는 교사들은 그 자체만으로 인정을 하고서, 나만의 스타일을 찾아가는 것이 중요하다. 나에게 맞는 프로젝트, 우리 반 아이들에게 필요한 프로젝트 학습을 고안하여 우리 교실에 맞게 기획해야 한다. 누군가를 따라하면 반드시 망하게 되는 것이 프로젝트 학습이니 말이다.

핵심 04 교육과정 – 수업 – 평가를 일치시켜야 한다.

사실 학교 현장의 대부분은 그동안 수업 시수를 맞추고 일률적으로 평가 기준안을 작성하는데, 이를 종이 교육과정이라고 흔히 말을 하고 있다. 이제는 과감하게 이러한 관행에서 벗어날 필요가 있다.

물론 프로젝트 학습을 위해서는 이러한 관행에서 벗어날 수밖에 없다. 프로젝트 학습은 교육과정 재구성을 기본 전제로 하고 있으며, 교사가 실천 가능한 내용으로 교육과정을 재구성하고 이를 수업으로 실천하기에 교육과정, 수업, 평가가 일체화가 될 가능성이 높아지게 된다.

물론 활동 중심으로 이루어지는 프로젝트 학습의 경우 몇 몇 교사들이 평가라는 부분을 소홀히 하는 경우를 더러 보기도 한다. 그러나 프로젝트 학습이 성공적으로 이루어지기 위해서는 평가 역시 매우 중요하다. 전통적인 평가방식에서 벗어나 프로젝트 별 성격에 맞는 평가 방법을 기획하고, 프로젝트 학습을 진행하는 과정 중에 계획에 따라 평가가 이루어지는 과정 중심 평가, 학생 중심 평가가 이루어져야 한다. 이에 본 저서 3부는 과정 중심 평가에 대한 내용으로 꾸려지게 된 이유이기도 하다.

핵심 05 기존의 교육과정 계획을 수정함에 유연해져야 한다.

프로젝트 학습을 하다보면 계획되었던 시간보다 오래 걸리는 경우가 자주 생기게 된다. 학생들의 활동과 사고를 막지 않기 위해 기다리다보면 시간이 오래 걸리는 경우가 생기기 때문이다. 그러하다보니 학기 초에 미리 작성해두었던 학급 교육과정 시수를 수정하고 변경하는 경우가 자주 생기게 되어 불편함이 커지게 된다.

본 저자의 경우 이러한 번거로움과 불편함을 줄이고자 학기별 교육과정을 학기말(1학기는 8월 초, 2학기는 12월 말)에 제출을 하고 결재를 받고 있다. 물론 이러하더라도 기존에 계획되었던 연간 시간표 및 시수표를 지속적으로 수정해가는 불편함이 사라지지는 않지만, 아이들과 함께 교육과정을 만들어간다는 생각으로 다소 불편함을 감수하며 진행하고 있다.

그리고 계절 및 학교 행사에 따라 프로젝트 학습을 더러 운영하는 경우도 있다. 그런데 이전 프로젝트 학습들이 조금씩 시기가 미뤄지면서 계획했던 시기에 프로젝트 학습을 제때 시작을 하지 못하는 경우도 있다. 이럴 때는 우선은 이전 프로젝트 학습을 잠시 멈추고, 새로운 프로젝트를 시작하는 유연성을 가진다. 계절성이 요구되는 프로젝트 학습 혹은 학교 행사와 연계된 프로젝트 학습의 경우에는 그 시기에 하지 못할 경우 활동 자체가 어려워지거나 학교 행사 진행에 차질이 있기 때문이다. 예를 들면 학교 전시회와 연계하여 운영하였던 세계 여행 프로젝트를 들 수 있다. 이는 아이들의 작품만을 모아서 전시하던 일회적 학교 전시회에서 벗어나서 프로젝트의 결과로 학교 전시회를 열고자 계획하였던 학년 프로젝트였다. 학급별로 각 각의 나라를 선정하고, 각 나라 사람이 되어서 그 나라를 다양한 방법으로 소개하여 전시한 뒤, 반별로 00초 여권을 만들어서 세계 여행을 떠나보는 활동을 학교 전시회로 열었던 프로젝트였다. 이에 대해서는 최경민, 이규진, 김규태(2017)을 참고하면 좋을 것 같다.

어쨌든 이러한 프로젝트의 경우 계획되었던 시기를 놓치게 될 경우 학교 전시회라는 행사 자체를 치르지 못하기에 유연성을 가지고 프로젝트 학습을 운영할 필요가 있다. 내가 가지고 있던 교육 철학, 그리고 프로젝트 학습을 계획하고 실천하려는 나의 다짐만 그대로 가지고 있다면 변화에 대해 두려워하지 말아야 한다.

핵심 06 내가 꿈꾸던 학교를 상상하라

교사가 행복해야 학생이 행복하다는 말이 있다. 이는 말을 조금만 바꾸어보면 교사가 즐겁고 행복한 수업을 해야, 수업이 재미있고, 그러한 수업 속에서 학생들도 행복함을 느낄 수 있다는 의미일 것이다. 아이들에게 필요하다고 하여 프로젝트 학습을 계획하지만, 교사가 재미없고 따분한 프로젝트 학습이라면 아이들에게도 그렇게 여겨질 것이다.

그러니 교사 스스로 어린 시절 배우고 싶었던 덧, 바라던 수업의 모습, 그리고 꿈꾸던 학교의 모습을 상상하고 그러한 것들로 프로젝트 학습을 꾸려나가는 것도 좋을 것 같다.

흔히들 "교육과정 ➡ 교사 ➡ 학생 ➡ 수업"이라고 생각을 하지만, 본 저자는 "교사 ➡ 교육과정 ➡ 학생 ➡ 수업"이라고 생각을 한다. 우선을 교사가 꿈꾸는 수업이 무엇인지, 하고 싶은 것이 무엇인지를 고민해보고, 이를 바탕으로 교육과정 및 성취기준과 비교를 하고서, 학생들에게 필요한 것인지 학생들이 원하는 것인지를 따져보고서 프로젝트 학습을 계획하게 된다면 교사가 행복한, 그로 인해 학생도 행복한 수업 시간이 만들어지지 않을까 한다.

핵심 07 다양하게 생각하라

흔히들 프로젝트 학습이라고 하면 '학생이 주제를 정하고 거기에 맞는 결과 보고서를 만들어 발표하는 것'이라고 생각을 하는 경우가 더러 있다. 그러나 앞서 말을 했듯이 프로젝트 학습은 어떠한 하나의 활동으로 귀결되지 않는다. 프로젝트 학습은 다양한 교육방법을 재구성한 교육과정과 접목하여 창의적인 결과물을 만들어낼 수 있는 교육방법이다. 이에 프레젠테이션, 토의, 토론, 연극, UCC제작, 그림, 전시회, 발표회, 시화 꾸미기, 글로 표현하기 등 주제에 맞는 다양한 방법을 버무려 하나의 맛있는 요리로 완성시키는 과정이 프로젝트 학습이라고 할 수 있다. 뒤에 예시로 보여줄 프로젝트 학습 또한 이러한 모습을 띄고 있다.

핵심 08 소통하고 공감해라

프로젝트 학습은 교육과정 재구성을 필요로 하고 있으며, 교사 혼자서 모든 것을 구성하고 실천하는 것이 쉽지 않다. 동학년과 적극적으로 이야기하고 교육 철학도 공유하면서 동학년 학년목표를 함께 세우는 것부터 시작할 필요가 있다. 함께 세운 목표 아래 동학년 교사가 함께 고민하고, 공유하고, 실천하고, 성찰하면서 얻어지는 경우가 많다.

솔직히 폐쇄적이고 단절적인 우리나라 학교 문화 속에서 동학년 공동체를 구성하는 것이 매우 힘들고 어려운 일이다. 본 저자 역시 그렇게 동학년 공동체를 처음으로 구성했을 때 학년이 두 개로 쪼개어져서 일 년 동안을 힘들게 버티면서 지낸 경험을 하였으니 말이다. 그래도 그렇게 함께 했던 선생님들과는 너무나도 행복한 시간을 보냈었다. 함께 모여서 힘들고 어려운 점을 솔직하게 이야기 나누고, 비록 반으로 쪼개어지기는 하였지만 우리들끼리는 서로의 이야기에 공감을 얻고서, 나의 것을 내주고 다른 사람의 것을 겸허히 받아들이면서 1년을 함께 할 수 있었으니 말이다. 그리고 혼자서 계획하고 실천할 때보다 수업의 질과 수준이 한 층 성숙해졌음을 1년이 지나고 난 후 본 저자 스스로 느끼게 되었다. 그래서 프로젝트 학습을 위해서는 동학년 중심의 공동체 형성이 매우 중요하며 서로의 다름을 이해하고 소통하며 서로에게 공감하는 태도가 필요하다.

핵심 09 배우는 방법을 터득하게 하라

이시도 나나코는 미래교실이라는 저서를 통해

"현재의 지식은 금방 옛것이 되고, 오늘의 상식은 10년 후의 비상식이 될지도 모른다"

라고 말을 하고 있다. 이제 교육의 방법도 바뀌어야 할 것이다. 미래를 살아가야 할 우리 아이들에게는 예측 불가능한 상황 속 에서도 사회변화에 유연하게 대처하는 능력을 길러주어야 하며, 지금 아이들에게 필요한 것은 단편적인 지식 암기가 아니라 어떻게 배우면 좋을지 배우는 방법을 스스로 터득하고 습득하게 하는 것이다. 그래서 프로젝트 학습이 필요한 것인지도 모른다. 프로젝트 학습을 진행하기 위해 아이들은 스스로 함께 모여서 목표와 주제를 정하고, 그것을 해결하고자 필요한 자료를 찾고 해결책을 찾아가는 과정을 통해 협력하면서 스스로 배우는 방법을 익히게 될 것이다. 이럴 때 교사는 아이들이 적극적으로 스스로 참여할 수 있도록 배움에 대한 동기를 제공해주고 배움의 환경을 조성해주어야 할 것이다. 아이들의 활동을 지지하고 성장을 도모하는 조력자가 되면 좋을 것이다.

핵심 10 아이들을 기다려라

프로젝트 학습은 수업의 결과보다는 과정이 더 중요하다고 할 수 있다. 프로젝트 학습의 결과도 중요하기는 하지만, 학습의 과정 중에 아이들이 스스로 터득하고 배우게 되는 것들, 이를 테면 함께 소통하고 공감하는 경험, 서로의 다름을 이해하고 다름 속에서 창의적인 결과물을 만들어내는 경험 등을 들 수 있으며 이러한 경험 중에 배우게 되는 것들이 인성이자 역량이 될 것이라고 생각한다. 2015 개정 교육과정에서 제시하는 핵심역량인 자기관리역량, 지식정보처리역량, 공동체역량, 의사소통역량, 심미적감성역량, 창의사고역량 등 이 모든 것들은 함께 문제를 해결하면서 길러질 수 있는 것이라 할 수 있다. 프로젝트 학습을 계획하고 함께 실천하는 과정을 거치면서 의사소통역량, 공동체 역량이 함양되고, 필요한 자료 및 정보를 찾아보면서 지식정보처리역량이 함양되고, 스스로 세운 프로젝트에 적극 참여하면서 자기관리역량이 함양되며, 함께 모여서 서로의 다름을 이용하여 다른 결과물을 만들어내는 과정을 거치면서 심미적감성역량, 그리고 창의사고역량이 함양될 수 있을 것이라고 생각한다.

하지만 이러한 결과물들은 눈에 보이는 것들이 아니며 단기간에 함양되어지는 성질의 것들도 아니다. 그러한 과정 중에 교실은 매우 시끄러워지고, 심한 소음이 들릴지도 모르며, 너저분해질지도 모른다. 아니 반드시 그렇게 될 것이다. 하지만 그러한 불편함을 교사는 참고 기다려주어야 한다. 교사가 잘 기획하고 아이들이 충분히 계획을 잘 세웠다면 그러한 소란스러움과 너저분함이 아이들에게는 각자 나름대로의 목표를 향해 열심히 활동을 하고 있다는 증거가 될 것이기 때문이다.

프로젝트 학습에 대해 이야기를 나누면서 교사들이 가장 힘들어하는 부분이 바로 기다려주어야 한다는 이 말이었다. 한 차시 수업 후 무엇인가를 알아야 하고 한 단원이 끝나면 단원평가를 쳐야 하는 것이 일상화된 우리 학교 교실 속에서 오랜 시간 기다려주어야 한다는 이 말은 매우 힘든 것일지도 모른다.

그러나 프로젝트 학습을 진행함에 있어서 본 저자가 가장 강조하고 싶고, 가장 중요하다고 생각되는 부분이 바로 이 기다림의 미학이라고 할 수 있다. 아이들은 저 마다의 속도로 천천히 혹은 빠르게 성장하고 발전을 하고 있다. 일 년이 지나고 난 후 아이들 저마다 성장하고 발전을 했다면 그것만으로도 만족스럽지 않을까? 성장하지 않고 발전하지 않은 것이 문제이지, 얼마만큼 성장하고 발전해야 하는지가 중요한 것은 아닌 것 같다. 정체되지 않고 스스로 조금씩 성장하고 발전하는 경험을 제공해줄 수 있다면, 그러한 경험과 배움이 자그마한 밑거름이 되어서 훗날 더욱 성장하고 발전하는데 큰 성장 동력원이 될 테니 말이다.

실제 우리 교실의 한 학생의 경우 1년간의 프로젝트 학습을 하고서 가족 여행으로 필리핀에 가게 되었다. 이에 학모님께서 여행을 계획하는 과정 후에 나에게 전화를 하셔서 감사하다는 말을 하였다. 2학년 아이가 1년 동안 학교에서 배운 것을 바탕으로 스스로 책을 찾아서 무엇을 하고 싶고 어디에 가서 어떠한 것을 보고 싶은지 계획을 세우고, 엄마에게 이것저것 등을 하고 싶고 보고 싶다고 말을 하는 것을 보면서 많은 것을 배우게 된 것 같다고 감사의 말을 전해오셨다.

어머님의 전화를 받고서 프로젝트 학습의 목표가 이러한 것이 아닐까 생각을 하였다. 본 저자가 프로젝트 학습을 실천했던 이유가 스스로 무엇인가를 하고 싶고 배우고 싶고, 그리고 어떻게 배우면 좋을지 스스로 찾아볼 수 있는 방법을 터득하게 하는 것이었다. 참으로 그 학생에게 감사의 말을 다시 한 번 하고 싶다. 이러한 것들은 기다려주었기에 가능하지 않았을까 한다. 그 학생은 보통 수업시간에 매우 소란스럽고 어지럽고 난장판을 만드는 아이었음에도 불구하고 무엇인가를 하고 있다는 믿음하나로 기다려주었다. 그랬기에 그러한 성장을 이루었으며, 배울 수 있는 기회를 제공된 것이다. 아니 그렇게 믿고 있다. 프로젝트 학습을 실천하고자 하는 교사들이 가장 먼저 가져야 할 것이 바로 기다려주는 마음이라고 자신 있게 말하고 싶다.

4장 프로젝트 학습에서 교사의 역할은 더욱 다양해진다!

'교육의 질은 교사의 질을 넘지 못한다.'

이는 그 만큼이나 교육에 있어서 교사의 역할이 매우 중요하다는 의미를 담고 있는 말이다. 그래서 인지, 본 저자의 프로젝트 수업을 참관을 했던 몇 몇 교사들은 프로젝트 수업을 진행하는데 선생님은 하는 것이 없는 것처럼 보이고, 교사의 역할이 그동안의 전통적인 수업에 비해서 많이 축소되는 것처럼 보인다고 말을 한다. 그러한 질문에 순간 욱하는 기분이 들기도 하였고, 그건 프로젝트 수업에 대해 잘 모르기 때문에 생길 수 있는 오해라고 솔직하면서도 공격적으로 말하고도 싶었지만, 그렇게 하지 못하고(교사들과의 관계에 있어서 문제가 생길 것 같기도 하였고, 수업을 나누기 위한 자리였기에 그러지 못했던 것 같다), 대신 다른 질문을 하게 되었다. 그 질문을 여기서 이 글을 읽고 있는 독자들에게 하고자 한다.

과연 교사의 역할이 무엇인가요?

예로부터 교사는 민중의 사표로서 그 사회적 역할이 매우 중시되었다. 전통시대에서 요구되는 교사의 역할은 자신의 전수, 사회의 교화, 봉건적인 유교질서를 유지하는 것이었다. 그러나 사회가 점차 분화되고 복잡해짐에 따라 현대사회에서 교사의 역할은 단지 가르치는 것에서 국한되지 않고, 생활지도를 비롯해 각종 지도를 통하여 학생의 인격 형성, 진로 선택, 지역사회에 대한 계몽 및 교육활동 전개, 국가의 교육정책 입안에 참여하여 교육발전에 공헌하는 일 등 그 범위가 점차 넓어지고 깊어지게 되었다(오희정, 김감성, 2017).

즉, 교육이 사회 안에서 이루어지는 만큼, 사회의 변화에 따라 교사에 요구되는 역할 또한 변화되고 다양해지고 있는 것이다. 사회는 지금 이 순간에도 끊임없이 변화하고 있으며, 그러한 변화에 따라 교육을 바라보는 사회적 시각도, 교육에 거는 기대 또한 달라지고 있으며 다양해지고 있다. 이 때문에 교사에 대한 인식과 교사들에게 바라고 원하는 사회적 역할기대 또한 큰 변화를 맞이하고 있다. 특히나 과거, 현재와는 그 모습과 변화 양상에 큰 차이점을 두고 있는 4차 산업혁명 시대를 맞이하는 현 시점에서는 그러한 요구에 대한 변화가 더욱 클 수 밖에 없다.

그렇다. 4차 산업혁명 사회를 맞이하고 있는 지금의 사회는 또 다른 새로운 사회적 요구에 부응하고자 교사의 역할에 있어서도 새로운 국면을 맞이하는 시대라고 할 수 있는 것이다. 이에 대해 여러 학자(Reedle과 Watenberg의 연구, Heck과 Williams의 교사 역할 제시론, Pullias와 Young의 교사의 규범적 역할 등)들이 교사의 역할을 다양하게 제시하고 있는데, 이들 모두가 공통적으로 강조하고 있는 교사의 역할은 학습자의 이해자, 조력자, 안내자, 탐색자, 비전 제시자 등으로 정리될 수 있으며, 이러한 모습이 바로 미래 사회가 필요로 하는 교사의 역할이라고 제시하고 있다. 즉, 변화의 정도가 크고 점차 분화 및 다원화되어 가고 있는 사회 변화 흐름 속에서 교사의 역할 또한 과거의 지식 전달자의 역할에서 벗어나 학습자를 이해하고, 학습자의 배움을 도울 수 있는 안내자와 조력자의 역할, 그리고 학생들과의 다양한 의사소통자로서의 역할을 기대하게 된 것이다.

그리고 이러한 교사로서의 새로운 역할 기대는 프로젝트 수업과 매우 밀접하게 맞닿아 있다고 할 수 있다. 프로젝트 수업에서는 교사 중심의 일방향적 수업과는 조금은 다른 변화된 교사의 역할과 노력을 요구하기 때문이다.

그렇기에 과거의 전통적인 교육 관점에서 교사의 역할을 바라보게 될 경우 프로젝트 수업은 흔히 학생들이 주도적으로 참여하고 활동을 하고 있기에 교사의 역할이 줄어들 것이라는 오해를 받기도 한다. 하지만 교사 중심의 수업은 교과서에 나오는 지식을 정확히 그리고 제대로 전달하여 이해시키고, 이해한 정도를 체크하는 정도에서 머물게 되는 반면, 프로젝트 수업에서는 수업이 진행되는 동안 학생들의 활동과 학습을 자세히 관찰·탐색해야 하고, 필요에 따라서 학생 개별에 따라 맞춤형 조언과 안내를 해야 하며, 프로젝트 수업이 본래의 교육 목표(관련 성취기준)에 맞게 바른 방향으로 나아갈 수 있도록 교실에서 발생하는 복합적인 상황을 지속적으로 분석하고, 필요에 따라서 과제를 부여해주는 역할도 함께 수행해야 한다. 또한 이를 위해서는 학생들과의 지속적인 의사소통자의 역할도 함께 이루어져야 한다. 프로젝트 수업의 성공 여부는 교사가 학생들의 학습 상황을 파악하고 각 단계 및 활동별로 어떠한 피드백을 제공해주느냐에 따라 좌우된다고 할 수 있기 때문이다. 또한 교사의 피드백 제공 역시, 교사가 일방적으로 정답과 해설을 제시해주는 방식에 머물던 전통적인 수업 방법과 달리, 프로젝트 수업에서는 교사들의 세심한 관찰을 통한 학생 맞춤형 피드백을 요구하게 된다. 이는 프로젝트 수업의 근본적인 목적이 과제와 문제를 함께 해결하는 과정 중에 학생들 스스로 체득하고 깨닫고 알게 되는 역량을 강조하고 있기에, 학생들이 스스로 활동에 참여하면서 학습과 배움이 일어날 수 있도록 조언하고 방향을 제시하는 수준을 넘어서는 안 되기 때문이다. 또한 피드백을 강조하고 조언과 방향 제시의 수준을 넘어설 경우에는 교사가 프로젝트 수업에 너무 깊숙이 개입하게 되고, 학생들의 학습 활동을 침범하게 되는 오류를 범하게 되며, 나아가서는 교사에 대한 의존성을 높여서 학생 중심의 자기 주도적 프로젝트 수업에 대한 모습이 점차 옅어지게 되어 본질적 의미의 프로젝트 수업에서 점차 멀어 질 수도 있다.

즉, 시대적·사회적 요구에 따라 교사의 역할이 변화되었듯이, 프로젝트 수업에서도 기존의 교실 수업과 다른 새로운 교사의 역할이 기대되어진다. 그리고 프로젝트 수업이 새로운 교사의 역할 기대가 새로운 시대적 요구에 부응하는 교사의 역할과 맞닿아있음을 알 수 있다.

그러니 프로젝트 수업에서 교사의 역할은 축소된 것이 아니라 변화된 것이며, 과거보다 교사의 역할 기대가 더욱 다양해진 것이라고 힘주어 말 할 수 있다.

그래서 인지 우리 저자들 또한 프로젝트 수업을 계획하는 단계에 앞서서 항상 이러한 질문에 대해 이야기를 먼저 나누었던 것 같다.

교사는 왜 필요할까?

이러한 이야기의 시작에서 우리들 역시 다른 교사들처럼 효과적으로 지식을 전달하는 것을 중요시 여기는 교사였고, 이로 인해 체계적인 교수법과 객관주의를 강조하던 교사였다. 그리고 공부를 잘하는 아이, 성적이 우수한 아이, 그리고 수업 시간에 열심히 듣고 필기하는 아이들이 모범적인 아이들이라고 여기고 있었고, 점수에 의해 서열화를 하고 있던 교사들이었다.

그러면서 우리 스스로 반성과 성찰을 해보는 시간을 가지게 되었고, 과연 이러한 모습의 교사들이 우리 아이들에게 굳이 필요할까라는 궁금증이 생기게 되었다. 모르긴 몰라도 아마 이에 대한 대답은 "NO"가 될 것이라고 확신하였다.

지식적인 면에서 인공지능을 이길 수 없는 미래 사회를 살아가야 하는 우리 아이들에게 진정으로 필요한 것은 교과서적 지식이 아니라 친구들과 함께 할 수 있음이고, 함께함으로써 문제를 해결하는 역량, 그리고 기계가 할 수 없는 보다 인간적인 어떠한 것들이 될 것이라는 점은 자명한 사실이다. 그러한 인성과 인간적인 면이 기반이 되어 친구들, 동료들, 주변 사람들과 함께할 줄 알게 되는 것, 그리고 함께함에 있어서 내가 가지고 있는 특별한 역량이 발현될 수 있도록 기회를 제공해 주는 것, 그리고 이를 바탕으로 친구들과의 다름을 인정하고, 그러한 다름이 다양성이 되어 더욱 창의적인 모습을 띄게 할 수 있게 하는 것, 그리고 그러한 창의성이 각자의 삶을 살아가는데 커다란 경쟁력이 될 수 있음을 알려주기 위하여, 보다 역동적인 수업 문화를 만들어줄 수 있는 교사가 필요한 것이다. 우리는 그렇게 생각하고 이야기를 나누었다.

이 글을 읽고 있는 여러분은 어떻게 생각을 하나요?

아래의 사진은 2019년 충북지역에서 연수를 진행하면서, 만나고 이야기를 나누었던 선생님들의 활동 결과물이다.

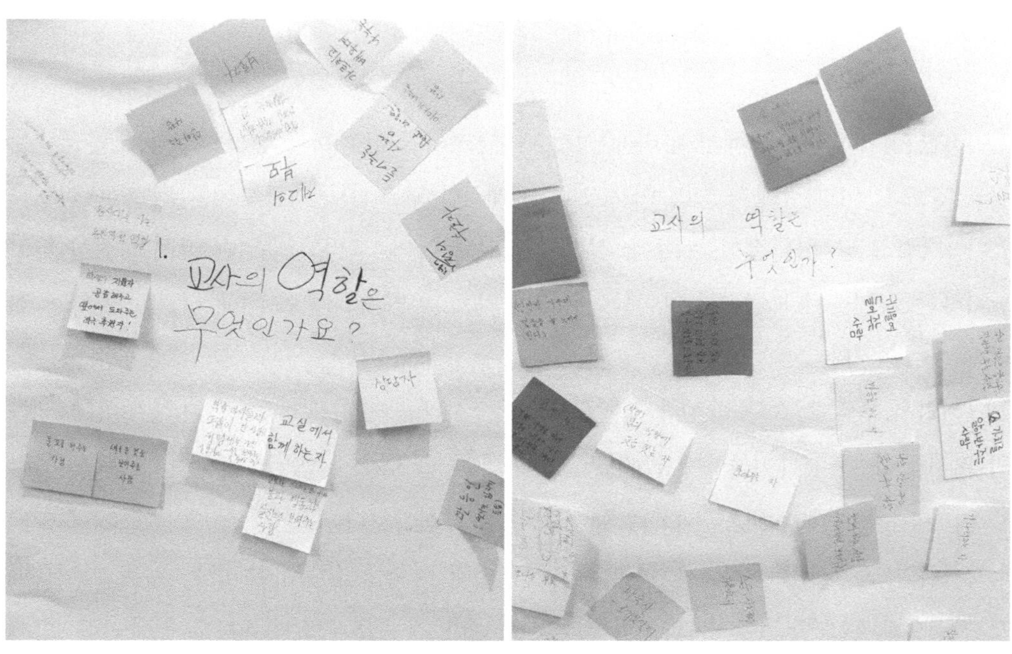

다른 선생님들 역시 우리들의 생각과 별반 다르지 않았다. 지식을 전달하는 존재가 교사가 아니라, 아이들과 함께 공감하고 소통하며 꿈을 심어줄 수 있는 사람, 학생들의 학습에 도움을 줄 수 있는 조력자와 안내자가 될 수 있는 사람, 남과 함께 생활할 수 있는 바른 태도를 함양시켜줄 수 있는 사람, 밝게 웃으며 소통할 줄 아는 사람, 귀를 기울여

들어줄 수 있는 사람, 학생의 가치를 알아봐 주는 사람, 기다려주는 사람, 함께하는 사람, 이러한 사람이 바로 교사가 지향해야 할 역할이라고 말을 하고 있었다. 그리고 그러하기에 교사가 필요하다고 말을 하고 있었다.

교사 대상의 연수에서 항상 하는 첫 번째 질문이 이것이었고, 비단 충북지역 선생님들뿐 아니라 다른 지역 선생님들 역시 충북지역 선생님들과 유사한 이야기를 나누며 교사로서의 역할이 무엇일지 심각하게 고민하고 있었다.

그리고 그러한 모습들을 보면서 어쩌면 우리는 이미 교사가 어떠한 역할을 해야 하는지 머릿속에, 혹은 가슴속에 알고 있고 깨닫고 있었음에도 불구하고, 그동안 깨닫지 못한 것처럼, 느끼지 못한 것처럼, 생각하지 못한 것처럼 행동하고 있었던 것은 아니었는지 말이다. 과거의 굴레에 얽매여서, 혹은 교사라는 직업인으로서 편하고자, 그동안 우리가 학교생활을 하면서 겪었던 것처럼, 그동안 선배 교사들이 해왔던 것처럼, 교사로서 그저 편하기 위해서 교과서 속 지식을 전달하고 이해시키는 역할에 치중했던 것은 아니었을까?

단순히 지식을 전달하고 이해시키는 사람이 교사가 아니라고, 그보다 더욱 다양한 역할을 해야 하는 사람이 교사의 역할이라고, 그리고 과거와 다른 역할을 사회가 요구하고 있다고, 우리는 이미 머릿속에서 가슴속에서 깨닫고 있었던 것이다. 다만 그것을 표현하기 싫었을 뿐이고, 힘들고 어려울 것이기에, 혹은 불편할 것을 알기에, 그동안 우리는 그러한 교사로서의 역할을 모른 체 해 왔거나, 무시해 왔던 것은 아니었을까?

어쩌면 우리들이 이미 깨닫고 있었고, 느끼고 있었던 사회가 요구하고 원하고 있는 교사로서의 다양한 역할을 프로젝트 수업은 이미 강조하고 있었던 것이었는지도 모른다. 그렇기에 프로젝트 수업에서의 교사의 역할은 많은 교사들이 오해하는 것처럼 축소된 것이 아니다. 다만 변화되었고, 더욱 다양해진 것이다.

그렇다면 프로젝트 수업에서의 교사의 역할은 무엇일까?

프로젝트 수업은 교사의 기획력이 가장 중요한 요소이다. 프로젝트 수업은 프로젝트만 실행한다고 하여 이루어지는 것이 아니기 때문이다. 실제 그동안 주변의 많은 교실에서 이루어진 프로젝트 수업을 살펴보면, 상당수의 프로젝트 수업이 학생들이 배우고 학습해야 할 내용을 간과하거나, 학생 활동 위주의 수업으로만 진행이 되면서 학생들의 고차적 사고력 향상에 큰 도움이 되지 못하는 경우를 많이 보게 된다. 이로 인해 몇 몇 교사, 혹은 학생들은 프로젝트 수업이 활동 위주의 수업으로 학생들의 흥미와 관심을 끌 수는 있지만 교과와는 별개인 수업처럼 인식하는 경향도 나타나게 되었다(이성대 외 8, 2015).

그러하기에 진정한 의미의 지식 탐구와 고차적 사고력을 길러 줄 수 있는 프로젝트 수업의 본래의 목적에 부합하는 프로젝트 수업을 설계하고 실천하는 일은 매우 어려운 일이다. 그러므로 프로젝트 수업을 계획하고 실천하기 위해서는 교사의 기획력이 매우 중요한 요소로 작용하며, 교사의 역할에 따라 프로젝트 수업의 성패가 결정된다고 해도 과언이 아닌 것이다.

이에 프로젝트 수업의 성패를 결정지을 수 있는 교사의 역할이 무엇인지 살펴보면서 이번 장의 이야기를 마무리 짓고자 한다.

프로젝트 수업의 분명한 목적 제시	프로젝트 수업이 추구하는 가치가 무엇인지에 대한 명확한 목표와 방향이 설정되어 있어야 만 수업이 단순한 체험 및 활동에 그치지 않고 고차적 사고력 및 인성과 역량이 함양될 수 있는 수업으로 이어지게 된다. 그러므로 프로젝트 수업이 지향하고자 하는 목적이 무엇인지 분명하게 제시하는 것이 중요하다.
주제를 선정하는 적절한 방법과 명확한 근거 마련	프로젝트 수업은 단순히 학습자들이 스스로 탐구하고 협력하여 과제를 수행하는 것도 중요하지만, 이보다는 학생들이 주제에 대해 깊이 있게 지식을 탐구·이해함으로써 고차적 사고력을 높여줄 수 있는 과정이 더욱 중요하다고 할 수 있다.

	그러기에 프로젝트 수업의 주제가 교육과정에서 제시하는 성취기준의 가치에 적합하도록 잘 선정되어야 한다. 이를 위해 교육과정의 내용요소와 성취기준을 분석하고, 그와 관련된 내용요소나 성취기준을 묶어내고 이들을 포괄할 수 있는 주제가 선정이 되어야 한다. 주제 선정에 대한 방법 및 그에 대한 근거도 마련해야 한다.
프로젝트 수업 분량에 대한 사전 계획	프로젝트 수업을 하는데 있어서 가장 큰 제약 중의 하나는 수업 시수에 대한 문제이다. 프로젝트 수업은 그 성격상 학생들이 스스로 참여하고, 배우고 학습할 수 있도록 많은 시간을 믿고 기다려주어야 한다. 그러기에 충분한 시간을 가지고 학습자들이 프로젝트 수업 주제에 대해 이야기를 나누고 이해할 수 있도록, 그리고 바른 방향을 설정하고, 기획하여 탐구 및 활동을 하여, 주제에 적합한 결과물을 얻어낼 수 있도록 학생들을 기다려주어 하는데 많은 시간을 필요로 하기에 수업 시수 확보에 대한 사전 계획이 중요하다. 이를 위해서는 교육과정 재구성이 필수적으로 필요하다. 어쨌든 학생들의 학습과 배움을 기다려주기 위해서 수업 시간 확보를 위한 사전 계획을 수립해야 한다.

출처: 이성대 외8, 2015, P. 37~40의 내용을 재구성하여 표로 작성함

프로젝트 수업에서의 교사 모습

학생들이 바라는 선생님은 어떠한 선생님일까?

쉬어가는 페이지, 네 번째 이야기는 『올 에프 선생님』(미하모토 마사하루, 2014)의 이야기 이다.

미아모초 마사하루(2014)는 자신의 삶의 이야기를 담은 책을 발간하게 되었다. 그는 흔한 교사들과는 전혀 다른 학창시절을 보낸 사람이다. 초등학교 3학년때부터 공부와는 담을 쌓고 살았으며, 학창시절 내내 친구들로부터 괴롭힘과 따돌림을 받아왔으며, 전 과목 모두 F, F, F 일생인 성적표를 받는 학생이었다. 중학교를 졸업할 무렵 그가 아는 한자라고는 자신의 이름뿐이었고, 수학은 구구단 2단까지만 겨우 외우고 있었으며, 아는 영어 단어는 'book'이 전부였다. 고등학교에 진학을 하지 않고, 일찍 일을 시작하였으며, 힘들게 목공소에서 일을 하고 있던 그를 깨우쳐 준 것은 스물세 살 때 tv 다큐멘터리를 통해 알게 된 아인슈타인의 상대성 이론과의 만남이었다. 이 계기로 물리학에 흥미를 가지게 되었고, 다시 초등학교 3학년 수학 문제집을 구입해서 독학으로 공부를 하기 시작하였다. 스물네 살에 야간고등학교에 입학을 하고, 주위 모든 사람이 불가능하다고 여겼던 국립대학교에 3년 후에 입학하게 되었다. 그리고는 9년 동안 물리학에 빠져 지내게 되었으며, 서른 여섯 살에 모교에 수학교사로 교단에 서게 되었다.

올 에프 선생님의 주인공 이야기를 천천히 읽어가면서 이러한 생각이 들었다.

그래,

어쩌면 우리 아이들이 원하는 선생님은 이러한 선생님이 아닐까?

우리 주변의 교사들은 모두 학교가 인정하는, 사회가 인정하는 바람직한(?) 삶을 살아온 사람들이 대부분이다. 저자 주변의 선생님들을 살펴보면 대부분 학창 시절 모범생에 가까운(?) 생활을 하였으며, 성적 또한 우수한 편에 속한 자들이 대부분이다. 학창시절 어느 정도의 높은 성적이 보장되어야만 교대(혹은 사대)에 진학이 가능하며, 그러한 높은 성적을 받은 친구들과 임용고시라는 경쟁(학교급별로 경쟁률에 큰 차이를 보이기는 하지만)을 통해서 합격한 자들만이 교사가 될 수 있다. 그래서 인지 교사라는 직업 자체가 가지는 이미지는 그래도 학창 시절 열심히 공부하였고, 바람직(?)한 생활을 하였으며, 모범생에 가까운 학생이었을 거라는 인식을 많이 가지게 된다.

그래서 교사들은 공부를 못하는 학생, 공부에 취미가 없는 학생, 방황하는 학생, 은둥형 외톨이 학생, 항상 꼴찌만 하는 학생 등 사회에서 소외된 아이들을 이해하는 것에 어려움이 따르는 건지도 모르겠다.

흔히 교사들은 이러한 말을 많이 한다.

"공부를 잘 하는 아이들은 그냥 놔둬도 모든 다 잘한다"

그렇다면 우리 교사들이 더 많이 신경쓰고 배려하고 이해하고 아껴줘야 하는 아이들은 소외된 아이들은 아니었을까?

그런데도 교사들은 여전히 소외된 아이들보다는 모범적인 아이들을 더 많이 아껴주고 있었던 것은 아니었을까?

실제 학부모와의 면담을 하면서 선생님에 대한 안 좋은 인식을 가지는 어머님을 몇 분을 알게 된 경우도 있었다. 이야기를 들어보면 학창시절 모범적인 아이들과의 차별적인 대우로 인해 선생님에 대한 좋지 않은 인식을 가지고 있음을 알 수 있었다.

그렇다면, 우리 사회에도 올 에프 선생님처럼 전교 꼴찌, 인생 낙오자 출신의 선생님이 한번 쯤은 나와도 좋지 않을까?

이런 선생님은 사회에서 소외된 아이들의 마음을 누구보다 더 잘 이해할테니 말이다.

수업시간에 집중하여 참여하고, 교사의 질문에 항상 정답만을 말하고, 이에 항상 우수한 성적표를 받아들고, 혼보다는 칭찬을 많이 들어오고, 언제나 인정을 받으며 학창시절을 보내왔으며, 경쟁이라는 학교 전쟁터에서 항상 승리만 하면서 교사라는 직업을 가지고 교단에 선 선생님들이 과연 수업에 참여를 하지 못하고, 모르는 것 투성인 아이들의 삶을 제대로 이해할 수 있을까?

그리고 이렇게 교사가 된 우리들은 주변의 교사들과의 또 다른 경쟁에서 이기기 위해 항상 새로운 수업 기술과 방법에만 얽매였던 것은 아니었을까? 나 또한 그러하지 않았을까?

진정으로 아이들의 학습과 배움을 위해 새로운 수업 기술과 방법에 대한 다양한 연수도 듣고, 연구도 하고, 교실에 적용을 했던 것일까? 아니면 그저 다른 교사들보다 더 나은 수업을 보여주기 위해서, 주변 교사들과의 보이지 않는 경쟁에서 승리하기 위해서 새로운 수업 기술과 방법을 적용했던 것은 아니었을까?

학생들이 원하고 바라는 선생님은 옆의 교실과는 다른 방식으로 수업하고, 활동중심의 참여식 수업을 잘 하는 선생님이 아니라, 올 에프 선생님과 같이 아이들의 삶을 더 잘 이해해줄 수 있는 선생님은 아니었을까?

아이들이 진정으로 바라고 원하던 선생님은 나의 마음을 꼭 자기의 마음처럼 이해하고 헤아려줄 수 있는 선생님은 아니었을까?

학생들을 이해하고 배려하고, 내 마음같이 헤아려줄 수 있는, 그러한 선생님의 진정한 삶의 이야기가 담긴 수업이 바로 아이들이 바라는 그리고 원하던 수업은 아니었을까?

아이들은 누구나 빛날 가능성을 가지고 있으며, 사소한 계기만 있으면 누구나 열심히 할 수 있고 빛이 날 수 있는 존재들이다. 그러한 사소한 계기는 교사의 진심어린 헤아림, 교사의 삶의 이야기가 진심으로 담겨있는 교사와 학생의 마음을 관통할 수 있는 수업을 통해서만 이루어질 수 있지 않을까?

방향을 찾아가는 나침반 바늘과 같은 아이들에게 필요한 것은 그렇게 방황하면서 자신이 원하는 방향을 찾아갔던 교사의 삶의 이야기가 아니었을까?

그리고 그러한 이야기가 담겨진 수업을 통해 찾고자 했던 방향을 찾아 갈 수 있도록 옆에서 지켜봐 주고, 기다려주고, 필요로 할 때 조언도 아낌없이 해 줄 수 있는 그러한 교사를 학생들은 원하고, 바라고, 꿈꾸고 있었던 것은 아닐까?

올 에프 선생님은 이러한 말을 했다.

아무리 밑바닥 생활을 하더라도 꿈과 희망을 버리지 않으면, 행복을 거머쥘 기회가 온다. 그리고 그러한 행복의 기회에서 중요한 것은 사람과의 만남이다.

여기서 사람이란 학생들에게는 교사가 주된 대상이 아닐까?

따스한 사람들과 마음을 나누면 사람은 변할 수 있다고 한다. 그러한 따스한 사람이 바로 교사가 되어야 하지 않을까?

아이들에게 따뜻한 사람이 되고 싶다. 그들의 마음을 헤아려주고 어루만져줄 수 있는 따뜻한 선생님이 되고 싶다. 방황하는 아이들이, 방향을 찾기 위해 이리저리 움직여보는 아이들을 위해 어느 정도 거리를 두고서 지켜봐주고, 격려해주고, 마음을 헤아려주면서 아이들에게 마음으로, 진정으로 따뜻한 선생님이 되고 싶다. 그리고 나의 삶의 이야기가 묻어나와서 학생의 마음을 관통할 수 있는 그러한 따뜻한 수업을 하고 싶다.

그래서 인지 몰라도 조금이나마 아이들이 선생님에 대한 부담을 줄여주고, 모든 것을 알고 있을 것 같기만 한 선생님이 아니라 선생님도 우리들과 똑같은 학교생활을 해 온 사람이라는 것을 알려주고자 노력했던 것 같다.

그래서 간혹 아이들이

"선생님은 학교 다닐 때 공부 잘했나요?"

라고 물어오면, 으레 이렇게 답을 했던 것 같다.

"아니! 선생님도 너희들처럼 공부를 무척이나 싫어했고,
공부하기 싫어서 맨날 반에서 꼴찌를 했단다."

그러면 아이들은 하나같이 모두가 이렇게 말한다.

"에이! 거짓말하지 마세요!
맨날 꼴찌만 했는데 어떻게 선생님이 되었어요?
우리 엄마가 선생님이 되려면 공부를 잘해야 된다고 말 했어요."

그러면 다시 이렇게 말을 한다.

"아니야. 진짜 선생님도 공부하기가 너무 싫었고,
공부도 무척이나 잘 하지 못 했단다.
그런데 어떻게 선생님이 될 수 있었을까?"

초등학교 저학년이라서 그런지 몰라도, 아이들은 이런 나의 질문에 그거야 모르죠라고 말을 하면서도 무척이나 궁금해 한다.

궁금해 하는 아이들을 보면서, 더 이상 대화를 이어가지는 않았다. 그냥 그저 이러한 대화로 아이들에게 사소한 계기를 제공해주고 싶었던 것 같다. 이러한 사소한 계기들이 모이고 모여서 아이들이 원하는 목표를 이룰 수 있는 기회가 마련될 테니 말이다.

'어쩌면 새로운 도전을 꿈꾸는 이들은 모두 꼴찌가 아니었을까?'

올라갈 일밖에 남지 않은 꼴찌이기에, 꼴찌의 또 다른 이름은 바로 희망일 것이다. 그리고 선생님들은 자신의 삶의 이야기를 통해 이러한 희망을 아이들에게 전해주어야 하는 존재가 아니었을까?

학생의 마음을 헤아릴 수 있는, 꼴찌의 마음까지도 자신의 마음처럼 깊이 이해할 수 있는 선생님이 필요하지 않을까?

교육이 점차 방향을 잃고, 방황하고 있으며, 선생님과 학생들 모두 힘들다고만 외치고 있는 지금의 학교 교육에서 진정으로 필요한 것은 무엇일까? 새로운 수업 기술, 방법일까? 아닐 것이다.

그것은 바로!

학생의 마음을 진심으로 이해하고 헤아리며, 그동안 살아온 삶의 이야기를 통해 아이들의 마음을 어루만지는 수업으로 감동을 선사할 수 있는 선생님이 아닐까?

그리고 아이들의 마음을 진심으로 이해하고 헤아릴 줄 아는 선생님은 아이들을 위해 기다려주고, 지켜봐주고, 필요로 할 때 진심어린 깊은 조언을 해주지 않을까? 지금의 아이들은 잘못된 방향으로 나아가는 것이 아니라 그저 방향을 찾기 위해 이리저리 방황을 하고 있는 것임을 알고 있기에 올바른 방향을, 가고자 하는 방향을 스스로 찾을 수 있을때까지 기다려주고 지켜봐주게 되지 않을까?

올바른 방향이 이거라고 알려주고 알려줄수록 더 어긋나고자 하는 것이 아이들임을 알기에 말이다.

강금주(2013)는 『사춘기로 성장하는 아이 사춘기로 어긋나는 아이』라는 저서를 통해 이러한 말을 하였다.

사춘기 어린이를 대하는 부모(본 저자는 교사라고 말을 바꾸어도 좋을 듯 하였다)들은 아이들의 말에 마음과 귀를 열기보다는 부모(교사) 자신의 말을 하기에 급급하다고 한다. 그러는 동안 아이들은 자신은 지금 존중받고 있으며, 소중하게 대접을 받는 다는 느낌보다는 지시를 받고 있다는 느낌을 더 많이 가지게 된다. 아이들에 필요한 것은 일방적인 지시와 판단과 명령이 아니라, 따뜻한 이해와 수용의 대화인 것이다. 아이를 존중하는 것, 그것이 바로 사춘기로 성장하는 아이의 해답인 것이다.

교사는 아이들이 어긋난 방향으로 나아가는 것에 대한 두려움을 가지게 되며, 이러한 두려움으로 인해 아이들을 몰아치게 되며, 더 많이 지시하고 판단하고 명령하게 된다. 말로 상처를 주고, 구구절절 잘못을 지적하게 된다. 이렇게 해야 한다고 지시를 하면 할수록 아이의 마음은 굳게 닫히게 될 것이다. 마치 조개를 열기 위해 칼로 조갯살을 파고들면, 더욱 굳게 입을 다무는 조개처럼 말이다.

이제는 아이들에게 대한 교사들의 그러한 두려움을 떨쳐 버리고, 아이들 그 자체를 받아들이는 여유를 가져보면 어떨까?

아이를 있는 그대로 존중하고, 인정해주며, 기다려주고, 지켜봐주는 교사가 되어보면 어떨까?

이것이 바로 학생이 그동안 진정으로 바라고, 원하던 선생님은 아니었을까?

그리고 그러한 모습의 선생님이 프로젝트 수업에 있어서 필요한 진정한 선생님의 모습이 아닐까 조심스럽게 생각해본다.

5장 프로젝트 수업은 학력 향상에도 도움이 된다.

이번 장에서는 학력이란 무엇인지, 그 개념에 대한 이야기부터 시작을 해야 할 것 같다. 몇 몇 교사들로부터 프로젝트 수업은 활동 위주의 수업으로 인해 학력을 저하시킬 수 있다는 오해를 받기도 한다. 본 저자들 중에서도 그러한 선생님 계신다. 바로 이규진 선생님이 그러한 생각을 가지고 있었던 것 같다. 아마 많은 선생님들이 이규진 선생님과 비슷한 생각을 가지고 있을 것이라고 판단되어 '가르치고 배우며 함께 성장하는 길(최경민, 이규진, 김규태, 2017)'이라는 저서에서 이규진 선생님이 쓴 글을 발췌하여 먼저 제시하고자 한다.

여러분들은 수업을 고민하고
어떻게 할지 심각하게 고려해 본 적이 있는가?

분명히 있을 것이라고 생각한다. 수업연구대회 형태로든 아니면 동학년 협의회 시간이나 교과전담시간을 할애하여 여러 선생님들이 앉아서 자신의 수업과 학습자료 등에 의견을 나누고 공유한 적이 있을 것이다. 우리가 비록 그것이 수업공동체라는 의식을 가지지 못했지만, 거기서부터 수업에 대한 성찰과 성장이 시작되는 점이 아닐까 생각한다. 나는 지금도 생각한다. 어느 수업이 더 좋고 더 나쁜 지는 없다고 생각한다. 수업에는 왕도가 없다고 하니 말이다. 아이들이 행복하고 즐겁게 그들에게 학습의 기쁨을 누리게 해주었다면 교사의 본분을 다하는 수업이 아닐까 생각한다. 나는 지금까지도 내 수업에 대해서 잘못되었다고 생각하지는 않는다. 그렇다고 나의 수업이 최고라던가 옳은 것이라고도 생각하지 않는다.

하지만 한 가지 중요한 것은 그동안의 교사 중심의 수업에서 학생이 중심이 될 수 있는 수업으로의 성장과 발전은 필요하다고 여겨진다. 즉 수업에 대한 초점은 아이들에게 맞춰져서 진행이 되어야 한다. 아이들의 즐거움과 행복에 대해 고민하며, 학습목표, 더 나아가 교육목표에 도달하기 위해 다양한 수업적인 측면에서의 성장이 필요하다는 사실을 최근에서야 깨달았다. 나는 지금까지 나의 수업이 가장 나에게 맞는 것이고 아이들이 잘 학습할 수 있다는 생각을 가졌다. 나의 교육목표는 NCLB에 맞춰져 있었기 때문이다.

여러분들의 교육목표는 무엇인가?

나는 공동저자들과 함께 이야기를 나누면서 하나의 의문을 가지게 되었다. 최경민 선생님과 내가 바라보는 교육목표는 다르고 이상도 다르다고 생각했다. 그러한 최경민 선생님이 나에게 말했다. 지금 배우고 있는 교과의 내용들이 미래에도 사용될 것이라고 믿느냐고 말이다. 별 고민없이 나는 필요하지 않을 것이라고 답했다. 그러자 다시 그러면 왜 그렇게 열심히 교과 지식을 가르치냐고 되물었다. 나는 그 질문에 말문이 막혔다. 정작 나는 내가 가르치는 교육목표에 대해서 진지하게 생각해 본적 없었던 것이다. 나는 아이들에게 지식을 전달하고 좋은 성적과 대학에 갈 수 있는 밑바탕을 마련해주고자만 하였다. 과연 나의 교육목표는 무엇이었을지, 그리고 왜 아이들에게 지식을 전달하고 알려주고 가르쳐주고자 하였는지에 대해서 깊이 생각해 본 적이 없었던 것이다. 그리고 내가 가르친 이 아이들이 나중에 커서 어떤 어른이 되고 어떻게 살고 있을지 혼자 생각해보는 시간을 가졌다.

내가 지금 가르쳐준 지식들이

우리 아이들에게 앞으로 필요한 것이 맞을까?

맞는지 틀리는지는 아무도 모른다고 생각한다. 하지만 한 가지는 확실히 말 할 수 있다. 교사로서 우리 반 아이들에게 나만의 생각, 나만의 교육 방법만을 강요해 온 것 같다. 교사로서 스스로 성찰하고 성장하려 노력하지 않으면서, 나는 그대로인 채 아이들만 앞으로의 사회에 발맞추어 발전하고 성장하기를 바래온 것이다.

그러나 이제는 나도 교사로서 성장하고자 한 걸음 한 걸음씩 나아가고자 한다. 지금 이 순간 이러한 고민과 스스로의 성장 기회를 제공해준 우리 공동체 선생님들에게 감사하다.

세상이 변화한다는 것은 곧 그 속에 속한 구성원들 역시 변화한다는 것을 의미한다. 예전의 초등학교 학생들과 지금의 초등학교 학생들은 살아온 문화와 삶의 양식이 분명히 다를 것이다. 아니 분명하게 다르다고 말할 수 있다. 그래서 학생들에게 다양한 기회를 제공하는 수업을 할 필요가 있는 것이다. 그러기 위해서는 우리 교사들도 기존의 방법만을 고집하기 보다는 새로운 방법들을 선택하고 활용해보는 것이 필요하지 않을까 생각한다.

그것이 어쩌면 교사로서 성장하고 발전하는 첫 발걸음이 될지도 모르니 말이다. 물론 변하지 않아도 되고, 발전하지 않아도 된다. 그저 우리들이 하고자하는 이야기를 함께 읽어봐 주고 공감해주며, 함께 조금씩 조금씩 성장하기를 바랄뿐이다. 스스로 변한다고 생각하지도 인식하지도 않지만, 어느 순간 성장하고 발전해 있을 자신의 모습을 발견하게 되기를 기대해본다.

– 가르치고 배우며 함께 성장하는 길(2017)

이규진 선생님이 그러했듯, 그리고 많은 선생님들이 그러하듯이

'학력은 곧 성적이다'

라는 사고방식을 가지고 있는 교사들, 혹은 학부모, 혹은 어른과 아이들이 많을 것이다. 물론 그러한 생각과 철학을 가진 교사가 우리 팀에서 함께 연구하고, 프로젝트 수업을 계

획하고 진행하였기에 우리들의 프로젝트 수업이 활동이 주를 이루면서도 배가 산으로 가지 않는 기준점을 제시해주기도 하였다. 교육적인 목적과 달리 활동이 주를 이루게 될 수 있는 기획의 오류를 범하는 순간에, 그것이 과연 아이들의 학습에 어떠한 도움이 될지, 아이들의 학력 향상에 도움이 될지에 대한 의문을 던져주었기에 우리들의 프로젝트 수업이 교육적인 길을 벗어나지 않고, 교육 목표를 달성하기 위해 올바른 길로 나아갈 수 있었던 것 같다.

하지만 그 역시 우리와 함께 프로젝트 수업에 대해 이야기를 나누고, 연구하고, 함께 실천하면서 학력에 대한 또 다른 생각을 가지게 되었다고 한다. 그리고 프로젝트 수업이 학력 향상에도 도움이 될 수 있다고 확신하게 되었다고 한다. 어떻게 프로젝트 수업이 학력 향상에도 도움이 될 수 있었는지 그 이야기를 이제부터 하고자 한다.

이야기를 시작하기 위해서, 그리고 프로젝트 수업이 학력과 무관하다는 말은 오해와 편견이라는 것을 밝히기 위해서 학력이라는 개념에 대한 재정의가 우선시 되어야 할 것 같다.

과연 학력이란 무엇일까?

학력이라 함은 학력(學力)과 학력(學歷)의 개념으로 구별이 된다. 학력(學力)이라 함은 학교교육을 통해 학습한 능력, 학습에 의해 획득한 능력, 학교교육의 성과 등으로 해석될 수 있고, 학력(學歷)이라 함은 구체적으로 어떠한 단계의 어떠한 계통의 교육을 받고 졸업을 하였는가 하는 일종의 졸업장과 같은 의미로 해석될 수 있다. 이러한 의미에서 흔히 말하는 학력이라 함은 학력(學力)을 의미하는 것이라고 볼 수 있다.

또한 학력에 대한 개념을 알아보기 위해서는 Tyler 및 Brunner가 주장하고 있는 이론 및 학력에 대한 개념 이해가 함께 이루어져야 한다. 우선 Tyler는 학교교육을 통해 목표를 상세화하는 것이 학력의 의미를 제대로 밝히는 것이라고 주장하면서, 학교교육을 통해 이루어지는 모든 활동에 대한 결과로 학생들이 성취해야 할 바를 행동적으로 확인할 수 있게 상세하게 진술하는 작업이 목표 진술의 핵심이며, 이 목표가 곧 학교교육을 통해 기르고자 하는 학력이라고 정의내리고 있다. 그리고 Brunner는 학교에서 가르쳐야 하는 것은 교과이고, 이러한 교과는 각각의 대표하는 학문적 지식으로 구성되며 지식이 갖는 구조는 일반적인 개념이나 원리들 간의 관련된 체계라고 말을 한다. 이에 학력을 규정하기 위해서는 교과 지식의 특성이 살아있게 교육한다는 것이 무엇인지를 밝히는 작업이 선행되어야 하며, 이러한 의미에서 학력이란 교과가 가지는 고유한 내재적 가치를 습득함으로써 사물과 현상을 바라보는 안목을 형성하고 문제 해결 학습 능력 이외의 일상적인 사태에서 전이될 수 있는 능력이라고 정의내리고 있다(이은혜, 2008).

이 두 관점은 공통적으로 교육이라는 활동은 교육적인 결과를 가지고 올 것으로 기대하고 있으며, 예상하는 바람직한 결과를 미리 규정한 다음에 그 자체가 수단이나 방법으로서 기능을 수행한다는 기능주의적 교육 관점에 근거하는 것이라고 볼 수 있다.

이처럼 그동안 우리가 바라본 학력이라는 개념은 바로 위에서 언급하고 있는 기능주의적 교육관에 의거한 것이었다고 판단할 수 있다. 그리고 우리는 이러한 교육적 관점에 따라 시장경제의 논리에 의거하여 학교와 교육을 바라보았으며, 그러한 관점에 따라 아이들을 사회가 요구하는, 사회 발전에 이바지 할 수 있는 그러한 어른으로 성장할 수 있도록, 효율성·효과성의 측면에서만 학력을 정의내리고, 그러한 정의에 따라 교육을 행해온 것인지도 모른다.

그렇다면 과연, 기능주의적 관점에 따라
그동안 우리가 생각했던 학력에 대한 개념 정의가 올바른 것일까?

어쩌면 우리는 그동안 기능주의 관점에 의해,

라는 교육 대전제를 잊고 있었던 것은 아니었을까 반문해본다. 그동안의 우리 교육은 사람을 위한 교육이었다기보다는, 국인 신장 또는 국가 발전을 위해 학생 개개인이 기여할 수 있는 가능성이 어느 정도인가에 초점을 맞추어서 교육을 해왔음을 부인할 수 없을 것이다. 이러한 교육적 패러다임으로 인해 학생들은 국가의 자원으로 환원될 수 있는 존재가 되어 버렸고 국가 기여 가능 정도에 따라 수량화되고 평가되는 존재로 전락해 버렸을지도 모른다. 또한 수량화되어 질 수 있는 평가 결과를 통해 아이들은 학급, 학교, 국가로부터 등급화 되어 관리를 받게 되었다. 이로 인해 아이들은 자신도 모르는 사이에 국가의 관리 자산으로 인식 받는 존재가 되었고, 그 자산 가치는 수량화되어서 평가받아 왔으며, 이러한 교육 형태가 절대 부당하거나 비정상적인 것이 아니고, 국가의 발전을 위해 지극히 정상적이고 정당하다는 인식을 학생, 학부모, 국민들에게 심어주고 있었던 것인지도 모른다.

실제 학력에 대한 연구와 논의가 인적자원 개발 및 관리를 위한 학력에 대한 논의가 주를 이루고 있으며, 학력에 대한 연구가 기업들의 요구들을 고려하여 이루어지고 있음이 단적인 예라고 할 수 있다.

하지만 세계인권선언의 교육과정 조항에서는 다음과 같이 분명하게 교육을 정의내리고 있다.

> 교육은 인격의 완전한 계발과 인권 및 인간의 근본적인 자유에 대한 중의 강화를 목표로 삼아야 한다. 교육은 모든 국가와 인종적 또는 종교적 집단 사이의 이해, 관용 및 친선을 증진해야 한다.

그렇다. 교육은 사람을 위한 것이며, 학생들의 인격(간) 계발을 위한 것이다. 그리고 이러한 인격의 하위요소에는 존중, 이해, 관용, 친선이라는 항목들이 존재하며, 이것들이 함께 길러져야 할 교육적 덕목이라 할 수 있다.

마사 누스바움(2016)은 '학교는 시장이 아니다'라는 저서를 통해 인격 계발이라는 용어가 어찌 보면 당연하고 단순한 듯 여겨질 수 있지만, 그것은 결코 단순한 언명이 아니라고 단언한다. 교육의 궁극적인 목적은 미숙한 개인을 존엄한 인격체로 완연히 꽃피워내어 존엄한 삶을 살 수 있게 해야 함이기 때문이다.

이러한 의미에서 학력에 대한 정의 역시 재정의 되어져야 할 것 같다. 그리고 이를 위해서는 교육의 궁극적인 목적을 어디에 두어야 하느냐에 대한 논의도 함께 이루어져야 할 것이다. 그동안 우리나라에서 중점적으로 여겨왔던 국가 발전 중심의 교육관에서 벗어나 학생 개개인의 인격을 소중히 여길 수 있는 교육, 학생들 각자가 한 명의 개인으로써 존엄한 인격체로 성장할 수 있는 교육, 바로 인격 계발을 중심적으로 여길 수 있는 교육 목적으로 재정립되어져야 할 것이다.

교육을 통해 향상되고 발전되어야 하는 것은 학생들이 소속된 국가가 아니다. 교육을 통해 향상되고 발전되어야 하는 것은 바로 학생 개개인이 속한 크고 작은 공동체이며, 결국에는 학생 개개인이 되어야 할 것이다. 이에 교육자가 관심을 기울여야 하는 것 또한, 인적 자원으로서 학생(개인)들이 국가 발전에 얼마나 많이 공헌하고 기여를 하였느냐가 아니라, 학생들 개개인이 그 자체로써, 인간다운 인간으로 얼마나 개화하였는지를 스스로 깨닫게 해야 하는 것이 교육의 궁극적 목적임을 깨달아야 하는 것이다.

이에 더 이상 학교는 시장의 원리에 따라, 사회의 개발 정책에 따라 학생을 위하는, 사람을 위하는 진정한 의미에서의 교육을 외면해서는 안 된다. 학생들 한 명 한 명을 소중히 여기고, 그들이 지닌 잠재력과 무한한 가능성을 일깨워 줄 수 있는 교육을 지금부터라도 실천해야 할 것이다.

이러한 저자들의 말에 어쩌면, 아니 많은 학자들, 그리고 사람들은 우리나라가 짧은 기간 내에 이만큼 성장할 수 있었던 원동력이 바로 교육이었다고 반문해올지도 모른다. 아

니 반문하게 될 것이다. 그런데 이들에게 우리 저자들은,

혹시 어쩌면 우리들은 짧은 기간에 이만큼이나 성장하는 데
우리나라 교육이 지대한 영향을 미쳤었다는 착각 속에
우리가 살고 있었던 것은 아니었을까?

하고 다시 되묻고 싶다.

그동안 우리나라의 교육이 우리나라의 성장에
대체 어떠한 효과와 영향력이 있었다는 것일까?

아이들의 삶은 무궁무진한 가능성으로 가득하다고 한다. 그럼에도 불구하고 우리들은 그동안 아이들의 무궁무진한 가능성을 얼마나 계발하고 발견하였는가? 단지 국가경제발전이라는 측면에서만 아이들을 바라보면서, 그러한 가능성을 지닌 아이들 보다는 말을 잘 듣고, 배운 것을 잘 암기하고, 시험을 잘 치고, 평가 결과가 우수한 아이들만 가능성이 무궁무진하다고 평가했던 것은 아니었을까? 아이들 모두 다양한 모습의 가능성을 지니고 있음에도 불구하고, 우리 어른들은 평가에서 좋은 점수를 얻는 것, 더 좋은 대학에 들어가는 것만이 가능성이라고 생각하게 하고, 그러한 삶을 살아가게 한 것은 아니었을까? 물론 그러하였기에 지금만큼 우리나라 부유하게 되었고, 사람들 개개인이 이 만큼 살게 되었다고 말을 한다면 그에 대해서 반박의 여지는 없다.

다만 교육의 본질적인 목적은 아이들이 지닌 무궁무진한 가능성을 발견하여 스스로에게 의미 있는 삶을 살도록 준비시키는 것이며, 나아가서는 타인을 이해하고 관용을 베풀 줄 아는 훌륭한 민주시민을 양성하는 것이라고 말하고 싶은 것 뿐이다.

이런 의미에서 학력이란

스스로의 가능성을 발견하고, 훌륭한 민주시민으로 성장함에 있어서
필요로 하는 인성과 역량의 함양정도

라고 재해석될 수 있지 않을까?

그래서 우리 저자들은 프로젝트 수업을 계획하는 단계에서 앞서 나누었던 교사는 왜 필요할까라는 질문에 이어

학교 수업은 어떠해야 할까?

라는 질문에 대해 이야기를 나누게 된 것 같다.

이 질문에 우리 저자들 뿐 아니라, 본 저자의 강의를 들은 교사들 중 많은 분들이 당황해하였던 것 같다. 평소에 생각하지도 못했던, 아니 생각할 필요도 없었던 질문이었기에 그랬던 것 같다.

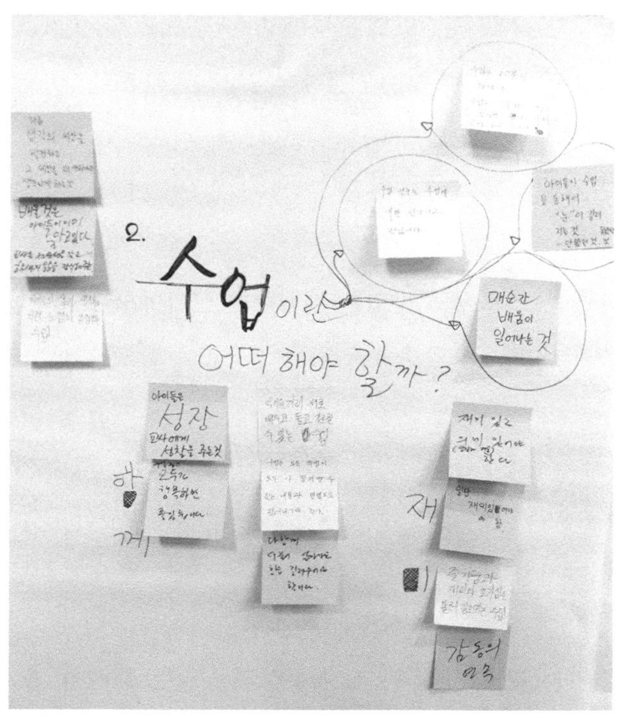

위의 사진은 2019년 충북지역에서 연수를 진행하면서, 만나고 이야기를 나누었던 선생님들의 활동 결과물이다.

사실, 두 번째 질문의 경우에는 교사로서 생각할 필요가 없었던, 혹은 생각하지 못했던 질문이어서 그런지, 우리 저자들뿐 아니라, 본 저자가 진행했던 연수에 참여하였던 선생님들께서도 처음에는 어리둥절해하며, 생각을 다양하게 적지도 못하였고, 이야기를 많이 나누지도 못한 것 같았다. 어쩌면 이러한 모습이 지금 우리 교사들의 모습이 아닐까 생각을 한다. 수업에 참여함에 있어서 학습 문제에 대해 생각이 없는 아이들을 비판할 것이 아니라, 그리고 모둠활동에서 이야기를 하지 않는 아이들에게 혼을 낼 것이 아니라, 교사들 스스로도 수업이 어떻게 이루어져야 할지, 수업이 어떠해야 할지, 그리고 그 속에서 교사는 어떠해야 할지에 대한 고민과 생각이 없음에 대한 반성과 성찰이 먼저 이루어져야 하지 않을까 조심스럽게 생각을 하게 된다.

그래도 시간을 충분히 주고, 함께 자신의 스토리를 가지고, 각자의 마음을 조금씩 열면서 이야기를 나누게 되었다. 시간을 충분히 함께 하면서 대화를 나눈 결과 많은 선생님들이 의미 있는 수업이 되어야 한다고 하였고, 학생들이 무엇인가를 배울 수 있는 수업을 해야 한다고 입을 모으게 되었다.

그래서 다시 물어보았다.

의미 있는 수업이란 무엇일까?

이 질문에 많은 선생님들이 생각을 하고 기록을 했던 이야기를 모아보니, 의미 있는 수업이란 아이들이 스스로 즐겁게 참여하는 수업, 즐거움 속에서 무엇인가를 배워가는 수업, 친구들과 함께 할 수 있는 인성이 자라는 수업, 자신이 가지고 있는 가능성을 발견하고 역량을 발현하여 나의 역할에 최선을 다할 수 있는 기회를 제공하는 수업 등으로 정리될 수 있었다. 우리들 역시 깨닫지 못했지만, 이미 머릿속으로 알고 있었던 것이다. 수업의 목적은 아이들이 자신의 가능성을 발견하고, 함께 살아가기에 필요한 인성과 역량을 발현시켜주는 것임을 말이다. 그리고 이러한 의미에서 학력이란 교육의 목적을 달성하기 위해 스스로 자신의 가능성을 발견하고, 함께 살아가는 민주시민으로서의 역량과 인성을 함양한 정도라고 정의내릴 수 있을 것 같다.

이러한 의미에서 학력을 정의하고, 교육의 목적을 바라보게 될 경우 프로젝트 수업은 학력 신장에 매우 효과적·효율적인 교수·학습이 될 수 있다. 프로젝트 학습은 학생들이 관심과 흥미를 가질 수 있는 학습 주제, 제재에서 시작을 하게 되고, 공통의 관심과 흥미를 가지고 있는 아이들이 함께 모여서, 이야기를 나누면서 교실과 생활 속에서 느낄 수 있는 문제를 찾아보고, 그러한 문제를 함께 해결하는 과정을 거치게 되며, 그러한 과정을 통해 공통의 산출물을 만들어내게 된다. 그리고 그러한 과정 중에 함께 살아가기에 필요한 역량과 인성이 발현될 수 있고, 공동의 결과물을 만들어내기 위해 자신의 역할을 찾아 최선을 다하면서 자신의 가능성을 발견하게 될 것이며, 다양한 활동과 체험을 통해 자신의 또 다른 잠재력을 찾게 될 것이기 때문이다.

그럼에도 불구하고, 과연 프로젝트 수업이 전통적 의미에서의 학력 신장과 무관한 것일까? 본 저자는 아래의 사례를 들어가며 이 또한 아니라고 말을 하고 싶다.

Talk Talk

본 저자들 중 한 분인 이규진 선생님은 박사학위 논문을 준비 중에 있었다. 논문은 간략하게 학습인지진단모형을 주제로 하고 있었으며, 학습을 하고서 평가지를 통해 학습 요소 중 어떠한 인지가 부족한지를 분석하고, 그에 따라 개별화된 후속 교육 자료를 제공하고서 효과성을 검증하기 위함이었다.

이를 위해 5개의 초등학교에서 총 10개 학급 이상의 학생을 대상으로 하여 자체 제작한 동일한 시험지를 활용하여 평가를 실시하였다. 서로 다른 학교와 학급에서 기존의 시험지가 아닌, 자체적으로 개발한 동일한 시험지를 활용해서 평가를 실시하였기에 프로젝트 수업을 실시하는 교실과 그렇지 않은 교실의 학력이 어떠한 차이점을 보이는지를 객관적으로 살펴볼 수 있는 근거가 될 것이라고 판단하였다. 또한 수학 교과를 대상으로 하고 있었기에, 그 당시 교사 공동체를 꾸리고 학년이 함께 동일한 프로젝트 수업을 진행하기는 하였지만, 수학 교과까지 프로젝트 수업을 진행하던 학급은 본 저자의 교실이 유일하였기에 프로젝트 수업이 전통적 의미에서의 학력 향상에 어떠한 영향을 줄 수 있을지를 간접적으로 확인할 수 있는 좋은 기회가 될 수 있을 것이라고 판단하였다.

그 결과 그 당시 프로젝트 수업만으로 교실 수업을 진행하던 우리 교실의 평가 결과가 다른 학급에 비해서 월등히 높았으며, 통계 비교 분석을 통해 유의미한 차이를 보이고 있음이 밝

혀지기도 하였다. 물론 우리 반 아이들이 실험 대상이 되었던 학급의 아이들보다 학력적인 측면에서 우수한 아이들이 모여 있던 학급이었기에 그러한 결과를 가져왔다고 판단할 수도 있지만, 흔히들 학급 배정을 함에 있어서 생활태도적인 측면과 함께 학력적인 측면을 고려하여 고르게 배치하는 것이 일반적이기에 우수한 학생들이 모인 학급이라고 판단할 수 없다. 또한 그 당시 근무하던 학교 역시 공단지역에 위치한 학교로써, 사교육이 집중되어 있는 지역도 아니었으며, 대부분의 가정이 맞벌이 가정으로써 별도의 과외 수업을 위한 사교육이 이루어지지도 않는 극히 평범한 지역의, 어찌 보면 조금은 사교육적인 측면에서 부족한 지역의 학교에 속해있었다.

이런 저런 측면을 고려하고, 실험 대상이 되었던 학급을 비교하고, 실험 결과를 살펴보았을 때, 프로젝트 수업이 전통적 의미에서의 학력 신장에 부정적일 수 있다는 판단은 오해와 편견에 불과한 것이며, 오히려 긍정적인 영향을 줄 수 있음을 본 실험을 통해 간접적으로 확인할 수 있었다.

전통적 관점에서 바라본 학력에 대한 비교 평가 결과에서도 프로젝트 수업을 실천하고 있던 우리 반에서 통계적으로도 유의미할 정도의 우수한 성적을 보였다는 사례를 통해서 프로젝트 수업은 학력과 무관하다는 말은 오해이며 편견에 불과하다고 결론적으로 말하고자 한다.

또한 프로젝트 수업을 한다고 하여 '가르쳐야 할 것'을 가르치지 않는 것은 아니다. 프로젝트를 수행하기 위해서 학생들은 그에 필요한 기본적인 학습과 지식을 요구받는다. 그러기에 교과서를 활용하여 수업을 하지 않는다고 하여 성취기준과 기초 지식을 배제하는 것은 아니다. 이에 프로젝트 수업을 시작하기 전, 혹은 진행하는 과정 중에 학생들이 프로젝트 수행함에 있어서 반드시 알아야 하는 지식, 성취기준에 대해서는 다양한 교수·학습 방법을 활용하여 학습할 기회를 충분히 제공해주어야 한다. 이때 바로 필요에 따라서는 강의식 수업을 진행할 수도 있는 것이다.

따라서 프로젝트 수업을 실천함에 있어서 가장 중요한 것은 교사의 기획력이며, 기획의 단계에서 프로젝트와 관련된 기초 지식 및 성취기준을 다양하게 분석하고, 이에 대한 학습과 배움의 기회를 프로젝트 학습 시작 혹은 중간에 제공해주기 위한 사전 계획도 함께 이루어져야 한다. 그러기에 프로젝트 수업은 수업의 방법에 있어서 차이점이 있는 것이지, 교육과정에서 가르치고 배워야 할 것을 무시하거나 방관하는 것이 아니며, 배워야하고 가르쳐야 할 것에 대한 내용적인 측면에서는 강의식 수업과 별반 다르지 않다고 할 수 있다. 이에 프로젝트 학습은 그 방법적인 측면에서 다소 차이가 있을 뿐, 학생들의 학업 성취, 학력 등을 무시하거나 고려하지 않는 것이 절대 아니다.

이처럼 교육 목적에 대한 새로운 관점, 이로 인한 학력을 바라보는 새로운 관점에서의 학력과 프로젝트 수업의 관계, 그리고 이 뿐 아니라 전통적 의미에서의 학력과 프로젝트 수업의 관계에 대한 이야기를 통해 프로젝트 수업은 학력 신장에 도움이 될 수 있다고 말할 수 있었다. 그러니 프로젝트 수업이 학력과 무관하다는 말은 오해이며 편견이라고 말하고자 한다.

아이들에 대한 또 다른 관점

교육을 바라보는 관점을 달리 해야 하듯이, 학생을 바라보는 관점도 달리해야 할 것 같기에, 아이를 바라보는 부정적인 시각을 벗어던지고자 아래와 같은 문구로 마무리하고자 한다. 교육을 달리 바라보고, 학력을 달리 바라보고, 그리고 학생을 달리 바라 볼 줄 아는 교사가 되었으면 한다. 그리고 어쩌면 그러한 달리 바라볼 수 있는 시각이 프로젝트 수업을 계획하고 실천하고자 하는 교사에게 가장 필요한 덕목이며 가장 중요한 성공의 열쇠일지도 모른다. 프로젝트 수업은 끊임없이 기다려주고, 또 기다려주고, 거기에 더 기다려주는 시간을 교사와 학생이 함께 함으로써 서로 성장하고 발전할 수 있는 교육적 경험의 기회를 제공해주게 될 것이기 때문이다.

우리가 흔히 가지는 아이들에 대한 관점을 이렇게 변화시켜 보면 어떨까?

그 아이는 어두운 것이 아니라 얌전한 것이며,

그 아이는 느려 터진 것이 아니라 꼼꼼한 것이며,

그 아이는 성질이 급한 것이 아니라 재빠른 것이며,

그 아이는 참견하는 것이 아니라 친절한 것이며,

그 아이는 실패만 하는 것이 아니라 수많은 도전을 하는 것이다.

6장 프로젝트 수업은 진도 나가기에 유리하다.

"선생님 진도 나가기에도 힘든데,
언제 프로젝트 수업을 계획하고 실천해요?"

프로젝트 수업을 계획하기 위해 우리 저자들이 함께 모인 자리에서 한 선생님이 던진 질문이었다. 솔직히 본 저자는 5년 전부터 프로젝트 수업을 진행하면서 진도 나가는 것에 어려움이 없었고, 오히려 학기말에는 교과서 진도가 너무 빨리 끝나서 창의적 체험활동을 중심으로 한 학기말 및 방학 맞이 프로젝트 수업을 해오고 있었다. 그러기에 본 저자에게는 진도 나가는 것만으로도 선생님들이 왜 힘들어 하고 벅차하는지 이해가 되지 않았던 것이 솔직한 심정이었다.

왜 선생님들은 진도 나가기에도 벅차다고 하는 것일까?

그건 아마도 여기서 말하고 있고, 흔히 선생님들이 생각하는 진도라는 것이 교과서를 의미하는 것으로, 교과서에서 제시하는 모든 내용들을 다 끝내야만 진도가 모두 나갔다고 여기고 있기 때문이 아닐까 생각하였다. 교과서에 대한 이야기는 다음 장에서 자세히 할 예정이기에, 본 장에서는 간단하게만 언급하도록 하겠다. 아마도 한번이라도 교과서의 내용과 교육과정에서 제시하고 있는 성취기준을 비교해보았던 교사들은 알 것이다. 교과서에서 제시하는 모든 내용이 성취기준과 직접적인 연관이 있는 것이 아니라는 사실을 말이다. 그리고 프로젝트 수업은 교과서의 내용이 아닌 교육과정에서 제시하고 있는 성취기준이 기반이 되어 계획되기에, 성취기준과 크게 관련이 없는 교과서의 교육 내용은 프로젝트 수업에서 다루지 않게 된다. 그러기에 교육과정에서 제시하는 교과별 기준 시수 내에 모든 학습 진도를 마무리하고서도, 아이들의 학습과 배움을 위해 필요한 기다림의 시간을 교실에서 가질 수 있는 것이고, 이렇기에 진도를 나가기에 별 문제가 없는 것이며, 성취기준을 중심으로 하여 프로젝트 수업을 계획하고 실천하기에 교육과정에서 의미하는 진도 나가기에 큰 어려움이 없다고 할 수 있다. 그러므로 프로젝트 수업은 진도 나가는 것이 어렵다는 말은 오해이며 편견이라고 할 수 있다.

그래서 본 저자는 진도 나가기는 것도 힘이 든다는 말에 대해 다음과 같이 설명을 해 준 것 같다.

Talk Talk

앞서 지속적으로 말을 해왔듯이 프로젝트 수업은 하나의 정형화된 교수·학습 방법이 아니다. 프로젝트 수업은 학생들이 실생활, 혹은 학교와 교실에서 문제점을 찾고, 비슷한 문제점을 느낀 친구들이 팀을 만들어서 함께 문제를 해결하고, 그러한 해결로 결과물을 만들어내는 과정, 학습의 프로세스 그 자체가 바로 프로젝트 수업인 것이다. 그러한 과정 중에 필요하다면 교사 중심 수업, 협력 수업, 토의·토론 수업, 액션러닝 식 수업, 거꾸로 교실 등 다양한 교수·학습 방법을 적용할 수 있기에 현존하는 교수·학습 방법 중 가장 범위가 넓은 것이 바로 프로젝트 수업이라 할 수 있다.

그리고 다양한 교수·학습 방법을 모두 적용할 수 있기에 학생들이 반드시 알아야 할 기초적인 지식, 교육과정에서 제시하는 성취기준을 학습하고 배울 수 있는 기회를 충분히 제공해 줄 수 있으며, 성취기준을 중심으로 학습이 이루어지기에 모든 교과서의 내용을 다 가르치거나 배우지 않아도 된다. 그래서 진도를 나가기에 별 문제가 없을 것이다.

이러한 설명에 함께 모인 선생님들이 긍정적으로 생각을 하게 되었고, 함께 생각하고 찾은 수업이 나아가야 할 방향에 가장 적합한 교수·학습이 프로젝트 수업이 될 수 있다는 사실에 모두가 동의할 수 있었던 것 같기도 하다.

그리고 계속해서 이야기를 이어갔다.

Talk Talk

프로젝트 학습의 목적은 결과물이 아닌, 과정 중에 스스로 깨닫고 체득하게 되는 인성과 역량이라고 할 수 있다. 그리고 이러한 인성과 역량은 단 기간에 누군가의 가르침에 의해 길러질 수 있는 것이 아니다. 스스로 발현이 될 수 있도록 다양한 기회를 제공하고 스스로 참여하도록 유도한 뒤 교사는 기다려 주고, 또 기다려주고, 더 기다려주어야 한다.

이렇게 말을 하자 다시 물어온다.

"수업 시간이 한정 되어 있는데,
어떻게 기다려주고 또 기다려주고 더 기다려주어요?"

물론 학교 급에 따라 한 차시 수업 시간이 정해져 있고, 일 년이라는 기간 동안 정해진 수업 일수와 수업 시간을 모두가 동일하게 가지고 있다. 이러한 상황에서 아이들이 스스로 인성과 함양을 발현할 수 있도록 끊임없이 기다려주기란 불가능할 것이다.

그래서 우리에게 필요한 것이 교육과정 재구성이다. 많은 교사들은 교육과정 재구성을 필요 없는 것, 불가능 한 것, 어려운 것으로 치부하기도 한다. 하지만 미래 사회를 살아가기 위해 진정으로 필요한 인성과 역량의 발현을 위해서 교육과정 재구성은 반드시 필요한 것이다. 교육과정 재구성은 교사의 개인적인 그 어떠한 이유 때문이 아니라, 아이들로 하여금 스스로 학습에 참여하도록 기다려주고, 배움의 과정을 통해 인성과 역량이 발현될 수 있도록 기다려 줄 수 있는 기다림의 시간을 가지기 위해서 필요한 것이다.

현재 우리 교실에서 필요한 것은 교사의 뛰어난 지도 능력도, 학생들의 빠른 학습 능력 및 높은 학력이 아니라 이러한 기다림의 시간인 것 같다. 우리들은 기다려주지 못해서 무엇인가를 더 주려고 하고, 더 많은 것을 가르쳐주려고 하고, 암기하게 하고, 평가를 해온 것이 아니었을까 생각을 한다.

Talk Talk

아이들은 이미 그들 수준에서 알맞게 성장하고 있고, 발전하고 있음에도 불구하고 우리 어른들은 그러한 성장과 발전의 속도를 지켜보지 못한 것이 아니었을까 생각한다. 기어 다닐 줄 알아야 걸을 수 있고, 걸을 수 있어야 뛸 수 있음에도 불구하고, 우리는 이제 막 기어 다니는 아이들에게 뛰라고 채찍질을 해 오는 방식으로 수업을 이끌고 있었던 것은 아니었을까.

어린 시절이 모두 떠오르거나 선명하지는 않지만, 본 저자의 초등학교 시절과 지금 초등학생의 모습을 비교해보면 현재의 우리 아이들은 과거 초등학교(물론 저자가 다닐 때는 초등이 아는 국민 학교였다) 시절의 저자에 비해서 더욱 뛰어난 지적·신체적 능력을 지니고 있는 아이들이었다. 그런 비교된 모습 속에서 이미 아이들은 충분히 그 나이에 맞게 성장하고 발전하고 있는 것이다. 어쩌면 이런 아이들에게 필요한 것은 더 잘하라고, 더 열심히 하라고 하는 채찍질이 아닌 스스로 성장하고 발전할 수 있도록 기다려줄 수 있는 학생에 대한 이해와 기다림이 아닐까 조심스럽게 말을 하고 싶다.

우리 아이들에게는 기다림이 필요하고, 기다리기 위한 시간이 필요하고, 그러기 위해 교실에서는 기다림의 시간이 필요한 것이다. 교실에서 아이들이 스스로 참여하고, 서로의 다름을 인정하고, 그러한 인정이 창의성이 되고, 그러한 경험과 과정 속에서 인성과 역량이 발현될 수 있도록 기다림의 시간이 필요하기 때문이다. 프로젝트 수업이 그러한 경험을 제공해 줄 수 있을 것이며, 기다림의 시간을 마련하기 위해 교육과정 재구성을 기반으로 하여 프로젝트 수업을 계획하고, 기다림의 시간을 마련해 줄 수 있을 것이다.

이렇듯 프로젝트 수업을 계획함에 있어서 교육과정 재구성은 그 목적이 되는 것이 아니라 필요한 것이 되는 것이다. 교육과정 재구성이 목적이 아닌 필요가 되는 순간, 교사들은 교육과정 재구성에 대해 다시 한 번 더 고민을 하게 되고, 실천하고자 하는 의지와 힘이 생기게 될 것이라고 생각한다. 그래서 인지 우리 저자들은 교육과정 재구성이 필요하기에 교육과정 재구성을 하게 되었고, 그러한 필요성에 더욱 공감하게 되었고, 그러한 공감으로 인해 자발적으로 교육과정을 공부하고, 함께 교육과정을 재구성하여 프로젝트 학습을 실천하게 되었던 것 같다.

Talk Talk

2018년, 함께 프로젝트 수업을 계획·실천하면서 학년 중심 공동체 교사들 모두 경험하게 되었다. 2월 함께 시작을 할 때 진도 나가는 것에 부담감을 가지고 프로젝트 수업에 회의적이었던 교사들이 모인 공동체였지만, 7월 초 1학기에 계획했던 모든 프로젝트를 마무리하고, 마무리와 함께 교과 진도를 모두 나가게 되었다.

교과서 중심의 교사 위주 수업에서는 학기가 끝날 때까지 교과 진도를 나가야 했는데, 프로젝트 수업을 함께 실천하면서, 교육과정을 재구성하게 되면서 2주 정도의 여유시간이 생기게 되었다.

사실 2월에 지금의 팀원으로 처음 학년 공동체를 구성하고, 대분의 교사들이 처음으로 프로젝트 수업을 실천하였기에, 한 학기 1개 혹은 2개의 프로젝트 수업만이라도 해보자고 이야기하며 어렵게 시작했던 공동체였고 프로젝트 수업이었다. 그런데 2월 일 주일간, 함께 이야기를 나누고 프로젝트 수업을 연구하고 계획하면서 한 학기의 프로젝트를 구성하게 되고, 1학기의 전 교과 전 단원을 프로젝트 수업으로 운영하는 기적(개인적으로 진심으로 기적과 같은 일이었다)을 만들었다.

그리고 진도 나가는 것에 어려움을 겪던 교사들에게 학기말 여유로운 2주간의 시간을 주게 되었고, 한 학기동안의 프로젝트 정리 및 여름 방학 맞이 프로젝트를 창의적 체험활동 위주로 구성하여 아이들과 의미 있는 학기말을 보낼 수 있었다. 이 또한 흔히 학기말이 되면 영화를 보여주며 파행적 교육과정을 운영하던 우리들에게 큰 변화를 가져올 수 있었던 부분이다.

그리고 여유로운 시간이 생기면서 2학기 프로젝트에 대한 이야기가 조금씩 나오기 시작하였다. 그리하여 7월 초에 있었던, 2박 3일의 5학년 야영 기간에 함께 2학기 프로젝트 수업을 이야기 나누게 되었고, 장기간의 토의·토론을 거친 후 2학기에는 역사를 중심으로 하여, 모든 교과를 역사 프로젝트로 계획·운영하기로 하고, 역사 박물관 열기를 거대한 프로제트로 정하게 되었다. 상황이 이러하다 보니 여름 방학 때 별도의 교육과정 재구성 시간이 필요치 않았으며, 1학기 말, 7월 중~하순에 2학기 교육과정을 재구성하고, 프로젝트 수업을 계획하게 되면서 즐겁고 여유로운 여름방학을 맞이할 수도 있었다.

이렇게 해서 계획·실천한 역사 프로젝트 이야기는 이전 저서인 '역사로 톡톡 두드려보는, 즐거운 프로젝트 수업, 상상채널, 2019'에서 확인할 수 있다.

어쨌든 교육과정 재구성, 프로젝트 수업을 통해 진도 나가는데 별 다른 어려움이 없었으며, 오히려 학기말에는 여유로운 시간을 가짐으로써 아이들과는 1학기 프로제트를 함께 정리할 수 있는 의미 있는 시간, 교사들과는 2학기 프로젝트를 계획할 수 있는 의미 있는 시간을 가질 수 있게 되었다.

이러한 우리들의 경험을 바탕으로 프로젝트 수업은 교과 진도를 나가는데 있어서 어려움이 생기는 것이 아니라, 오히려 진도 빼기에 유리한 교수학습 방법이라고 말하고자 한다.

그리고 교과 진도와 뗄레야 뗄 수 없는 교육과정에 대한 이야기는 다음 장에서 계속하게 될 교육과정 재구성에 대한 이야기를 통해 이어가도록 하겠다.

인내가 아닌 이해의 중요성

교사들에게 필요한 것은 나를 힘들게 하는 아이들에 대한 끊임없는 인내가 아니라, 아이 한명 한명을 바르게 바라보고 그 아이의 입장에서 이해해주는 것은 아닐까?

흔히들 우리 교사들은

"나는 말썽부리고 수업에 참여하지 않는 너희들의 모습을 보면서, 참고 인해하는 것이 너무 힘들어. 이제 인내심이 바닥났어."

교사를 힘들게 하는 아이들을 보면서, 참고, 참고, 참다가 이러한 말을 한다. 이러한 말을 하는 교사들은 스스로 바르지 못한 행동을 하는 아이들을 보면서도 인내를 하는 순교자라고 여기는 것 같다. 그리고 반대로 아이들은 나에게 고난을 주는 존재가 되게 되고 서로 대립되는 존재로 여기게 되는 것은 아닐까?

교사로서 우리들에게 필요한 것은 아이들에 대한 인내가 아닌 이해가 아니었을까? 인내로 인해 교사와 학생이 서로 대립되는 존재가 아닌, 이해를 통해 상생하며 나아가는 존재가 되어야 하지 않을까?

기억하자. 우리 아이들은 이미 순차적, 연속적, 점차적으로 성장하고 있다. 그러한 아이들에 대한 이해를 바탕으로, 기다려줄 수 있는 존재가 교사가 되었으면 좋겠다. 이제부터라도 인내가 아니라 이해를 해보자.

이러한 의미에서 이제부터 아쉬움과 기다림은 교사가 가져야 할 덕목이 아닐까 한다. 설명으로 가르치고 외우게 하고 확인하고 평가하는 것이 교사의 역할이 아니라 나의 기대에 조금은 못 미쳐서 아쉬운 마음이 들더라도 그러한 아쉬움을 받아들일 줄 알아야 하며, 아이들이 나의 생각보다 느리게 성장하고 기대만큼 발전하지 못해도 그러한 못 미침을 조금 더 기다려줄 수 있는 기다림을 받아들이는 것이 교사의 역할이 되어야 할 것 같다. 그러한 아쉬움과 기다림을 가지지 못한다면, 그동안의 교실 속 교사처럼 자신의 기대만큼 아이들을 기르기 위하여 아이들을 닥달하고 혼을 내고 다그치는 행동을 다시 반복하게 될지도 모른다.

아이들의 자존감을 헤치는 말들, 아이들의 창의성을 방해하는 모든 언행들이 바로 이러한 아쉬움과 기다림을 견디지 못하는 교사들이기 때문은 아니었는지 나 스스로도 반성을 해 본다. 기다림을 견디고, 못 미침과 아쉬움을 스스로 달랠 줄 알게 되면 아이들이 다르게 보이기 시작한다. 못하고 어리석은 것이 아니라 아직은 모르는 것이며, 알기 위한 기회가 부족했다는 사실을 알게 된다. 그러한 교사의 변화가 아이들의 자존감과 책임감, 자신감을 높여줄 수 있는 방법인 것 같다.

프로젝트 수업은 교육과정을 재구성하게 된다.

교과서가 교육과정인가?

아마 이번 장의 교육과정 재구성에 대한 이야기는 바로 이 질문에 대한 우리들만의 해답을 찾아가는 과정이 될 것 같다. 흔히들 프로젝트 수업은 교육과정을 무시한다고 말을 하는 대부분의 교사들은 교육과정을 교과서라고 여기기에 발생하는 오해와 편견이 아닐까 생각을 한다.

그렇다면 우선은 여기서 의미하는 교육과정이 무엇인지에 대한 것부터 살펴보아야 할 것 같다. 흔히들 우리는 교육과정이라는 말을 서슴없이 한다. 그렇다면 여기서 의미하는 교육과정이 무엇인가?

교육과정은 운영 수준에 따라서 국가 수준 교육과정, 지역 수준 교육과정, 학교 수준 교육과정, 그리고 학급 수준 교육과정으로 구성된다. 이 중 학급 수준 교육과정은 수업을 직접 담당하는 교사의 수준에서의 교육과정과 유사한 의미를 지니기 때문에, 우리가 흔히 말을 하는 교육과정은 바로 이 학급 수준의 교육과정을 의미하는 것이 아닐까 생각을 한다. 또한 이는 교사가 곧 교육과정이라는 의미와도 맞닿아있다고 할 수 있다.

그렇다면 교사가 곧 교육과정이라는 말이 무엇일까?

교육과정에 대한 해석이 다양하다고 하지만, 교육과정이 '무엇을 가르치고 배울 것인가?'에 대한 질문에서부터 교육과정이 시작된다는 것에는 누구도 다른 해석을 하지 않을 것이다. 그러기에 교육과정에 모든 지식을 담을 수 없기에 무엇을, 어떻게 교사 수준의 학급 교육과정으로 구성할 것인지에 대한 일차적인 고민이 생기지 않을 수 없다. 이러한 일차적 고민으로 결국에는 시대적, 사회적 요구에 부응하여 현 시대에서 가장 핵심적으로 요구되는 지식이 무엇인지를 선별하여 교육과정 및 교육 내용으로 선정하게 되는 것이다. 이러한 이유로 인해 교육과정 개정 체제가 전면 개정 체제에서 수시 개정 체제로 변화하게 되기도 하였다.

그러나 수시 개정 체제로 전환이 되었다고 하여, 그리고 현 시대에 가장 핵심적인 지식으로 교육내용을 선정하고, 그것을 교육과정에 담았다고 하여, 학생들의 다양한 학습 능력이나 제약 상황들을 모두 고려한 것은 아니다. 실제 수업에서는 동일하게 제시된 교육내용 및 교육과정을 모든 학습자들에게 동일한 조건에서 학습하게 할 수 없는 것이 사실이 때문이다.

이에 교사는 학생들의 학습 능력, 교실 상황 및 다양한 제약 요건들을 고려하여 수업을 설계해야 할 필요성이 높아졌고, 이러한 수업 설계가 바로 교사 수준의 학급 교육과정이 되는 것이다. 이에 교사가 곧 교육과정이라는 말이 생겨났다고 할 수 있다. 이러한 이유로 교육과정 재구성의 필요성과 당위성이 점차 더욱 강조되고 있는 것은 아닐까 생각하기도 한다.

그럼에도 불구하고 많은 교사들은 여전히 교과서의 틀을 벗어나지 못한 채 교육활동이 이뤄지고 있으며, 교과서가 마치 교육과정인 것처럼 여겨지고, 행해지고 있는 것이 실제 우리 학교와 교실 수업 모습일 것이다.

가장 먼저 고려되어져야 할 문제점은 상당수 교사들이 교과서를 유일한 학습 도구로 여기고 수업을 진행하고 있는 교실 상황이다. 수업의 핵심은 성취기준 도달이여, 교과서는 이를 위해 잘 정선된 학습 자료 중의 하나로 수단적 매개체로 제작이 된 것이다. 그럼에도 불구하고 많은 교사들이 교과서에 얽매여 수업을 준비하고 있으며, 이로 인해 교과서를 만든 교육과정에 대한 깊이 있는 분석에는 별 관심을 보이지 않는 것이 사실이다.

그것이 국가 수준 교육과정이든, 시도 교육청 교육과정 편성·운영 지침이든, 학교 교육과정이든 거의 관심을 기울이지 않는다. 다만 학교 교육과정에 관심을 기울이는 경우는 시수 확인이나 창의적 체험활동 편성 내용 등의 제도적 장치이며 그 내용적인 측면은 관심사가 아닌 것이다.

교과서가 물론 좋지 않는 학습 자료라는 의미는 아니다. 교육과정에 따라 잘 정선된 최적의 학습 자료가 교과서임은 분명한 사실이니 말이다. 다만 교과서가 교과 중심, 단원 중심, 차시 중심으로 엮어져 있다 보니 전체적인 틀 속에서 내용을 확인하여 수업을 진행함에 있어서 어려움을 가지게 된다. 그러하다 보니 교사들 역시 전체적인 흐름 및 내용을 확인하기 보다는 단원별 혹은 차시별로 교과서 학습 내용을 확인하는 면에서 교재 연구를 하고 있기도 하다.

숲 속에서 길을 헤매지 않고 올바른 길로 가기 위해서는 전체 숲의 모습을 살펴보아야 한다. 그저 앞에 보이는 나무만 보고 길을 나설 경우 길을 잃고 헤매게 될지도 모른다. 마치 현재 학교와 교실, 그리고 교사들에게 있어서 교과서와 교육과정의 관계가 그러한 것 같다. 교육과정이라는 전체 숲을 보지 않고, 교과서라는 혹은 교과서 안의 단원 및 차시라는 한 두 개가 나무만을 바라보고 교육을 하고 있는 것은 아닌지 생각을 해본다.

또한 교과서는 많은 양의 학습 내용을 한 권의 책으로 엮어내다 보니 깊이 있는 사고를 이끌어 내기 어렵고, 개인별 활동 중심의 학습으로 많이 이루어지게 된다. 한 학급에서도 학생들의 능력 차이가 상당함에도 불구하고, 교과서는 이러한 면을 고려하지 않은 채 단일한 내용으로 학습하고 수업하게 만들게 된다.

그래서 교과서 중심으로 수업을 하게 될 경우 학습 능력이 매우 우수한 학생, 혹은 매우 부족한 학생은 수업에서 제외될 가능성이 매우 높아지게 된다. 즉, 학습 능력이 매우 우수한 학생들, 혹은 학원에서 선행학습이 이루어진 학생의 경우에는 학습 내용이 너무 쉬워서 수업에 대한 흥미를 느끼지 못하게 되고, 학습 능력이 매우 부족한 기초 학습 능력이 부족한 학생들은 학습 내용이 어려워서 수업을 포기하게 된다.

이로 인해 많은 교사들은 아직도 관행적으로 교과서에 의존한 수업을 계속하고 있다. 여전히 수업이란 무엇인가를 알게 해야 하는 것이고, 알지 못하는 무엇인가를 이해시키고 알게 해야 한다고 여기고 있다. 이로 인해 더 많은 지식을 알려주어야 하고, 더 쉽게 이해시켜주어야 하며, 더 빠르게 암기시켜줄 수 있어야하기 때문에 설명식 수업이 가장 편리한 학습 방법이며, 가장 효과적인 학습 도구로 교과서만큼 효율적인 것이 없다는 인식을 가지고 있는 것 같다.

그러다 보니 우리 주변의 흔한 교실 속에서는 말을 하려하는 학생들보다는 더 많이 들으려고 하는 학생들로 가득하게 되었고,

교사는 이러한 학생들에게 "모두 이해되었지요?"라는 물음 하나, 그리고 학생들의 "예"라는 단순한 답변만으로

수업을 마무리 짓고 있는 것인지도 모른다.

교실의 모습이 이러하다보니, 실제 많은 교사들은 교육과정에 대한 연구는 아니더라도 교과서 자체에 대한 깊이 있는 고민을 하지 않게 되었으며, 그저 국가에서 주는 교과서가 교육과정인 것처럼, 수업의 바이블인 것처럼 받아들여지게 되고, 그저 교과서 내용을 보다 정확하고 빠르게 전달하는 것이 수업인 것처럼 받아들어지게 된 것 같다.

실제 교실과 수업의 모습이 이러하다보니 교사들은 1년간, 아니 1학기의 교육활동 계획을 3월 첫날 개학식 날부터 시작하게 된다. 물론 이에 대한 문제점 제기로 인해 이제는 대부분의 학교에서는 2월 달 봄 방학 때 교사들을 출근시켜서 다음 학년도 교육과정을

계획하도록 하고 있다. 그렇게 하고 있기는 하지만, 출근만 한다고 하여 교육과정에 대한 연구를 하는 것일까? 교육과정을 살펴보기는 할까?

저자가 알기로는, 적어도 저자가 알고 있는 대부분의 교사들은 2월 달에 출근을 하여 교실 정비 및 교육과정 작성 프로그램(이지에듀와 같은)을 이용하여 시수 놀음을 하고 있다. 그리고 학년에 학급이 여럿일 경우에는 한 학급의 교사가 전담하여 프로그램에 교육과정에서 제시하는 교과별 시수에 맞게 시수놀음을 하고 다른 학급 교사들은 그것을 기본 자료로 하여 교육과정을 마무리하게 된다.

상황이 이러한데, 굳이 2월 달에 모여서 교육과정을 계획하라고 하는 것이 어떠한 도움이 될까?

물론 이렇게 해서 2월 달에 시수 놀음을 끝내게 된다면 개학 후 더 많은 시간을 아이들에게 쏟아 부을 수 있기에 분명히 2월에 출근을 하지 않는 것보다는 장점이 더 많기는 하다. 그러나 2월 달에, 그러니 개학 전에 학년 혹은 학급 교육과정을 계획·작성하자는 것은 이렇게 시수 놀음을 끝내기 위함이 아니라 적어도 함께 모여서 교육과정에 대해 살펴보고 연구하기 위함, 그리고 이야기를 나누기 위함이 그 목적이 아닐까라는 생각을 하게 된다.

그런데 이보다 더 심각한 것은, 굳이 2월 달에 출근을 하지 않더라도, 그 어떤 교사 혹은 교실도 3월 달에 수업을 함에 어려움을 겪지 않는다는 사실이다. 물론 2월 달에 출근하여 시수 놀음을 마치고 교육과정(여기서 말하는 교육과정은 본래의 의미에서의 교육과정은 아닐 것이다)을 완성한 교사들도 그러할 것이다. 상황이 이러하다면, 그렇다면 굳이 1년 내내 교육과정 운영 계획이 없어도 수업이 가능한 것은 아닐까? 우리들에게는 교과서가 있으니 말이다.

그런데도 교사들은 학기 초에 습관적으로 교육과정 운영 계획을 작성한다. 그것은 체계적인 교육활동의 필요성이란 절실함에서 우러난 것이 아니라 그저 통과의례로 치부하는 경향이 강하기 때문이라 할 수 있다.

이러한 상황으로 인해 많은 교사들은 교육과정이라 함은 그저 시수놀음에 그치는 것이라고 인식을 하게 되고, 학기가 시작하면 교과서를 펼치면서 교과서에서 제시하는 순서에 따라 수업을 시작하게 되는 것 같다. 이러하기에 많은 교사들은 교과서가 교육과정이라고 생각을 하게 되었고, 교과서가 아닌 학생들의 활동과 주제가 중심이 되어 수업이 이루게 되는 프로젝트 수업은 교육과정을 무시한다는 오해를 가지게 한 것은 아닐까 생각을 하게 된다.

여기서 분명히 말을 하고자 한다. 여기서 의미하는 교육과정이 교과서가 아니라, 성취기준을 의미하는 것이라면, 그 어떤 교수·학습법보다 프로젝트 수업이 교육과정에 적합하게, 그리고 교육과정에 따라서 이루어지는 교실 수업이라는 사실을 말이다. 왜냐고? 프로젝트 수업은 계획의 단계에서부터 교육과정에서 제시하는 성취기준이 기준이 되고, 주제가 되어서 시작하는 교수·학습이기 때문이다.

여기에 본 장의 오해에 대한 또 다른 관점이 있기도 하다. 본 장에서 제기하는 프로젝트 수업에 대한 오해와 편견은, 프로젝트 수업을 진행함에 있어서 너무 광범위하게 교육과정을 해석하고, 교사 자신의 철학에 따라 교육과정을 재해석하고 적용함으로써 발생할 수 있는 잘못 적용되고 실천되어졌던 그동안의 프로젝트 수업으로 인한 질문일 수도 있다.

본 저자 역시 혼자서 프로젝트 수업을 계획하고 실천하였던 적이 있다. 매우 힘들었다. 혼자서 프로젝트 수업을 계획하기 위해 주제를 찾고자 성취기준을 분석하고, 교육과정을 재구성하는 과정이 무척이나 힘이 들었다. 그런데 어느 순간 걱정이 생겼다. 과연 이렇게 하는 것이 나만의 독단적인 판단과 철학이 아닐까, 교육과정과 성취기준이 제시하는 본래의 의미가 이것이 아니었음에도 불구하고 나의 교육철학에 억지로 맞추어서 프로젝트 수업을 하고 있는 것은 아닐까하는 걱정이 생겼다. 그래서 교육과정 재구성과 프로젝트 수업의 관계에 대해 연구하기 시작하였고, 교사 공동체에서 그 해결책을 찾았던 것 같다.

그동안 우리나라에서는 국가 수준의 교육과정과 관련하여 학교 교육에 대한 국가 통제의 문제가 끊임없이 불거졌으며, 이에 대한 대안으로 '교육과정의 분권화', '교육과정의 대강화', '교육과정 자율화' 등이 제기되었다. 그러나 여전히 국가 교육과정은 표준의 성격을 띠고 있는 실정이고, 표준의 성격을 유지한 상태에서 규제를 완화하는 표면적인 해결책만이 실천되었다. 2009 개정 교육과정의 경우 규제를 대폭 완화하면서, 국가가 아닌 학교 간 교육 서비스 경쟁을 독려하고, 교육 소비자의 자유 선택을 강조하면서, 교육과정 자율화를 통해 교육과정의 다양성을 촉진하고자 하였다. 그러나 이는 결국 국가 수준 교육과정이라는 표준에 의한 자율성 및 다양성으로써, '타율적인 자율화' 또는 '강제된 자율성' 등 자율권이 일방적으로 강제되었기에 그 영향력은 매우 미비하였으며, 이러한 이유로 인해 2009 개정 교육과정의 자율화 또한 실패라는 견해가 일반적이었다(정영근, 이근호, 2011). 그러하다면, 2009 개정 교육과정의 근본적인 틀을 유지하고 있는 현행의 2015 개정 교육과정은 어떠할까?

또한 이러한 강제된 자율권도 문제이기는 하지만 국가 통제의 대안으로 시장의 해법이 적용되는 것 또한 문제라고 할 수 있다. 국가 통제 대신 시장이 들어서면서, 학교와 교사는 교육 공급자로, 학생과 학부모는 교육 소비자로 칭해졌고, 교육 공급자들 간의 경쟁과 교육 소비자들의 선택이 강조되었다. 그로 인해 학교는 소비자들(학부모)을 만족시키기 위하여 더 심각한 경쟁을 낳게 되었으며, 이러한 경쟁은 결국 교육 불평등을 심화시켰으며, 다시금 성적 위주의 교육과정 획일화를 가속시키는 결과를 가져오게 되었다.

이처럼 교육을 시장에 내맡기는 것도 문제이고, 국가가 교육을 독점하는 것 또한 문제이다.

그렇다면 어떻게 해야 하는 것일까?

결국 국가도 시장도 아닌 새로운 해법이 필요한 것이다. 우리는 교육의 공공성을 과연 교육과정이 어떻게 추구할 것인가에 대한 고민, 그러한 공공성이 과연 국가 수준의 교육과정 기준이나 공통 교육과정이어야 하는가에 대한 고민을 함께 할 필요가 있다.

교육의 공공성이라 함은 국가의 개입이나 공통 교육과정으로 담보되는 것은 아닐 것이다. 그런 점에서 최근 학교 현장에서 일고 있는 공동체 운동에 주목할 필요가 있었다.

왜냐하면 공동체적 접근은 교육의 공공성을 다양하고 이질적인 집단들이 서로의 차이를 존중하고 협상과 절충을 통해 합의점을 찾아가는 과정으로 접근하기 때문이다. 즉, 공동체 속 구성원들은 서로의 이해가 다름을 인정하고 서로의 이익이 만나는 지점, 모두에게 이익이 되는 공익에 이르는 과정으로 문제를 해결하고자 문제에 접근하게 된다. 이를 통해 다수의 논리가 아니라 소수의 목소리에도 귀를 기울이고 모두의 다양한 가치를 존중하고 공유하는 과정으로 접근하게 되는 것이다.

이러한 공동체적 접근 방법은 교사 수준의 교육과정, 그리고 교육과정 재구성에 시사하는 바가 크다. 그동안의 교사 수준 교육과정에 대한 연구는 주로 교사 개개인에게 초점을 두어 왔으며, 교사 개인의 교육과정 전문성 신장을 강조해 왔기 때문이다. 이로 인해 교육의 공공성에 대한 의미를 찾을 수 없었으며, 개인주의적 접근으로 인해 일부 교실 속 교육과정의 변화만을 어느 정도 가져 올 수 있었고, 주변 교사들, 옆의 교실에 그러한 변화를 가져다주지 못한다는 많은 비판을 받아왔다. 다시 말해, 교사 개인 차원의 변화에만 그칠 뿐, 학교 차원의 변화, 나아가서 우리나라 교육의 변화로 이끌지 못하였으며, 이로 인해 학생들에게 미치는 영향은 제한적이었고, 국가 교육과정의 법적 구속력, 경쟁적인 입시체제, 관료주의 조직 앞에서 교사 개인의 힘은 무력하기 짝이 없었던 것인지도 모른다. 이러한 문제점을 본 저자 역시 혼자서 교육과정을 재구성하고, 프로젝트 수업을 실천하면서 경험하였던 것 같다.

그래서 교육과정 재구성은 개인주의적 접근에서 탈피하고, 공동체적 접근이 필요하다고 할 수 있다. 교육과정 재구성을 위해서는 교사 개인의 교육과정 전문성 신장 뿐 아니라 교사들의 집단전문성의 개발도 함께 필요하다. 교사들의 집단전문성 개발의 중심지로, 나아가서 교육과정 연구 및 개발의 중심지로, 그리하여 교사 수준의 교육과정과 국가 수준의 교육과정이 새로운 관계를 만들어 나아가는 중심지로 교사학습공동체에 주목하게 되었다.

이러한 이유로 우리 저자들은 함께 동학년 중심의 교사 공동체를 구성하게 되었고, 함께 교육과정을 재구성하고 프로젝트 수업을 실천함으로써 교육의 공공성을 회복하여 한 교실이 아니라 주변의 여러 교실에서도 동시에 적용이 가능한 프로젝트 수업을 실천할 수 있고, 개인적 교육 철학에 의한 성취기준에 대한 잘못된 해석의 오류를 사전에 예방할 수 있었으며, 교육과정에 근거하여 배워야 할 내용, 학습해야 할 내용을 간과하지 않고서 교육과정과의 바른 연결고리를 가진 프로젝트 수업을 계획할 수 있었던 것 같다..

Talk Talk

바른 공동체를 형성하기 위해 우리에게 필요한, 그리고 우선시 되어야 할 덕목은 무엇일까?

일본 하마노고 소학교에서는 교육 공동체 중심의 학교를 만들이 위해 학생들에게 "서로 귀를 기울여 주는 관계"를 만드는 일을 중시하고 있다고 한다. 아이들은 수업을 통해 서로 소통하는 방법을 익혀나가게 되며, 교사는 학생의 말에 귀를 기울여주고, 학생들도 다른 학생들의 말에 귀 기울여 듣도록 지도하면서 서로 존중하고 돌보는 배움의 공동체를 느끼게 된다고 한다(손우정 역, 2001).

현재 우리나라와 일본의 관계를 고려하였을 때, 이 시점에서 일본의 이야기를 하는 것이 올바른 선택인지 걱정이 되기도 하지만, 문화적인 측면에서 우리가 배워야 할 점은 배워야 한다고 판단을 한다. 우리나라 문화와 일본 문화의 가장 큰 차이점은 말을 하는 문화와 들어주는 문화라고 한다. 우리나라의 경우 말을 듣기보다는 말을 하려는 문화가 강하다고 한다. 이는 술자리에 가보면 더욱 절실하게 다가온다. 술자리에 가보면 서로 각기 다른 말을 하는 모습을 자주 보게 된다. 상대방의 이야기를 들으려 하기 보다는 자신의 이야기를 먼저 하려는 모습을 말이다. 하지만 일본의 문화는 이와 반대라고 한다. 먼저 들어주려는 문화가 강하다고 하며, 이는 어린 시절 학교에서부터 그러한 문화를 습득하게 된다고 하였다.

어쩌면 우리에게 필요한 것, 특히 공동체를 형성하려는 교사들에게 필요한 것은 이처럼 이러한 들어주는 문화가 아닐까 생각을 한다. 우리들은 들어주려 하기 보다는 자신이 아는 것을 알려주고 싶어 한다. 상대방이 이야기를 하고 있음에도 불구하고, 자신이 어떠한 말을 해야 할지 머릿속에 떠올리고 있는 것 같다. 그래서 상대방이 말을 멈추면 자신의 이야기를 하게 되고, 혹은 중간에 상대방의 말을 끊고 자신의 말을 하기도 한다. 이러한 경험으로 인해 서로 오해가 쌓이고 사이가 틀어지기도 한다. 아마 이 글을 읽고 있는 독자들도 이러한 경험을 했으리라 생각한다.

특히 그러한 존재가 교사들이라면 그러한 면이 더욱 강한 것 같다. 자신의 철학이나 생각이 확고하고, 그러한 확고한 신념에 맞지 않는 동료교사의 언행에 언짢아하고, 그러한 것이 잘못되었다고 지적을 하고자 한다. 이러한 면은 동료교사들과의 관계 뿐 아니라 교실에서도 이루어진다. 학생들은 나의 이야기를 들어주어야 하고, 나의 말을 귀 기울여야 하며, 나의 말에 반기를 들거나 잘못되었다고 말을 하게 될 경우 그 아이의 행동이 잘못되었다고 다그치게 된다. 그래서 인지 다른 어떤 집단보다 교사 집단이 공동체를 형성하기에 더욱 어려운 점이 큰 것 같다.

그래서 필요한 것이 들어주는 문화인 것 같다. 상대방의 말과 이야기에 마음을 담아 진심으로 들어주고, 또 들어주고, 한 번 더 들어주며 공감해주고 함께 이야기를 나누어주는 문화가 필요한 것 같다. 이러한 문화 형성이 교사 공동체 형성의 첫 발걸음인 것 같다.

본 저자 또한 이러한 문화 형성이 첫 시작인지 모르고 공동체를 형성하고 운영하려다 실패를 경험한 적이 있다. 정말 큰 실패였다.

교사 집단이 다른 교사들이 무엇인가를 가르쳐주거나, 기존에 행해왔던 교육방법이 잘못되었다는 지적을 받는 것을 무척이나 싫어하는 존재라는 사실을 깨닫지 못하고서, 그리고 들어주려는 자세나 문화를 형성하지 못한 채 공동체를 꾸리려했던 적이 있다. 그래서 인지 그 당시의 공동체는 얼마 지속되지 못했다. 함께 교육과정을 이야기하고, 어떻게 함께 수업을 구성하고 실천해야 할지 이야기를 시작하기도 전에 서로의 이야기만 하다가 한 달도 채 되지 못한 시간에 오해가 쌓이고 다툼이 깊어지면서 서로 등을 돌리게 되었다. 그 당시에 나는 '나는 옳고, 너희는 틀렸다'고 생각하면서 나와 함께 하고자 했던 선생님들만으로 새롭게 공동체를 재구성하여 운영을 하게 되었다.

지금 생각해보면 참으로 어리석고 못난 결정이었던 것 같다. 물론 그 당시 끝까지 일년을 함께 했던 선생님들과는 사이가 더욱 돈독해지고 함께 프로젝트 수업으로 1년의 교육과정을 꾸려가지는 하였지만, 과연 그러한 결정이 옳은 일이었냐라는 질문에는 지금은 아니라고 답을 하고자 한다.

함께 교사로서 살아간다는 건 매일매일 새로운 길로 접어드는 것이고, 내가 그리고 우리가 원하든 원하지 않든 매일매일 쏟아져 들어오는 나의 기대와는 다른 현실과 마주하게 된다. 그러한 순간 순간 올바른 정답을 찾아서 결정하고 행동할 수는 없겠지만, 우리가 교사로서 왜 살아가고 있는지, 무엇 때문에 이렇게 이야기를 나누며 교사로서의 삶을 살아가고자 하는지에 대한 질문을 함께 나누지 못했던 것 같다. 아니 그 당시에는 본 저자 역시 그러한 질문에 대해 고민을 해보지 못했고, 그러한 고민이 없었기에 왜 함께 해야 하는지에 대한 절실함이 없었던 것인지도 모른다. 그저 본 저자의 욕심 때문에 스스로 이런 저런 이유로 합리화를 했던 것 같다. 그것이 자존심인지 욕심인지 구분도 못하고 그저 자기변명을 하기에 급급했던 것 같다.

혹시나 이 글을 읽고 있는 독자가 교사라면, 그리고 혹시나 공동체를 꾸리거나 현재 공동체에 소속된 선생님이라면, 우리가 왜 교사로서 살아가는지, 그리고 무엇 때문에 공동체를 구성하고 함께 하려하는지에 대한 질문을 포기하지 않았으면 한다. 그리고 그 질문에 대한 각자의 이야기, 진솔한 속마음을 무시하지 않고 계속해서 들어주고, 더 들어주고, 또 들어주며 서로의 간극을 좁혀가며 함께 할 수 있는 공동체로 성장하고 발전하기를 바래본다.

교사로서 가르치는 방법만 아는 것에서 그치지 않고, 교사로서 어떻게 하면 공동체를 구성하고 운영하면 되는지에 대한 방법을 아는 것에서 그치지 않고, 왜 교사로서 직업을 선택하고 일을 하고 있는지, 왜 함께 공동체를 구성하려 하는지에 대한 의미를 찾기를 바래본다.

힘들게 버티며 살아오는 교사들 …

무엇을 잘해야 훌륭한 교사인가?'

'나의 업무능력에 대해 정당하게 평가받고 있는가?'

와 같은 심리적 혼돈 상황을 현재의 교사들은 언제나 경험하면서 학교 살이를 하고 있는 것 같다. 전문성 신장을 목적으로 한다지만 현장에 있는 교사들은 평가를 바라볼 때 전문성 신장의 측면에서 이러한 평가들을 고려하는 것이 아니라, 그 사람이 얼마나 업무를 잘 처리하는 가, 아니면 얼마나 업무 수행능력이 우수한 교사인가에 초점을 두고서 서로를 평가하게 되는 것이다. 교사의 본질적인 전문성은 업무 수행 능력이 아니라 수업 속에서 찾아야 하는 것임에도 불구하고 말이다.

교사는 성장해야 하는 존재인 동시에 이를 위해서 서로가 서로를 위로하고 위로 받아야 하는 존재라고 할 수 있다. 그리고 여기서 말하는 성장이라 함은 오랜 시간의 고통을 견뎌내면서 이뤄질 수 있는 것이다. 그렇다면 우리는 왜 그러한 고통을 감수하면서까지 아이들을 더 잘 가르치기 위해, 그리고 학생들의 배움이 더 잘 일어날 수 있도록 하기 위해 더 많이 연구하고 공부해야 하는 것일까?

인간은 누구나 위로를 받고 싶어하는 존재라고 한다. 교사 또한 그렇다. 교원 평가라는 제도 아래 서로가 서로를 평가하고 평가받기 위한 존재가 아니라, 서로가 서로의 수업과 이야기를 통해 위로하고 위로받는 존재가 되어야 한다는 말이다.

그러나 현실은 어떠한가?

교사들은 교실에서는 학생들에게 평가를 받고, 교실 밖에서는 교사들에게 평가를 받고, 학교 밖에서는 학부모들에게 평가를 받는 존재가 되어가고 있다. 교사들은 언제 어디서나 평가를 받으며 살아가는 존재가 되어 가고 있으며, 언제 어디서나 평가에서 자유롭지 못한 그러한 존재가 바로 교사인 것이다.

우리들은 얼마나 힘들게 버티면서 살아오고 있는가?

주변의 누구에게라도 평가를 받으면서 힘들게 버티면서 학교 살이를 해오고 있는 존재가 바로 교사들이다. 이러한 교사들에게 수업협의회시간만이라도 함께 수업자의 삶에 대한 이야기를 나누면서, 그렇게 힘들게 버티며 살아오고 있는 우리들 스스로에 대해 서로가 서로를 위로하며, 수업자에게 잠깐의 쉼을 제공할 수 있는 시간이 되면 어떨까? 좋은 수업이란 무엇인지 아는 것이 그렇게 중요한가? 한 교사의 삶의 이야기를 들여다보고, 쉼 없이 힘들게 버티며 달려온 그를 위해 함께 위로해주는 것이 더 중요하지 않을까?

힘들게 버티며 살아오는 이 시대 선생님들을 위해 한 편의 시를 들려주고자 한다. 교사들도 위로받고 싶은 날이 있다. 아니 매일 매일 위로받고 싶을지도 모르겠다. 지금이라도 옆 반의 선생님에게 위로해주는 건 어떨까? 지금이라도 우리 반 선생님에게 위로해주면 어떨까?

천 마디의 설명보다는 정다운 눈길 한번이, 마음을 감싸줄 수 있는 위로 한마디, 이해의 한마디가 더욱 가슴에 와 닿아 그 사람의 힘든 버팀과 견딤에 힘이 될 수 있을 것이다.

위로받고 싶은 날이 있다.

위로받고 싶을 때,
막연한 서글픔이 목까지 치밀어 올라,
더 이상 그 감정을 자제하지 못하고,
눈물로 터져버렸을 때

참고 또 참았던 감정이 폭발해 버려
아무 말도 하지 못한 채
그냥 멍하니 아무 생각 없이 앉아 있을 때

백 마디 말보다는
따스한 한 번의 포옹으로
위로받고 싶다.

이해받고 싶은 날이 있다
뭔가에 비위가 틀어져 견딜 수 없음에
말도 안 되는 소리를 두서없이 늘어놓을 때

가슴속에 차곡 차곡 쌓아 놓았던 불만들을
극히 이기적이 입장에서
억지를 부리며 털어 놓을 때

천 마디 설명보다는

정다운 한 번의 눈길로 이해 받고 싶다

살다보면

갑자기 이런 날도 있지 않을까?

- 아침편지 중에서

8장

프로젝트 수업은 과정중심평가를 실행한다.

이번 장에서는 평가에 대한 이야기로 먼저 시작해야 할 것 같다.

그동안 우리들에게 있어서 평가란 일제식 지필고사, 혹은, 학습하는 과정을 중시하고자 수행평가를 실시하고는 있지만 이 역시 산출물에 초점을 둠으로써 결과 중심의 평가하는 인식이 지배적이었다고 할 수 있다. 이런 결과 중심 평가에 대한 명확한 정의나 연구를 찾아보기는 힘들지만, 가장 가까운 평가 개념으로는 일정기간 수업 및 활동 후 일제식 평가를 통해 교육목표를 어느 정도 달성하였는지를 총괄적으로 확인하고 평가하는 총괄평가를 의미한다고 판단된다.

흔히 우리가 알고 있는 총괄평가라 함은 중간고사와 기말고사처럼 일제식 지필고사를 의미하며, 이는 다수의 학생들을 동시에 평가할 수 있도록 비교적 분명한 답이 있고 객관적으로 평가가 용이한 평가라고 할 수 있다. 총괄평가는 학업 성적 평정 및 성적을 바탕으로 학생의 후속 학습 예측, 학생의 능력 및 자격 인정, 학습자 간 객관적인 비교, 학생에 대한 피드백, 교수·학습 질 관리 등 다양한 순기능이 있기도 하다(임종헌, 최원석, 2018).

하지만 이러한 순기능에도 불구하고, 문제 풀이 수업을 조장하고, 학생의 고차원적 사고를 발달시키기 못한다는 문제점, 그리고 4차 산업혁명사회의 사회체제 변화와 평생학습자를 육성한다는 새로운 교육 패러다임에 부응하지 못한다는 한계점을 가지고 있다.

결과중심평가가 가지는 이러한 한계점을 극복하고자 과정중심평가라는 새로운 용어가 생겨나게 되었다. 이에 한국교육과정평가원(2017)에서는 과정중심평가를 '교육과정의 성취기준에 기반한 평가 계획에 따라, 교수·학습 과정에서 학생의 변화와 성장에 대한 자료를 다각도로 수집하여 적절할 피드백을 제공하는 평가' 라고 개념화하였으며, 교육부에서는 2015 개정 교육과정에서 교육목표 – 교육내용 – 교수·학습 및 평가 간 일관성 강화를 중점사항으로 명시함으로서 평가 그 자체가 지닌 의미 있는 학습 경험이 되도록 결과가 아닌 과정을 중시하는 평가로의 패러다임 전환, 즉 과정 중심 평가를 강조하였다(전경희, 2016).

이러한 면에서 임종헌, 최원석(2018)은 과정중심평가를 다음과 같이 정의내리고 있었다.

> 과정중심평가는 국가 수준의 성취기준을 참조하여 평가 계획을 수립하며, 수업 과정에서 실행 및 완료되고, 결과물의 수월성보다 수업 과정에서의 학생 성장에 집중함으로써 수업과의 일체화를 추구하는 평가로, 학생 자기평가, 학생 동료평가, 교사 관찰평가 등과 같은 다면 평가를 통해 수업 과정에 대한 피드백과 성찰을 제공하는 일련의 평가 활동이며, 지필평가와 수행평가로 모두 실행이 가능한 평가이다.

즉, 프로젝트 수업이 학생중심 수업으로 이루어지고, 학생들의 활동이 주를 이루게 되는 수업이기에 과거의 일제식 지필평가에는 어울리지 않고, 맞지 않는 교수·학습일지는 모르지만, 현재 중요시 되고 있는 과정중심평가의 관점에서는 매우 적합한 교수·학습이 바로 프로젝트 수업임을 알 수 있다.

프로젝트 수업은 성취기준을 근거로 주제를 선정하고 계획을 세우게 되며, 수업 후 개별 혹은 공동의 결과물을 만들어내기는 하지만 결과물에 대한 평가가 아닌 결과물을 만들어낸 과정 중에 학생들이 어떠한 배움과 학습이 있었는지, 어떠한 역할을 하며 참여를 하였는지에 대해 자기평가 혹은 동료평가가 이루어지기에 과정중심평가를 실천함에 있어서 매우 적합한 교수·학습이라고 할 수 있다.

또한 과정중심평가가 바르게 수업에 정착되기 위해서는 학습과 배움의 과정에 학생이 어떻게 반응하고 활동하고 있는지에 대한 교사들의 관찰과 피드백이 매우 중요한 요소로 작용하게 된다. 이러한 면에서도 프로젝트 수업은 매우 적합하다고 할 수 있다.

프로젝트 수업을 하면서 실제로 주변 교사들에게 이러한 말을 자주 들었었다.

"프로젝트 수업 진행하는 동안에 교사는 할 일 이 없네요."

하지만 이러한 말에 본 저자는 분명하게 답을 한다.

"절대 아니다.
교사 중심 수업에서 보다 할 일이 더욱 다양하며, 복잡하다."

프로젝트 수업의 근본적인 목적은 고차적 사고력 함양, 인성과 역량의 함양이며, 이러한 목적은 학습의 결과물이 아니라 결과물을 만들어내는 과정 중에 발현될 수 있다고 분명하게 제시하고 있다. 이에 프로젝트 수업의 평가는 학생들이 프로젝트를 통해 무엇을 얼마나 배우고 학습하였는지도 중요한 항목이기는 하지만, 또 다른 항목으로는 학생들이 어떻게 변화하고 성장하였는지를 관찰하고 피드백을 제공해주는 것도 중요한 요소라고 할 수 있다.

이러한 면에서 지속적으로 설명을 하고, 마지막에 평가를 통해 학생이 얼마나 알게 되었는지를 확인하는 교사중심 수업에서 보다 프로젝트 수업을 진행할 때가 수업 시간에 교사들의 역할이 더욱 다양하고 복잡하다고 할 수 있다.

활동을 하는 동안 교사들은 학생들을 일일이 관찰해야 하고, 어떠한 어려움을 겪고 있는지를 파악하여 그에 맞는 피드백을 제공해주어야 하며, 프로젝트 수업을 시작하기 전, 중, 후에 어떠한 변화된 모습을 보이고 있는지를 지속적으로 살펴보아야 한다. 물론 이러한 면을 잘 모르는 교사들은 프로젝트 수업을 실천하는 교사들이 수업 시간에 하는 일이 없다고 여길지도 모르지만, 과정중심평가의 관점에서 바라볼 경우 프로젝트 수업을 진행하는 동안 교사들은 무수히도 많은 일을 하고 있으며, 그러한 과정 중에 학생들의 학습과 배움을 위해 지속적인 피드백과 평가가 이루어지고 있다고 말 할 수 있다.

그리고 이쯤에서 이러한 질문을 하고 싶다.,

"평가가 무엇이라고 생각하나요?"

평가란 무엇일까에 대해 고민을 해 본적이 있는가?

본 저자는 평가가 무엇일까에 대해 정말 오랜 시간을 고민하고 생각을 해온 것 같다. 아직도 고민하고 생각을 하는 중이기는 하지만, 지금까지의 고민 끝에 내린 결론은.

평가란 학생들 스스로 무엇을 알게 되었고, 어떠한 것을 할 수 있게 되었는지를 찾게 하게 함으로써 자신이 가지고 있는 가능성이 무엇인지를 발견하도록 도와주고, 이러한 발견을 통해 학생 스스로 수업에 참여함. 자신감과 자존감을 가질 수 있도록 도와주는 교수·학습이며, 나아가서 그러한 가능성을 더욱 발전시킬 수 있는 교육적 경험을 제공하여 더 나은 학습과 배움으로 이어질 수 있도록 이어줌으로써 더 나은 사람으로 성장하는 밑거름을 제공해주어서 더 나은 삶을 살 수 있도록 피드백을 제공해주는 것이다.

이러한 관점에서 평가를 바라보면 어떠할까?

평가가 교사나 타인의 입장에서 무엇을 잘하는지 무엇을 못하는지를 알려주는 것에서 그치는 것이 아니라, 스스로 자신의 장점을 발견하고, 그러한 장점이 하나의 가능성이 되어서 더 나은 사람으로 성장할 수 있는 밑거름을 제공해 줄 수 있으면 어떨까?

김덕년(2017)이 자신의 저서 『교육과정-수업-평가-기록 일체화』를 통해 이러한 말을 하지 않았는가?

> 교사는 지식을 전달하는 자이기 이전에 관계를 맺는 자이다. 아이들과 관계 맺기에서 교사의 교육활동이 시작된다. 그러나 단순히 관계만 맺으면 끝나는 직업이 아니다. 관계를 통해 성장을 이끌어내는 성장 이끔이의 역할을 해야 한다.

교사의 역할이 이러하니, 평가 역시 학생들의 성장과 발전을 이끌 수 있는 방향으로 나아갔으면 한다. 또한 이러한 평가 관점에서 프로젝트 수업은 아이들의 성장과 발전을 이끌 수 있는 매우 바람직한 교수·학습이라고 할 수 있다.

이번 장은 평가와 관련된 두 이야기와 실제 본 저자가 실천했던 평가 이야기를 안내하면서 마무리 짓고자 한다.

Talk Talk

이야기

미국의 어느 학교에 아메리카원주민 아이들이 전학을 왔다. 그리고 시험 시간이 되었다. 미국인 학생들은 나의 시험지를 보지 친구들이 보지 못하게 책상 가운데 책가방을 올리고 시험을 볼 준비를 하였다. 그런데 원주민 아이들은 핵상을 돌려 둥그렇게 모여 앉기 시작하였다.

그러한 행동을 하는 원주민 아이들에게 선생님이 뭐라고 말을 했더니, 아이들은 이렇게 답을 했다고 한다.

"선생님, 저희들은 어려운 문제가 있을 때마다 함께 도와 가며 해결하라고 배웠어요."

이야기 ✌

2007년 MBC 스페셜 〈열다섯 살, 꿈의 교실〉 프로그램에서 나온 핀란드에서 일어난 이야기이다. 핀란드 학생은 시험 시간이 다가와도 긴장을 하지 않고 여유가 넘쳤으며, 시험을 치르기 위해 책상을 가지런히 맞추지도 않았으며, 선생님도 대수롭지 않게 시험지를 배부하고 시험을 치르게 하였다. 먼저 문제를 푼 학생은 교실 밖으로 나갔다. 그런데 문제의 이야기는 그 다음이었다. 한 학생이 선생님에게 잘 모르는 문제에 대해 어떻게 해결하면 좋을지, 문제를 해결하기 위해 어떻게 접근하면 좋을지 질문을 하였고, 이에 선생님은 문제에 접근하는 요령을 설명하다. 게다가 그 학생이 적은 답을 확인하면서 잘못 적은 답에 대해 다시 한 번 더 생각을 해 보라고 일러 주기 까지 하였다.

이 두 이야기의 공통점은 무엇일까?

그것은 평가를 대하는 아이들의 태도와 관점이 경쟁이 아니라 협력이라는 점이다. 아메리카 원주민 아이들에게는 친구들 사이의 협력, 핀란드에서는 교사의 도움이 있었다. 혼자서 해결 수 있는 과제와 학생이나 교사의 도움을 받아 해결할 수 있는 과제 사이의 간극을 중요시 여기고 있었으며, 시험과 평가가 현재 학생이 무엇을 알고 있고, 할 수 있느냐에 초점을 두는 것이 아니라 주변의 도움(학생들 간의 도움, 교사의 도움)이 있다면 어디까지 아이가 해결할 수 있느냐, 그리고 얼마나 성장하고 발전할 수 있느냐에 초점을 두고 있는 것이다.

이 두 이야기에서 우리들이 알아야 할 것은 평가를 바라볼 때, 평가가 어떻게 이루어지느냐라는 방법적인 측면이 아니라 평가를 어떻게 바라보느냐 하는 철학이라고 할 수 있다. 몇 해 전 티비에 방영되어 큰 충격을 주었던 프랑스의 바칼로레아라는 평가방법 역시 평가를 어떻게 바라보느냐에 대한 또 다른 접근을 가능하게 해주는 평가 방법인 것 같다. 한 예로 바칼로레아는

정치에 관심을 두지 않고도 도덕적으로 행동할 수 있는가?

라는 어찌 보면 매우 간단해 보일지도 모르는 철학과 관련된 문항을 하나 주고서 자유롭게 자신의 생각을 글로 표현하도록 하였다. 이 시험의 경우 만점이 20점이며 10점만 넘으면 어느 학생이든 합격을 한다. 심지어 합격률이 80%를 넘는다고 한다. 합격을 한 학생은 국공립 대학 어디든 입학할 수 있다. 이는 대학 입학시험이 서열화를 위한 장치가 아니라, 학생들이 대학교에 들어와서 철학적인 사고를 할 수 있느냐 없느냐라는 역량적인 면을 강조하고 있으며, 아이들이 사고를 하고 학습을 하는 과정을 보고자 하려는 평가 관점 혹은 철학이 지배적이기에 가능한 평가라 할 수 있다. 그래서 아이들은 초·중등학교에서 입시 위주의 교육에서 벗어나 다양한 재능과 능력을 키울 수 있으며, 그 결과 인문·사회학적으로 높은 소양을 지닌 나라로 프랑스가 우뚝 설 수 있었던 것 같다.

Talk Talk | 나의 이야기 |

우리들 역시 함께 프로젝트 학습을 계획하고 실천을 함에 있어서 가장 큰 고민 중의 하나가 바로 학생들의 평가에 대한 것이었다. 우선 우리는 평가의 대상은 아이들이 아닌 교사가 아닐까라는 고민을 나누었다. 평가의 대상은 아이들이 아니라 교사들의 구체적인 실천이다. 일상의 구체적인 일들이 목표를 어느 정도 달성하고 있는지 점검하고, 더 효과적인 활동이나 지도방법을 모색하는 것이 목적이다. 일반적으로 평가라고 하면 시험성적이나 5단계 평가를 연상하는 사람들이 많다. 그러나 본래 교육평가는 교사의 일을 점검하기 위한 것이다. 그 평가를

기초로 그동안 해온 방법을 바꾸어보기도 하고, 때로는 목표 자체를 수정하기도 한다. 예를 들어 학급에서 수학 시험의 평균점수가 70점이었다면, 그것은 아이들이 70점을 받은 것이 아니라, 교사의 지도목표가 70퍼센트를 달성한 것을 의미하는 것이라고 할 수 있다.

교육에 대한 평가는 그리 간단한 것이 아니다. 교수법의 차이에 따른 학업 성적과 같은 경우에는 객관적인 방법으로 수량화는 것이 가능할지 모르겠지만, 인격 형성과 같은 교육의 본래 목표를 평가하는 것은 매우 어렵다. 아니 어쩌면 불가능한 것일지도 모른. 왜냐하면, 교육은 단기간에 성과를 판단하기 어렵고, 어디까지가 학교교육의 영향인지 판단하기 어려우며, 아이들 한 사람 한 사람이 모두 다른 성향을 가지고 있기 때문이다.

이에 우리 공동체에서는 프로젝트 수업이 마무리되는 시기에는 매 프로젝트별로 스스로 배운 내용이 무엇인지 기록하도록 하고, 소감문[4]을 함께 작성하도록 하였다. 학생들의 소감문을 바탕으로 우리들의 계획과 실천에 대해 점검하고, 학습 방법 및 프로젝트 학습 목표를 수정해가며 함께 만들어가는 교육과정을 완성해가고자 하였다.

물론 프로젝트가 진행되는 동안 성취기준과 직접적인 관련이 있는 활동의 경우에는 활동지를 통해 자기 평가 및 동료 평가를 할 수 있는 공간을 별도로 마련하여 활동 중간 중간에 평가가 이루어지기도 하였다. 여기서 말하는 평가는 프로젝트 수업 후 프로젝트 수업에 대한 최종적인 평가를 의미하는 것임을 알아두었으면 한다.

평가가 이러하면 되지 않을까 생각하였다.

프로젝트를 통해 스스로 무엇을 배우고 알게 되었는지를 떠올리고, 왜 그렇게 스스로 평가를 하였는지를 자신의 생각을 글로 표현하면 되지 않을까? 그것이 바로 자기 평가

4) 교육과정 성취기준, 평가준거 성취기준을 기반으로 프로젝트와 관련되도록 내용을 통합·수정한 질문을 통해 스스로 배우고, 알게 된 것이 무엇인지 자기 성찰·평가하고 글로 표현하는 소감문 형식의 평가 활동이다. 이는 싹틈, 자람, 나눔의 세 단계로 구성이 되는데, 각 단계는 수준별 단계의 의미가 아닌 상태를 의미하는 단계라 할 수 있다. 예를 들어 프로젝트 수업 시작 전에는 잘 알지 못하여 싹틈의 단계였는데, 활동을 하면서 잘 알게 되고 친구와 지식을 나누게 되었다면 세 개의 단계 모두에 표시하게 된다. 132쪽의 사진을 참고하면 더 이해가 잘 될 것이다.

가 아닐까? 스스로 무엇을 얼마나 알게 되었는지를 글로 표현함으로써 학습에 대한 자신감과 자존감이 더욱 높아지게 되지 않을까? 그리고 프로젝트 수업을 하면서 어떠하였는지 소감문을 작성하게 한다면 그것만으로도 교사에 대한 평가, 프로젝트에 대한 평가가 이루어지는 것이 아닐까? 그리고 교사들은 아이들의 소감문을 살펴보면서 프로젝트가 어떠하였는지를 분석하고, 이를 기반으로 다음 프로젝트의 계획 및 실천에 피드백으로 삼게 된다면 그것만으로 평가가 이루어진 것이 아닐까? 여러분은 어떠한가?

"12살, 아름다운 나의 마음"을 통해 무엇을 배웠나요?

배운 내용	잘함	보통	노력	왜 그렇게 했다고 생각하나요?
감정의 종류별로 감정을 바르게 표현하는 방법을 알고 있나요?	○	○	○	잘알고 있다
프로젝트 학습을 통해 알게 된 감정의 바른 표현 방법을 행동으로 옮기면서 실천하고 있나요?	○	○	○	친구를 잘 도와주었다

<"12살, 아름다운 나의 마음"을 함께 배우면서 어떠하였나요?>

지난번보다 다르게 수업을 해서 새로운 점들과 느낌을 알게 되었고 친구들과 더 가깝게 친해질 수 있었당~ ^^ 그리고 한 가지를 여러방법으로 배워 더 이해하기 쉬웠습니다 - The End-

• 새롭게 알게 된 내용, 이번 프로젝트 학습을 통해 함께 배우고 활동하면서 느꼈던 감정, 전체적인 소감을 솔직하게 써보세요

또한 우리들은 이렇게 프로젝트 수업 별로 모인 최종 평가 활동지를 한 학기동안 모아서 학기말 생활기록부와 함께 학부모에게 보내주었다. 학부모들이 어떠했을까? 좋은 말로 가득한 생활기록부만을 받을 때와 비교하여, 자신의 자녀들이 프로젝트 수업을 통해 무엇을 얼마나 배우고 알게 되었는지, 그리고 프로젝트 수업에 대해 어떠한 생각이나 소감을 느끼게 되었는지 자세하게 적혀있는 평가 활동지와 함께 그 내용을 기반으로 하여

작성된 생활기록부를 받았을 때, 어느 학부모가 교사에 대한 신뢰, 교실 수업에 대한 신뢰를 더욱 높게 가지게 될까?

그 판단은 이 글을 읽는 독자에게 맡겨두고자 한다.

살다보면 시간이 한참 지난 뒤에야
비로소 보이는 것들이 있다.

나한테 왜 그런 일이 생겼는지
왜 그런 인연을 만난건지
왜 그런 우연히 일어났는지

대수롭지 않게 지나갔던 순간들이
하나씩 하나씩 의미를 갖기 시작하고
어느 순간 길이 되기 시작한다.

이미 충분합니다.

여러분은 이미 충분히 대단한 선생님이십니다. 믿음을 가지고 아이들과 함께 즐거운 프로젝트 수업을 실천해보세요~~

이미, 충분하다.

아시나요.
당신은 훌륭합니다.
칭찬받아 마땅한 선생님입니다.

부끄러운가요?
아니라고 생각하나요?
절대 그렇지 않습니다.
세상 사람들이 모두 당신에게 등을 돌린 것 같아도
누군가는 분명 당신을 응원하고 있을 겁니다.

내가 하고 있는 일이
내가 노력하고 준비하는 일이
어떤 결과를 맺을지 확실하지 않나요?
그 결과는 어느 누구도 모릅니다.

그만두지 않는 이상
계속 나아가는 것일 테니까요.

후회는 하지 마세요.
당신이 가고 있는 길은 잘못된 방향이 아닙니다.
지금 꾸는 꿈이 실현되기까지
10년, 아니 20년이 걸릴 수도 있고
설령 그 꿈이 이루어지지 않을 수도 있지만,
그 꿈을 좇은 당신의 열정과 노력은
절대로 사라지지 않습니다.
분명한 건 당신은 그동안 최선을 다해 왔고
그 최선은 스스로 가장 잘 알고 있다는 겁니다.

포기하지 마세요.
그리고 꿈을 좇아가세요.
수없이 많은 난관에 부딪히고
그 꿈을 접어야 할 큰 벽이 앞을 가로막아도
무언가를 열심히 하고 있다는 사실만으로도
당신은 충분히 훌륭한 선생님입니다.

\- 전승환(2016), 나에게 고맙다 중에서

PROJECT

2부

프로젝트 수업
교육 현장 문제에 대한
바람직한 해결 방안 제시

흔히들 수업을 변화시키고, 학생 참여 중심 수업을 실천하고자 많은 학교에서는 이미 다양한 교사 공동체가 형성되어 운영 중에 있으며, 함께 모여서 교육과정에 대해 연구하고, 교육과정을 재구성하고 있으며, 이를 기반으로 프로젝트 수업을 실천하고 있기도 하다.

그런데 많은 학교, 공동체, 그리고 교실에서 교육과정 재구성 및 프로젝트 수업을 실천하고 있음에도 불구하고 그 안에서는 막상,

우리가 왜 이러 해야 하는 것일까?

에 대한 근본적인 질문을 하는 경우가 많지 않다. 물론 왜 라는 질문에 앞서 교사로서 해야 하기 때문이라는 필요성과 당위성이 더욱 크기에 그러한 것일지도 모르지만, 그러함에도 불구하고 우리는 "왜?" 라는 질문을 통해 그렇게 해야 하는 이유를 발견했으면 하는 마음이 생긴다.

앞서 말을 해왔듯이 교육과정 재구성, 프로젝트 수업은 그 자체가 목적이 되고 목표가 되어서는 안 된다. 교육과정 재구성, 프로젝트 수업이 목적이 되고 목표가 되는 순간 많은 교사들은 피로감을 느끼고, 무엇인가를 해야 하는 숙제처럼 여기게 될 것이기 때문이다. 그래서 왜?라는 질문을 통해 우리에게 필요한 것이 교육과정 재구성이고, 프로젝트 수업이라는 사실에 함께 공감하고 깨닫는 경험이 필요하다. 이러한 전제조건이 충족될 때 교사들은 스스로 교육과정을 연구하기 시작하고, 교육과정 재구성에 참여하게 되며, 프로젝트 수업을 실천하게 될 것이다.

즉 함께 모여서 나눈 왜라는 질문을 통해 그 필요성에 대해서 함께 공감하고 이해를 하게 될 때 함께 시작을 해야 한다.

본 저자가 직접 겪었다. 그러지 않을 때 어떻게 되는지...

Talk Talk

몇 해 전 처음으로 동학년 중심의 교사 공동체를 형성하고, 열정을 가지고서 함께 교육과정 재구성을 시작하고, 프로젝트 수업을 계획하였다. 이때의 저자는 열정으로 가득했고, 프로젝트 수업이 최고라는 인식하에 모든 교사들이 내가 겪었던 긍정적인 경험을 체험하게 될 테니 나와 함께 해야 한다고 말을 했던 것 같다. 필요하니까, 당연한 거니까 그리 해야 한다고 했다.

왜라는 질문에 대한 이야기, 교사들의 이야기를 듣기 보다는 해야 한다는 당위성에 대해서만 이야기를 하고 이끌어가려고 했던 것 같다.

그렇게 시작된 공동체는 그리 오래 되지 않아, 분열이 되었다. 3월 초 프로젝트 수업을 그래도 하겠다는 나를 포함한 4명의 교사와 왜 해야 될지 모르겠으니 기존대로 수업을 하겠다는 5명의 교사로 분열이 되게 되었고, 그렇게 1년이라는 시간을 서로 분열이 된 채 각각의 교육과정으로 일 년을 지냈던 경험이 있다.

그때는 상대방을 이해하지 못했었다. 하지만 시간이 흐르고 난 뒤, 그 모든 것이 나의 잘못이었고, 오만이었음을 깨달았다. 바로 왜라는 질문에 대한 서로의 의견을 나누지 못했고, 상충된 이견을 좁히는 과정을 거치지 않았기 때문이었다.

그러니 공동체를 구성하는 선생님들, 교육과정을 재구성하고 프로젝트 수업을 함께 실천하는 선생님들에게, 나의 당연함이 상대방에게는 번거로움이 될 수 있고, 나의 필요성이 상대방에게는 불편함이 될 수 있다. 우선 왜 해야 하는지, 그것이 왜 필요한 것인지, 왜 우리가 함께 해야 하는지, 왜 우리가 그래야 하는지 등 왜라는 질문에 대한 서로의 의견을 먼저 나누고, 서로의 생각을 알아가는 과정을 먼저 거치게 된다면 함께 함에 있어서 조금은 돌아가는 듯 하더라도, 결국에는 조금은 느리지만 함께 성장하고 발전할 수 있는 첫 시발점이 될 것이다.

그리고 혹시나, 함께 모여서 왜라는 질문을 하였음에도 불구하고 교육과정 재구성, 프로젝트 수업보다는 기존의 교사 중심의 지식 전달 수업이 더욱 의미가 있고 교육적으로 바람직한 교수학습 방법이라는 결론에 도달하게 될 경우에는, 기존의 수업 방식을 고수

하는 것이 더욱 바람직하다고 생각한다. 그것이 스스로 혹은 함께 찾은 교육적 철학이기 때문이다.

이러한 점이 바로 대부분의 교사들이 수많은 교수·학습관련 연수를 듣고 있지만, 연수를 통해 알게 되고 배우게 된 내용이 실제 교실에서 적용되는 사례가 드문 이유이기도 한 것 같다. 연수를 통해 알게 된 활동들이 연수를 받는 동안에는 좋아 보이고, 우리 교실에 적용하면 좋을 것 같다는 생각이 들기는 하지만, 막상 교실에서 수업을 할 때에는 적용이 어려운 경우가 많다. 그것은 연수에서의 배움과 철학이 실제 교실에서 수업하는 교사의 교육철학 혹은 교육방법과 맞지 않는 상충되는 활동들이기 때문이다. 실제로 연수를 통해 주변 교사들과 함께 학생중심수업 방법들을 간접적으로 체험하는 그 순간에는 각자의 교실에서 적용하면 좋을 것 같아 보이지만, 막상 교실에서 적용을 하려고 하면 나의 수업과 맞지 않는 부분이 많아서 적용하지 못하는 경우를 주변에서 너무 많이 목격하게 된다. 그러니 우리에게 필요한 질문은 "왜?" 라는 질문인 것 같다.

어쨌든 우리 저자들은 "왜?" 라는 질문에 대해 이야기를 나누면서 최근 부쩍 심각해진 학교 붕괴, 교실 붕괴, 그리고 학교폭력에 대해서도 열띤 토론을 하게 되었다. 우리가 왜? 수업에 대해 이야기를 나누어야 하고, 수업의 변화에 대해 이야기를 나누어야 하고, 우리가 왜 이렇게 함께 모여서 프로젝트 수업에 대해 이야기를 해야 하는지에 대해 왜?라는 질문을 던지고서 수렴된 결론이 바로 수업에 집중하지 못하고 생각하지 않는 아이들로 인한 수업 붕괴, 교실 붕괴, 그리고 학교폭력으로 인한 학교 붕괴 등에 대한 것이었다.

그런데 관련 이에 대한 해결책이 존재할까? 우리는 이러한 이야기를 나누면서 그 해결책이 프로젝트 수업이 될 수 있을 것이라는 희망을 찾게 되었던 것 같다. 이번 챕터는 바로 프로젝트 수업을 통해 우리가 찾은 학교, 교실, 그리고 수업에 대한 희망 이야기라고 할 수 있다. 우리가 찾은 희망 이야기가 궁금하지 않은가?

그리고 이쯤에서 이렇게 또 묻고자 한다.

과연 좋은 수업이 존재할까?

흔히들 많은 교사들은 좋은 수업이 무엇일까에 대해 고민도 하고, 공동체를 형성하여 이에 대해 이야기를 나누기도 한다. 그런데, 정말 과연 좋은 수업이 존재할까? 좋은 수업이라고 말을 하는 순간 우리는 어쩌면 수업을 평가하게 되고, 평가를 받는 존재로 수업을 인식하게 되는 것은 아닐까?

수업은 수업 그자체로 존중받고 존경받아야 한다. 물론 그 안에 이것 한 가지는 반드시 있어야 할 것 같다. 그 안에 나름대로의 의미가 담겨져 있고, 철학이 담겨져 있으면 되는 것이다. 의미가 있고, 철학이 담겨있다면 그 수업은 그 자체로도 존중받고 존경받아야 마땅한 것이다.

그럼에도 불구하고 과연 좋은 수업이 존재할까?

"아니다." 라고 말하고 싶다.

그저 우리에게는 나름대로의 고민과 연구를 통해 발견하고 찾게 된 나만의 교육 철학이 존재하는 수업이 있을 뿐이며, 저마다의 교육 철학을 지닌 수업이라면, 그러한 수업 모두는 존중받고 존경받아야 하는 수업이라고 말하고자 한다. 물론 교육 철학이 학생들에게 선한 영향력을 줄 수 있어야 한다는 전제 조건은 마련되어야 할 것이다.

그러니 왜 라는 질문부터 시작을 해야 한다. 공동체가 모여서 우리는 왜 함께 해야 할까?라는 이야기에서 시작을 하여 그 이야기의 마지막에 함께 공감하고 공유하게 되는 이야기가 수업을 바꾸어야 하니까, 그리고 아이들에게 다른 교육 방법을 적용하고 싶으니까 라는 내용으로 서로의 생각과 이야기들이 정리되고 귀결된다면, 그 때 지금의 방법이 아닌 새로운 교수·학습 방법을 고려하고 이야기를 나누기 시작해야 한다. 만약 그 안의 이야기들이 서로 공감을 얻지 못하거나, 함께 공감을 얻는 이야기가 교사 중심의 설명식 수업이라면 그들은 기존의 수업에 대해 고민을 나누고, 어떻게 하면 더욱 효과적이고, 유의미한 교사 중심의 설명식 수업을 함께 할 수 있을까에 대한 이야기를 함께 나누는 것이 더욱 효과적·효율적인, 그리고 어찌 보면 더욱 바람직한 공동체의 모습이 아닐까 생각한다. 그리고 그러한 공동체에서는 어떻게 하면 설명을 더 잘 할 수 있을지, 아이들을 더 잘 이해시킬 수 있을지에 대한 고민과 이야기를 시작하는 편이 좋을 것 같다.

이러한 이유로 공동체가 모인 첫 날, 첫 번째 이야기를 나눌 수 있는 질문이 바로 이것이 아닐까 생각한다.

우리가 왜?
왜? 수업을 바꾸어야 할까?

정말이지 어리석은 질문일지도 모른다. 왜 굳이 바꾸어야 할까? 바꾸지 않아도 되는데 말이다. 그래도 한번 묻고 이야기를 나눠보자. 이 질문에 대해 정말이지 많은 이야기가 오고가게 된다. 그 이야기의 끝에 바꾸지 않아도 된다는 결론이 나온다면 그것으로 만족해도 된다. 그러한 이야기들을 모으게 되면 그것이 바로 그 교사 나름대로의 수업 의미, 수업 철학이 될 수 있으며, 평소에 인지하지 못했던 자신의 교육에 대한 생각과 의미를 스스로 찾을 수 있게 되는 의미 있는 경험과 대화가 될 것이니 말이다.

만약 훗날 어느 학부모가 왜 그렇게 수업을 하세요라고 물어온다면, 그 날의 이야기들을 떠올리고, 정리하여 말을 한다면 그 어느 학부모가 인정을 하지 않을까? 이렇게 된다면 자연스럽게 교권도 회복하게 되지 않을까 생각하기도 한다. 본 저자는 교권 추락의 많은 원인들 중 가장 큰 이유 중의 하나가 교사 스스로에게 있다고도 생각한다. 물론 이런 이야기를 하게 되면 많은 교사들로부터 질타를 받을지도 모르고, 공격을 받을지도 모르기에 매우 조심스럽다. 교육적 철학을 가지지 못한 채 그저 교과서만을 가지고 하는 수업, 어느 교실 어느 학생에게나 동일한 수업 방법, 학부모들도 가입이 가능한 인터넷 사이트를 활용하여 클릭으로만 이루어지는 수업 방법 등으로 인해 교권이 추락하게 된 것은 아닐지 생각을 하게 된다.

하지만 그러한 수업을 한다고 하더라도 어느 학부모, 혹은 어느 누구에게라도 나만의 철학을 가지고서 당당하게 이야기를 하고 설득을 할 수 있다면 그래도 인정을 받지 않을까? 그러한 인정이 교권 회복의 길이 아닐까?

이에 2부에서는 교권 회복과 더불어, 학교폭력예방, 교실 회복 등 학교와 교실 현장에 대한 사회적 문제에 대한 해결책을 프로젝트 수업을 통해 찾아보고자 한다.

교권 회복과 프로젝트 수업

한때, 우리나라에서 학교는 매우 신성시 되는 공간이었고, 교사에게 무한한 존경과 신뢰를 보낸 적이 있었다. 그러나 현재에는 학교 무용론이 제기되고 있고, 교권침해라는 말이 일상생활에서 사용되고 있으며, 교사들조차 학생들의 순종적이지 못한 행동에 대해 교권 침해라는 표현을 사용하고 있다.

그렇다면 교권이란 무엇일까?

교권 회복과 프로젝트 수업과의 관련성에 대해 이야기에 앞서서 가장 먼저 던져야 할 질문이 이것이라고 생각을 한다. 교권의 개념은 매우 다의적이기는 하지만, 공통적인 요소를 묶는다면 교원의 권위, 교원의 교육권으로 이해할 수 있다(조기성, 2019).

우선 교원의 권위를 중심으로 하는 교권에 대한 견해부터 살펴보고자 한다. 김운종(2013)은 교원의 권위는 교원의 전문성에 근거하여 획득할 수 있는 것이라고 주장한다. 이러한 면에서 과거의 학교는 학생들로 하여금 유일한 지식 전수 기관으로써의 역할을 하였기에, 교사들의 권위가 높을 수 밖에 없었다. 과거에는 학생들이 배울 수 있는 유일한 공간이 학교였고, 학습할 수 있는 자료가 교과서뿐이었으며, 오직 선생님을 통해서만 지식을 배울 수 있고 학습할 수 있었기에 교사들의 권위는 매우 높을 수 밖에 없었을 것이다. 학생들에게 유일하게 지식을 알려주고, 가르침을 제공하고, 깨달음을 줄 수 있는 존재가 교사였기에, 과거의 교사는 학생들에게 매우 권위적이고 유능한 분으로 각인되었을 것이며, 혹 신성시 되어졌을지도 모른다.

그러나 현대 사회에서 학교는 지식 전수 기관으로서의 유일한 역할을 하지 못한다. 학생들은 학교이외의 공간(학원, 인터넷 등)에서 지식을 획득할 수 있는 기회가 더 많아졌으며, 교과서 중심의 수업으로는 현대 사회를 살아가고, 미래 사회를 살아가야 하는 학생들에게 필요한 모든 지식을 제공하거나 가르쳐줄 수 없는 상황이다. 이것이 현대 사회에서 교원의 권위로서의 교권이 하락하게 된 이유일지도 모른다. 학생들은 학원을 통해서, 혹은 인터넷 공간에서 알 수 있는 사실을 통해서 학교에서 배워야 할 지식을 이미 습득하고 있는 경우가 허다하다. 실제 본 저자가 근무하는 학교가 대도시가 아님에도 불구하고 중소도시에 위치하고 있음에도 불구하고, 교실에서 수업을 하다보면 70%이상의 아이들이 교과서 혹은 수업을 통해 배워야 하고 알아야 할 지식을 이미 습득하고 있는 경우를 보게 된다. 이러한 상황에서 교육적으로 관심이 더 높은 대도시에 위치한 학생들은 어떠할까? 모르긴 몰라도 70%보다 더 높은 수치의 아이들이 학교에서 배워야 할 지식을 더 빠른 시기에, 그리고 더 많은 장소와 방법을 통해 습득하고 체득하고 있을 것이다.

또한 대부분의 초등학교에서 일제 고사가 사라지고는 있지만, 중·고등학교에서는 대학입시로 인해 여전히 일제 고사가 중요한 평가 자료로 활용이 되고 있는 상황이다. 상황이 이러하다 보니 아이들은 더욱 학교보다는 학원을 신뢰하게 되고, 학원 학습을 위해 학교에서는 잠을 청하거나 학원 숙제를 하는 아이들이 점차적으로 늘어나게 되는 이유일지도 모른다.

과연 교사가 가르쳐야 하고, 교과서를 통해 배워야 할 지식의 상당수를 수업하기 전에 이미 아이들이 알고 있고, 습득하고 있는 상황에서 교원으로서의 권위가 살 수 있을까? 그리고 학교에서 이루어지는 평가에 있어서도 그에 필요한 지식이나 기능을 학교라는 공간보다 여타 다른 기관에서 더 상세하고 자세하게 알려주고, 습득할 수 있도록 해주는 현재의 교육 상황에서, 교사들이 스스로 교원으로서의 권위를 살릴 수 있을까?

아마도 이러한 교실과 수업에서 교사의 권위는 하락되거나 상실될 수 밖에 없을 것이다. 그러므로 학교와 교실 수업은 다른 여타 교육기관 및 그러한 기관에서 이루어지는 수업방법과 차별성을 지닐 수 있는 교육 방법을 실천하는 것이 어쩌면 현재 교원의 권위로서의 교권을 회복하는 방법이 될지도 모른다. 아니 아마도 그러할 것 같다. 그리고 이러하기에 평가 방법 역시 결과가 아닌 학습하고 배우는 과정을 중시하는 평가의 방법을 강조하고 있는지도 모른다. 결과가 중시되는 평가의 경우에는 학원에서 배우고 학습한 내용이 도움이 더 많이 될 수 있을지 모르지만, 과정을 중시하는 평가의 경우에는 학원에서의 학습보다는 학교에서의 학습과 배움의 과정을 더욱 강조하기 때문이다.

이러하기에, 다른 여타 교육기관과 차별성을 가질 수 있는 교실 수업, 그리고 학습과 배움의 과정을 강조할 수 있는 평가를 실천할 수 있는 프로젝트 수업을 교원의 권위로서의 교권을 회복하는 한 방법이 될 수 있을 것이라고 제안하게 된 이유이다.

다음으로 교원의 교육권을 중심으로 교권을 이해하는 견해에 대해 살펴보도록 하겠다. 조기성(2019)은 교원의 교육권에 대한 본질적인 내용을 교육목적을 달성하기 위해 학생들에게 학습시키고 학습내용을 선정할 수 있는 '교육내용 결정권', 교수·학습의 결과인 학생들의 학업 성취를 측정할 수 있는 '교육평가권', 교원 훈육을 통한 '징계권' 등으로 규정하였다.

우선 교육내용 결정권에 대해서 알아보자. 교육내용은 국가수준에서 제공하는 교육과정, 그리고 지역 및 학교 수준에서 제공하는 교육과정, 끝으로 교사수준 교육과정으로 나뉜다고 할 수 있다. 교육내용 결정권이라는 교권이 우리에게 주어졌음에도 불구하고, 그동안 우리는 이 교권을 무시한 채 국가수준에서 제공하는 교육과정, 그 또한 교육과정이 아닌 교과서를 중심으로 하여 교과서에서 제시하는 지식을 천편일률적으로 전달해 왔던 것은 아니었을까? 교육내용 결정권을 가진 교원의 교육권으로서의 교권을 가진 교사들 스스로, 자신의 전문성을 살리지 못하면서 교권을 상실하게 된 것은 아니었을까? 교원 스스로 교육내용 결정권을 가질 수 있는, 교사 수준의 교육과정을 구성하여 교육내용을 결정할 수 있는 연구와 노력이 뒷받침되어 전문성을 되찾는 것이 교원의 교육권으로서의 교권을 회복하는 길이 아닐까 생각을 한다. 이러한 의미에서 프로젝트 수업은 국가 수준 교육과정에서 제시하는 성취기준을 근거로 하여, 교사와 학생이 함께 교육내용을 결정·구성하여 주제를 찾으면서 계획되고 시작되어 지기에 교육내용 결정권을 가진 교원의 교육권으로서의 교권을 회복함에 있어서 효율적이고 효과적인 수업 방법이 될 수 있을 것이다.

두 번째 교육 평가권에 대해 알아보자. 특히 우리나라의 경우 결과 중심 평가로 인한 고질적인 문제가 지속적으로 제기됨으로 인해 현재 결과가 아닌 학습과 배움을 강조하는 과정중심평가로 평가의 방향이 변화되고 있는 시점이라 할 수 있다. 물론 이러한 변화는 비단 현재뿐 아니라 과거에도 그러하기도 하였다. 과거 정부가 사고력, 분석력, 고등사고력 배양을 위해 수행평가를 강요하게 되면서 학생과 학부모의 민원이 제기되었고, 평가의 타당성과 신뢰성의 측면에서 많은 문제가 제기되기도 하였다(송요원, 2003). 또한 이보다 더한 문제는 실제 학교에서 이루어지는 수행평가를 살펴보면 원래의 목적이라고 할 수 있는 사고력, 분석력, 고등사고력 배양을 위한 평가가 아닌 결과 중심의 지필 평가와 별반 다르지 않은 지식 암기 정도를 확인하는 문항으로 대다수 수행평가가 이루지고 있다는 것이다. 물론 아무리 좋은 평가 문항이라고 하더라도 신뢰성이 담보가 되지 않으면 문제가 발생할 수 있기에, 학교와 교사 입장에서는 어쩔 수 없는 선택이었다고 할 수 있지만, 교육 평가권에 대한 교권을 회복하기 위해서는 평가에 대한 전문성, 그리고 엄격한 도덕성이 함께 요구된다고 할 수 있다.

현재의 과정중심평가로의 전환에 대해서도 수행평가 강조로 인해 발생했던 문제점들이 유사하게 제기되고 있다. 아직 많은 교실에서는 교과서 위주의 교사 중심 수업이 이루지고 있음에도 불구하고, 평가는 창의력과 고등사고력을 평가해야 하므로 어쩔 수 없는 문제 제기라고 할 수 있다. 그러니 수업이 창의력과 고등사고력을 높여줄 수 있는 방법으로 변화되어야 할 필요성이 높은 것이다.

그렇다고 하여, 수업이 변화되어진다고 하여 평가 방법이 변화되는 것은 그리 쉬운 일 아닐 것이다. 교육법의 차이에 의해 학업성적과 같은 경우에는 객관적인 방법으로 수량화 하여 평가는 것이 가능할지 모르지만, 교육의 근본적인 목표라고 할 수 있는 인성, 역량, 고등 사고력 등을 타당하고 신뢰성 있는 평가하는 일은 매우 어려운 일이다. 인성함양, 역량발현, 고등사고력 향상에 대한 교육은 단기간에 성과를 판단하기 어렵고, 학교와 교실 수업의 영향력이 어디까지 미쳤는가를 평가하기 어려우며, 아이들 모두 서로 다른 성향을 가지고 있기 때문에 더욱 어려운 일이라고 할 수 있다.

그래서 또 다시금 필요한 것이 프로젝트 수업이라 말하고자 한다. 프로젝트 수업은 계획 단계에서 관련 성취기준을 분석하여 프로젝트를 통해 함양하거나 길러주어야 할 역량과 인성을 미리 분석하게 되고, 실제 수업 시간에는 아이들 개개인의 성향을 파악하고 학생 개개인에게 맞는 피드백을 해 줄 수 있는 충분한 시간적 여유를 교사들에게 제공해주며, 결과물이 아닌 학습과 배움의 과정 중에 어떠한 변화와 성장의 과정을 경험하고 있는지 학습과 배움의 과정을 강조하는 평가를 중시하고 있기에 교사들의 교육 평가권에 해당하는 교권 회복에 효과적·효율적인 교수·학습 방법이 될 수 있을 것이라고 제안하려고 한다.

잠시 이쯤에서 우리들의 이야기를 하고자 한다.

Talk Talk

우리 저자들 또한 프로젝트 수업을 계획하면서 가장 큰 어려움이 바로 평가에 대한 부분이었다. 프로젝트 수업이 역량을 길러줄 수 있고, 인성을 함양시켜줄 수 있다고 주장을 하고 있는데, 과연 활동과 수업 과정 중에 그러한 역량과 인성이 얼마만큼 길러지고 함양되어졌는지 어떻게 평가할 수 있을까에 대한 큰 고민거리가 생기게 되었다. 어떻게 인성이 함양되고 역량이 길러졌는지 교사들이 평가할 수 있을까?

그런데 여기서 생각을 뒤집어보자. 그동안 우리들은 교사들의 입장에서 아이들이 수업을 통해 얼마만큼 알게 되었는지를 진단하고 확인한다는 의미에서 평가를 바라본 것 같았다. 그런데 굳이 평가가 얼마나 많이 알게 되었는지를 교사가 확인할 필요가 있을까? 물론 그러한 결과를 통해 피드백을 줄 수 있다고는 하지만, 솔직해져보자. 우리 교사들 입장에서 그동안 평가 결과를 피드백 자료로 얼마나 활용을 해왔는가? 그저 평가 결과를 보고서 생활기록부에 기록하고, 부모님들에게 통지하는 것에서 그치지 않았는가?

그래서 우리는 이러한 관점에서 벗어나고자 하였다. 교사들의 관점에서 얼마나 많이 알고 있고, 하게 되었는지를 판단하고 평가하는 것이 아니라. 학생들 스스로의 입장에서 내가 수업과 활동을 통해 얼마나 알게 되었고, 무엇을 배우게 되었으며, 어떠한 행동을 할 수 있게 되었는지를 기록하면 그것으로도 평가가 되지 않을까 생각을 하게 되었다.

그래서 우리는 프로젝트 수업 중에 이루어지는 활동지 중 성취기준과 관련된 활동지의 경우에는 활동지 마지막에 자기 평가를 통해 수업으로 알게 된 사실과 할 수 있게 된 기능을 구분지어서 글로 표현할 수 있도록 하였으며, 각 주제별 프로젝트 수업 마지막에는 아란해윰 활동이라고 하여 본 주제와 관련하여 프로젝트 수업 전체를 통해 무엇을 배우고 알게 되었으며 할 수 있게 되었는지를 글로 표현하여 스스로 성찰하고 배움을 정리할 수 있는 시간을 제공해주었다. 또한 이렇게 기록된 주제별 프로젝트 수업 후 아란해윰 활동지를 모아서, 학기말 생활기록부와 함께 부모님들께 배부해드렸다.

평가가 이러하면 되지 않을까?

과정중심평가라고 하여 거창하게 무엇인가를 더 만들어 내거나 준비를 할 필요는 없는 것 같다. 그냥 교실에서 이루어지는 수업과 그 과정을 솔직하게 보여줄 수 있는 자료 혹은 평가라면 그것이 바로 과정중심평가라고 생각을 한다.

학생 스스로 무엇을 알게 되었는지, 그리고 어떠한 행동을 할 수 있게 되었는지를 활동하는 과정 중에 그리고 활동이 끝나는 시점에서 매번 성찰하도록 하고, 그러한 성찰을 글로 표현할 수 있으면 그것이 과정중심평가가 아닐까 생각한다. 또한 부모님들은 학기말에 별 도움도 되지 않고 의미도 없는 몇 문장의 긍정적인 단어로만 이루어진 생활통지표를 받는 것이 아니라, 학생들이 스스로 성찰하고 기록한 내용을 근거로, 그러한 학생들의 솔직한 배움과 학습 과정이 담긴 자료와 함께 프로젝트 수업별로 어떠한 학습과 배움이 있었는지가 상세하게 기록된 생활통지표를 받게 된다면 어떠할까? 아마도 수업의 솔직한 모습과 배움 과정이 담겨있는 활동지들과 함께 생활통지표를 받아들게 된 학부모들은 기존의 단편적인 안내만 이루어진 생활통지표를 받던 때보다 교실에서 이루어지는 수업에 대해 더욱 신뢰하게 될 것이며, 이렇게 높아진 신뢰성이 바탕이 교사들에 대한 신뢰성으로 이어지게 될 것이며, 이것이 곧 교권을 회복의 길이 되지 않을까 생각하게 된다.

세 번째 훈육을 통한 징계권에 대해 알아보자. 과거에는 교육적 목적으로 체벌을 하는 것이 허락된 시절이 있었다. 또 체벌이 어느 정도 교육적 효과성도 있다고 믿기도 하였다. 그런데 체벌에 대한 효과성에 대한 검증이 이루어 진 것이 없으며, 체벌에 대한 법적인 근거가 없기에, 현재에는 체벌이 법으로 금지가 되어 있다. 하지만 체벌이 금지가 되면서, 흔히 교사들은 이러한 말을 자주 한다.

"요즘 애들은 왜 이리 말을 안 듣는지 모르겠어요"

"그게 다 안 맞아서 그런거야……"

맞는 말일지도 모른다. 체벌이 허가되어 진다면, 교육적 목표라는 이유로 체벌이 가능해진다면, 그래서 아이들을 체벌할 수 있게 된다면 아이들은 지금보다 훨씬 더 말을 잘 들 을 지 모른다. 그런데 체벌을 통해서 말을 듣게 하는 것이, 어떠한 교육적 효과가 있는 것일까?

체벌이 과거에 허용되었던 이유는 그에 대한 교육적 효과가 있었기 때문이라고 말을 하고는 하지만, 그것이 과연 어떠한 교육적 효과였는지에 대해서 생각을 해 본적이 있는가?

심리학자 아들러[5]는 아이들에게 혼을 내서도 칭찬을 해서도 안 되며, 아이들은 무엇이든 할 수 있다는 믿음을 가져야 한다고 하였다. 상이나 칭찬에 이끌려 행동하는 사람은 자신의 의지로 하는 것이 아니라 상이나 칭찬이 멈추면 행동 또한 멈추게 된다고 한다. 그리고 벌을 주거나 혼을 내면 바람직하지 않은 행동을 멈추게 할 수는 있지만 자신의 의지가 아니기 때문에 통제가 사라지는 상황에서는 그러한 행동을 계속하게 된다고 한다. 칭찬과 벌은 어쩌면 교사가 아이를 조종하는 도구일지도 모른다. 우리는 교사라고 하여 그 어느 학생을 조종해서는 안 된다. 이것은 교육이 될 수도 없으며, 오히려 아이들에게 역효과를 불러오게 된다. 교사는 학생을 조종하는 것이 아니라 바른 행동을 이끌어 내어야 한다(최경민, 김규태, 2016).

> 혼내거나 벌을 주거나 위협하지 않아야 한다. 학생에게 간단한 설명과 친밀한 대화를 하는 것만으로도 충분하다. 서로 신뢰하는 사이라면 그것을 받아들일 것이다.
>
> \- 알프레드 아들러(2014), 인생에 지지 않을 용기 중에서

아들러가 제시하는 해답을 읽고서 저자는 많은 생각을 하게 된 것 같다. 그동안 올바른 행동을 이끌어내기 위해 수없이 많은 칭찬을 해왔고, 바람직하지 못한 행동을 억제하기 위해 그보다 더 많이 화를 내고, 체벌을 해왔던 것 같다. 돌이켜 생각해보면 이때의 칭찬도 진정한 의미에서의 칭찬은 아니었던 것 같다. 서로를 비교하게 하고, 잘하는 아이를 칭찬한다는 명목하게 못하는 아이들을 비교하게 하였으며, 이로 인해 못하는 아이에게 직접적으로 벌을 가하지는 않았지만, 간접적으로 화를 내거나 벌을 주는 것과 같은 영향을 미쳤던 것 같다. 아이들을 비교하고 평가하고, 그를 통해 혼을 내거나 칭찬을 했던 것

5) 심리학의 3개 거장 중의 한 사람으로, 미움 받을 용기로 인해 관심이 높아지게 된 심리학자

같다. 그동안의 교사들 대부분이 그러하지 않았을까. 아이들과의 관계형성은 무시한 채 아이들을 조종하기 위해서 칭찬과 벌이라는 도구를 수도 없이 반복하며 사용해 왔던 것이 아니었을까.

어찌 보면 이러한 모습의 저자는 프로젝트 수업을 실천하면서 조금씩 변화되었던 것 같다. 바른 행동을 촉진하고 바르지 못한 행동을 억제하기 보다는 프로젝트에 대해 아이들과 함께 이야기를 나누고, 자유롭게 프로젝트가 진행이 될 수 있도록 교실에서의 자유로움을 허락하고, 아이들이 함께 협력하며 스스로 자신의 역할에 책임을 다하며 결과물을 만들어 낼 수 있도록 기다려주고, 또 기다려주고, 더 기다려주면서 아이들과 관계 형성에 더 노력하게 되고, 지켜봐주게 되고, 성장하고 발전하며 나아갈 수 있도록 옆에서 함께 격려하고 지지해주게 된 것 같다. 그러면서 혼을 내거나 벌을 세우거나, 체벌을 하지 않게 된 것 같다. 그럼에도 불구하고 아이들이 교권을 침해하는 말을 하거나 행동을 하지 않았다.

그러면서 본 저자는 교사로서 심리적으로 느껴졌던, 교권 침해로 여겨질 수 있는 학생들의 수많은 언행들이 어쩌면 교사가 만들어 놓은 규칙과 규율을 지키지 않는 학생들의 언행에 대한 반감이 아니었을까 생각을 하게 되었다.

이러한 경험이 바탕이 되어 징계권을 통한 교권 회복 역시 자유로움을 허락해 줄 수 있는 프로젝트 수업과 매우 밀접한 관련이 있음을 말하고 싶어졌다. 자유로운 아이들에 대한 이야기는 다음 장(학교폭력예방과 프로젝트 수업)에서 계속하도록 하겠다.

이번 장에서는 교권 회복과 프로젝트 수업의 관계에 대해 지속적으로 이야기 하고자 한다. 교권을 보호하기 위해 교원소청심사위원회, 학교교권보호위원회, 시·도 교권보호위원회, 교원치유센터가 운영되고 있고, 2012년도에는 교육과학술부에서 교원이 안심하고 교육활동에 전념할 수 있는 학교를 만들고자 교권 보호 종합 대책을 제시하였다.

하지만 교권은 법으로 보호한다고 하여 회복되어 질 수 있는 것이 아닌 것 같다. 앞서 살펴본 것처럼 교권은 단순하거나 지엽적인 개념이 아니다. 교권은 교원의 권리, 교육권,

그리고 여기서는 언급하지 않았지만 교원의 인권 등 매우 포괄적인 개념으로 정의되어 질 수 있다. 그리고 포괄적인 의미만큼 교권의 보호를 받을 수 있는 범주 또한 매우 높을 수도 있고, 교권을 회복할 수 있는 방법 또한 매우 범주가 크다고 할 수 있다. 그러나 교권이라는 것은 법으로 지켜져야 하는 성질의 것이 아니라, 스스로 인정하거나 인정받아야 하는 성질의 것이라고 판단된다. 즉, 교권보호관련 법과 무관하게 교육 대상자인 학생, 그리고 학생과 관련 깊은 학부모, 끝으로 학교가 포함되어 있는 지역사회가 교사들의 교권을 인정해주느냐 그렇지 않느냐는 별개의 문제인 것 같다.

학생, 학부모, 나아가서 지역사회가 교권을 스스로 인정하기 위해서는 교사 스스로도 신뢰를 회복해야 하고, 교실에서 이루어지는 수업이 신뢰를 회복해야 하며, 학교가 여타 다른 교육기관과는 다른 창의적이고 융합적인 교육을 실천하고 있다는 신뢰를 회복해야만 한다. 아니 이러한 신뢰가 선행되어야 한다. 이를 위해서 가장 우선 되어야 하는 것이 수업에 대한 교사의 전문성을 회복하는 길일 것이다.

물론 굳이 교사의 전문성을 회복하는 방법이 프로젝트 수업이 아니어도 된다. 하지만 프로젝트 수업을 실천하기 위해서는 교육과정을 살펴보아야 하고, 성취기준을 기반으로 하여 교육과정을 재구성해야 하고, 동료 교사들과 함께 수업에 대해 이야기를 나누며 함께 학생중심 수업을 만들어갈 수 있고, 학생들의 삶과 생활이 중심이 되어 주제를 찾아서 수업을 시작하게 되고, 문제를 해결하고자 학생들 스스로 협력하여 활동과 수업에 참여하게 될 것이며, 함께 결과물을 만들어내는 과정을 통해 앞으로 삶을 살아감에 있어서 필요한 인성과 역량을 함양 할 수 있는 수업을 실천할 수 있을 것이다. 그래서 광범위한 의미에서의 프로젝트 수업을 교권을 회복할 수 있는 방법으로 제시하고자 하는 것이다.

이번 장은 교사의 언행에 대한 이야기로 마무리 짓고자 한다. 교권이 추락하게 되면서, 교사들은 교사들과의 모임에서 사소한 아이들의 언행에도 교권 침해라는 말을 장난스럽게 하는 모습을 보게 된다. 그러한 말을 들으면서 한편으로는 우리 아이들이 안쓰럽다는 생각을 하게 되었다. 얼마나 아이들을 믿지 못하고 불신하게 되었으면, 아이들의 사소한 장난이나 잘못조차도 교권 침해 사례로 포함이 되게 되었는지, 우리 아이들이 오히려 더 안쓰러워졌다.

교사는 설명으로 가르치고 외우게 하고 확인하고 평가하는 역할이 아니라, 기대에 조금은 못 미치고 아쉬운 마음이 들더라도 그러한 아쉬운 마음을 받아들일 줄 알아야 하며, 나의 생각보다 느리게 성장하고 변화된 모습을 보이지 않더라도 조금 더 기다려 줄 수 있는 기다림의 시간을 흔쾌히 스스로에게 허락해야 하는 존재가 되어야 할 것 같다. 아쉬움을 받아들일 줄 알고, 기다림의 시간을 흔쾌히 허락하게 된다면 사소한 아이들의 잘못된 언행을 받아들일 줄 알게 될 것이며, 그러한 행동이 반복되어진다면 아이들 또한 그러한 교사의 마음을 이해하고 받아들여져서 교사들의 교권을 스스로 인정해주는 계기가 될지도 모르는 일이니 말이다.

Talk Talk

교권 회복에 대한 본 저자의 실제 이야기를 전해주고자 한다. 본 저자는 교권을 회복하고자 그 어떠한 노력을 하지 않았다. 그저 학생들과 함께 호흡하면서, 프로젝트 수업을 기반으로 조금은 다른 수업을 진행했을 뿐이다. 몇 해 전 부터는 공동체의 필요성과 소중함을 깨닫고 동학년 중심의 학습 공동체를 형성하여 함께 운영하였지만, 그 전에 오랜 시간동안은 혼자서 연구하고 고민하며 프로젝트 수업을 실천하였던 적이 있다.

2015년 2학년 학생들과 함께 프로젝트 수업을 실천하고 있었고, 한 아이를 만나게 되었다. 그 중 2학년 학생이라고는 믿기 힘들 정도로 말을 잘하였고, 그러한 자신의 역량을 스스로 깨닫고는 주변의 친구들의 말을 무시하고, 자신이 최고라는 인식을 가지고 있던 한 여학생이 있었다.

어느 날은 수업 중에 필통에 붙어 있던 축구 게임을 하고 있기에, 주의를 주었다. 주의를 듣고서도 계속 게임을 하는 모습을 보고는 필통을 수업 시간에는 못 가지고 있도록 뺏게 되었다. 그러자 그 학생은 울면서 소리를 지르고, 자신이 가지고 있던 전화기를 들고 나가서 화장실에서 엄마에게 전화를 하였다. 그 때 그 여학생이 나에게 했던 말은 이러한 것이었다.

"선생님 돈 많아요? 저희 집 돈 많아요. 엄마에게 전화해서 교장선생님한테 말해서 선생님 자르게 할 거 에요."

시간이 한참 흘렀고, 그 당시의 상황을 짧은 글로 표현하고 있기에 어쩌면 심각하지 않은 것처럼 여겨질 수 있지만, 그 당시에는 눈을 치켜뜨고 분노에 찬 목소리로 고함을 지르듯이 나에게 소리치는 아이의 모습에 매우 많이 놀랐던 것이 사실이다. 그 때는 몰랐지만 그러한 그 여학생의 모습을 가만히 지켜보고, 화장실에 가서 전화기로 소리 지르며 엄마에게 전화하는 그 여학생을 말리지 않고 가만히 놔두었던 나의 모습에 대해 학부모 사이에서는 학생을 컨트롤하지 못하고, 그 여학생을 무서워한다는 오해를 받기도 했었다는 것을 시간이 흐른 뒤 다른 학부모에게 듣기도 하였다.

어쨌든 그 당시에는 그 여학생과 만난 지 시간이 얼마 흐르지 않은 4월 초의 일이었기에, 시간이 흐르면 나를 이해할 수 있을 것이고, 학교와 수업에 더욱 적극 참여하게 될 것이라는 확신이 있었기에 가만히 지켜보고자 했던 것 같다.

물론 이 상황의 경우 그 학생의 잘못이 명백하였기에 학부모가 나에게 죄송하다는 말을 먼저 해왔던 것 같다. 그래도 교사로서, 그리고 선생님으로서 그 학생에 대한 질책이나 혼 보다는 앞으로 1년간 프로젝트 수업을 통해 많은 성장과 발전을 하게 될 것이기에 믿고 기다려 달라고 말을 했던 것 같다.

그렇게 1년의 시간을 함께 하고 난 후 그 학생의 어머님으로부터 문자를 받기도 하였다. 지금은 가지고 있지 않지만, 기억으로는 감사하는 말, 그 여학생이 옆의 친구를 더 많이 배려하게 되었고, 친구들과 더 많은 것을 함께 하려한다는 내용, 그리고 지역의 한 학교이지만 서울의 유명한 사립 초등학교에서나 경험할 수 있는 수업 방법을 적용하고나 노력해주셔서 감사하다는 내용의 문자였던 것으로 기억한다.

그리고 학교를 옮기고, 다른 학교에서 새로운 공동체를 꾸리고 운영을 하면서 바쁘게 지내면서 그 학생을 잠시 잊고 있었는데, 3년이라는 시간이 흐른 후 그 학생의 어머님으로부터 아래와 같은 메시지를 받게 되었다. 아래의 사진은 그렇게 나에게 소리를 질렀던 여학생의 어머님이 2018년 올해의 스승상 수상에 대한 신문 기사를 보고서 보내주신 메시지이다.

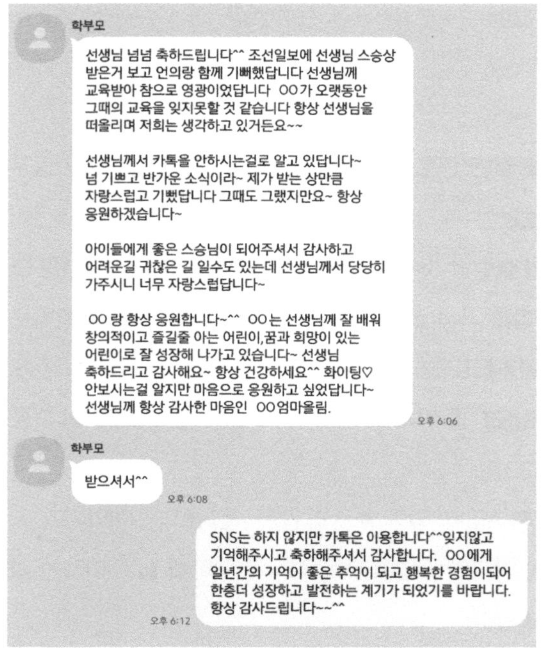

올해의 스승상을 수상할 당시 매우 기쁘고 여기 저기 축하의 인사를 받느라 정신이 없기도 하였지만, 가장 기억에 남은 축하의 인사말이었던 것 같다.

나는 나에게 소리를 지르며 교권을 침해했던 학생에게 스스로 교권을 회복하기 위해서 법적인 조치를 들먹였던 것도 아니고, 학생들에게 엄하게 대한 것도 아니었으며, 학부모들에게 어떠한 교육적 대처나 처분에 대해 이야기를 한 적도 없었다. 그저 학부모들에게 믿고 기다려달라고 했고, 그러한 기다림 속에 프로젝트 수업을 학생들과 함께 실천했던 것이 전부였다. 그럼에도 학부모들, 그리고 학생들이 조금씩 믿기 시작하고, 신뢰하기 시작했던 것 같다. 교사로서 책임감을 가지고 있으며, 그저 교과서 위주의 강의가 아닌 학생들의 마음을 만질 수 있고, 학생들과 함께 삶의 이야기를 꾸려가기 위해 노력하고 있으며, 그러한 삶 속에서 학생들이 더불어 함께 살아갈 수 있도록 스스로의 역량을 키워주면서도 친구들과 어울리며 살아갈 수 있는 역량도 함께 함양시켜주고자 한다는 것을 학부모, 학생들이 수업을 통해 알게 되고, 그러한 앎이 신뢰로 이어지게 되었던 것 같다.

이러면 되지 않을까?

교권 회복의 길은 멀리 있는 것이 아닌 것 같다.

이렇게 말을 해 주세요

이번의 쉬어가는 페이지는 선생님들 흔히 학생들에게 하는 말들, 그리고 어떠할 말을 해주어야 하는지에 대해 칙 무어만, 낸시 웨버(2013)의 '지혜로운 교사는 어떻게 말하는가'에서 제시하고 있는 내용들을 요약·정리하여 안내하고자 한다. 선생님들의 말 한 마디 한 마디가 교권을 회복할 수 있는 가장 확실한 그리고 가장 빠른 방법이라고 생각하기 때문이다. 어쩌면 우리 선생님들은 그 동안 아무런 의미 없이 칭찬을 하고 있었는지도 모르고, 칭찬이라는 거짓말을 하면서 그렇게 하지 못하는 옆의 친구를 비난하고 있었는지도 모른다. "누구 누구는 정말 잘 하는 구나"라는 칭찬은 어쩌면 그 학생을 칭찬하기 위함이 아니라, 그 옆에서 그렇게 행동을 하지 않는 학생을 비난하기 위하여, 그 학생을 혼을 내기 위해서 칭찬이라는 거짓말을 하고 있었던 것은 아니었을까 생각하게 된다.

선생님, 이러한 말을 아이들에게 많이 해 주세요

★ 줄을 반듯하게 맞춰서 글씨를 썼구나
(아이가 스스로 자기를 판단하게 하는 칭찬의 말)

선생님, 이러한 말을 아이들에게 하지 마세요

★ 00가 그린 그림 좀 봐
(아이의 창의성을 해치는 공개적인 칭찬의 말)

- 열심히 노력해줘서 고맙다
  (아이 스스로 자기를 인정하게 하는 칭찬의 말)
- 다른 답은 또 뭐가 있을까?
  (창의성과 유연성을 길러주고 자존감을 향상시키는 말)

- 내면의 소리에 귀를 기울여봐
  (아이에게 스스로의 판단을 믿게 하는 말)
- 먼저 마음속으로 답해보렴
  (아이가 스스로 답을 궁리할 수 있도록 돕는 말)
- 용기를 내줘서 고마워
  (아이의 도전을 격려하는 말)
- 너는 참 끈기가 있구나
  (자기를 긍정하는 믿음을 심어주는 말)
- 넌 어떻게 할 거니?
  (긍정적인 생각을 행동으로 옮기게 도와주는 말)
- 마치 ~인 것처럼 행동해봐
  (못 하겠다고 버티는 학생을 다시 도전하게 하는 말)
- 제일 마음에 드는 두 가지에 동그라미를 쳐봐
  (학생 스스로 자기를 평가해서 학습의 주도권을 갖게 도와주는 말)

- 선생님은 OO의 앉은 자세가 참 마음에 드는구나
  (아이와의 솔직한 의사소통을 방해하는 말)
- 넌 항상 ~하는 구나! 너는 절대 ~하지 않는 구나
  (한 번의 실수를 싸잡아 비난하는 말)
- 선생님은 제가 자랑스러워
  (칭찬처럼 보이나 학생의 성과를 평가하는 말)
- 참 잘했어요
  (교사의 인정이나 칭찬에 의존하게 만드는 말)
- 아주 형편없구나
  (평가하는 비판으로 실수를 만회할 기회를 빼앗는 말)

- 운이 좋네
  (아이의 자의식을 약하게 하는 말)
- 남자 한 줄, 여자 한 줄로 서보자
  (성별에 대한 고정관념을 키우는 말)
- 너의 그런 행동은 정말 지겨워
  (아이의 진정한 가치를 보지 못해서 하는 말)
- 인내심이 바닥났어
  (아이의 발달 단계를 이해하지 못해서 하는 말)

◆ 한 걸음 한 걸음씩

(배움의 과정을 즐길 수 있게 돕는 말)

◆ 방금 그 말은 마음에 안 드는구나. 네가 화가 났다면 다른 식으로 말해줄래?

(아이들의 막말에 효과적으로 대처하는 말)

◆ 네가 진짜 말하고 싶은게 뭐였니?

(아이가 속마음을 솔직하게 표현할 수 있게 돕는 말)

◆ ~하기로 선택했구나

(학생이 스스로 결정하고 책임질 수 있도록 도와주는 말)

◆ 네가 결정해

(아에게 스스로 결정할 능력이 충분하는 것을 일깨우는 말)

◆ 이제 결정을 해줄래?

(스스로 결정하고 책임져야 한다는 것을 가르치는 말)

◆ 다른 선택을 해주겠니?

(자시하거나 명령하지 않고 스스로 선택하게 하는 말)

◆ 네 생각을 말해줘서 고맙구나. 그런데 그건 선택할 수 없어

◆ 미안하다고 사과해

(감정을 억누르게 강요하는 말)

◆ 네 기분이 어떤지 알아

(공감은커녕 화를 돋을 수도 있는 말)

◆ 지각했구나

(학생들의 부정적인 생각을 자극하는 말)

◆ 내가 설명할 때는 대체 뭘 하고 있었니

(교사의 불쾌감을 드러내기 위해 학생을 조롱하는 말)

◆ 그만 떠들고 자리에 앉아

(아이들의 반사적인 반항을 불러일으키는 말)

◆ 고자질은 이제 그만

(고자질이 아이의 발달 과정임을 이해하지 못한 말)

◆ 내가 너라면 ~할 텐데

(아이 스스로 고민하고 생각해서 결정할 기회를 빼앗는 말)

◆ 왜 그랬어?

(학생의 잘못을 추궁하고 비난하는 말)

(아이의 의견을 존중하면서 허용 한계를 명확하게 해주는 말)

◆ **찬찬히 살펴보렴**

(아이의 자율성을 길러주는 말)

◆ **다음에는 ~하면 좋겠구나**

(아이의 머릿속에 긍정적인 그림을 그리게 하는 말)

◆ **좀 더 얘기해 볼래?**

(아이가 자신의 생각을 구체화할 수 있게 돕는 말)

◆ **그래, 문제가 생긴 것 같구나**

(자기 문제는 스스로 해결해야 한다는 책임감을 부여하는 말)

◆ **네가 잘 해결할 거라고 믿어**

(아이 스스로 자기 문제를 해결하도록 자신감 키워주는 말)

◆ **모든 문제에는 해결책이 있단다.**

(문제를 회피하지 않고 해결하는 능력을 길러주는 말)

◆ **선생님이 도와줄까 아니면 시간을 더 줄까?**

(아이 스스로 충분히 생각하고 답할 수 있게 도와주는 말)

◆ **이겼니?**

(일등에 대한 강박을 부추겨 경쟁하는 즐거움을 빼앗는 말)

◆ **너희들은 쉬는 시간 없어**

(학생들의 자율성과 유대감 발달을 막는 말)

◆ **누가 선생님한테 그렇게 말하고 했어?**

(학생과 힘겨루기를 시작하는 말)

◆ **야구 카드 치워! 지금은 수학 시간이야**

(학생의 관심사와 교육과정을 분리시키는 말)

◆ **그건 좋은 변명이 아니야**

(적당한 핑계를 찾아 책임을 회피하게 하는 말)

◆ **서둘러!**

(학생의 이해와 탐구심을 가로막는 말)

◆ **이건 힘들 거야**

(앞으로의 일에 두려움을 느끼게 하는 말)

◆ **또 그러네**

(학생에게 부정적인 꼬리표를 달아주는 말)

◆ **누가 그랬니?**

(해결책을 찾기보다 처벌에 집중시키는 말)

◆ **이건 쉬운 거야**

(자신의 능력을 의심하고 자신감을 잃게 하는 말)

- 이 문제를 다르게 볼 수 없을까?
  (아이의 시야를 넓혀주는 말)
- 사람마다 필요한 게 각각 다르단다
  (차이를 존중하고 포용하도록 가르치는 말)
- 머릿속에 그림을 그려보자
  (긍정적으로 상상을 통해 목표를 이룰 수 있게 돕는 말)
- 선생님이 문제를 해결할 수 있게 네가 도와주면 좋겠구나
  (학생을 존중하고 배려하면서 함께 문제를 풀어가는 말)
- 어떻게 하면 너희 둘 다 원하는 걸 얻을 수 있을까?
  (서로 협력해서 해결책을 돕는 말)
- 우리 반에는……
  (교사와 학생 사이에 유대감을 느끼게 하는 말)
- 선생님한테 묻기 전에 세 명에게 물어볼래?
  (학생의 자립심, 협동심, 유대감을 키워주는 말)
- 너희 조에서 누군가는 알거야
  (조별 활동을 할 때 학생들의 상호작용을 돕는 말)
- 조를 대표하는 질문이니?
  (조별 활동을 할 때 학생들의 상호작용을 돕는 말)
- 친구를 다정하게 만져야지
  (적절한 스킨십으로 아이를 건강하고 행복하게 만드는 말)

- 제발 나잇값 좀 해라
  (구체적인 행동 제안 없이 아이의 자존감만 손상시키는 말)

- 쓸데없는 생각 좀 그만해
  (아이의 창의적인 생각을 중단시키는 말)
- 항상 최선을 다해야지
  (아이의 의욕을 떨어뜨리는 상투적인 말)
- 넌 누구 편인지 말해봐
  (거리감과 적대감을 만들어 학생들의 유대감을 망가뜨리는 말)

– 칙 무어만, 낸시 웨버(2013).
지혜로운 교사는 어떻게 말하는가. (pp. 264–270).

학교 폭력 예방과 프로젝트 수업[6)]

학교폭력예방과 프로젝트 수업과의 연관성을 찾기 위해서는 이 질문으로 시작을 해야 될 것 같았다.

학교폭력은 왜 발생하는 것일까?

요즈음 학교 교육을 살펴보면 사물을 보는 자유로운 방법을 키운다면서 일일이 지시하거나 강제하며 교육하는 모습을 보게 되기도 하고, 아이들이 하고 싶어 하는 일을 제멋대로 하도록 방임을 하면서 자유로운 아이로 길러내기 위한다는 말을 듣기도 한다. 교육 목표와 방법은 서로 연결되지 않으면 안 된다. 아이들에게 협력을 가르치고자 할 때에는 서로 힘을 합치게 되면 더욱 즐겁고 행복하다는 경험을 교실 수업을 통해 제공해주면 될 것이다. 그럼에도 불구하고, 실제 교실에서는 그러한 경험 없이 그저 협력이라는 덕목만을 암기식 수업을 통해 강요하게 되고, 실제적인 협력관련 사회성은 길러지지 못한 채 머리로만 협력을 배우고 암기하고 있는 것 같다.

6) 최경민 외 6(2018). 프로젝트 학습 즐거움으로 배움을 요리하다. 경기: 공동체의 글에서 내용을 발췌하여 수록함.

사실 현대 학교교육 모습을 살펴보면 창의성과 인성을 길러준다고 강조하면서도 이상할 정도로 기성 지식을 암기시키는데 모든 힘을 쏟고 있는 듯하다. 인간관계의 지혜라고 할 수 있는 도덕마저도 교과서를 통해 암기를 하며 배우고 있으니 말이다. 그래서인지 친구들과의 관계에서 생각이나 욕구가 부딪칠 때, 서로 조정해가며 함께 해결해 나가는 지혜를 터득하지 못하고, 학교폭력으로 이어져 사회적문제가 되기도 한다. 이로 인해 여러 대책이 마련되어 시행이 되고 있음에도 불구하고 학교폭력이 지속적으로 증가하는 추세이다.

물론 학교폭력 피해관련 교육부 보도 자료를 살펴보면 2012년부터 2018년도까지 지속적으로 그 비율이 감소함을 알 수 있다. 하지만 학교에서 근무를 하다 보면 그러한 보도 결과는 수치에 불과할 뿐이라는 사실을 몸소 체득하게 된다. 실제로 교사들이 알아차리지 못하는 사건이 훨씬 더 많으며, 이러한 일이 해가 지나서 발견되어지기도 하니 말이다. 또한 그러한 사건이 터질 때마다 교사들이 전혀 눈치 채지 못한 경우가 학교 현장에서는 너무나도 많다.

보고되어지는 학교폭력 건수는 줄어들지 모르지만, 학교폭력의 양상이 갈수록 잔인해지고 흉포해지고 있으며 학생 탈선의 수준을 넘어서 신체적·인격적 살인 수준으로 문제의 심각성이 점차 커지고 있다. 예컨대, 해마다 학생들의 자살률 증가하고, 인터넷 상에서 학생을 괴롭히는 신종 학교폭력 건수 증가하고, 학교폭력의 가해학생과 피해학생의 연령이 점차 낮아지고, 학교폭력의 수법이 점차 더욱 잔인해지고, 가해학생들은 점차 학교폭력에 대해 둔감해지고, 피해학생들은 학교폭력이 일상화되어 가고, 피해학생이 가해학생으로 둔갑하기도 하고, 점차 집단화와 세력화가 되어가고, 성추행과 성폭력이 점타 증가하는 추세를 보이고 있다.

왜 그런 것일까?

학교폭력 피해 학생 응답률은 줄어든다는 보도가 있지만, 실제 학교에서는 왜 아직도 학교 폭력이 끊이지 않게 발생하고 있으며, 그양상이 더욱 잔인해지고 흉포해지는 것일까?

사실 우리 교사들은 이에 대해 생물학적인 관점 및 정신분석학적 관점을 대부분 가지고 있는 것 같다.

흔히들 이런 말을 하고는 한다. 새 학기가 되면.

"OO선생님, ◎◎는 매우 공격적이니까 1년 동안 조심해야 되요"

이러한 말이 바로 생물학적 관점에서 학교폭력을 바라보는 교사들의 흔한 관점이라고 할 수 있다. 생물학적 관점이란 학교폭력과 같은 학생들의 공격성향은 유전된다고 보는 관점이다. Lorenz(1966)는 다른 동물과 마찬가지로 인간의 폭력이나 공격행위는 보편적 본능에 기여하며, 이러한 공격본능으로 인해 사람들이 폭력행위에 빠져들게 된다는 것이다. 즉, 생물학적 관점에서 폭력성향은 유전적으로 갖고 태어나는 것으로써 폭력적인 사람들은 유전적 폭력성향을 통제해야 하는 뇌신경체계가 장애를 가지기 때문에, 폭력과 같은 공격행위를 보이게 되는 것이라고 말을 하고 있다. 학교 그리고 교사들은 이러한(생물학적) 관점에서 학교폭력을 바라보는 경우가 많은 듯하다. 실제 학교에서 근무를 하면서 학교폭력으로 인해 문제를 일으키는 학생에 대해 교사들과 대화를 해보면, 원래 그렇게 공격적인 아이이기 때문에, 혹은 공격적인 아이니까 지속적으로 관찰하고 상담하고 관리를 해야 한다는 말을 자주 전해 듣게 된다. 아마 이 글을 읽는 분이 교사라면 그러한 생각을 하거나, 그러한 말을 하거나 들었던 경험이 다분하다고 예상된다. 이로 인해 학교폭력의 원인이 학생들이 선천적으로 지니고 있는 공격성 때문이라고 여기게 되고, 폭력행위를 멈추게 하거나 예방하고자 학생들을 지속적·강압적으로 지도·관리하게 되는 것 같다.

그리고 학교와 교사들이 가지고 있는 대부분의 학교폭력 원인에 대한 관점이 하나 더 있다.

"왜 애들은 충동적으로 욕을 하고 폭력을 저지르는 것일까?"

"00선생님, 요즘 아이들 다 그래요"

요즘 아이들 다 그래요, 참으로 무서운 말인 것 같다. 그럼에도 불구하고 많은 교사들이 이러한 말을 스스럼없이 하고 있다. 바로 이러한 관점이 정신분석학적 관점에서 학교폭력을 바라보는 관점이라고 할 수 있다. 정신분석학적 관점은 사람들은 누구나 폭력적 충동이나 본능을 가지고 있다고 가정을 하고, 이러한 내부 심리기제의 작용이 학교폭력을 일으키는 원인이라고 설명하는 관점이라고 할 수 있다.

학교에서 근무를 하면서 대부분의 교사들은 부족한 인성, 잦은 학교 폭력의 원인이 아이들 자체에 있다고 여기고 있음을 알게 되었다.

과연 잦은 학교폭력의 문제가 아이들만의 문제인 것일까?

과연 앞서 설명을 했던 생물학적 관점, 정신분석학적 관점에서만 학교폭력의 원인을 바라보는 것이 맞는 것일까? 과연 학교폭력이 학생 자체의 문제인 것일까? 우리는 이러한 관점에서 그동안 학교폭력을 바라보면서, 해결책을 찾으려고 했던 것은 아닐까?

이러한 관점에서 바라보게 된다면, 우리들에게 과연 학교폭력을 예방할 수 있는, 그리고 학교폭력을 사라지게 할 수 있는 근본적인 대책 마련이 가능한 것일까?

어쩌면 우리는 그동안 이러한 관점으로 학교폭력을 다루었기에 법적인 측면으로 강압적으로 학교폭력을 예방하려고 했고, 법을 근거로 하여 학생들을 더욱 강하게 억압하고 학교에 가두려고 했던 것은 아닐까?

그것이 또 다른 학교폭력의 불씨가 될지도 모른 채 말이다.

몇 해 전 전 세계적으로 열풍이 불었던 미움 받을 용기라는 책을 본 적이 있는가? 미움 받을 용기라는 책이 열풍이 불기 시작하면서, 사람들은 그 책의 근간이라고 할 수 있는 Adler 심리학에 대한 관심이 높아지게 되었다. 이런 Adler의 심리학을 연구하는 연구자들은 최근 재미있는 연구결과를 내놓았다. 바로

"학교폭력은 심한 열등감을 보상하기 위한 행위"

라는 결과이다. 이는 곧 학생들은 자신의 열등감을 보상하기 위한 행위로 학교폭력을 일으킨다는 의미로 해석될 수 있다.

그렇다면, 이러한 관점에서 과연 우리 아이들은 열등감을 어디에서 경험하게 될까? 모르긴 몰라도, 우리 아이들이 열등감을 가장 많이 접하게 되는 공간과 시간은 학교이며 수업시간일 것이다. 이는 곧 학교폭력은 결국에 학교와 수업이라는 문제로 귀결된다고 할 수 있다.

이러한 주장에는 또 다른 근거가 있다. Hirschi(1969)의 사회유대 이론을 살펴보면, 학생이 가정, 학교, 사회와의 유대가 없고, 가정, 학교, 사회가 영향력을 미치지 못하며, 학생이 의미 있는 사람(교사, 부모, 친구)들에 대해 아무 관심이 없으면, 학교폭력과 같은 폭력행위가 더욱 자유롭게 이루어질 것이라고 말을 하고 있다.

그리고 이와 유사한 관점으로 모멸극복적 관점이 있다. 이는 학생들은 자신보다 신체적·정신적으로 약한 학생들에게 폭력을 가함으로서 자기보다 강한 사람으로부터 받은 모멸감을 극복하기 위해 학교폭력을 일으킨다는 관점이다. 즉, 학생들은 주위로부터 인정과 칭찬을 받지 못하고 모멸감을 당할 경우에 이러한 모멸감을 극복하고 자기의 가치를 회복하기 위해서 자기보다 못한 학생을 대상으로 학교폭력을 일으킨다는 것이다.

어쩌면 학교폭력의 원인은 학생 본인에게 존재하기 보다는, 학생들로 하여금 열등감을 주게 하고, 모멸감을 느끼게 하는 학교 시스템, 교실 수업의 문화가 아니었을까?

물론 학교폭력의 원인과 문제들이 아이들 자체의 문제일 수도 있기는 하지만, 상당 부분 강압적인 학교 시스템, 억압적인 교실과 수업 문화가 아니었을까 생각하게 되었다. 학교에서 강압적으로 행동을 강요받게 되고, 교실과 수업 속에서 억압적으로 행동을 하게 됨으로써 아이들은 자유롭지 못했고, 그러한 자유롭지 못함으로 인해 받은 열등감, 모멸감, 그리고 이로 인해 느꼈던 피로감, 스트레스 등을 풀기 위해 후배들, 혹은 나보다 힘이 약한 친구들을 대상으로 학교폭력을 일으켰던 것은 아니었을까 생각을 하게 된다. 이러한 관점에서 아이들을 이해하고, 아이들의 관점에서 아이들의 행동과 생각을 고려해보면서, 그동안의 학교와 교실 속 억압으로 인해 아이들은 학교, 혹은 교실, 혹은 선생님을 향한 소심한 반항으로 학교 폭력을 일으켰던 것은 아니었을까?

학교폭력문제와는 조금 별개의 문제일 수도 있지만, 이와 유사한 본 저자의 경험을 이야기하고서 다른 이야기를 이어나가도록 하였다. 어느 연수에서 있었던 일이다.

"그건 학생들의 안전 문제 때문입니다."

이는 5년 전, 한 학교에서 연수를 진행하면서 본 저자가 운영하는 학급에서는 별도의 규칙이나 규범이 존재하지 않으며, 학생들이 필요에 따라서는 앞문과 뒷문, 어디로 다녀도 된다고 말을 하자, 한 선생님께서 하셨던 말이다.

물론 그 선생님의 말이 맞을지도 모른다. 앞문은 교사가 다니고, 뒷문은 학생이 다니는 것은 안전사고의 위험이 줄기 때문일 수도 있다. 하지만 본 저자는 한 학교의 연구부장(교육과정부장)을 맡으면서 2학년 담임을 5년 동안 하게 되었다. 그동안 우리 아이들에게 그 어떠한 강압적인 규칙이나 규율을 주지 않았다. 그러니 우리 아이들은 자기의 편의에 의해 앞문과 뒷문을 자유롭게 드나들었다. 그럼에도 불구하고, 2학년 아이들이었음에도 불구하고 안전적인 문제로 그 어떤 것도 발생하지 않았다.

과연 5년 동안 본 저자는 스스로 규칙을 잘 지키는 아이들, 친구들 배려하는 아이들을 만났기 때문에 지켜야 할 규칙을 주지 않았음에도 불구하고, 안전사고 발생하지 않았던 것일까? 정말 그러했던 것일까?

단언컨대, 그건 아닐 것이다.

우리 아이들은 어쩌면 그동안 교사들의 입장에서, 어른의 입장에서 아이들에게 필요할 것이라고 예상되는 여러 가지 것들을 규율과 규칙으로 정하고, 강압적으로 아이들을 관리하고 다스렸기 때문에 더 장난을 치려고 했을지도 모르고, 더 많은 안전적 문제가 발생한 것일지도 모른다. 학교폭력도 이러하지 않을까? 그동안 너무나도 강압적이고 억압적인 학교 시스템, 교실 수업 문화로 인해 그들이 받은 스트레스를 풀고자 자기보다 신체적·정신적으로 약한 대상으로 학교폭력을 일으켰던 것은 아니었을까?

이러한 이유 때문일까?

본 저자는 그동안 아이들에게 그 어떤 규칙도 주지 않고, 규율도 제공하지 않았다. 솔직하게 말을 하면, 학교에서 지켜주었으면 하는 규칙들, 안내를 하고 지도를 하라고 하는 규칙도 아이들에게 안내를 하지 않았으며, 스스로 생각하고 행동하도록 자유를 주었다. 그런데, 저자가 교직 생활을 하는 12년 동안 학교폭력 사건으로 인해 문제가 생겼던 적이 없다.

사실 우리나라 교실 속 아이들을 보면 참으로 암기를 잘 하는 것 같다. 그러나 그러한 과정 중에 과연 함께 모여서 지식을 만들어내는 과정을 경험하는 아이들은 얼마나 되는 것일까? 아이들은 스스로를 돌아볼 수 있는 기회, 스스로에 대해 생각을 하고 성찰을 해 볼 수 있는 기회를 갖기도 전에 입시지옥, 그리고 나이가 조금 들어서 취업지옥이라는 고독한 경쟁에만 내몰리고 있었던 것은 아닐까?

그러한 과정 중에 아이들은 부모나 교사에게 '공부 잘하고, 밝고, 끝까지 노력하는 아이'가 되어야 한다는 강요를 받게 된다. 게다가 아무리 노력해도 '이제 그만하면 잘 했어'라는 인정을 받지 못한다. 이미 충분히 잘하고 있고, 이미 충분히 열심히 노력하고 있음에도 불구하고 더욱 더 열심히 해야 되고, 더욱 더 잘해야 한다고만 강요받고 있는 것은 아닐까. 그러면서 아이들의 내면에는 어른들의 끊임없는 요구에 부응할 수 없을 깨닫고, 스스로에 대한 열등감, 모멸감이라는 부정적인 감정이 점점 부풀어 올랐던 것은 아닐까. 아이들은 마음속에 있는 이 같은 열등감, 모멸감, 좌절감, 자기 부정, 자기증오, 죄의식, 절망감을 이겨내기 위해, 다른 방법으로 이로 인해 발생하는 스트레스를 해결하기 위해 학교폭력이라는 수단을 사용했던 것은 아니었을까?

어쩌면, 아이들이 스스로 느끼고 경험하고 있는 열등감, 모멸감, 좌절감, 자기 부정, 자기증오, 죄의식, 절망감이라는 부정적인 감정을 들추어낼 수 있는 기회를 제공해주고, 이러한 기회를 통해 스스로 혹은 도움을 받아 스스로를 긍정할 수 있는 감정이 되살아날 수 있도록 도와주지 않는 한 학교폭력 문제는 근본적으로 해결되지 않을 지도 모른다. 법적인 측면으로 실시되는 다양한 인성교육 정책, 프로그램화되어 천편일률적으로 적용되어지는 인성교육 프로그램 등 근시안적인 학교폭력 대책으로는 문제가 해결되기보다는 오히려 점점 더 그러한 상황을 복잡하게 만들게 될지도 모른다.

어쩌면, 학교폭력을 해결함에 있어서 가장 중요한 것은 아이들 마음속에 있는 '정말로 이렇게 되고 싶어', '정말이지 이러한 학교에 다니고 싶어'라는 바람에 학교가, 그리고 교사가 귀를 기울이는 것일지도 모른다. 또한 그동안 우리 아이들의 마음속에 있는 진정한 바람은 더 높은 성적, 더 좋은 대학 입시가 아니라, 학교와 교실, 그리고 수업에서 자유롭고 싶었음이 아니었을까 생각을 하게 된다. 아이들은 어쩌면 학교에서 자유롭고, 교실에서 자유롭고, 수업에서 자유로움을 느낄 수 있기를 바랐을지도 모른다.

그럼에도 불구하고, 어른들, 특히 우리 교사들은 어쩌면 그동안 이러한 우리 아이들의 바람에는 의식하지 않고 그저 유명한 대학교 입학을 위해 더욱 높은, 그리고 우수한 성적을 받아야만 한다고, 더 잘해야 한다고, 더 열심히 해야 한다고 강압하고 억압만을 강조 해 왔던 것은 아니었을까? 아이들에게 필요한 것은 '지금 이대로는 안 돼' 라는 말이나 눈초리가 아니라 '지금의 너, 그대로의 네가 좋다' 라는 메시지였음에도 불구하고 말이다.

그렇다면, 왜 아이들은 학교에서 자유롭지 못할까?

흔히들 학교의 주인은 학생이라는 말을 한다. 그러나 실제 학교 모습을 살펴보고 있으면, 학교와 수업 속에서 진정한 주인공이 되어야 할 학생들은 사라지고, 그저 교사들이 주인공인 것 같다. 교사들이 어떻게 수업을 하고, 어떻게 가르치고, 어떠한 수업방법을 사용하고 있는지에만 관심을 가지고 있는 것 같다. 정작 그 속에서 아이들이 어떻게 배우고 있고, 어떠한 생각을 하고 있으며, 어떠한 행동을 하고 있는지에 대해서는 큰 관심이 없는 것 같다. 나이가 같다는 이유만으로 몇 십 명의 아이들이 좁은 교실에 앉아서 조용히 책을 보면서, 교사의 설명에 집중하고 필기하고 있다. 아이들의 개성과 개인차는 무시된 채, 교과서 내용을 얼마나 정확히 기억하느냐라는 하나의 잣대로 아이들이 평가되고, 서열화되고, 선별되고 있다. 그리고 이러한 과정에서 적응하지 못하고 암기하지 못하는 아이들에게는 '학습 의욕이 없는 아이', '공부 못하는 아이' 라는 딱지가 붙는다. 이로 인해 아이들은 열등감과 모멸감이라는 감정에 휩싸이게 되고, 학교와 수업에서 주체가 아닌 객체로 머물러 있었던 것 같다.

그래서 그런지 현재 학교에서는 사고, 행동이 자유롭지 않은 아이들로 가득하게 되었으며, 내면에는 불안이나 자기증오를 지니면서, 지식의 양은 많아도 스스로 생각하지 못하는, 그리고 어른에게 도덕적인 삶을 강요당하면서 타인과 더불어 살아가는 데 필요한 지혜(지식이 아닌)나 배려, 공감 등 인성적인 요소가 부족해졌던 것은 아니었을까? 그리고 이로 인하여 학생들에게 학교는 의무에 의해 다녀야만 하는 장소, 수업은 지루하고 재미없는 시간, 친구는 나와 경쟁하는 상대가 되어버리게 된 것인지도 모른다. 이러한 장소, 시간, 그리고 경쟁 속에서 뒤처지거나 탈락하는 아이들이 늘어나면서 스스로 열등감에 휩싸이고, 모멸감에 힘들어하고 스트레스를 받게 되었을지도 모르는 일이다.

하지만 이미 시대와 아이들은 빠르게 변하고 있다. 아니 변했다. 그럼에도 불구하고 학교와 수업 시스템은 할아버지 시대, 아버지 시대와 크게 달라지지 않았다. 이러한 모습을 보면서 호리 신이치로(2008)는 마치 키와 몸집이 크게 자란 아이에게 어려서 입던 옷이나 신발을 신겨 놓고서는, 아파하고 거북해하는 아이들에게 그저 참고 견디라고만 하고 있는 것 같다고 하였다. 그리고서는 참고 견디다 못해 작아진 옷이나 신발을 벗어던지거나 소리를 지르는 아이들에게 학교는 문제 학생, 중퇴 학생이라는 딱지를 붙이고 있었던 것인지도 모른다.

하지만 학교에서 그리고 교실에서, 혹은 수업 속에서 자유로운 아이들은 감정적으로 해방되어 스스로 생각하며, 공동생활에서 민주적으로 행동할 줄 알게 된다고 한다(키노쿠니어린이마을학원, 2014). 이러한 자유로운 아이들로 길러내도록 노력하는 것이 어쩌면 근본적인 학교폭력예방의 길일지도 모른다.

학교폭력의 원인은 학생 개개인에게 있었던 것이 아니라, 학교와 교실에 내재된 시스템적인 문제가 더욱 컸던 것 인지도 모른다. 아니 아마 그러할 것 같다. 학교폭력이 사회적 문제로 대두되면서 인성교육 진흥법이 제정되어 실천되고 있어도, 학교폭력을 예방하기 위해 법적인 근거(학교폭력사안처리 등)를 마련하여 운영하여도, 국가적 차원에서 인성교육 프로그램이 운영되고 있어도, 학교폭력이 사라지지 않고 날이 갈수록 더욱 심각해지고 있는 것은, 그러한 방법들은 학교폭력 문제를 해결할 수 있는 근본적인 해결책이 아니라는 반증일지도 모른다.

학교폭력의 근본적인 문제는 강압적인 학교 시스템, 과거부터 이어오던 교실 수업 모습, 그리고 그로 인해 학교와 교실, 그리고 수업 시간에 자유롭지 못했기 때문이 아니었을까? 이러한 시스템으로 우리 아이들은 열등감과 모멸감을 경험하게 되었고, 이로 인해 학교폭력이 발생하게 되는 것은 아닐까 조심스럽게 말을 하고자 한다.

그래서 경쟁이 아닌 협력이 기반이 되고, 서열화로 인한 열등감이 아닌 스스로의 역할에 최선을 다함으로 인해 자존감의 향상과 역량 발현의 기회를 높여줄 수 있고, 각자의 삶과 학교생활에서 발견할 수 있는 문제를 기반으로 자유롭게 토의·토론하여 이야기를 나눌 수 있으며, 함께 문제의 해결책을 찾아 공동·개별의 결과물을 만들어 냄으로서 성취감을 느낄 수 있고, 수업하는 과정 중에 스스로 배려와 공감의 경험을 통해 인성이 길러지며, 생각의 차이점과 다양성에 대한 인정을 바탕으로 더욱 다양한 생각과 사고를 이끌어 냄으로써 창의성이 높아질 수 있는 프로젝트 수업을 학교폭력예방의 한 방법으로 제시하게 되었다.

실제 우리 저자들이 경험을 하게 되었다. 프로젝트 수업으로 1년 동안 함께 학년을 구성·운영하면서 학교폭력으로 인해 문제가 발생하지 않았음을 경험하게 되었다. 그 안에서 다툼이 없었던 것은 아니었다. 하지만 감정을 주제로 한 프로젝트 수업, 친구 관계 형성을 주제로 한 프로젝트 수업 후 아이들은 다툼이 생기면, 서로 이야기를 나누게 되었고, 자신의 감정을 친구에게 자세히 설명을 하면서 서로 화해를 하는 모습을 발견하기도 하였다. 교사의 개입, 강제적인 규칙이 아닌 스스로 생각하게 되고, 그러한 생각의 변화로 인해 행동도 변하기 시작하는 모습을 관찰하게 되었다. 그리고 프로젝트 수업을 진행하는 동안 아이들은 최대한 학교에서 자유를 느낄 수 있도록 해주었다. 흔히 이렇게 자유를 준다고 하면 서로 다투는 일이 빈번해질 것이라고 말을 하지만, 우리 학년 어느 학급에서도 이러한 일이 발생하지 않았다. 과연 우리가 함께 맡았던 학년의 학생들이 모두 인성적으로 바른 아이라서 그러한 것일까? 아마도 아닐 것이다. 학교와 교실, 그리고 수업 속에서 자유로움을 느끼고, 이미 충분히 잘하고 있다는 자신감을 얻게 되고, 나도 잘 할 수 있구나 라는 자존감을 형성하게 되었기에 가능하지 않았을까?

그래서 우리 저자들은 학교에서, 그리고 수업 속에서 아이들 스스로 자유로움을 느낄 수 있도록 교사들이 함께 노력하여 그 실천방법을 찾아보기를 권하고자 한다. 그리고 그 기반으로 프로젝트 수업을 함께 계획하고 실천하기를 적극 권장하고자 한다. 우리들이 했던 프로젝트 수업 이야기 즐거운 프로젝트 수업(2019, 상상채널)이 자유로운 아이를 길러내는 최선의 방법, 최고의 교육이 될 수는 없겠지만, 조금은 기성세대의 강요에서 벗어나고, 자유스러움을 학교 교육을 통해 느끼고, 서로를 배려하며 더불어 살아가는 데 필요한 지혜를 길러낼 수 있는 또 다른 교육, 그러한 다름을 보여 줄 수 있는 하나의 실천적 교육 방법이 될 수 있기를 바래본다.

자유로운 아이들이란?

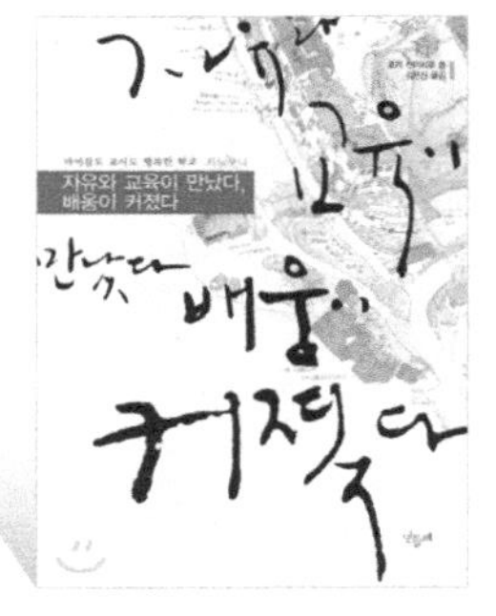

그렇다면 자유로운 아이들이란 어떤 모습일까?

우리 저자들이 학교와 교육, 그리고 수업의 성장과 발전, 그리고 이를 위한 프로젝트 수업의 실천 방안에 대해 고민하고 연구하면서 함께 보았던 도서에서 제시하는 자유로운 아이들의 모습이 무엇이었는지에 대해 소개하고자 한다. 함께 읽은 저서는 호리 신이치로(2008)의 『자유와 교육이 만났다, 배움이 커졌다』이며, 이 저서를 읽으면서 학교폭력에 대한 새로운 관점을 발견하게 되었으며, 그러한 새로운 관점이 어쩌면 학교폭력의 근본적인 해결방안이 될지도 모른다고 생각했다. 또한 저서에서 제시하는 교육 방법 역시 프로젝트 수업을 근간으로 하고 있음을 알 수 있었다. 학교폭력의 근본적인 해결책으로 제시하는 프로젝트 수업으로 학교와 교실, 그리고 수업 속에서 자유로운 아이들의 모습은 어떠할지, 우리가 의미하는 자유로운 아이들의 모습은 어떠한지, 호리 신이치로(2008)는 다음과 같이 제시하고 있었다.

그리고 호리 신이치로는 이렇게 자유로운 아이와 자유롭지 못한 아이를 단호하게 구분지었다. 자유롭지 못한 아이는 내면에 불안이나 자기증오를 지닌 아이, 지식의 양은 많아도 스스로 생각하지 못하는 아이, 그리고 어른에게 도덕을 강요 당해서, 더불어 살아가는 지혜나 배려심이 부족한 아이이다 반면 자유로운 아이는 감정적으로 해방되어 스스로 생각하며, 공동생활에서 민주적으로 행동할 줄아는 아이로, 이러한 자유로운 아이들을 기르기 위한 자유로운 학교는 감성과 지성, 그리고 인관관계에서 자유로운 아이를 기르는 일을 목표로 삼는 학교라고 하였다.

현재 우리나라 교육 현장에 필요한 것이 그동안 우리들이 강조해왔던 혁신학교가 아니라 이러한 자유학교가 아닐까? 아마 그동안의 우리나라 학교가 이러하지 않았을까? 아이들은 부모나 교사들로부터 이상적인 모습을 강요받게 되고, 이러한 요구에 부응할 수 없는 자신의 모습에 스스로 부정적인 감정이 더 커지게 되고, 이러한 부정적인 감정을 타인(친구)에게 투영하게 됨으로써 잦은 학교 폭력 사건이 발생하지 않았을까? 게다가 아무리 노력해도 '이제 그만하면 잘 했어' 라는 인정을 받지 못한다. 이미 충분히 잘하고 있고, 이미 충분히 열심히 노력하고 있음에도 불구하고 더욱 더 열심히 해야 되고, 더욱 더 잘해야 한다고만 강요받고 있는 것은 아닐까.

가장 중요한 것은 아이들 마음속에 있는 '정말로 이렇게 되고 싶어', '정말이지 이러한 학교에 다니고 싶어' 라는 바람에 학교가, 그리고 교사가 귀를 기울이는 것이다. 어쩌면 그동안 우리 아이들의 마음속에 있는 진정한 바람은 자유로움이 아니었을까 생각을 하게 된다. 학교에서 자유롭고, 교실에서 자유롭고, 수업에서 자유로움을 느낄 수 있기를 바라는 것은 아니었을까 생각하게 된다.

하지만 어른들, 특히 우리 교사들은 어쩌면 그동안 이러한 아이들의 바람에는 의식하지 않고 그저 유명한 대학교 입학을 위해 더욱 높은, 그리고 우수한 성적을 위해서 억압만을 강조해 왔던 것은 아니었을까? 아이들에게 필요한 것은 '지금 이대로는 안 돼'라는 말이나 눈초리가 아니라 '지금의 너, 그대로의 네가 좋다' 라는 메시지였음에도 불구하고 말이다.

3장 교실 회복과 프로젝트 수업[7)]

"왜 아이들이 공부를 하지 않는지 모르겠어요.
초등학교 고학년만 되도 벌써부터 교실에서 잠을 자는 아이들이 생겨나고 있어요.
초등학교 때부터 이러니 중학교, 고등학교에 가면 어떻겠어요?"

요즘 초등학교 고학년 담임 선생님들을 만나면 공부를 하지 않는 아이들, 수업에 관심이 없는 아이들, 벌써부터 수업시간에 잠을 자는 아이들 때문에 골머리를 앓고 있다는 말을 종종 듣게 된다.

교육학에서는 학생들을 스스로 학습할 의지가 있는 존재로 전제하면서, 학생의 배움을 강조하고 있는데 교실의 실제 모습은 왜 이론과는 정 반대로 흘러가는 것일까?

1990년대 말부터 등장하기 시작한 교실붕괴, 수업붕괴, 나아가서는 학교붕괴라는 용어가 사회적으로 확산되면서 최근에는 공교육의 위기설이 끊임없이 제기되고 있다. 학교붕괴라는 용어 속에는 수업 중 무질서나 교사의 통제력 상실 등을 포함하는 수업의 붕괴, 무단결석이나 자퇴, 학교폭력, 집단따돌림 등을 포함하는 학생 생활지도 붕괴, 이로

7) 최경민, 이규진, 김규태(2017)에서 일부 발췌함.

인해 나타나는 학교교육의 본질적 기능 약화를 내포하고 있다(송연주, 이상수, 2015). 학교붕괴에 대한 수많은 이야기가 불거져 나오고 있지만, 사실 학교는 수 십 년 전과 비슷한 형식과 체제를 유지하며 운영되고 있다. 하지만 이러한 방식이 최선의 방식인지는 알 수 없다.

수 십 년동안 큰 변화없이 비슷한 모습을 유지하고 있는 학교, 교실, 수업방식에 대해

최근에 학교붕괴라는 단어가 크게 불거져 나오고
사회적으로 이슈가 되고 있는 이유는 무엇일까?

추측하건대 학교붕괴라는 단어가 최근에 이슈가 되고 있는 이유는 정말로 학교가 붕괴되었기 때문이 아니라 사회가 변화하면서 학생과 학부모의 의식수준은 높아져가는데 학교는 과거의 모습을 그대로 유지하려 하기 때문인 것은 아닐까 생각한다.

과거에는 학교 이외의 장소에서 교육받을 기회가 풍부하지 못하던 시대였지만, 현대에는 일상화된 각종 사교육과 인터넷 강의로 인해 학생들은 지적 정보를 학교이외의 다양한 장소와 방법을 통해서 충분히 습득할 수 있는 시대가 되었다. 그만큼 수 십 년 동안 같은 모습으로 유지되고 있는 학교가 교육적인 측면에서 이전 세대에서 누렸던 지위와 역할을 이제는 더 이상은 누리지 못하는 위치에 놓이게 된 것이다.

이제 학생들은 학교에서 제공해주던 교과 수업과 지식을 학교가 아닌 다른 매체를 통해 획득하는 것이 일상화되었다. 교재를 따라가며 설명하는 수준의 교실 수업은 이제는 다른 매체(사교육, 인터넷 강의 등)를 통해 접할 수 있게 된 것이다. 그래서 학생들은 학교에 흥미를 잃고, 수업에 관심을 잃어버리게 되면서 교실붕괴, 수업붕괴가 생겨났으며, 이로 인해 더 나아가서 학교붕괴라는 단어가 생겨나고, 우리들은 그러한 학교붕괴를 직접 경험하고 있는 것은 아닐까 생각한다.

대부분의 학교에서는 교사가 모든 것을 결정하고 있고, 학생들의 개인차나 개개인의

흥미는 무시되고 있으며, 교과중심 지식이나 덕목을 전달하는 데 학교 교육의 근본적인 목적이 있다고 할 수 있다. 그래서 우리 공동체 선생님들은 함께 책을 읽으면서 교육과 학교의 상식을 다시 생각하게 되었고, 교육의 기본으로 되돌아가고 싶다는 생각을 하게 되었다. 아래의 글은 호리 신이치로(2008)에서 제시하는 학교와 교육에 대한 상식이며, 이러한 상식이다.

상식 하나, 교육이란 학교에 가는 것이다. 그런데 학교에서만 인격이 형성된다고 생각하는 사람은 없을 것이다. 적어도 지금 같은 학교가 아니면 안 된다고 말할 사람도 없다. 그렇다면 다른 방식의 수업 방식을 적용하는 곳이 학교가 되어야 하지 않을까?

상식 둘, 학교에는 교사와 학생이 있다. 교사는 가르치고 학생은 가르침을 받는다. 교육이란 교육 당국이나 교사가 적당하다고 인정하는 지식이나 기술을 아이들이 일방적으로 수용하는 과정이라고 생각한다. "왜 그렇게 하지 않으면 안 되나요?" 라고 묻기라도 하면, 비상식적인 학생, 교사로 바라본다. 아이가 나름대로 지식이나 기술을 창조하거나 사물을 보는 방법을 구축하는 능력은 무시당하거나 극단적으로 경시된다. 그런 것은 비능률적이어서 시간 낭비라고 본다.

상식 셋, 학습이란 교과서 내용을 습득하는 것이다. 그리고 국어, 수학, 과학, 사회, 영어가 주요 교과이다. 교육이 학교에서 교사들이 효율적으로 지식과 기술을 전달하는 것이라면, 당연히 추상적인 지식 체계가 가장 중요시되고 교과서야말로 가장 좋은 교재로 간주된다. 주요 교과라는 게 대체 무슨 말일까? 왜 이러한 과목 위주로 지필 평가를 치르게 되는 것일까? 말 자체가 우스꽝스럽지 않은가. 이것을 깨닫지 못한다면 언제까지나 '좋은 학교란 좋은 상급학교에 많은 학생들을 입학시키는 학교' 라는 암묵적인 이해가 위세를 부릴 것이다.

상식 넷, 아이들은 연령에 따라 나뉜다. 나이가 아이의 발달이나 능력을 재는 최선의 척도라는 잘못된 가설을 근거로 한다. 지금은 아무도 이런 가설을 믿지 않는다. 그럼에도 연령별 학급 편성에 이의를 제기하거나 의문을 품는 사람이 보이지 않는다.

상식 다섯, 모든 아이들에게 똑같은 것을 가르치는 것은 민주주의이다. '모든 아이들에게 높은 학력을!'이라는 슬로건은 아이들은 모두 똑같은 존재라는 전제 위에 서 있다. 그러나 현실의 아이들은 선천적 소질과 학습 환경이 저마다 다르다. '모든 것을 모든 아이들에게!'라는 원칙은 교사 자신을 얽어매고, 자주적으로 교재를 만들거나 자유롭게 지도방법을 생각해내는 즐거움을 빼앗는다. 교사는 이 사실을 깨닫지 않으면 안 된다.

상식 여섯, 한 학급에는 한 명씩의 담임이 배치된다. 학급 규모는 같아야 한다. 현실적으로 몇 가지 이유로 아이들은 몇 개의 모둠으로 나누는 것은 불가피하다. 하지만 그렇다고 하여 반드시 같은 규모로 균질적인 모둠을 만들어야 하는 것은 아니다. 여러 가지 조건을 고려해 학급 규모를 다르게 하는 것이 더 좋을 때가 많다. 또 모둠을 고정시키지 않고 크게도 했다가 작게도 했다가 때로는 개별지도 형태를 취하기도 하는 편이 아이들에게나 어른들에게나 이로운 방식이다. 여기에는 팀티칭 발상이 필요하다.

상식 일곱, 학교교육은 교사가 진행하고 교사는 교사자격증을 가지고 있어야 한다. 교사자격증을 가진 사람은 대학에서 훈련을 받는 사람들이라 학교에서 아이들을 지도하는 능력이 뛰어나다. 그러나 교육을 인격 형성이라는 넓은 시각에서 바라본다면, 자격증이 있어야만 가르칠 수 있는 것은 아니다. 여러 분야의 전문가나 마을 선생님이 더 좋은 수업을 할 수도 있다. 그리고 아이들 또한 훌륭한 교사가 될 수 있다.

상식 여덟, 나이 많은 교사가 높은 급료를 받는다. 이치상으로나 현실적으로나 나이가 많다고 해서 아이들에게 반드시 좋은 교사라 할 수 없다. 더욱이 아이 한명 한 명이 더할 나위 없이 소중한 존재이듯이, 교사 한 명 한 명 역시 독자적인 존재이다. 각각의 타고난 자질과 경험과 힘을 발휘해서 아이들을 대한다. 그러므로 기본 급료는 모두가 같아도 좋은 것 아닌가. 이것은 교사 한 사람 한 사람을 겸허하게 하고, 자각과 긍지를 촉구하는 매우 중요한 요소가 아닐까. 통근 수당이나 가족부양비 등은 별도로 고려하면 된다.

상식 아홉, 학교 건물은 주로 크기가 같은 여러 개의 교실과 긴 복도로 되어 있다. 이것은 학교란 같은 규모의 학급을 한 명의 교사가 담당해서 교과서의 내용을 효율적으로 전달하는 시설이라는 그릇된 상식의 결과물이다. 아이들의 개성이나 자발성을 존중하고 체험학습을 많이 하는 학교에서는 기능 면에서 크기 면에서 필연적으로 학습 공간이 다양해질 수 밖에 없다. 따라서 개방 설계 학교와 같은 새로운 형태의 학교 건물이 필요하다.

상식 열, 교사의 권위는 교사라는 지위에 위임되어 있다. 요컨대 '아이들보다 교사 쪽의 지위가 높다'는 것이나 '스승의 그림자도 밟지 않는다'는 건 이제 옛말이지만, 교사는 교사이기 때문에 훌륭하다는 고정관념은 오늘날에도 통용되고 있다. 그러나 교사의 진정한 권위는 아이들이 더 행복하게 성장할 때 아이들 쪽에서 실감하는 것이 아니겠는가.

– 호리 신이치로(2008)에서

학교붕괴를 걱정하거나 공교육으로서의 학교가 사라지고 있음을 이야기를 하는 송상호(2010)의 『학교시대는 끝났다』에서는 다음과 같은 말을 하고 있다.

과거에도 그랬고, 현재에도 그렇듯 지금의 학교는 산업사회시대에 태어난 모습을 그대로 간직한 채, 그 형태를 그대로 유지하며 흘러가고 있는 곳이 대부분이다. 이러한 산업시대의 전유물인 학교는 학생들을 가정과 사회로부터 일정 수준 격리시킨 채 교실에 수용시켜 왔다. 이러한 모습의 학교는 과거 산업사회의 눈부신 성장을 이끌어 왔으며, 이로 인해 그에 대한 권위, 위력이 막강한 시대를 보냈었다. 그러나 현대 사회에서는 그러한 학교의 권위와 위력이 도처에서 위협받고 있으며, 학교에 대한 비판어린 목소리가 여기저기서 불거져 나오고 있다. 이로 인해 어쩌면 학교제도의 수명이 다하고 있는 것인지도 모른다.

이를 해결하고자 교육부(정부)에서는 '공교육 진흥법'을 시행하면서 사교육을 근절하고 공교육을 강화하겠다는 방침도 내세우고 있다. 그러나 공교육 강화를 강조하는 지금 이 순간에도 정작 학교, 교실의 모습을 살펴보면 학생들에게 수업시간은 그들에게 부족했던 잠을 보충할 수 있는 수면 시간인 것 같다고 한다. 실례로 한 초등학교 교장선생님은 학교를 순회하고 나서, 학생들 중 30%는 몰라서 잠을 자고, 30%는 학원에서 다 배워서 잠을 자고, 30%는 학원 숙제를 하느라 깨어 있는 것 같다.

하지만, 학교붕괴가 큰 문제가 되고 있고, 탈학교론이 강조되고 있는 현 시점에서도 학부모들에게 학교는 여전히 학생들에게 없어서는 안 되는 소중한 장소라는 인식이 강하게 자리 잡고 있다. 학교라는 장소를 강조하는 학부모들 역시, 학교를 통해 스펙을 쌓아야 출세를 할 수 있는 지금 우리 사회의 현실 때문에 모르는 척 눈을 감고 있거나 그래도 학교에 가면 무엇이라고 배우겠지 라는 생각을 갖고 있다.

하지만 그렇다고 하여 본 저자는 『학교시대는 끝났다』에서 언급한 것처럼 이러한 문제점을 해결하기 위해서 학교 밖에서 그 해답을 찾는 것은 바른 방법이 아니라고 생각한다. 우리나라는 국민 대부분이 학교라는 곳은 어릴 때부터 누구나 반드시 다녀야 하는 곳으로 인식하고 있으며, 학교제도 존재 자체에 관해서 어떠한 다른 부정적인 의견을 표현한다는 것 자체를 상상할 수 없는 절대적 존재로 여기고 있는 사회에서 '학교 없는 사회'는 불가능하기 때문이다.

과연, '학교 없는 사회'는 정말 행복할까?

이 질문에 우리는 단연코 아니라고 답을 하려고 한다. 학교라는 장소 그 자체는 아이들에게 하나의 추억이 될 수 있으며, 행복한 공간이 될 수 있다. 다만, 그동안 학교가 가지고 있었던 모순성, 불평등성, 비인간적인 모습에서 성장하여 인간적인 모습의 학교로 발전해야 한다. 이제는 더 이상 학교가 상급 학교로 진학하기 위한 곳, 혹은 내신을 받기 위한 곳이 아니라 아이들의 교육을 위한 곳, 아이들의 배움을 위한 곳으로의 성장과 발전이 필요하다고 할 수 있다.

물론 더 이상 학교가, 교실이, 그리고 수업이 스스로 성장하지 못하고, 지금의 모습 그대로를 유지한 채, 과거의 모습을 그대로 답습하게 된다면 붕괴의 속도는 더욱 빨라질 것이며, 결국에는 일리히가 주장한 탈학교론[8]이 현실화될지도 모르는 일이다.

Talk Talk

"선생님, 선생님 말씀처럼 그냥 아이들이 하는 것을 그대로 두었습니다. 처음에는 조금은 걱정되기도 하고, 시끄럽게 떠드는 것 같아서 제지를 하려고 했지만, 선생님 반의 특성이라고 여기고 그대로 두었습니다. 그랬더니 아이들이 모둠 별로 모여서 무엇인가를 하고 있더라구요. 한 시간 보결이어서 뒷 시간에는 어떻게 되었는지 모르지만 아이들이 스스로 하는 모습, 누구하나 노는 아이 없이 참여하는 모습이 놀라웠어요."

"선생님, 선생님 반의 아이들은 무엇을 하는지는 모르겠지만, 항상 교실의 아이들이 무엇인가를 하고 있는 것 같아서 보기 좋아요. 시끌벅적 떠드는 것 같다가도 무엇인가를 하고 있고, 장난치며 돌아다니는 것 같다가도 무엇인가를 하면서 결국에는 과제를 해결하고 결과물을 스스로 만들더라구요."

위의 대화는, 되도록 수업 시간에 방해가 되는 출장은 다니지 않으려고 하지만, 어쩔 수 없는 경우에 출장을 가게 될 경우 우리 반에 보결을 들어왔던 선생님들이 한결같이 하는 말이다.

8) 일리히는 학교교육에 의존하는 환상 중의 하나로 공부가 가르침의 결과라고 믿는 것이지만 사람들은 그 지식의 대부분을 학교 밖에서 얻는다는 것을 지적하였다. 그리고 '학교화 사회'가 20세기 후반에 전 세계적으로 극단에 이르러 학교로 대표되는 교육자체를 망치고 있기에 '학교 없는 사회'로 되돌아가야 한다고 주장하였으며, 이것이 탈학교론의 모태가 되었다. 하지만 '학교 없는 사회'로 돌아가자는 말이 자칫 모든 학교를 폐지하는 의미로 왜곡될 수 있다고 하여, 1995년 매트 헌이 엮은 『Deschooling Our Lives』의 추천사에서 "당시 내 글은 학교를 없애자는 주장은 아니었다. 당초 나의 주장은 미국에서 국교가 폐지되 온 것처럼 국가에 의한 학교제도를 폐지하자는 것이었으며, 이러한 학교교육제도를 폐지함으로써 공공재원을 낭비하지 않고, 사회적 특권을 주는 시스템을 없애자는데 의의를 둔 것이었다"고 명료화하였다. 즉, 그가 강조한 것은 교육을 강제된 의무사항으로 고착화시키는 학교의 흐름을 역전시켜야 한다는 것이었다(오창순, 2012).

그래서인지, 본 저자는 교실 붕괴, 학교 붕괴라는 단어에 대해 심각하게 고려하거나 생각을 해본 적이 그리 많지 않다. 프로젝트 수업을 통해 아이들 모두가 각자의 역할에 맞게 활동에 참여할 수 있는 기회를 충분히 제공해주고 있었기에, 교실에서 잠을 자거나, 수업에 참여를 하지 않는 학생에 대한 고민이나 걱정이 그다지 크지 않았다. 물론 개인적인 성향으로 인해 적극적으로 참여하지 못하는 학생에 대한 개인적인 걱정이나 고민은 있었지만, 그 자체가 교실 붕괴로 이어지거나 학교 붕괴로 이어질 것이라는 고민이나 걱정은 없었던 것 같다.

그러한 점을 생각하면서, 이제부터 우리 아이들에게는 교사의 관리 대신 아이들의 자기결정을 무엇보다 소중히 여기고, 획일적인 학습내용에 얽매이지 않고, 아이들 한 명 한 명의 개성을 존중하고, 지식의 전달보다는 구체적인 생활이나 창조를 매개로 한 학습과 배움을 중시하는 교육을 실천하는 학교, 교실, 수업이 필요한 것이 아닐까?

아이들 마음속에서 자기부정과 자기증오를 떼어내고, 살아가는 즐거움과 성장을 실감하는 일을 무엇보다 소중히 여기는 학교교육을 해야 하지 않을까.

이런 문제의식으로 우리는 조금은 다른 교육방법을 적용한 교실 수업을 하고 싶었다. 물론 학교교육에 대한 상식을 모두 뒤엎을 수 있는 교육을 하고 싶었지만, 현실적으로 가능한 부분에서부터 조금씩 변화를 주면서, 조금은 다른 학교교육을 함께 실천하고 싶어졌다.

그러한 다름의 교육방법으로, 학생들 모두가 참여할 수 있는, 자기결정권을 소중히 여길 수 있는 프로젝트 학습 기반의 학생 활동 중심 수업을 실천하게 되었다. 우리가 이런 학생 활동 중심의 프로젝트 학습으로 수업시간의 대부분을 할애하는 이유는 이것이 학생들이 수업을 통해 자유로움을 경험하게 할 수 있는 학습 스타일로 유력하며, 더 많은 학교에서 교육을 활성화할 가능성을 풍부하게 내포하고 있었기 때문이었다. 그리고 이것이 학생의 적극적인 참여를 이끌어낼 수 있기에, 더 나아가서는 교실과 수업이 본연의 목적을 회복할 수 있는 방법이 될 수 있다는 바람 때문이었다.

프로젝트 학습은 아이들이 선택하고, 개인차나 개성을 살리며, 실생활과 관련된 살아 있는 교육의 근본을 찾아가는 방법이라고 생각하였다. 배워 가는 즐거움과 함께하는 기쁨을 듬뿍 맛보면서 지성과 손과 몸을 단련할 수 있는 역량중심의 교육 방법이 바로 프로젝트 학습이라고 여기게 되었다. 아이들은 활동에 몰두함으로써 아이들 발달의 각 측면, 감성, 지성, 사회성이 통합적으로 발달될 것이며, 생활 주변에서 중요한 문제들을 알아차리고, 스스로의 사고와 생각을 통해 함께 가설을 세워 결론을 이끌어 내고, 구체적인 행동과 활동으로 이를 확인하게 될 것이다.

그리고 지적 탐구의 과정이라고 할 수 있는 프로젝트 학습을 통해 얻을 수 있는 것은 교사로부터 전달된 지식과 달리 아이들 자신이 발견하고 만들어내는 재산이 될 것이다. 물론 이러한 과정 중에 기존의 지식이나 정보는 탐구 과정에서 도움이 되는 도구로서 활용이 될 것이다. 결코 기존의 교과 지식이나 정보를 업신여기거나 등한시하지 않는다.

이러한 프로젝트 학습은 몇 해 전 우리나라에 소개된 일본의 한 교육 방법인 '함께 배움'과도 맞닿아 있다고 할 수 있다.

함께 배움이란?

함께 배움은 학생들끼리 서로 배우고 가르치면서 자발적으로 학습하는 수업이다. 함께 배움에서는 교사가 학생들에게 그 시간 내에 달성해야 할 과제를 제시하고, 그 과제를 학급 전원이 달성할 것을 요구한다.

학생들은 과제 달성을 위해 일어나 걸어 다니면서 모르는 것을 묻거나, 모르는 친구들에게 가르쳐주기 위해 수업 중에 돌아다니게 된다. 그동안 의사소통 중심의 수업이 여럿 있었지만, 함께 배움은 의사소통을 철저하게 발전시킨 수업이다.

니시카와 준(2016), 함께 배움, p.19

함께 배움의 기본 전제는 한 사람도 포기하지 않는 수업이며, 어린이에게는 어린이들의 설명이 더욱 잘 이해가 될 수 있다는 것이다. 이러한 점에선 우리들이 하고자 하는, 지향하고자 하는 프로젝트 수업과 일맥상통한 부분이 많다.

교사들, 혹은 어느 분야의 전문가는 자신의 분야에 대해 보다 많이, 그리고 깊이 있게 알고 있고 이해하고 있기에 이해하지 못하는 학생, 사람에 대해 왜 그런지 이해를 하지 못하는 경우가 많다. 우리 교사들이 흔히 이러한 말을 하지 않는가?

> "정말 열심히 몇 번씩이나 설명을 하고, 그래도 안 되면 그림도 그려가면서 이해할 수 있게 쉽게 설명을 하는데도, 왜 아이들은 설명을 하면 알아듣지 못하고 이해하지 못하는지 모르겠어요"

그런데 가끔씩 우리들은 선생님의 설명에는 이해하지 못했던 아이들이, 친구들과의 대화와 이야기를 통해 "알았다" 라고 외치는 순간을 경험하게 된다. 여러분도 그러한 경험이 있지 않나요? 전문가(혹은 선생님)들이 하는 설명은 이해하지 못했는데, 주변 친구들의 이야기를 듣고 쉽게 이해를 하게 된 경험이 다들 있을 것이라고 생각된다.

우리 교실도 이와 같다. 우리 교실에 다양한 능력을 가지고 있는 아이들이 함께 모여 있다는 것은 우리들의 고민거리가 아니라 우리에게 주어진 보물인 것이다. 실제 본 저자도 그러한 경험을 하게 되었다.

2018년, 나의 수학 수업 시간은 조금은 특별했다. 그동안의 교사의 설명, 설명, 설명, 그리고 문제 풀이로 이어지던 수학시간에서 벗어나 교사의 설명이 아닌 친구들과의 의사소통을 통한 수학시간을 운영하게 되었다.

수학 단원을 시작하면서 아이들은 아는 것, 모르는 것, 더 배우고 싶은 것으로 내용을 구분 짓도록 한 뒤, 한 차시 수업을 5분 정도 아이들 모두가 해결해야 할 과제를 제시해주었다. 그리고 나머지 35분의 시간은 단원을 시작하면서 구분지은 내용에 따라 알고 있는 학생은 친구들을 가르쳐주는 역할을 하고, 모르는 친구들은 친구들에게 배우는 역할을 하고, 더 배우고 싶은 친구들은 선생님인 나에게 와서 더 많은 부분을 배워갈 수 있는 기회를 주었다.

단, 가르쳐주는 아이, 배우는 아이, 더 배우려는 아이 모두에게 서로가 노력하는 부분에 대해 인정하고 칭찬해주었다. 가르쳐주는 아이는 더 나은 아이, 배우는 아이는 모르는 아이가 아니라, 서로가 서로에게 도움이 될 수 있도록 더 배우고 더 성장하려는 노력에 대해 칭찬하고 인정을 해주었다.

그랬더니 정말 놀라운 일이 벌어지게 되었다. 수학 시간에 소극적이던 아이들이 이야기하기 시작하고, 무언가를 배우고자 하는 필요성을 느끼기 시작하였다.

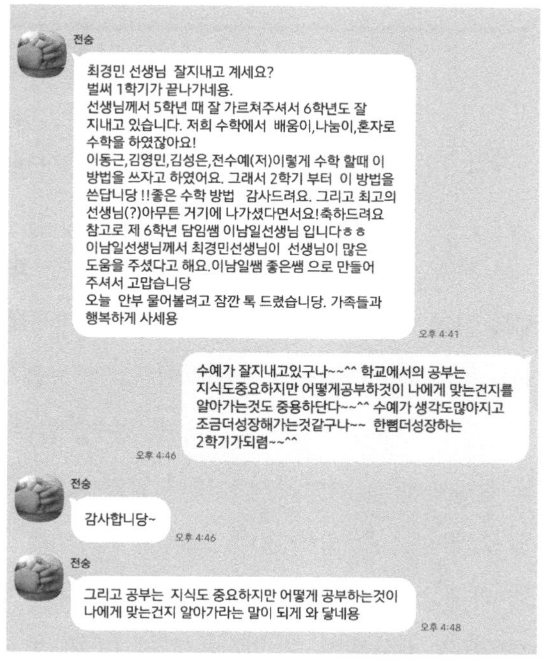

이렇게 아이들과 1년을 함께 하고, 지역에서 근무할 수 있는 기간이 다 되어서 다른 지역, 다른 학교로 전근을 갈 수 밖에 없었다. 그렇게 이별을 하고서 시간이 어느 정도 흐른 뒤, 한 학생에게서 이러한 문자를 받게 되었다.

참으로 행복했다. 그리고 다행이었다. 어찌 보면 무모할 수도 있고, 아이들과 학부모들에게는 조금은, 아니 아주 많이 낯설 수도 있는 학습 방법이었는데도 불구하고 프로젝트 수업을 함께 하면서 스스로 성장하고 발전하였음에 고마웠다. 그리고 생각이 자라나고 있었다. 문자를 보내 준 친구는 한 명이었지만, 본 저자와 함께 했던 아이들이 함께 모여서 지금의 담임 선생님에게 이렇게 수업을 하면 어떨까요? 라고 의견을 말할 수 있게 되고, 그러한 의견을 존중해주는 선생님이 있었기에 또 다시 고마웠다. 이 아이들의 앞으로의 수업 시간은 어떠할까? 아마 그 동안의 수업 시간과는 다르게 스스로 하고 싶은 방법, 그리고 학습하고 싶은 방법으로 공부를 할 수 있기에, 그리고 함께 관계를 형성하며 배우게 될 것이기에 이전 수업 시간보다는 훨씬 더 많이 활기찬 수업이 될 것이며, 무엇인가를 더 많이 스스로 배우고 학습하게 될 것이며, 그러한 과정 속에서 성장과 발전이 있게 될 것이다.

수포자가 사라지는, 함께 배울 수 있는 의사소통에 기반 한 수학 수업 시간에 대해서는 후에 또 다른 저서를 통해 다시 이야기를 나눌 수 있는 기회가 있기를 바라면서 이쯤에서 이야기를 접고 다시 원래의 이야기로 돌아가고자 한다.

과연 이러한 교실에서 교실 붕괴, 학교 붕괴라는 말이 떠오를까?

본 저자는 단연코 아니라고 답할 수 있을 것 같다. 프로젝트 수업을 진행하는 동안 과제를 함께 해결해가는 학습과 공부라는 매개체를 통해 아이들은 서로가 서로에게 연결이 되고, 학생 한명 한명을 소중히 여기고 있음을 느끼게 되고, 친구를 통해 배우게 된다.

흔한 수업에서의 교사는 다음에 이어질 발문, 그리고 제재와 활동을 생각하느라, 그리고 설명에 설명, 나아가서 얼마나 알게 되었는지를 확인하기 위하여 바쁘게 수업을 시간을 쪼개어 갈 수 밖에 없다. 그러나 프로젝트 수업은 학생이 서로 도울 수 있는 관계 형성, 과제를 해결함에 있어서 모두가 포기 않도록 응원하고 지원할 수 있는 퍼실리테이터 역할만을 소화하면 되기에 학생 한 명 한 명을 더 깊이 있게 바라보고, 이해할 수 있게 된다.

친구들과의 관계가 개선이 되고, 관계가 개선이 되면 학교에 오지 않는 등교 거부나 수업 시간에 참여하지 않는 교실 붕괴는 해결이 될 것이다.

물론 우리들의 이러한 노력들이 헛된 것일 수도 있고, 잘못된 방향으로 나아가고 있을지도 모른다. 그러나 이러한 우리들의 노력으로 학교에서 아이들이 신을 내어 즐거워하는 모습을 보며 희망을 찾게 되었다. 그저 우리는 성적 중심, 교사 중심, 주입식 학교교육에서 조금은 벗어나서 학생들의 자기 선택, 개성과 체험을 중시하는 교육을 실천하고자 하였고, 그 속에서 학교와 교실에서 자유로움을 느끼게 하고 싶었다. 3부에서 이어지게 될 우리 공동체 선생님들의 프로젝트 수업에 대한 이야기가 더 많은 학교, 교사, 그리고 학부모에게 전해져서, 다름의 울림을 선사하고 싶다. 프로젝트 수업을 실천함에 있어서 자그마한 참고적인 자료가 되었으면 하며, 프로젝트 수업을 통해 교사, 학생, 학부모, 그리고 나라는 존재가 어떻게 성장하고 발전하게 되었는지, 그 과정을 살펴보면서 교실과 학교가 직면한 여러 문제들을 해결할 수 있는 또 다른 해결책을 제시할 수 있었으면 하는 바램을 가져본다. 물론 지금껏 해 왔던, 그리고 앞으로 하게 될 우리 공동체의 이야기는 우리 내 학교, 교실, 수업이 앞으로 나아가야 할 하나의 정답은 아니다. 그저 빠르게 변화하고 있는 시대에 비해 뒤쳐져가고 있다는 비판을 받고 있는 학교와 교실, 그리고 수업 시스템에 변화를 줄 수 있도록, 아이들이 자유롭게 자신의 생각과 의견을 표현하고, 더불어서 함께 살아갈 수 있는 아이들로 성장할 수 있는, 또 다른 하나의 방법, 혹은 해답이 우리들이 하고 있는 프로젝트 수업이 될 수 있기를 바란다.

교사, 학생, 그리고 수업, 성장하고 있습니까?

최경민, 이규진, 김규태(2017)의 저서 '가르치고 배우며 함께 성장하는 길(가제: 교사, 학교, 그리고 수업, 성장하고 있습니까)'를 소개하고자 한다. 이 책에는 이러한 문구가 있다.

> 모든 아이들은 천재로 태어난다.
> 하지만 1만 명 가운데 9999명의 아이들은 부주의한 어른들에 의해
> 순식간에 천재성을 박탈당한다.
>
> \- 버크민스터 풀러

모든 아이들은 내면에 천재성을 가지고 있다. 어른들, 특히 부모 혹은 교사들은 아이들 스스로 자신의 내면에 있는 천재성이나 재능을 찾을 수 있도록 돕는 역할만을 해야 한다. 진정한 재능은 수많은 실패와 시행착오 끝에 발견되는 것인데, 우리는 오로지 아이의 천재성만을 찾기 위해 노력해 왔다. 그러니 1만 명의 아이 중 9999명의 아이들이 자신의 재능과 천재성을 박탈당하게 된 것이다.

이에 미국의 유명한 여배우인 니콜 키드먼이 이러한 말을 했다.

"미래를 좌지우지하겠다는 욕망을 버리면 더 행복해질 수 있다."

어쩌면 우리 교사들은 학생들의 미래를 좌지우지 할 수 있다는 잘못된 욕망으로 인해

학생들이 그동안 행복하지 못한 것은 아니었을까?

그로 인해 우리 아이 교사, 그리고 부모님들 또한 행복하지 못한 것은 아니었을까?

행복한 교사, 행복한 학생, 행복한 학교는 무엇인가를 더하거나 추가하는 욕망이 아니라 무엇인가를 빼거나 버리는 내려놓음부터 시작해야 한다.

마지막으로 묻고 싶다.

"선생님~ 선생님은 학생의 미래를 선생님이 좌지우지 할 수 있으며, 그들의 더 나은 미래를 위해 내가 무엇인가를 더 주어야 하고, 알려주어야 하고, 가르쳐주어야 한다고 생각하지는 않았나요? 그러한 욕망이 교사를 불행하게 하고, 학생도 덩달아서 불행하게 하지는 않았을까요?"

이 질문에 대한 우리들의 생각과 이야기가 궁금한 독자는 최경민, 이규진, 김규태(2017)의 저서 '가르치고 배우며 함께 성장하는 길(가제: 교사, 학교, 그리고 수업, 성장하고 있습니까)'을 한번 쯤 읽어보기를 바란다.

PROJECT

3부

프로젝트 학습 이렇게 하니, 모두가 좋아요.

1장
프로젝트 수업,
이렇게
시작해보세요.
2장
5년차, 김율리 선생님이 전해주는
프로젝트 학습 이야기
3장
13년차,
이영기 선생님이 전해주는
프로젝트 학습 이야기
4장
2년차,
임윤혜 선생님이 전해주는
프로젝트 학습 이야기
5장
8년차,
오상준 선생님이
전해주는 프로젝트
학습 이야기
6장
15년차,
이규진 선생님이 전해주는
프로젝트 학습 이야기

1장 프로젝트 수업, 이렇게 시작해보세요

1년 후 우리 아이들은 어떤 모습이면 좋을까요?

아마 이 질문은 프로젝트 학습을 계획하고 주제를 구성함에 있어서 가장 핵심적인 질문이 될 수 있을 것이다. 흔히들 프로젝트 학습이라고 하면 아이들의 관심과 흥미, 그리고 문제점에서 시작을 해야 한다고 한다. 하지만 여기에는 또 하나의 큰 어려움이 존재한다.

우선 우리 아이들의 대부분은 삶을 살아가는데 있어서 문제를 가지고 있지 않으며, 생활과 삶에 대해 관심과 흥미가 없으며, 스스로 무엇인가를 생각하려 하기 보다는 지시, 규칙, 규율에 따르며 살아가는 삶에 익숙해져 있는 편이다. 아니 어쩌면 익숙해진 것이 아니라 그렇게 되도록 교사가, 그리고 학부모가 유도를 하였을지 모른다. 생각을 하게 하기보다는 필기를 하게 하고, 관심과 흥미를 가지게 하기 보다는 암기를 하게 하였으니 말이다. 이러한 아이들에게 생각을 하라고 하고, 문제를 찾으라고 하고, 흥미와 관심을 가지라고 하는 것이 과연 가능할까? 이러한 의미에서 프로젝트 학습의 교실 적용에 대한 비판의 목소리가 높은 것으로 알고 있다. 하지만 그렇다고 하여 프로젝트 학습을 포기해야 하는 것일까?

우리는 다른 쪽으로도 생각을 해보았다. 흔히들 교사가 행복해야 아이들이 행복하다고 한다. 이는 교사가 즐거워야 아이들도 즐겁다는 말과 유사한 것 같다. 그럼 이것은 교사가 즐거운 수업을 해야 아이들도 수업이 즐거울 수 있다는 말과 일맥상통하지 않을까?

그동안 우리 교사들은 즐거운 수업을 하였을까?

대답은 아니었다. 그저 진도 나가기 급급하고, 암기시키기 급급한 수업을 해왔으니 즐거운 수업과는 거리가 먼 것이 어쩌면 당연한 것인지도 모른다. 왜 교사 스스로도 즐거운 수업을 하지 못했을까? 아니 하지 않았을까? 라는 고민을 하면서 세 번째 질문을 하게 된 것 같다.

사실 매년 2월이 되면 허무해진다. 학생 개인적으로나 지식적인 측면에서는 어느 정도 성장(성장이 아니라 암기가 맞을지도 모르지만)을 하였을지 모르지만, 실제적으로 교사로서 내가 바라던 아이들의 모습은 이런 모습이 아닌 데라는 생각이 들면서 허무해졌다.

나는 공부를 잘하는 아이가 아니라, 함께 할 줄 아이를 길러주고 싶었고, 경쟁하며 공부하는 아이가 아니라 함께 성장하고 발전하며 함께 공부하려는 아이로 길러주고 싶었고, 자기 것만 소중히 여기려는 아이가 아니라 나의 것을 나누어 줄 줄 알고 친구를 배려할 줄 아는 아이로 길러주고 싶었다.

이러한 생각들을 하면서 매년 2월이면 스스로 힘들었던 것 같다. 그러면서 스스로에게 질문을 던졌다.

내가 바라는 아이들은 진정 어떠한 모습의 아이들일까?

단 이 질문에 대한 기록은 '인성이 바른 아이' 처럼 범위를 넓게 적지 않고, 친구에게 준비물을 빌려주는 아이, 먼저 인사를 하는 아이처럼 행동적인 측면으로 자세하게 적어야 한다. 그리고 적은 글을 비슷한 것들끼리 모아서 범주화하고, 범주화된 행동들을 포괄할 수 있는 용어를 정한다. 그렇게 정한 용어들이 프로젝트 학습의 주제가 되는 것이다. 또한 각각의 주제 안에 속한 내가 원하는 아이들의 모습이 프로젝트 학습을 구성하는 활동의 큰 축이 되게 된다. 그래서 행동으로 자세하게 적도록 한다.

이에 프로젝트 학습 주제를 정하기 위해 매년 2월에 내가 가졌던 질문이 바로

1년 후 내가 바라는 아이들의 모습은 무엇일까?

라는 질문이었고, 이 질문을 2018학년도 2월에는 우리 공동체 선생님에게 하게 되었고, 내가 진행하였던 여러 연수에서도 동일하게 질문을 하였다.

질문에 대한 답변을 모으고, 분류하고, 범주화를 한 뒤, 각 각의 범주화된 주제들로 프로젝트 학습 주제를 선정하였다. 그리고 범주화된 주제들이 하나의 스토리가 될 수 있도록 구성하는 과정을 거치면서 프로젝트 학습 주제를 정하게 되었다. 그리고 우리 공동체가 세 번째 질문을 통해 주제를 정하고, 흐름을 정하여 스토리가 있는 프로젝트 학습을 계획하고 실천한 자세한 과정을 다음 장에서부터 자세하게 소개할 예정이다.

우리들이 함께 모여서 이야기를 나눈 결과는 다음과 같았다.

우리들은 함께 모여서 우리들이 바라는 5학년 아이들의 모습에 대한 이야기를 바탕으로 하여 프로젝트 학습의 주제를 선정하고, 이를 바탕으로 앞에서 보여주었던 표처럼 교육과정을 재구성하게 되었다. 그리고 함께 이야기를 나눈 주제를 바탕으로 주제 명 및 순서를 다음과 같이 정리하게 되었다.

함께 나누었던, 프로젝트 학습 주제들에 대한 고민의 흔적들

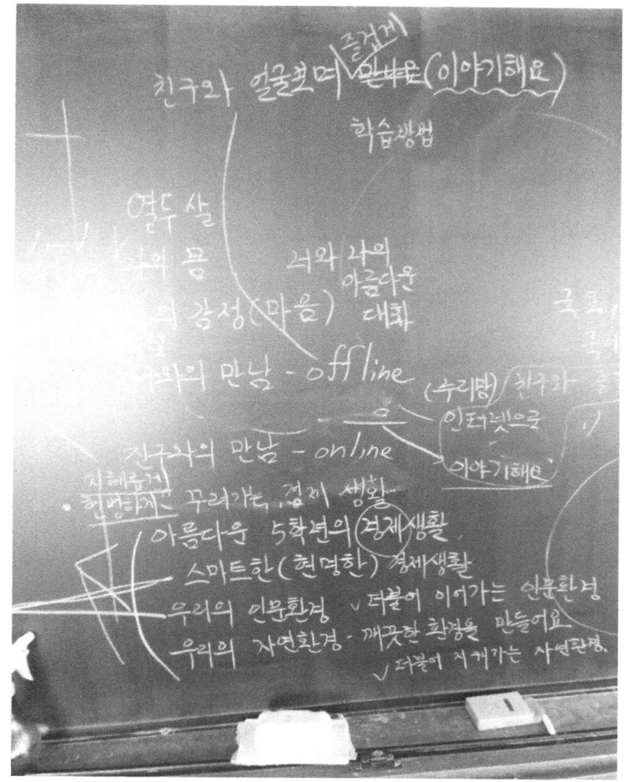

함께 고민하고 이야기하며, 협의한 우리들의 고민 결과

이렇게 주제명을 함께 결정한 후, 우리는 프로젝트 순서를 고민하게 되었다. 우선 나, 우리, 사회로 공간을 확대해 나갔고, 각각의 공간에 2개씩의 프로젝트 학습을 계획하여 학기별로 2개의 트랙으로 프로젝트 학습을 진행하기로 협의하였다.

현재 5학년 아이들의 경우 자신의 감정을 표현하는 데 서툴고, 모든 학습의 기본이 감정을 알고 다스릴 줄 알아야 한다는 우리들의 의견을 바탕으로 '12살, 아름다운 나의 마음'을 가장 먼저 시작하기로 하였다. 그리고 이를 바탕으로 '얼굴 마주한, 아름다운 만남'으로 이어지면서 서로의 감정을 공감하고 배려할 줄 아는 교우 관계 형성의 경험을 제공하고, 공감과 배려를 주변 환경으로 넓힐 수 있는 기회를 제공하고자 '더불어 살아가는, 아름다운 환경'을 그 다음 프로젝트 학습을 결정하게 되면서 1학기 첫 번째 트랙을 완성하게 되었다.

그리고 사춘기를 겪으면서 자신의 신체에 대한 불안감, 열등감을 표현하게 되는 5학년 아이들에게 바른 신체적 자기 효능감을 심어주고자 '12살, 아름다운 나의 몸'을 두 번째 트랙 첫 번째 프로젝트 학습으로 계획하였고, 서로의 바른 관계 형성에 있어서 현재 많은 학교폭력의 원인 중의 하나인 사이버 폭력에 대한 문제점을 인식시키고 바른 인터넷 사용 문화를 어린 시절부터 형성할 수 있도록 '누리망 세상 속, 아름다운 만남'을 다음 프로젝트 학습으로 계획하였으며, 끝으로 더불어 함께 할 수 있도록 '더불어 성장하는 아름다운 경제 & 문화'를 마지막 프로젝트 학습으로 계획함으로써 1학기 두 번째 트랙을 완성하게 되었다.

각 프로젝트 학습별 재구성 이유에 대해서는 앞으로 계속 함께 이야기를 나누도록 하겠으며, 이렇게 함께 나눈 이야기를 바탕으로 1학기 프로젝트 학습 순서 및 주제별 관련 핵심 가치, 관련인성, 관련 핵심역량을 다음과 같이 제시하였다.

학년	트랙	구분	①	②	③
더불어 살아 가는 아름다운 5학년	트랙 1	주제	① 12살, 나의 아름다운 마음	② 얼굴 마주한, 아름다운 만남	③ 더불어 살아가는 아름다운 환경
		핵심가치	자기관리[9]	사회성[10]	시민의식[11]
		관련인성	책임, 자기조절	배려, 소통	협동, 예의
		핵심역량	자기관리 역량	공동체역량 (의사소통역량)	지식정보처리역량
	트랙 2	주제	④ 12살, 나의 아름다운 몸	⑤ 누리망 세상 속, 아름다운 만남	⑥ 더불어 성장하는 아름다운 사회(경제/문화)
		핵심가치	자기관리	사회성	시민의식(좌:경제, 우:문화)
		관련인성	성실, 자기존중	공감, 배려	지혜, 정직 / 협력, 예의
		핵심역량	자기관리 역량	의사소통역량 (공동체역량)	창의적 사고 역량 / 심미적 감성 역량

이와 더불어 여러 연수에서도 이와 동일한 질문과 과정을 거치면서 함께 프로젝트 수업 주제를 선정하는 과정을 경험하기도 하였다. 이에 이번 장에서는 2019년 충북교육청에서 진행했던 연수에서 주제를 정하고, 스토리로 흐름을 만들었던 모습과 그 결과물을 소개하면서 마무리 짓고자 한다. 여러분도 이 질문을 바탕으로, 이러한 과정으로 프로젝트 수업 주제를 함께 선정하고, 프로젝트 수업을 계획·실천해 나가기를 바래본다.

9) 자기관리: 스스로 건강한 삶을 살 수 있는 역량
10) 사회성: 주변 사람들과 긍정적 관계를 맺기 위한 역량
11) 시민의식: 서회에 적극적으로 참여하고 성숙한 시민이 되기 위한 역량

SANDWICH
SANDWICH

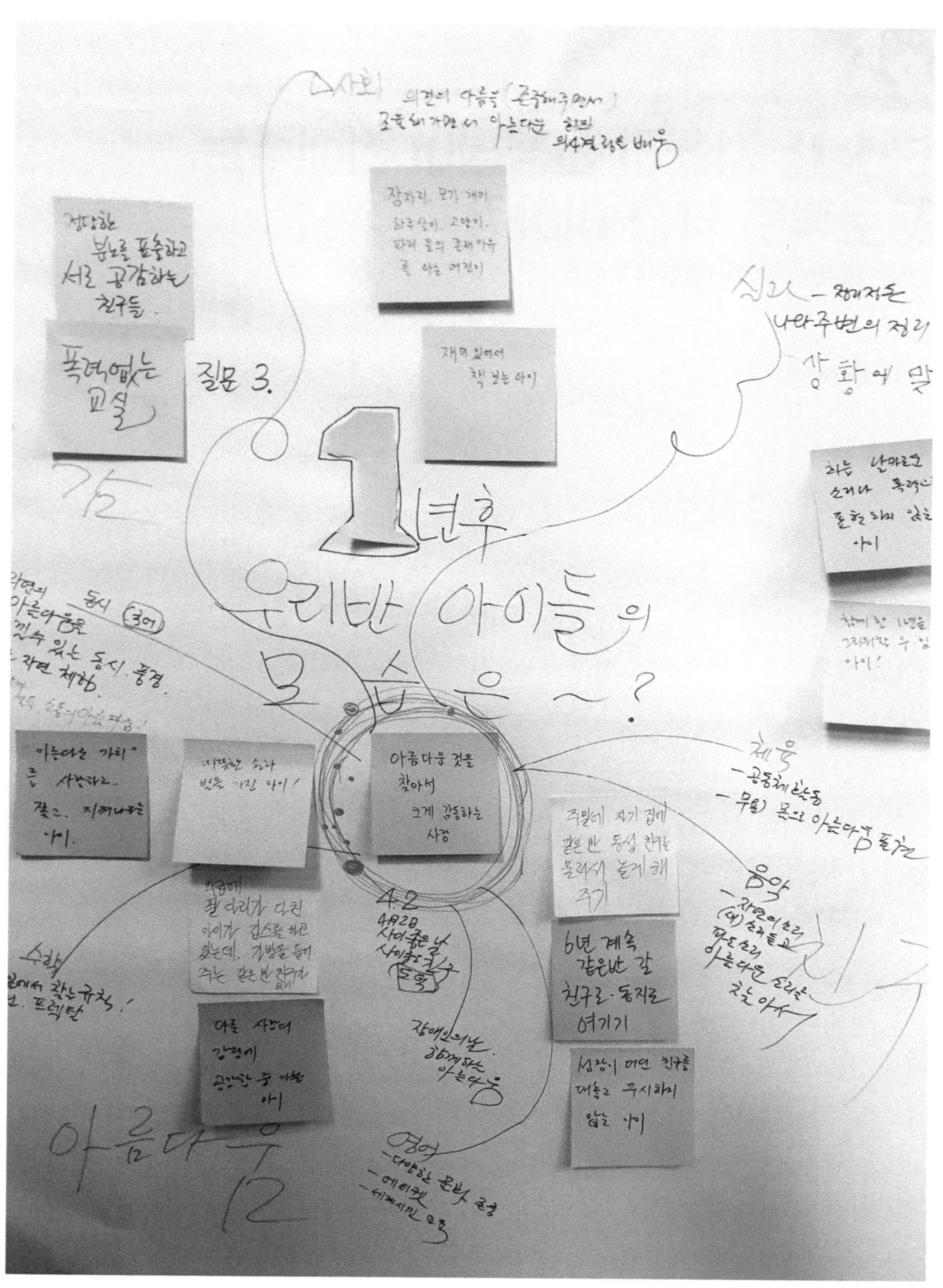
1년후
우리반 아이들의
모습은~?
질문 3.
정당한 분노를 표출하고 서로 공감하는 친구들.
폭력없는 교실
재미있어서 책 보는 아이
아름다운 것을 찾아서 크게 감동하는 사람
주말에 자기 집에 같은 반 동성 친구를 불러서 놀게 해 주기
6년 계속 같은반 갈 친구로·동지로 여기기
사회
체육
음악
수학
영어

5년 차, 김율리 선생님이 전해주는 프로젝트 학습 이야기

[경제도 함께 배우면 즐거워! – 더불어 함께하는 즐거운 경제 프로젝트]

이번 프로젝트의 주제는 〈경제〉이다. 2018년까지는 경제와 직접적으로 관련된 내용이 5학년 사회과에 포함되었다. 하지만 2019년부터는 이 내용이 6학년 사회과에 나오게 된다.

현재 나는 5학년 담임으로 학생들을 지도하고 있다. 교육과정의 변화로 굳이 경제를 가르치지 않아도 되는 상황이었다. 하지만 1학기를 보내고 2학기에 들어섰을 때, 학생들에게 경제를 꼭 가르치고 싶다는 생각이 더욱 커졌다. 학생들과 한 학기 동안 지내면서 다음과 같은 점을 알았기 때문이다.

① 계획 없이 용돈을 쓰는 학생들이 많다. 맞벌이를 하는 학부모님들이 많아 학생들에게 신용카드를 주고 준비물, 간식을 사 먹도록 하는 경우가 꽤 있었다. 현금이 아닌 카드를 이른 시기에 사용하다 보니 자신의 소비패턴의 옳고 그름을 판단하지 못하는 경우가 생겼다.

② 학급 학생 특성상 다른 나라와 관련된 뉴스에 관심이 많았다. 특히 올해 '불매운동'이 아주 큰 이슈로 떠올랐다. 이와 관련하여 나와 학생들 사이에 많은 대화가 오고

갔다. '이 이슈를 경제 공부와 관련 짓는다면 학생들의 이해를 도울 수 있지 않을까?' 라는 생각이 들었다.

③ '평등'에 대한 올바른 정의를 내릴 필요가 있었다. 우리 반 학생들을 처음 만났을 때 가장 많이 한 말이 '차별하지 말아주세요.'라는 것이었다. 하지만 안타까웠던 점은 '평등'이라는 단어를 너무나 쉽게 생각하고 말한다는 점이었다. 학생들은 개인의 특성과 처한 상황을 고려하지 않고 단순히 '모든 사람들이 완벽하게 똑같이 대우받는 것'을 평등이라고 생각했다. 개인적으로 평등은 상황에 따라 달라져야 한다고 생각한다. 대표적으로 『롤즈-정의론』에 나오는 평등의 의미를 들 수 있다. 나는 이 점을 교사의 일방향적 전달로 지도하고 싶지 않았다, 학생들이 스스로 체험을 통해 몸소 깨달았으면 하는 바람이 컸다. 고민의 결과 경제 체제 중 '평등 경제'를 직접 경험한다면 평등의 의미를 학생 스스로 정의하는 데 도움이 될 것이라 판단했다.

위의 세 가지가 경제 프로젝트를 구상하게 된 가장 큰 이유이다. 사실 '6학년에 경제와 연관된 직접적인 내용이 나오는데, 그때 배우는 것이 학생들에게 더 좋지 않을까?' 라는 생각이 계속 머릿속을 맴돌았다. 하지만 앞서 언급한 세 가지 이유와 관련된, ① 생활 지도에서의 긍정적인 측면이 예상되어 경제 프로젝트를 구성하기로 결정했다. 뿐만 아니라 ② 예습의 효과도 가지고 올 수 있다고 생각했다. 물론 학생들의 사고 단계를 고려하지 않은, 주입식 예습은 옳지 않다. 하지만 흥미를 고려한 경험 위주의 예습이라면 학생들에게 충분히 유의미할 것이라 판단했다.

이 이유와 관련지어 경제 프로젝트의 큰 목적과 방향은 다음과 같이 잡았다.

① 학생들의 올바른 소비 습관을 키울 수 있도록 한다.

② 올바른 평등의 의미를 학생 스스로 생각할 수 있는 기회를 제공한다.

③ 우리나라 경제 체제를 폭넓게 배우는 과정 속에서 ①과 ②의 목표가 이루어지도록 한다.

조금 더 세부적인 흐름은 다음과 같다.

프로젝트 수업 구성하기

관련 교과	사회
적용 학년	6학년
수업 차시	**6-1. 2단원 우리나라의 경제 발전** 1. 우리나라의 경제 체제의 특징(2~8차시) 3. 세계 속의 우리나라 경제(15~20차시) ✔ 관련 성취기준 • [6사06-01] 다양한 경제활동 사례를 통해 가계와 기업의 경제적 역할을 파악하고, 가계와 기업의 합리적 선택 방법을 탐색한다. • [6사06-02] 여러 경제활동의 사례를 통하여 자유경쟁과 경제 정의의 조화를 추구하는 우리나라 경제체제의 특징을 설명한다. • [6사06-05] 세계 여러 나라와의 경제 교류 활동으로 나타난 우리 경제생활의 변화 모습을 탐구한다. • [6사06-06] 다양한 경제 교류 사례를 통해 우리나라 경제가 다른 나라와 상호 의존 및 경쟁 관계에 있음을 파악한다.
	6-2. 1단원 세계 여러 나라의 자연과 문화 3. 우리나라와 가까운 국가들 - 우리나라와 이웃나라의 교류 모습 살펴보기(21차시) ✔ 관련 성취기준 • [6사07-05] 우리나라와 관계 깊은 나라들의 기초적인 지리 정보를 조사하고, 정치 · 경제 · 문화면에서 맺고 있는 상호 의존 관계를 탐구한다.
관련 교과	실과
적용 학년	5학년
수업 차시	**5-2. 3단원 나의 생활 자원 관리** 1. 올바른 시간과 용돈 관리 ✔ 관련 성취기준 • [6실03-03]용돈 관리의 필요성을 알고 자신의 필요와 욕구를 고려한 합리적인 소비생활 방법을 탐색하여 실생활에 적용한다.

프로젝트 수업의 흐름

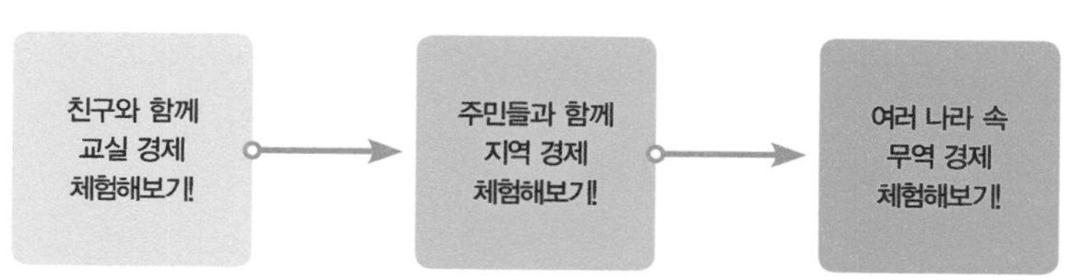

우리나라 경제 흐름을 초등학생들이 이해하려면
수업을 어떻게 진행해야 할까?

'경제'라는 용어는 학생들에게 참 어렵게 다가올 것이다. 나도 마찬가지이기 때문이다. 그래서 보다 쉽고 재미있게 경제를 배울 수 있는 방식을 고민해보았다.

첫 번째로 이전까지 진행해 온 프로젝트를 돌이켜보았다. 그 결과 '점진적 범위 확장'이 가장 먼저 떠올랐다. 학생들이 직접 경험할 수 있는 실생활에서 시작하여 경제의 범위를 넓혀가야 한다는 것이다. 때문에 첫 번째 경제 활동은 교실에서 친구들과 함께 진행하기로 했다. 그리고 교실 경제–지역 경제(지역 주민들과 함께)–국가 무역 경제 순서대로 경제 프로젝트의 범위를 점차 확장했다.

잠시 짚고 넘어갈 점이 있다. 흐름 중 '주민들과 함께 지역 경제 체험해보기'는 이번 해에 진행하지 못했다. 여러 가지 변수가 생겼기 때문이다. 그래서 작년에 진행했던 내용을 싣도록 하겠다. 이 부분을 독자분들께서 넓은 마음으로 이해해주시길 바란다. 교육과정이 달라졌어도 학교 행사와 충분히 연결 지을 수 있다. 또한 학급 내에서 소규모로 진행할 수도 있다. 책에 있는 내용을 가이드 삼아 학급의 특색을 살리는 방향으로 계획해보시면 좋겠다.

프로젝트 수업 이야기

친구와 함께 교실 경제 체험해보기!

경제 단원에서의 핵심 내용은 다음과 같이 크게 네 가지로 나눌 수 있다.

① 생산과 소비

② 우리 경제의 특징(자유와 경쟁)

③ 경제 성장을 위해 노력하는 사람들(노동자, 기업, 정부)

④ 우리 경제의 성장 과정

개인적으로 '경제' 라는 낱말은 성인인 나에게도 다소 딱딱하게 다가온다. 그렇다면 5학년 아이들은 어떨까? 나는 학생들이 경제를 체험을 통해 몸소 느낀다면 더 좋겠다는 생각을 하였다. 여기서 나온 활동이 바로 '경제 마을 활동' 이다. 경제 마을 활동이란 교실이 하나의 경제 마을로 바뀌는 것이다. 그리고 학생들 사이에 생산과 소비가 이루어진다. 이 활동은 『교실 속 마을활동 - 문경민, 김혜영, 김지윤, 김희선 지음』이라는 책을 공유하며 영감을 얻을 수 있었다.

자세히 살펴보겠다. 경제 마을 활동은 체제의 변화에 따라

평등 경제 마을(3일) ➡ 자유 경제 마을(5일) ➡ 공정 경제 마을(3일) 순으로 진행된다. 각 마을마다 다음의 내용은 공통적으로 적용된다.

- 돈의 단위는 '톨' 이다. 이 부분은 각 학급에서 융통성있게 설정하면 된다. (원, 밀알 등등) 수당(임금)이 주어진다.

직업수당	자신의 직업을 수행했을 때 얻는 수당
수업수당	수업시간에 참여하면 얻는 수당. 수업의 태도에 따라 학생별로 차이를 둘 수도 있지만 우리는 차이를 두지는 않았다

세금을 거둔다.

직업세	직업수당에 대한 세금
수업세	수업수당에 대한 세금
토지세	교실 속에서 자신의 자리를 가진 것에 대해 내는 세금
생활비	교실 속에서 생활하는 것에 대해 내는 세금

직업의 종류는 학생들이 혼란스럽지 않게 세 가지 경제마을에서 최대한 똑같이 적용된다. 직업의 종류는 다음과 같이 정했다.

직업	하는일
직업수당	직업수당 배부
수업수당	수업수당 배부
토지세	토지세 징수
생활비	생활비 징수
직업세	직업세 징수
수업세	수업세 징수
경비	문단속
소방관	불끄기
판매원	선생님께 간식을 받아 판매 (캔디 : 10톨, 과자: 20톨, 타먹는 초코가루: 50톨)
환경미화원	교실 청소
경찰	줄세우기, 전담시간 보고
농부	화문 물주기
칠판	칠판 청소
유통업	우유 관리
택배	선생님께 물건을 받아 다른 반에 전달하기

광택	걸레질
금고지기	청소 용구함 정리

위에 노란색 음영이 들어간 직업은 '공무원'에 해당한다. 공무원에 해당하는 학생은 개인장부를 기록하고 친구의 통장에 수당과 세금을 각각 수입, 지출에 적어준다. 또한 잔액까지 계산하여야 한다.

많은 친구들의 수당과 세금을 계산하기 때문에 공무원은 다른 직업에 비해 할 일이 많다. 때문에 각 반에서 적절하게 인원수를 정하는 것이 필요하다.

- 모든 학생은 수입과 지출을 적는 통장을 가지고 있다. 화폐가 오고 가는 것이 아니라 통장에 숫자만 적는 것으로 활동을 보다 간단히 한다.

연번	내용	수입	지출	잔액	확인 (담당자 서명)
1					
2					
3					
4					
5					
6					
7					
8					
9					
10					
11					
12					
13					
14					
15					

- 수당을 배부하는 직업, 세금을 징수하는 직업, 판매원은 장부를 작성한다.

평등 직업 소득 배부 장부 월 일

배부자:

번호	직업	직업 수당	이름	배부금액	배부확인	
1	직업수당	200	석00			
2	직업수당	200				
3	수업수당	200				
4	수업수당	200				
5	토지세	200				
6	토지세	200				
7	생활비	200				
8	직업세	200				
9	수업세	200				
10	경비	200				
11	판매원	200				
12	판매원	200				
13	청소1	200				
14	청소2	200				
15	청소3	200				
16	청소4	200				
17	청소5	200				
18	청소6	200				
19	청소7	200				
20	경찰	200				
21	경찰	200				
22	칠판	200				
23	유통업	200				
24	유통업	200				
25	택배	200				
26	광택	200				
27	금고지기	200				

경제 마을 판매자 매출 장부 월 일

판매품	가격	재고

순	구매자	품목	수량	판매가격	수익	수익누적
1						
2						
3						
4						
5						
6						
7						
8						
9						
10						
11						
12						
13						
14						
15						
16						
17						
18						
19						
20						
21						
22						
23						
24						
25						
26						
27						
28						
29						
30						

하지만 세 가지 경제 마을을 거치면서 수당의 정도, 세금의 정도, 직업의 수에는 차이가 있다.

구분 \ 시스템		평등경제	자유 경제
임금	직업 수당	매일 200	직업별로 차등 지급 (어려울수록 더 많이 받음)
	수업 수당	매일 500	매일 300
세금	직업세	10% = 20	10% 창업의 경우에도 수익금의 10%
	수업세	10% = 50	10% = 30

	토지세	100	• 토지 가격의 10% (토지세를 쉽게 거둘 수 있도록 토지세 징수자는 토지 번호와 가격이 적힌 구조도를 가지고 있어야 함.) • 임대료 세금은 없음.
	생활비	100	200
직업		제비뽑기	• 직업은 경매 활동을 통해 결정됨. (100부터 시작/상한가 : 700) • 겸직X, 창업은 무한대. (창업비 300) • 창업의 경우 완제품 판매 안됨. 자신의 능력이 들어간 물품은 판매 가능. • 판매자는 선생님께 물품을 사서 판매 (캬라멜 50, 과자 150, 타먹는 초코 가루 450)
토지		제비뽑기	• 토지는 경매 활동을 통해 결정됨. • 원하는 토지는 자유롭게 구매가능하며 경매 낙찰 가격보다 높은 금액에 구매할 수 있다. (제한X) • 임대료 = 토지 가격의 50%

평등 경제 마을(3일)

▶ 평등 경제 마을의 시작

평등 경제 마을은 한 마디로 직업에 관계 없이 모든 학생이 똑같아지는 마을이다. 모든 직업이 똑같은 수당을 받고 세금도 똑같은 양만큼 거둔다. 그리고 직업과 토지(교실 내에서의 자리)를 선택하는 데 개인의 능력과 자유는 제한된다. 제비뽑기로 운에 달렸을 뿐이다.

평등 경제 마을의 시스템은 아래와 같이 정리할 수 있다.

임금	직업수당	모든 직업 매일 200
	수업수당	모든 직업 매일 500
세금	직업세	직업수당의 10% = 20
	수업세	수업수당의 10% = 50

	토지세	100
	생활비	100
직업		제비뽑기로 선택
토지		제비뽑기로 선택

경제 마을 활동의 시작점이기 때문에 위의 시스템을 정하는 데 선생님들의 많은 고민이 오고 갔다. 그 내용을 Q&A 형식으로 풀어보겠다.

Q1 왜 평등 경제 마을을 3일로 잡았는가?

A1 평등 경제는 모든 학생들이 받는 수당과 거두는 세금이 같다. 이렇게 되면 학생들의 불만이 나오기 마련이다. 특히 공무원 학생들 사이에서 말이다. 다른 친구들보다 훨씬 많이 일하는데 수당은 같게 받는다면 감정이 어떠할까? 이름은 '평등 경제' 인데 체감상 그렇게 불평등할 수 없을 것이다.

이와 같은 불만은 학생들이 깨달은 후 오래 지속되면 좋지 않다고 판단하여 3일 동안 진행했다.

Q2 직업수당과 수업수당을 200과 500으로 정한 이유가 있는가?

A2 우선 수당을 정하는 데 있어서 몇 가지 기준을 세웠다.

가장 먼저 생각한 것은 〈자유 경제 마을〉로 넘어갔을 때의 상황이다. 자유 경제 마을 시스템을 잠깐 언급하자면, 직업과 토지를 경매를 통해 사게 된다. 즉, 평등 경제 마을 활동이 끝난 후 남아 있는 돈으로 직업과 토지를 산다는 것이다. 그러므로 어느 정도 경매가 진행될 수 있도록 100이상의 수당을 주어야 한다고 판단했다. 하지만 수당을 500이상으로 잡게 된다면 평등 경제 마을이 끝났을 때 모든 학생들의 잔액이 매우 많이 남을 것이라 생각했다. 또한 잔액이 모두 비슷한 '상향 평준화' 가 될 것이라는 예상을 하기도 했다. 이 경우에는 경매가 제대로 이루어지지 않는다. 그러므로 100이상 500이하의 범위에서 수당을 조절했다.

둘째, 수당과 세금은 학생들이 계산하기 쉬워야 한다. 세금은 10%로 거두기 때문에 수당은 100단위가 좋다고 생각했다.

Q2 수당과 세금을 담당하는 학생들은 계산 및 통장 정리를 하는 데 어려움을 겪진 않았는가?

A2 처음 접하는 활동이어서 물론 어려워했다. 하지만 본격적인 경제 마을 활동을 하기에 앞서서 학생들을 대상으로 수입, 지출, 잔액 계산법을 교육했다. 이는 학생들이 실생활에서도 경제 관념을 실천하는 데 도움을 줄 수 있으므로 매우 의미 있다고 보았다. 한 가지 덧붙이자면 제비뽑기로 직업을 선정하여 수학을 어려워하는 학생 한 명이 수당을 주는 직업을 가지게 되었다. 사실 처음엔 그 학생도 나도 걱정이 앞섰다. 하지만 이번이 계산에 대한 두려움을 조금이나마 떨칠 수 있는 터닝포인트가 될 수 있다고 보았다. 실제로 처음에는 실수를 몇 번 했지만 2~3일이 지난 후에는 여유로운 모습을 보였다. 계산에 대해 지루함과 두려움을 가진 학생이었는데 경제 마을 활동을 하며 계산 속도가 붙은 모습을 보니 뿌듯함이 전해져왔다.

▶ 평등 경제 마을의 진행

학생들은 수당을 받고 세금을 내는 활동 자체에 신선함을 느꼈다. 어른들만이 하는 활동을 자신이 교실에서 한다는 것이 믿기지 않은 듯했다. 이렇게 흥미를 느끼며 시작한 평등 경제 마을은 평탄하게 진행되었다. 하지만 그 진행 과정에서도 몇 가지 작은 문제점이 나타났다.

첫째, 학교 행사나 예상하지 못한 일로 직업 수행을 하지 않는 학생들이 있었다. 예를 들면 다른 반에 전달할 물건이 없었을 때 '택배 담당'은 아무 일도 하지 않았다. 이때 과연 수당을 주어야 할지 고민을 했다. 하지만 평등 경제의 장단점을 학생들이 깨닫도록 수당을 주는 것이 옳다고 판단하였다.

둘째, 수당과 세금을 거두는 시점이다. 과연 6교시의 일부를 통장 정리하는 시간으로 가질지, 다음 날 1교시 시작 전 아침 시간을 활용할 것인지 고민을 많이 했다. 6교시에 한다면 수업 시간이 줄어든다는 단점이 있었다. 다음 날 아침에 한다면 시간은 여유롭지만 자연스러운 흐름이 끊긴다는 단점이 있었다. 많은 생각 끝에 학생들이 하루 동안의 경제 활동에 집중할 수 있도록 6교시에 통장 정리를 하고 마무리하는 것으로 선택하였다.

▶ 평등 경제 마을을 마치며

3일이라는 시간이 참 짧았다는 느낌을 받았다. 3일이 되던 날 학생들에게 체험 소감을 물어보았다. 대부분의 학생들이 이렇게 답했다. "통장 빈 칸이 채워지는 걸 보니까 뭔가 뿌듯해요.", "학교에서 이런 건 처음 배워봐서 신기해요." 이처럼 긍정적인 대답이 많이 나왔다. 하지만 부정적인 대답도 있었다. "저는 할 일이 너무 많아서 힘들었어요. 그런데 쉬운 일 하는 친구랑 수당은 똑같았어요. 억울했던 적도 몇 번 있었어요."

이 학생은 평등 경제의 문제점을 정확히 간파했다. 이 시점에서 나의 경제 프로젝트 구상 이유 중의 하나와 관련된 질문을 던졌다.

"얘들아, 평등이라는 게 과연 어떤 것일까?"

어떻게 보면 너무나 추상적인 질문이다. 학생들은 1초의 망설임도 없이 "모두를 똑같이 대하는 거요."라고 말했다. 그 답에 이어서 대화를 진행했다.

"그래, 너희가 선생님을 처음 만났을 때도 평등하게 대해 주셨으면 한다고 했지? 그리고 친구에게 알게 모르게 도움을 많이 주는 아이가 칭찬을 받으면 선생님은 평등하지 않고 차별한다는 이야기도 많이 했어. 그런데 얘들아, 너희는 모두가 똑같이 대우받는 평등 경제 마을을 경험했단다. 그 경험을 다시 떠올려봐. 과연 너희가 말하는 평등이 올바른 평등일까?"

꽤 오랜 시간 동안 침묵이 흘렀다. 그리고 한 아이가 침묵을 깨는 한마디를 던졌다.

"한 만큼 대우받는 게 평등인 것 같아요."

"제가 공무원일 때 다른 친구들보다 훨씬 많이 일했어요. 그런데도 받는 돈은 똑같았어요. 저는 그때 '이건 정말 불공평하다'고 느꼈거든요. 그러니까 평등이라는 건 완벽하게 똑같은 것이라고 보기 어렵지 않을까요?"

여기서 내가 이끌어내고자 한 '상황을 고려한 평등'의 의미가 나왔다. 그리고 학생들과 지금까지 교실 속에서 불평등하다고 생각했던 것, 차별받는다고 생각했던 것들을 허심탄회하게 풀어 놓았다.

그 후에는 교실에서 범위를 넓혀 실생활 속에서 겪었던 모든 것들을 이야기했다. 아파트에 있는 어른 전용 축구장이 아이들보다 훨씬 넓은 것, 7세 이하의 아이들만 탈 수 있는 재미있는 놀이 기구들 등등 생각보다 학생들은 많은 것이 불평등하다고 느끼고 있었다.

하지만 평등 경제 마을을 경험하면서 꽤나 달라진 모습을 보였다. 자신의 이익만을 바라보는 태도에서 조금이나마 벗어났다. 그리고 상대방의 입장에서 생각해보게 되었다. 그리고 평등이라는 것이 사람이 처한 상황에 따라 달라져야 한다는 점을 알게 되었다.

생각과 마음의 주머니가 조금씩 커진 학생들을 보니 내심 뿌듯했다. 인성 지도는 참 어렵다. 나는 올바른 인성 함양을 위해 상담이나 때때로 자신이 한 행동을 그대로 느껴 보게 하는, 직접적인 방법을 사용했다. 하지만 그때마다 학생들이 받을 수 있는 상처가 떠올라 마음이 편하지 않았다. 이런 나에게 이번 '평등 경제 마을' 활동은 많은 도움을 주었다. 친구와 함께 하는 즐거움. 그리고 평등에 대한 학생의 자발적 깨달음. 두 마리 토끼를 가져다 준 활동이었다.

자유 경제 마을(5일)

▶ 자유 경제 마을의 시작

- 자유 경제 마을에서는 평등 경제 마을과 달리 개인의 자유가 보장된다.
- 자신이 원하는 직업과 자리를 가질 수 있다. 단, 경매를 통해 낙찰되어야 한다.
- 정해진 직업 중 겸직은 안 된다. 다만 개인 창업은 가능하다. 이 때, 창업비 300톨이 지출된다.
- 직업에 대한 수당은 직업의 어려움에 따라 차등 지급된다.
- 토지는 직업과 달리 여러 개 가질 수 있다. 토지를 갖지 못한 학생은 여러 개의 토지를 가지고 있는 학생에게 임대료를 주고 앉아야 한다. 임대료는 토지 경매가의 50%이다.

임금	직업수당	직업별로 차등 지급 (150부터 600까지)
	수업수당	매일 300
세금	직업세	수당의 10% (창업의 경우에도 수익금의 10%)
	수업세	수당의 10% = 30
	토지세	• 토지 가격의 10% • 임대료 세금은 없음.
	생활비	200
직업		• 직업은 경매활동을 통해 결정됨. (시작가 : 100 / 상한가 : 700) • 겸직X, 창업은 무한대. (창업비 300) • 창업의 경우 완제품을 판매하는 것 안 됨. 자신의 능력이 들어간 물품은 판매 가능.
토지		• 토지는 경매 활동을 통해 결정됨. • 원하는 토지는 자유롭게 구매가능하며 경매 낙찰 가격보다 높은 금액에 구매할 수 있다. (제한X) • 임대료 = 토지 가격의 50%

평등 경제 마을과 비교했을 때 차이가 확연히 드러난다. 그 차이점에 부여한 의미를 Q&A형식으로 풀어보겠다.

Q1 개인 창업이란 무엇인가?

A1 자유 경제 마을에서 〈자유〉를 극대화한 요소라고 보면 쉽다. 경매를 통해 가진 직업 외에 자신의 흥미와 능력을 녹인 다른 직업을 가지는 것이다.

예를 들면 자신이 만든 미니어쳐 판매, 친구들의 캐리커쳐 그려주기, 집에서 직접 만든 쿠키 판매를 들 수 있다. 하지만 완제품을 사서 그대로 친구들에게 판매하는 것은 제외했다. 이는 자신의 능력과 노동이 들어 있지 않기 때문이다.

창업을 하기 위해서는 교사에게 창업 계획서를 작성하여 제출하고 현실 경제에서도 창업하는 데 돈이 필요하듯이 300톨을 지출해야 한다. 또한 얻은 수익의 10%는 세금으로 지출한다.

창업 신고서

사업명	가게 이름을 씁니다.		
사업자	혼자 할 수도 여럿이 할 수도 있습니다.	성격	개인 사업
창업 계획			
왜 이 사업을 하고 싶은지 어떤 물건이나 서비스를 팔아서 돈을 벌 것인지, 가게의 특별한 점은 무엇인지 생각해서 계획을 세웁니다. 고용을 할 경우에는 고용한 학생과 어떻게 소득을 나눌지도 써놓습니다. 일종의 계약서처럼요.			

창업자 서명	허가 서명
	교사는 확인하고, 창업을 허가해줍니다.

••• 창업계획서 양식

Q2 개인 창업과 판매원의 차이점은 무엇인가?

A2 우선 판매원은 평등 경제 마을부터 있었던 고정 직업이다. 판매원은 교사가 제공한 간식(캬라멜, 과자, 타먹는 초코 가루)만을 판매할 수 있다. 또한 교사로부터 간식을 가져가는 것이기 때문에 한 개를 판매할 때마다 50톨은 물건 값으로 교사에게 돌려주어야 한다. 덧붙여 얻은 수익의 10%는 세금으로 내야 한다.

하지만 개인 창업은 세금은 내지만 물건 값을 따로 교사에게 내지 않는다. 말 그대로 자신의 노동이 포함된 물건을 판매하는 것이기 때문이다.

Q3 평등 경제 마을에서 수업수당은 500이었다. 그런데 왜 자유 경제 마을에서는 300으로 줄였는가?

A3 학생들이 받는 수당은 두 가지이다. 직업 수당과 수업 수당. 평등 경제에서는 모든 학생들이 직업 수당을 200으로 받았다. 하지만 자유 경제에서는 일의 난이도가 높을수록 수당을 최대 600까지, 쉬울수록 최소 150을 받는다. 때문에 수업 수당이 500으로 높아질 경우에는 학생들에게 돌아가는 수입이 너무 많아질 것이라 판단했다. 덧붙여 과소비 현상이 나타나며 경제 활동의 의미가 퇴색될 수 있다고 보았다.

Q4 자유 경제 활동을 하면서 잔액이 0이 되는 학생이 나타날 수 있다. 이 경우에는 어떻게 대처해야 하는가?

A4 사실 이 경우도 자연스럽게 나타날 수 있는 현상이다. 경제 마을 활동을 단순히 재미로만 접근한다면 자신의 경제 상태를 생각하지 않고 소비만 할 것이다. 이 점을 경제 활동 전에 미리 설명해주어야 한다. 또한 혹시 발생할지 모르는 패배감을 예방하기 위해 경제 마을 활동 시작 전에 각 가정에 안내장도 보냈다.

이와 같은 예방에도 잔액이 0이 되는 학생이 발생할 수 있다. 그 학생은 그 시점부터 소비를 할 수 없다. 다만 수입을 증가시키기 위해 일자리를 구해야 한다. 쉽게 말해 '아르바이트'를 하는 것이다. 다른 직업을 가진 친구의 일을 대신하고 수입을 얻는데 이때 수입은 그 친구와 협의를 하여 정하도록 한다.

▶ 자유 경제 마을의 진행

우선 경매로 직업과 자리를 선정하였다. 학생들은 처음 접해보는 경매에 엄청난 호기심을 보였다. 사실 경매를 시작하기 전 재미에만 치중하여 무턱대고 가격을 부르진 않을까 걱정이 되었다. 그래서 경매를 시작하기 전 자신의 상황을 잘 파악해 가며 계획성 있게 참여하도록 안내하였다. 그 결과 학생들은 나름대로 진중하게 자신의 잔액을 계산해가며 경매에 참여할 수 있었다. 이 부분에서 교사의 역할이 중요하다는 점을 다시 한번 깨달았다.

경매를 통해 자신이 원하는 직업과 자리를 가지고 본격적으로 자유 경제 마을 활동을 진행하였다. 진행 중에 느낀 점은 학생들이 확실히 자신의 직업 수행에 더 큰 책임감을 가진다는 점이다. 아무래도 평등 경제 마을에서는 자신의 의지에 상관없는 직업을 가졌기 때문에 '열심히 해야겠다.'라는 생각이 크게 들지 않았을 것이다. 하지만 자유 경제 마을에서는 자신이 일한 만큼 보상을 받고 자신이 원하는 직업을 가졌기 때문에 더욱 열심히 임하는 자세를 보여주었다.

그리고 개인 창업이 진행됨에 따라 생산과 소비가 더욱 활발하게 이루어졌다. 생산자는 자신이 만든 물건을 판매하면서 뿌듯함을 느꼈고 소비자는 물건을 사며 그 물건에 '친구가 직접 만들었다.'라는 특별한 의미를 부여하는 듯했다. 생산과 소비라는 기본적인 경제 개념을 내재화하며 동시에 친구와의 우정을 다지는 데에도 이 활동이 톡톡히 한몫을 하였다. 뿐만 아니라 창업을 하는 학생들 사이에서 선의의 경쟁을 볼 수 있었다. 다른 학생들과는 다른 개성 있는 방식으로 적극적으로 홍보를 하고, 질 좋은 물품을 만들기 위해 고민하고 또 고민하는 학생들의 모습. 그 모습들이 정말 멋졌다.

마지막으로 자유 경제 마을이 5일 동안 진행되면서 학생들은 점점 더 계획적인 소비를 하게 되었다. 다음 공정 경제 마을을 대비하여 절약하는 학생들이 많이 보였다. 이 모습을 보며 학생들이 교실 속 경제 활동을 통해 실생활에서도 미래를 대비하는, 짜임새 있는 경제생활을 습관화 할 수 있겠다는 믿음이 들었다.

▶ 자유 경제 마을을 마치며

5일 동안 학생들은 그 어느 때보다도 최선을 다했다. 웃음꽃이 활짝 핀 학생들도 있었고 우울해하는 친구들도 있었다. 이 기준은 바로 자신의 가진 잔액이 아닐까? 슬픔에 빠진 친구들이 입을 모아 하는 말은 다음과 같다. "선생님, 제가 왜 생각하지 않고 돈을 썼을까요?" 나에게 와서 후회의 말을 쏟아내는 학생들이 안타까우면서도 자신의 행동을 반성하는 모습이 참 기특했다. 동시에 학생들이 자신의 소비 패턴을 돌이켜보는 아주 소중한 기회가 되었다는 생각에 안도감이 들었다.

자유 경제 마을 활동을 마치고 학생들과 함께 체험 소감을 나누어보았다. 다음과 같은 소감이 나왔다.

① 처음 하는 경매가 너무나 흥미진진했다.
② 친구들이 손수 만들어 온 물품과 음식을 살 수 있어서 특별했다.
③ 창업을 하다 보니 원래 물건을 판매하는 판매원의 수입이 너무 많이 줄어들었다.
④ 돈이 많은 사람은 엄청 많은데 없는 사람은 아예 없다. 차이가 너무 크다.
⑤ 엄마 아빠가 주는 용돈을 아껴야겠다. 군것질이나 필요 없는 물건을 사는 데 돈을 낭비하지 않아야겠다.
⑥ 집에서도 용돈 기입장을 써봐야겠다.

특히 3, 4, 5, 6번의 소감이 의미 있었다. 5번과 6번의 경우 내가 경제 프로젝트를 진행한 목적과 관련이 있었으며, 3번과 4번의 경우 이 부분을 보충하는 경제 마을이 바로 다음으로 진행할 마지막 경제 마을, 공정 경제 마을이기 때문이다.

경제마을

자유 경제 소감문　　　　번　이름

자유경제의 특징은 무엇일까?

이름처럼 자유롭고, 직업마다 수입이 다르다. 그리고 평등마을과는 다르게 개인창업이 가능하다

자유 경제의 장점, 좋았던 점은 무엇일까?

공무원처럼 어려운 직업은 수입을 많이 받는다. 그리고 전보다 자유로워진 것 같아 좋았다

자유경제의 단점, 좋지 않았던 점은 무엇일까?

청소, 경비 등의 조금 쉬운 직업 같은 경우에는 소득이 적어 마음대로 무엇을 구매하기 어려운 점이 있었을 것 같다.

경제마을

자유 경제 소감문　　　　번　이름

자유경제의 특징은 무엇일까?

평등 경제와는 다르게 생활비나 생활소득은 똑같았지만 직업세나 토지세 등등이 다른 세금들과 다르게 주어지거나 뺏긴다는 점이 평등 경제와는 다른 자유 경제의 특징이라고 생각한다.

자유 경제의 장점, 좋았던 점은 무엇일까?

자기가 어려운 직업이나 힘든 직업은 직업소득은 힘들 직업을 하면 더 많이 받아서 좋았다. 토지를 1개가 아닌 여러 개의 토지를 가질 수 있어서 좋았다

자유경제의 단점, 좋지 않았던 점은 무엇일까?

창업 때문에 판매수익이 손해를 많이 본다. 창업 장사가 안되면 손해를 본다

••• 자유 경제 마을 소감문

공정 경제 마을(3일)

▶ 공정 경제 마을의 시작

- 잔액이 없는 학생들을 위해 교사가 은행의 역할이 되어 대출을 내어 줄 수 있다.
- 빈부격차의 차이를 줄이기 위해 직업세의 비율을 다르게 한다. (직업 수당이 300톨 초과인 경우 20%, 300톨 이하인 경우 10%)
- 재산세를 거두게 된다. (남은 잔액이 2000톨 이상인 경우 20%, 1000톨 이상 2000톨 미만인 경우 10%, 나머지 잔액은 거두지 않는다.) ➡ 이 점으로 재산세를 거두는 직업이 추가된다.

임금	직업수당	직업별로 차등 지급 (150부터 600까지)
	수업수당	매일 300
세금	직업세	직업수당≥300인 경우 20% 직업수당<300인 경우 10% 개인 창업은 그대로 수익금의 10%
	수업세	수당의 10% = 30
	재산세	잔액≥2000인 경우 20% 1000≤잔액<2000인 경우 10%
	토지세	• 토지 가격의 10% • 임대료 세금은 없음.
	생활비	200
직업		• 직업은 경매활동을 통해 결정됨. (시작가 : 100 / 상한가 : 700) • 겸직X, 창업은 무한대. (창업비 300) • 창업의 경우 완제품을 판매하는 것 안 됨. 자신의 능력이 들어간 물품은 판매 가능.
토지		• 토지는 경매 활동을 통해 결정됨. • 원하는 토지는 자유롭게 구매가능하며 경매 낙찰 가격보다 높은 금액에 구매할 수 있다. (제한X) • 임대료 = 토지 가격의 50%

공정 경제 마을 시스템을 보며 몇 가지 의문이 들 수 있을 것이다. 이를 Q&A형식으로 풀어보겠다.

Q1 대출을 내줄 경우 학생으로부터 이자도 받는가?

A1 이자를 받을 것인지 고민을 많이 했다. 경제 활동의 실제를 경험하도록 하기 위해선 이자를 도입해야 했다. 하지만 대출을 받는다는 것은 자신에게 남아 있는 잔액이 없다는 것을 의미하고 이미 여기에서 상당한 압박감을 느꼈을 것이다. 이 상태에서 이자를 도입하면 학생들에게 경제 활동 자체에 대해 부정적인 인식을 심어줄 수도 있다고 보았다. 때문에 이자는 도입하지 않았다. 이 부분은 교사마다 관점이 다를 수

있기 때문에 각 학급에서 융통성있게 적용하면 된다고 본다.

Q2 직업세와 재산세를 거두는 조건과 비율은 어떤 기준으로 정했는가?

A2 공정 경제 마을은 자유 경제 마을에서 나타난 '빈부격차의 심화'를 줄이는 시스템이 도입된다. 때문에 각 반에서 학생들이 잔액 현황을 보고 어떤 범위 안에서 어느 정도의 비율로 세금의 차등을 두어야 빈부격차를 줄일 수 있을지 생각해야 할 것이다. 즉 절대적인 수치는 정해져 있지 않다. 다만 자유 경제 마을 활동을 끝낸 후 각 반의 잔액에 따라 상대적으로 바뀔 수 있는 부분이다.

Q3 재산세를 거두는 학생은 많이 힘들 듯하다.

A3 그렇다. 재산세를 거두는 학생은 다른 친구들의 잔액을 확인하고 어느 범위에 들어가는 지 따져가며 세금을 거두어야 한다. 복잡할 수 있다. 때문에 계산기 사용을 허가했으며 수행 난이도에 비례하여 직업 수당도 가장 높게 책정하였다. 또한 직업 경매 전 이와 같은 복잡함을 미리 언급하고 경매에 참여하도록 하였다. 이처럼 사전에 미리 준비를 해두어 이 일에 적합한 학생이 직업을 가져갈 수 있었다.

▶공정 경제 마을의 진행

경매로 새로운 직업과 자리를 선정하는 활동으로 공정 경제 마을의 문을 열었다. 자유 경제 마을과 차이점이 확연히 드러나 새삼 놀라움을 느꼈다. 평등 경제에서 자유 경제로 넘어갈 때는 학생들의 잔액이 비슷하였다. 때문에 경매 상한가인 700으로 직업과 토지를 사가는 학생들이 많았다. 그리고 토지를 사지 못해 임대료를 내는 학생들도 많이 없었다.

하지만 자유 경제에서 공정 경제로 넘어올 때는 학생들의 개인 소비가 많아져 빈부격차가 매우 컸다. 때문에 직업 경매에서의 낙찰가가 상대적으로 낮았다. 뿐만 아니라 토지를 세 개 또는 네 개씩 사는 학생들이 증가하고 동시에 토지를 아예 사지 못하는 학생들도 그만큼 많아졌다. 이 현상을 직접 경험하게 된 우리 반 학생들은 공정 경제의 필요성을 다시 한 번 깨달을 수 있었다.

대부분의 학생들이 마지막 마을 활동에서는 미래를 생각하며 계획적으로 소비와 생산을 하였다. 물론 대출을 하는 학생들도 있었지만 더 많은 대출을 하지 않도록 아르바이트를 열심히 구해 수입을 늘려나가는 자세를 보였다.

▶공정 경제 마을을 마치며

평등, 자유, 공정 경제 마을 활동을 모두 끝마쳤다. 모든 경제 마을 활동을 끝낸 뒤 가장 마음에 드는 경제체제를 골라보라는 문항에 많은 친구들이 공정 경제를 꼽았다. 자유 경제 시스템이 거의 다 보장됨과 동시에 빈부격차를 줄일 수 있는 기구가 등장했기 때문이다. 이 부분에서 학생들이 자신의 이익뿐만 아니라 타인의 입장도 생각하는 마음씨를 기를 수 있었다고 본다. 또한 공정 경제 마을 활동을 하며 특히나 돈의 중요성, 계획적인 소비의 중요성을 더욱 깨달았다고 생각한다.

"선생님께서는 교실 속 경제 활동이 의미있었다고 생각합니까?"라는 물음을 받는다면 나는 망설임 없이 이렇게 답할 것이다.

"그럼요!"

〈경제 마을 활동을 끝낸 뒤〉

번 이름

우리는 평등, 자유, 공정의 세 가지 경제체제를 경험해 보았습니다.

각 경제체제의 장점은 무엇일까요?

평등	자유	공정
모든 사람이 평등하다.	자유롭다.	대출이 가능해서 빈부격차 [illegible]
빈부격차가 적다.	자신만의 창업을 할 수 있다.	일을 한 만큼의 대가를 준다.

각 경제체제의 단점은 무엇일까요?

평등	자유	공정
어려운 일을 하는 사람에게 불공평하다	빈부격차가 크다.	대출을 갚지 못해 파산 [illegible]
너무 자유롭지 못하다.	돈이 없는 사람들은 [illegible]	

어느 경제체제가 가장 마음에 들었나요? 그리고 그 이유는 무엇인가요?

공정, 빈부격차가 자유보다 적었고, 평등이 빈부격차는 제일 적지만 평등은 자유롭지 못한 듯한 느낌이 들어서 자유롭고 빈부격차도 적은 공정이 가장 좋았다.

〈경제 마을 활동을 끝낸 뒤〉

번 이름

우리는 평등, 자유, 공정의 세 가지 경제체제를 경험해 보았습니다.

각 경제체제의 장점은 무엇일까요?

평등	자유	공정
공평해서 좋았다	창업도 할 수 있었다	돈이 없는 사람은 대출이 있다
자기의 땅이나 직업에 불편을 가지지 않았다	일한 만큼 돈을 벌었다	자기가 원하는 직업, 땅을 얻었다
직업이나 땅을 살 때 돈이 들지 않았다	자기가 원하는 직업, 땅을 얻었다	일한만큼 돈을 받고 창업도 할 수 있었다

각 경제체제의 단점은 무엇일까요?

평등	자유	공정
어려운 직업과 쉬운 직업마다 돈이 같아서 불공평했다	돈이 없는 사람은 무조건 돈을 아껴야 했다	창업을 망하는 사람은 순간 나갔다
자기 원하는 직업과 땅을 가질 수 없었다.	창업을 망하는 사람은 순간 나갔다	창업세를 또 내야 했다
창업도 불가능 했다		

어느 경제체제가 가장 마음에 들었나요? 그리고 그 이유는 무엇인가요?

공정 경제가 가장 마음에 들었다 그 이유는 자유처럼 자기가 원하는 직업과 땅을 가졌고 창업도 할 수 있었지만 돈이 없던 사람들은 대출이 될 수 있다는게 가장 장점인 것 같다. 그리고 돈이 많은 사람은 그 10% 만큼 돈도 나가고 돈이 적은 사람은 재산세를 안 내도 되는게 공평했다고 생각한다. 경제 중에서는 공정이 가장 좋았지만 그래도 모든 경제 활동이 재미있었다.

••• 공정 경제 마을 소감문

평등, 자유, 공정을 한꺼번에 비교해보고 가장 마음에 들었던 경제 마을을 선택해보았다. 학생들이 직접 다채로운 활동을 체험하여 굳이 내용을 알려주지 않아도 스스로 답할 수 있었다.

주민들과 함께 지역 경제 체험해보기!

▶ 교실 밖 장터 『우리가 Green 여섯 빛깔 오태장터』의 큰 틀

학생들은 교실 속 마을 활동을 체험했다. 이 체험을 통해 생산과 소비, 자유와 경쟁의 개념을 내재화할 수 있었다. 이를 바탕으로 경제 체험의 범위를 넓혀 보고자 했다. 실제 돈을 사용하고 친구들이 아닌 지역 주민들과 함께 말이다. 이 활동을 한다면 학생들이 교과서에서 벗어나 경제의 참모습을 볼 수 있지 않을까란 생각을 했다. 이와 같은 목표에서 나온 활동이 바로 교실 밖 장터, 『우리가 Green 여섯 빛깔 오태 장터』이다. Green이란 중의적 표현이다. 한글로는 '우리가 만들었다.'라는 의미를 가진다. 그리고 영어로는 '초록색'을 의미하는데, 초록은 환경을 나타내는 대표적인 색이라 보았다. 이는 이전 프로젝트에서 배운 환경을 접목하여 '환경을 생각하자' 라는 의미를 담고 있다. 그리고 여섯 빛깔은 5학년 여섯 반을 의미한다.

장터를 계획하는 것은 쉽지 않았다. 아니 정말 많은 시간이 필요했다. 학생들의 안전이 보장되며 원활하게 진행될 수 있도록 최대한 모든 경우의 수를 생각해야 했기 때문이다. 약 한 달 동안 세운 계획을 정리해보면 다음과 같다.

- 각 반에서 하나의 음식을 정하고 적당한 양과 금액을 측정하여 판매한다.

음식 종류 및 가격	와플, 핫도그, 피자, 팝콘, 떡볶이, 볶음면
조리 방법	판매 시작 전 교실에서 만들 수 있는 음식은 미리 만들어 놓는다. 혹시나 식을 경우 판매가 어려운 음식은 바깥에서 요리하여 판매한다. 이 때 화재가 발생하지 않도록 교사의 지도하에 각별히 주의한다.

- 학생들이 가정에서 사용하지 않는 물건을 가져와 아나바다 알뜰 장터에서 판매한다. 가격은 100원, 500원, 1000원, 2000원으로 나누었다.
- 1꼭지 활동 '교실 속 경제 마을 활동' 에서 개인 창업을 한 팀 중 반에서 1~2팀을 뽑아 장터에서도 판매한다. 이는 '재능 기부' 라는 주제 안에서 이루어진다.

재능기부 종류예시	요리, 클레이로 만든 미니어처, 악기 연주, 부모님의 어깨 안마해드리기

- 장터는 운동장에서 이루어진다. 학교 건물 안에서 실시된다면 외부인이 교실 안에 들어와 다른 학년에 피해가 갈 수 있으며 안전사고가 발생할 수 있기 때문이다. 날씨가 더울 수 있으므로 천막을 설치하며 학교 내의 긴 탁자를 최대한 이용하고 부족한 것은 학생 개인 책걸상을 이용한다. 버너를 운동장에서 이용하는 학반은 최대한 화재 위험이 적은 위치에서 요리한다. 운동장 배치는 아래와 같다.

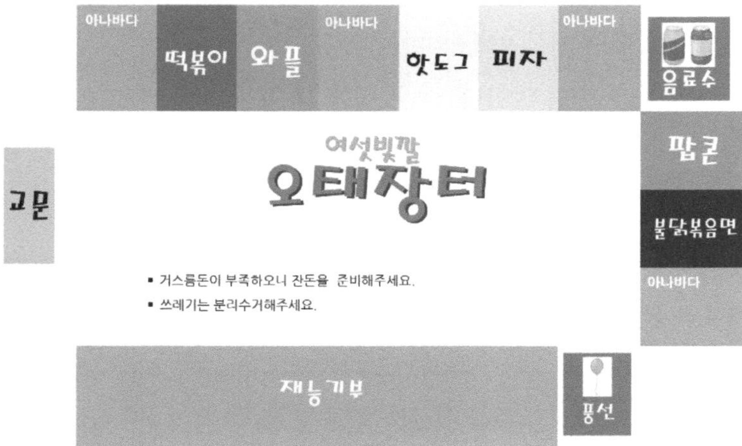

- 환경 보호가 함께 이루어지는 장터가 될 수 있도록 참여하는 주민과 학생들에게 개인 접시와 수저를 들고 올 수 있도록 사전에 안내한다. 또한 개인 접시와 수저를 준비한 분께는 할인하여 판매한다. 뿐만 아니라 운동장 중간에 분리수거 통을 설치하여 보다 깨끗한 장터가 진행되도록 한다.
- 모든 학생들에게 하나의 역할을 부여하여 의미 있는 장터가 진행되도록 한다. 크게는 반별로 음식 담당, 아나바다 물건 담당, 재능 기부(개인 창업)으로 나뉜다. 더 세부적인 것은 아래 역할로 나눌 수 있다.

역할 예시	요리 담당, 판매 담당, 돈 관리 담당(장부 작성, 거스름돈 주기), 홍보 담당 등

- 수익은 의미 있는 단체에 전액 기부한다.
- 학생이 준비해야 할 것은 다음과 같다.

학생	① 장터 이름 공모 ② 판매 가게 간판 만들기 ③ 돈을 모을 통 만들기	– 판매 가게 이름 정하기 – 판매 전 요리 연습해보기

장터 활동 준비하기

▶ 장터 이름 정하기

장터 이름은 각 반에서 투표로 하나를 선정한 후 반에서 대표로 뽑힌 이름 중 또 하나를 선택하는 방식을 택했다. 후보로는

- 다모여 마켓
- 우리가 Green 여섯 빛깔 오태장터
- 꿈과 희망이 가득한 우리들만의 플리마켓
- 아름다운 오태마을의 클래스 마켓
- 마구 마구 먹고 즐기는 장터
- 오태 마켓

여섯 가지가 나왔다. 이 중 가장 적합한 의미가 담긴 2번 우리가 Green 여섯 빛깔 오태장터가 선택되었다. 장터 이름이 정해진 후 주민들과 학생들에게 배부할 안내장을 만들었다.

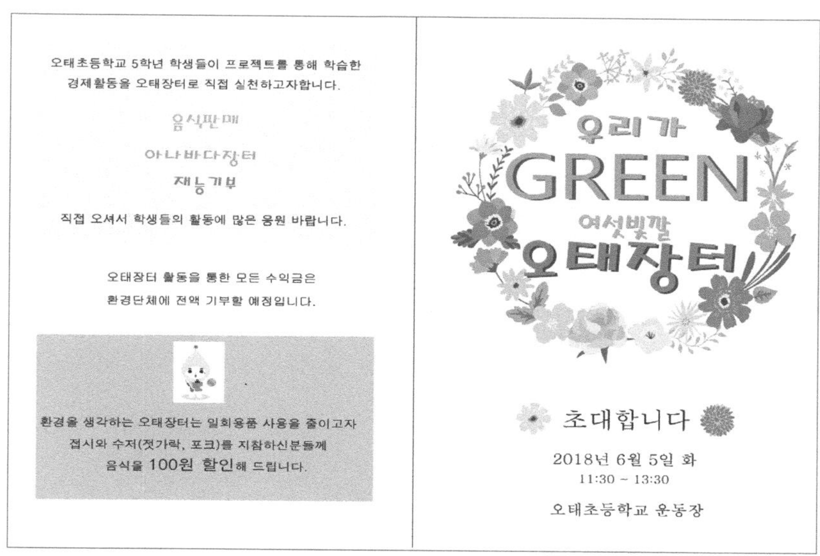
오태초등학교 5학년 학생들이 프로젝트를 통해 학습한
경제활동을 오태장터로 직접 실천하고자합니다.

음식판매
아나바다장터
재능기부

직접 오셔서 학생들의 활동에 많은 응원 바랍니다.

오태장터 활동을 통한 모든 수익금은
환경단체에 전액 기부할 예정입니다.

환경을 생각하는 오태장터는 일회용품 사용을 줄이고자
접시와 수저(젓가락, 포크)를 지참하신분들께
음식을 100원 할인해 드립니다.

우리가
GREEN
여섯빛깔
오태장터

초대합니다
2018년 6월 5일 화
11:30 ~ 13:30
오태초등학교 운동장

••• 오태 장터 안내장

▶ 판매 가게 이름 정하기

각 반에서 만들 음식을 정하였다. 음식 메뉴를 고르는 것도 참 어려웠다. 음식을 선택할 때는 다음 세 가지 기준을 사용했다.

- 학생들이 직접 만들기에 적합한가?
- 불 및 칼 사용을 최소화 할 수 있는가?
- 식어도 판매할 수 있는가?

최종적으로 결정된 메뉴는 와플, 핫도그, 미니 피자, 팝콘, 떡볶이, 볶음면이다. 각 반에서 하나의 메뉴씩 담당했으며 음식 가게의 이름을 정하였다. 참신하고 개성 있는 이름이 많이 나와 깜짝 놀라기도 했다. 가게 이름이 정해진 후에는 하드보드지를 이용하여 삼각 간판을 만들었다.

메뉴	가게 이름
와플	나에게 드루와plz
핫도그	뜨거운 강아지
미니 피자	룰루랄라 오태 피자점
팝콘	뚱뚱이 팝콘
떡볶이	강추 불난 떡볶's
볶음면	불이야! 불짜반점

••• 학생들이 만든 개성 있는 간판들

각 반의 재능 기부(개인 창업)를 하는 팀도 판매 가게 이름을 정했으며 삼각 간판을 만들었다.

▶ 세부 물품 준비하기 및 안전교육

학생들이 역할을 다할 동안 5학년 선생님들도 분주하게 필요한 물품들을 준비하였다. 우선 학생들이 요리할 재료, 컵, 접시 등을 구매하였다. 요리를 할 때 필요한 기구(버너, 전자레인지 등)는 학생들과 다른 선생님들의 도움을 받아 마련하였다.

요리 재료는 300인분을 기준으로 구매하였다. 200인분은 판매용, 100인분은 5학년 학생들의 점심 대용으로 준비하였다. 뒤에서도 언급하겠지만 장터 날 점심 급식은 학생들이 만든 음식으로 대체하기로 했다. 이 점은 사전에 안내장을 배부하여 학부모의 동의를 얻었다.

후에 천막과 현수막을 준비했다. 이 때 현수막은 3프로젝트 〈환경〉에서 학생들이 그린 환경보호 포스터를 모두 넣은 현수막이다. 장터 곳곳에 환경 보호 현수막을 달아 장터가 보다 깨끗한 환경에서 이루어지도록 홍보하였다.

어서 오세요! 우리가 Green 여섯 빛깔 오태 장터

드디어 장터의 날이 밝았다. 그런데 눈을 떠 창밖을 보니 빗방울이 조금씩 떨어지고 있었다. 그래서인지 어젯밤 잠들기 전의 긴장감이 더 커진 기분이었다. 학생들도 교사도 긴장감과 설렘이 공존하는 분위기 속에서 장터 준비를 시작하였다. 필요한 책걸상과 아나바다 물건을 가장 먼저 바깥으로 옮겼다. 그리고 교실 안에서는 요리를 준비하고 11시 30분이 되기 전 만든 요리를 바깥 천막으로 옮겼다. 이 때 학생들의 표정을 잠깐씩 보았다. 떨림에서 나오는 무표정과 힘들어하는 기색이 역력하였다. 사실 교사로서도 쉽지 않은 행사라 나도 지쳐있었다. 그러나 나부터 힘을 내야겠다는 생각을 했다.

"힘내자 얘들아!" 평소보다 더 힘을 주어 외쳤다.

11시 30분이 되자 신기하게도 비가 그치고 햇살이 비추기 시작했다. 그에 부응하여 동네 주민들과 선생님들 학생들이 몰려들었다. 분위기가 변함에 따라 학생들의 얼굴에도 웃음꽃이 조금씩 피기 시작하였다. 직접 물건을 파는 건 처음이어서 평소와는 다른 적극적인 모습을 보이는 학생들도 많았다. 그 모습이 교사에게는 참 크게 와 닿았다. 비록 준비하는 과정이 힘들었지만 아이의 웃는 모습이 그 힘듦을 다 씻겨주는 기분이랄까.

장터를 하는 과정에서 걱정했던 점 중 하나가 '깨끗한 운동장을 유지할 수 있을까'였다. 아무래도 많은 사람들이 음식을 사고 팔다보니 쓰레기가 많이 발생할 것이다. 아니나 다를까 30분 정도 지나니 분리수거 통은 금세 차버렸고 넘치고 있는 상태였다. 5학년 선생님들이 먼저 분리수거 통을 비우고자 하였다. 그런데 선생님 주변으로 솔선수범하여 봉사하고자 하는 5학년 학생들이 많이 몰려들었다. 이처럼 학생들과 선생님이 함께 분리수거하는 모습을 보여서인지 그 다음부터는 다른 손님들이 조금 더 분리수거에 신경 쓰는 것을 느낄 수 있었다.

약 1시간 30분 정도가 지나자 모든 물건과 음식들이 판매를 완료하였다. 너무도 뿌듯하였다. 학생들은 서로서로 고생했다는 의미로 하이파이브를 하였다. 서로 더욱 가까워진 느낌이었다.

••• 장터 활동과 분리수거 모습

장터를 끝낸 후 소감문을 작성해보았다. 예상외로 학생들에게 이 장터는 아주 큰 의미가 되었다. 지금까지의 학교 생활 중에 가장 기억에 남는다는 학생도 있었다. 그리고 개인적으로 마음에 와 닿은 소감문이 있었다. 평소 자신의 의사를 표현하는 데 어려움을 겪는 학생이다. 그런데 소감문에 "선생님, 오태 장터를 열어주어서 감사하고 고맙습니다."라는 문장을 적은 것이다.

<오태 장터를 끝낸 뒤>

번 이름

우리는 오태 장터에서 물건을 직접 사고 팔아보았습니다.
오태 장터를 하면서 느낀 점(좋았던 점, 알게 된 점, 아쉬웠던 점 등)을 적어봅시다.
특히 알게 된 점은 우리가 사회 시간에 배운 경제 내용과 관련지어 써보면 좋겠습니다.
모두들 열심히 참여하는 모습이 참 보기 좋았습니다. 고생 많았습니다!!

경제를 체험해볼 수 있어서 좋았고 여러 친구들을 대하면서 물건을 팔았었는데 너무 좋은 경험이였던 것 같다. 그리고 이 경험을 통해 사람을 대하는 것이 그렇게 엄청 어려운 것은 아니라는 것을 깨달았기도 하고 광고의 힘도 알게되었고, 서로서로 홍보하며 경쟁하는 모습도 보았다. 또, 선택의 자유, 소비의 자유 등 엄청 많은 것을 체험했다

<오태 장터를 끝낸 뒤>

번 이름

우리는 오태 장터에서 물건을 직접 사고 팔아보았습니다.
오태 장터를 하면서 느낀 점(좋았던 점, 알게 된 점, 아쉬웠던 점 등)을 적어봅시다.
특히 알게 된 점은 우리가 사회 시간에 배운 경제 내용과 관련지어 써보면 좋겠습니다.
모두들 열심히 참여하는 모습이 참 보기 좋았습니다. 고생 많았습니다!!

오태장터를 하면서 자신이 원하는 물건을 팔고 사고 등 자신의 자유가 좋아져서 좋았어요 맛있는 것도 많고 자신이 만든 걸 팔고 사는 게 뭔가 실제 사회 경제처럼 느껴져서 그리고 마지막에 책상 옮기는게 힘들었지만 재미있고 막 신나서요 끝나서 아쉬웠다 다음에 또 하고 싶어서요 선생님 오태장터 열어주셔서 감사하고 고마습니다 다음에도 또 하고싶어요 앞으로 더 재미있게 해주세요! 정말 고마습니다 다른반 선생님도 정말~ 감사합니다.

••• 오태 장터 소감문

여러 나라 속 무역 경제 체험해보기!

▶『우리가 피자왕!』 무역 게임의 탄생

▷『우리가 피자왕!』 무역 게임의 목적

경제 활동은 한 국가 안에서만 이루어지는 것이 아니다. 국가와 국가 사이에서도 이루어진다. 그것이 바로 무역이다. 무역은 나라 간에 서로 필요한 것을 화폐를 사용하여

사고파는 활동이다. 이렇게 무역이 일어나는 까닭은 나라마다 자연 환경과 자본, 기술 등이 달라 생산되는 것이 다르기 때문이다.

개인적으로 이전까지는 무역에 대하여 학생들을 지도할 때 인쇄물 또는 동영상으로 무역의 사례를 많이 들어주었다. 그리고 예와 반례를 보며 무역의 정의를 학생들이 내려 보았다. 또는 무역의 정의를 먼저 알려주고 이를 바탕으로 예와 반례를 분류해보며 무역의 의미를 이해하도록 하였다. 어떻게 보면 매우 정석인 방법이다. 하지만 이 방법을 사용할수록 가르치는 입장에서 먼저 따분함을 느끼게 되었다. 그래서 '무역 또한 체험을 중심으로 진행할 수 없을까?' 란 생각을 하였다. 그 생각에서 나온 아이디어가 바로 『우리가 피자왕!』 무역 게임이다.

이 게임은 캐나다 예비교사 콘래드(Conrad)의 무역수업(출처: 수업, 비평을 만나다/이혁규)과 경인교육대의 수업방식을 섞어서 만들게 되었다. 우선 콘래드의 무역 수업은 컴퍼스, 자를 이용하여 삼각형, 원, 반원을 그리고 그에 해당하는 자본(돈)을 얻게 된다. 그런데 5학년 1학기 수학 교육과정에는 여러 가지 도형의 넓이를 구하는 내용이 나온다. 때문에 콘래드의 무역 수업처럼 도형을 작도하기 보다 도형의 넓이를 계산하여 조건에 맞는 토핑을 올리는 수업 방식을 택했다.

그렇게 탄생한 『우리가 피자왕!』 무역 게임의 규칙을 설명하겠다.

▶『우리가 피자왕!』 무역 게임의 규칙

- 각 모둠은 가지고 있는 준비물(피자도우, 토핑도형, 가위, 풀)을 사용하여 피자를 생산한다. (단, 모둠별 인원과 준비물 개수는 다르다.)

오늘은 우리가 피자왕!					
국가번호		5	예금주	백종호, 예현빈	
연번	내용	수입	지출	잔액	확인란(담당자 서명)
1					
2					
3					
4					
5					
6					
7					
8					
9					
10					
11					
12					
13					
14					
15					
16					
17					
18					
19					
20					
21					
22					
23					
24					
25					
26					
27					
28					
29					
30					

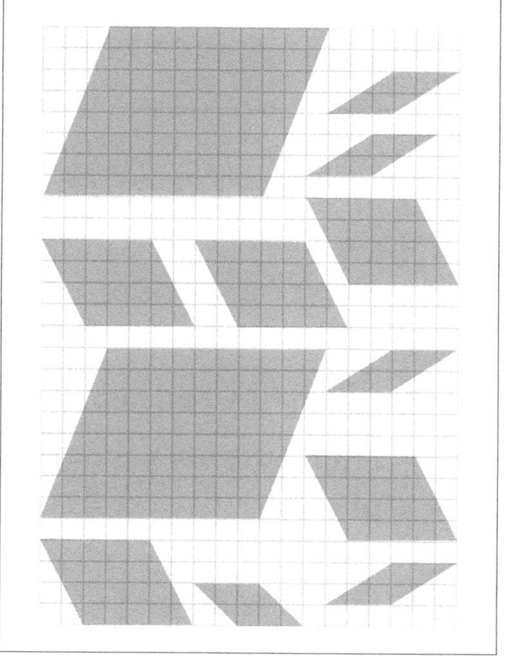

••• 피자 도우와 통장

••• 다섯 가지 도형 토핑

여기서 잠시, 준비물 및 생산품을 무역과 관련지으면 다음과 같다.

자원	피자 도우, 5가지 도형 종이
기술	가위, 풀
노동력	국가별 사람 수
생산품	완성된 피자 • 3가지 색깔의 도형 (300cm² 이상 400cm² 이하) : 300$ • 4가지 색깔의 도형 (300cm² 이상 400cm² 이하) : 400$ • 5가지 색깔의 도형 (300cm² 이상 400cm² 이하) : 500$

- 피자 도우를 자르거나 붙여서 다른 도형으로 만들지 못한다. 예를 들면, 직사각형을 대각선으로 잘라 삼각형 두 개로 만들지 못한다.
- 피자를 생산한 후 은행(교사)에 검사를 맡고 통과가 되면 피자에 해당하는 돈(자본)을 얻을 수 있다.
- 피자를 만드는 데 부족한 준비물과 인원은 다른 모둠과 협상하여 살 수 있다. 이때 금액은 모둠별로 협의를 하며 통장에 작성한다.
- 주어진 시간 안에 가장 많은 돈을 번 모둠이 우승한다.

▶『우리가 피자왕!』 무역 게임– 모둠별 배분 현황

1국가			2국가		
인원	7명		인원	6명	
자원	도우	3판	자원	도우	3판
	도형	직사각형 3장, 평행사변형 3장		도형	마름모 3장, 사다리꼴 3장
기술	가위	1개	기술	가위	1개
	풀	2개		풀	2개
자본	1000$		자본	1000$	
3국가			**4국가**		
인원	5명		인원	5명	
자원	도우	15판	자원	도우	15판
	도형	직사각형 4장, 삼각형 4장, 평행사변형 4장		도형	사다리꼴 4장, 삼각형 4장 마름모 4장
기술	가위	2개	기술	가위	2개
	풀	1개		풀	1개
자본	500$		자본	500$	
5국가			**6국가**		
인원	2명		인원	2명	
자원	도우	2판	자원	도우	2판
	도형	삼각형 2장, 사다리꼴 2장		도형	평행사변형 2장, 직사각형 2장
기술	가위	7개	기술	가위	7개
	풀	7개		풀	7개
자본	2000$		자본	2000$	

이 표는 각 국가에 배분하여 자신의 국가에서 필요한 준비물을 사올 때, 또는 국가에 남는 준비물을 팔 때 사용하도록 한다.

▶ 함께 해요, 『우리가 피자왕!』 무역 게임

학생들에게 규칙을 알려주고 『우리가 피자왕!』 게임을 시작하였다. 중요한 점이 있는데 처음 5분 동안에는 각 국가별로 주어진 준비물만을 이용하도록 하였다. 즉, 국가 사이에 사고파는 활동이 이루어지지 않는다. 이렇게 되니 여러 국가에서 불만의 목소리가 나오기 시작했다.

"선생님, 저희는 토핑 도형 종류가 두 가지뿐인데 어떻게 돈을 얻어요? 피자 만들려면 최소한 세 종류는 있어야 하는데……"

"저희는 일곱 명인데 가위는 딸랑 두 개밖에 없어요. 너무해요"

"우리는 사람은 두 명인데 가위는 일곱 개나 돼. 필요가 없어."

마지막으로 이 의견이 나왔다.

"선생님, 다른 국가에서 사오면 안돼요?"

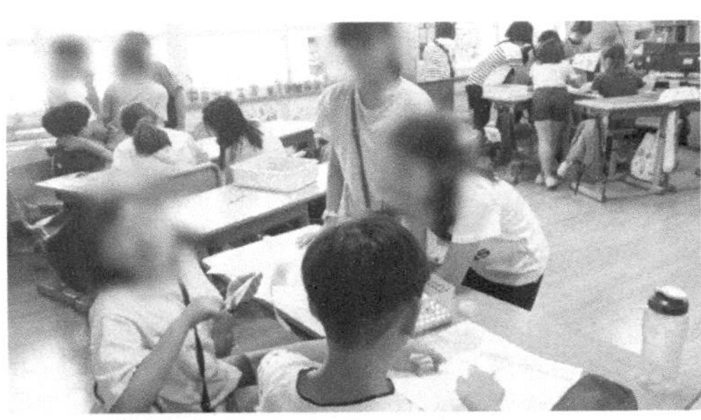

1. 직사각형 : 가로 X 세로
2. 평행사변형 : 밑변 X 높이
3. 삼각형 : 밑변 X 높이 ÷ 2
4. 사다리꼴 : (윗변+아랫변) X 높이 ÷ 2
5. 마름모 : 한 대각선 X 다른 대각선 ÷ 2

<활동1>

도전!
우리가 피자왕!

게임 규칙

1. 각 나라는 가지고 있는 도우, 토핑도형, 가위, 풀을 사용하여 피자를 생산한다. (단, 나라별 인원과 준비물 수는 다르다.)

토핑 넓이의 합이
$300cm^2$ 이상~$400cm^2$ 이하

* 도형의 종류가 3개 이상: 100$
* 도형의 종류가 4개 이상: 200$
* 도형의 종류가 5개 이상: 300$

게임 규칙

1. 피자를 생산한 후 은행(선생님)에 검사를 맡고, 통과가 되면 피자에 해당하는 돈을 얻을 수 있다.

(통장에 기록한다.)

2. 게임 종료 후 가장 많은 돈을 번 나라가 우승!

1나라 승민, 우준, 동훈, 현우, 하율, 은서, 연수	
사람수	7명
피자 도우	3판
토핑 도형	직사각형 3장 평행사변형 3장
가위	1개
풀	2개
돈	1000$

3나라 우민, 승언, 대성, 서린, 예진	
사람수	5명
피자 도우	15판
토핑 도형	직사각형 4장 평행사변형 4장 삼각형 4장
가위	2개
풀	1개
돈	500$

5나라 현빈, 종호	
사람수	2명
피자 도우	2판
토핑 도형	삼각형 2장 사다리꼴 2장
가위	7개
풀	7개
돈	2000$

2나라 용섭, 준서, 민기, 규원, 수민, 다정	
사람수	6명
피자 도우	3판
토핑 도형	마름모 3장 사다리꼴 3장
가위	1개
풀	2개
돈	1000$

4나라 상섭, 준민, 현도, 영빈, 선연	
사람수	5명
피자 도우	15판
토핑 도형	사다리꼴 4장 삼각형 4장 마름모 4장
가위	2개
풀	1개
돈	500$

6나라 현아, 솔지	
사람수	2명
피자 도우	2판
토핑 도형	평행사변형 2장 직사각형 2장
가위	7개
풀	7개
돈	2000$

게임 규칙

피자를 만드는 데 부족한 준비물은 다른 국가와 협상하여 돈을 주고 사온다. (나라별 통장에 기록한다.)

토핑 넓이의 합이
$300cm^2$ 이상~$400cm^2$ 이하

* 토핑의 종류가 3개 이상: 100$
* 토핑의 종류가 4개 이상: 200$
* 토핑의 종류가 5개 이상: 300$

생각해보자

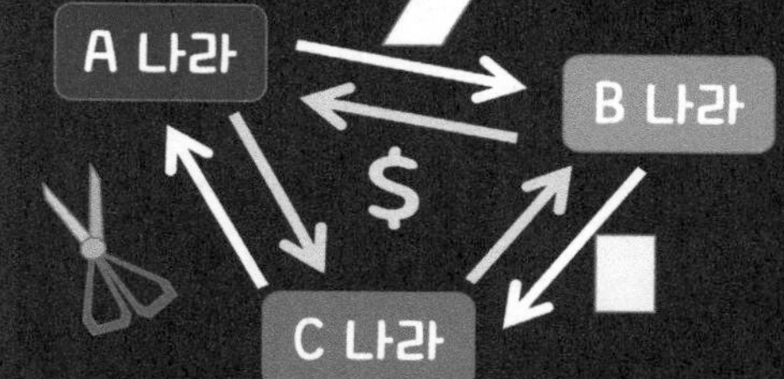

생각해보자

나라 와 나라 사이에
필요한 것을 사고 파는 활동

→ 무역

••• 무역 게임에 사용한 ppt 자료

이와 같은 의견을 수렴하여 규칙을 바꾸었다. 필요한 준비물은 국가 간에 협상을 통해 사고파는 것이다. 그리고 사고 판 금액은 국가별 통장에 기록하도록 하였다. 준비물을 사고 파니 생산되는 피자의 개수가 늘어나기 시작했다.

활동 전 협상을 하며 큰 갈등이 발생하지 않을지, 학생들 스스로 역할을 고루 맡을 수 있을지 기대 반 걱정 반이었다. 그런데 이전의 경제 활동에서 배운 영향이 큰 지 학생들 스스로 자신에게 맞는 역할을 도맡아하는 모습을 볼 수 있었다. 내심 학생들이 한 뼘 더 성장한 느낌을 받아 뿌듯했다. 준비물을 사고 파는 역할, 도형 토핑을 자르고 붙이는 역할, 계산하는 역할을 분담하여 게임을 잘 진행하였다.

▶『우리가 피자왕!』을 통해 알게 된 무역의 의미와 무역이 이루어지는 까닭

게임이 끝난 후 게임의 내용을 바탕으로 무역의 의미와 무역이 이루어지는 까닭을 살펴보았다.

◉ 선생님 : 게임을 하면서 가장 기억에 남는 활동을 말해볼까?

◈ 학생 : 처음에 받은 바구니에 있는 준비물만 사용해야 했을 때 엄청 당황스러웠어요. 도형을 자를 수도 없고, 피자는 만들어야하고……

◉ 선생님 : 그래서 규칙을 바꿨지?

◈ 학생 : 네! 필요한 준비물을 국가끼리 사고 팔 수 있었어요.

◉ 선생님 : 물건끼리 교환한 건 아니고?

◈ 학생 : 물건끼리 교환했으면 통장에 적지 않았겠죠! 저희는 다 돈으로 사고 팔았어요.

◉ 선생님 : 벌써 너희는 중요한 개념을 알게 된 거야. 너희가 필요하거나 부족한 물건을 사고 판 활동이 실제 세계에서도 이루어진단다. 나라 사이에 필요한 물건을 서로 사고 파는 활동을 바로 무역이라고 해.

◈ 학생 : 아, 선생님 수입 수출하고 똑같은 말이죠? 이거 뉴스에서 들어본 적 있는데.

⊙ 선생님 : 그렇지. 한 나라가 다른 나라로부터 돈을 주고 사오는 건 수입, 돈을 받고 파는 건 수출이라고 할 수 있지. 그럼 다시 생각해보자. 무역은 과연 왜 일어나는 걸까? 『우리가 피자왕!』 게임을 생각해보면 쉽게 알 수 있어.

◈ 학생 : 나라마다 가지고 있는 준비물이 달라서 사고 팔았어요.

⊙ 선생님 : 피자를 만드는 데 필요한 준비물하고 사람 수가 각 국가마다 달랐지? 이제 무역에서는 준비물을 다른 말로 자원, 기술이라고 하고 사람 수는 노동력이라고 할 수 있어.

이처럼 차근차근 학생들과 함께 대화를 하며 개념을 짚어나갔다. 우연의 일치일까? 한 학생이 아주 적절한 타이밍에 입을 떼었다.

☆ 학생1 : 선생님, 저 뉴스에서 한국 일본 무역 전쟁이라는 거 본 적 있어요.

♣ 학생2 : 아 맞다, 나도 봤어. 우리나라로 수출하는 것들을 갑자기 수출 안 하겠다고 하던데.

♠ 학생3 : 그래서 우리나라에서 지금 불매 운동하잖아! 그래서 나도 요즘 문구점가서 볼펜이나 지우개 살 때 일부러 우리나라에서 만든 거 사고 그래.

학생들의 대화로 분위기는 한껏 달아올랐다. 이 분위기가 무역을 주제로 한 수업에 더할 나위 없이 좋은 재료가 되었다.

⊙ 선생님 : 얘들아, 일본이 우리나라에 어떤 것들을 수출금지 시켰을까?

◈ 학생 : 음…… 우리나라에 없는 것들요.

⊙ 선생님 : 왜 그것들을 수출금지 시켰을까?

☆ 학생1 : 그게 우리나라에 필요한 건데 안 팔면 우리나라가 손해를 보고 약해질 수 있잖아요. 그 틈을 타서 우리나라한테 진짜 원하는 걸 요구하고. 그러니까 일부러 수출을 안하는 거 아닐까요?

♣ 학생2 : 그래서 우리나라에서 불매 운동을 하는구나.

민감한 부분일 수 있다. 역사적으로 얽힌 부분이 있어 이 대화를 수업 시간에 활용해도 좋을지, 이 책에 작성해도 괜찮을지 많이 생각했다. 하지만 사실인 부분이며 학생들이 무조건적인 반감을 갖지 않도록 교사가 잘 중재한다면 수업을 이끌어가는 데 큰 효과를 낼 수 있겠다고 결정했다.

학생들 사이의 대화를 가만히 지켜보았다. 대화의 과정에서 무역 게임에서 배웠던 개념들을 적용하는 모습을 볼 수 있었다. 그리고 함께 뉴스 기사들을 보며 보다 심화된 내용도 함께 배워갔다. 우리나라 무역의 경우 완제품보다 완제품을 만들기 위한 재료, 자원을 많이 수입한다는 점을 예로 들 수 있겠다. 이렇게 무역의 의미와 무역이 이루어지는 까닭을 서로 가르쳐주고 배워가게 되었다. 아무래도 학생들에게 와닿는 상황이 수업 자료로 사용되었기 때문 아닐까? 조금 더 놀랐던 것은 앞으로 우리나라가 어떠한 방향으로 나아가야 할지 생각했다는 점이다.

① 다른 나라에서 수입해오지 않아도 타격을 입지 않도록 우리나라 안에서 자원을 개발하고 찾아내야 한다.

② 고려 시대 거란의 침입을 피 한 방울 없이 물리친 서희와 같이 외교력을 키워야 한다.

이 두 가지가 우리 반에서 나온 방향이다.

개인의 경험과 사회 속 이슈들은 잘 활용하면 정말 좋은 수업 자료가 될 수 있다. 교사의 수많은 말보다 자료 하나가 훨씬 큰 효과를 낼 수 있다. 이 부분을 몸소 깨달을 수 있는 시간이었다.

이렇게 경제 프로젝트도 막을 내렸다. 시간적으로 매우 빠듯했지만 창의적 체험활동 시간과 관련 교과 시간 등을 활용하여 잘 마무리할 수 있었다. 프로젝트 시작 전 여러 가지 시나리오를 생각해보고 준비물을 챙기느라 머리가 지끈거리기도 했다. 하지만 프로젝트가 끝난 후 학생이 건넨 한 마디가 힘들었던 모든 것들을 잊게 해주었다.

"선생님, 5학년 때 한 활동들은 진짜 못 잊을 것 같아요. 앞으로도 쭉 기억할게요."

빈 말일 수도 있겠지만 정말 가슴 벅찼다. 이 학생이 경제 프로젝트를 통해 올바른 소비 패턴과 평등의 의미를 가장 크게 바로 잡은 학생이어서 일지도 모른다. 하지만 이 학생 외에도 많은 학생들에게 경제 프로젝트가 좋은 영향을 주었다고 본다. 스스로 용돈 기입장을 사는 학생들도 있었고 친구의 물건 가격표를 보며 '아, 이거 갖고 싶은데 다음 달에 용돈 받으면 사야겠다.' 라며 말하는 친구도 심심찮게 눈에 띄었기 때문이다.

이와 같은 조금의 변화가 나에게 또 다른 프로젝트를 구상하는, 무엇보다도 큰 에너지가 되었다.

프로젝트 수업 이래서 좋아요

1. 아이들이 이렇게 변화해요!

교과서만 보고 앉아있는 학생들의 표정을 본 적이 있는가? 표정을 보고 있자면 학생들에게 〈학교 수업 = 따분한 것〉이라는 공식이 자리 잡은 듯하다. 프로젝트 수업에서 교과서 수업이 완전히 배제되는 것은 아니다. 교과서 수업과 함께 적절한 활동 중심의 수업이 섞인다. 그러다 보니 학생들은 몸을 움직이게 되고 이 움직임만으로도 따분함을 떨쳐내게 된다. 활기를 얻은 후 교과서를 보며 책상에 앉은 아이들은 확연히 다른 모습을 보인다. 교과서를 바라볼 때에도 더 높은 집중력을 발휘하고 자신의 의견을 더 많이 발표한다. 이 과정을 반복하다 보니 〈학교 수업 = 친구들과 함께하는 즐거운 시간〉이라는 인식이 점차 자리 잡아가게 되었다.

뿐만 아니라 교사와의 관계 개선에도 큰 몫을 했다. 주입식 교육 및 일방향적인 지시에 익숙해진 아이들은 선생님에게 마음을 열지 않는다. 내가 초등학생 때에도 마찬가지였다. 내가 어떤 이야기를 해도 선생님께서는 들어주시지 않을 것이라고 믿었기 때문이다. 하지만 프로젝트 수업은 구상부터 진행까지 교사와 학생이 함께 발맞추어 나간다. 또한 교사는 지시보다 중간 중간 도움을 주는 역할을 하게 된다. 열린 분위기 때문일까? 시간이 지날수록 학생들은 '우리 선생님께서는 우리들의 의견을 귀 기울여 들어주시구나.', '들어주시는 것에 그치지 않고 적극적으로 반영해 주시는구나.' 라는 생각을 갖게 되었다고 한다. 그리고 서서히 마음을 열어갔다. 이 영향 때문인지 다른 사람에게 터놓지 못한 이야기를 교사인 나에게 털어놓기도 하였다. 덕분에 짧은 티 타임도 가지고 말이다.

나아가 친구들끼리 서로를 존중하는 태도를 갖추게 되었다. 프로젝트 수업은 다른 친구들과의 토의가 많이 이루어진다. 그래서인지 학생들이 어떤 문제에 부딪혔을 때 대화로 해결하려는 습관을 조금씩 지니게 되었다. 또한 프로젝트 학습은 학생들의 반짝이는 아이디어를 요구하는 경우가 많다. 처음에는 어려워하지만 시간이 지날수록 그 과정에서 학생들의 숨겨진 특기와 재능이 바깥 세상에 나오게 되었다. 학생의 새로운 면모를 본 친구들은 놀라기도 하고 환호성을 보냈다. 이처럼 프로젝트를 통해 학생 개개인은 자신감을 가지게 되었다. 그리고 친구들은 모두 장점과 개성이 있다는 점을 알게 되고 서로서로 더욱 돈독한 교우 관계를 맺을 수 있었다.

마지막으로 학생들이 지식을 보다 장기적으로 기억하는 데 도움이 되었다. 무조건적인 암기에서 탈피하여 몸소 체험하고 경험하는 과정. 이 과정에서 지식은 자연스럽게 체득된다. 교사 중심의 주입식 수업은 자칫 따분함 또는 강압적 분위기를 형성할 수 있다. 하지만 프로젝트 수업은 같은 또래끼리의 대화와 토의가 중심이 되었기 때문에 지식 습득에 더 편안하고 적합한 분위기였을 것이다. 그리고 이와 같은 분위기가 지식 기억에 더 큰 효과를 가져올 수 있었다고 본다.

2. 학부모들이 이렇게 반응해요!

프로젝트 수업을 하면서 학부모들의 공교육에 대한 인식이 긍정적으로 변해갔다. 가정에서도 학생들이 '학교에서 하는 공부가 재밌어요.' 라는 말을 많이 했기 때문이다. 그리고 계속 언급했지만 프로젝트 수업을 진행하면서 인성 교육 및 올바른 사회성 함양의 효과도 볼 수 있다. 이 부분이 사춘기 자녀를 둔 학부모님을 안심시킬 수 있었다고 생각한다. 더불어 교사에 대한 믿음과 신뢰를 조금씩 높일 수 있었다.

나는 인생을 장기적으로 보았을 때 올바른 인성을 0순위로 두어야 한다고 본다. 그리고 성적 향상을 1순위로 둔다. 학기 초 학부모님께도 항상 이 부분을 언급한다. 많은 학부모님께서 이에 동의하셨다. 시간이 지날수록 수없이 언급되는, 도덕성과 관련된 사회적 이슈의 영향이 컸을 것이다. 이렇게 나의 목표를 말하고 이를 달성하기 위해 최선을 다할 것이라고 말씀드린다.

그리고 이 목표를 달성하기 위해 프로젝트 수업을 활용했다. 프로젝트 수업이 정답이 아니다. 다만 도덕성 함양과 지식 습득이라는 목표에 프로젝트 수업 방식이 가까웠다고 생각한다. 프로젝트 수업에는 친구들과 함께 어울려 이야기하고 몸소 체험하는 시간이 대부분 포함되고, 그 과정에서 배움의 과정이 동시에 일어나기 때문이다. 처음에는 걱정도 이만저만이 아니었다. 하지만 도전했고 시간이 지날수록 학생들의 만족도가 높아져 갔다. 그러다 보니 목표에도 조금씩 가까워지고 학부모님의 만족도 또한 서서히 향상되었다.

3. 교사로서의 나, 이렇게 발전했어요!

'교사가 힘들어야 학생들이 발전한다.' 아주 오래 전 한 예능 프로그램에 나왔던 고등학교 선생님께서 하신 말이다. 처음에는 '교사가 굳이 힘들어야 하나? 교사도 힘들이지 않으면서 학생들을 즐겁게 해줄 수 있는 방법은 없나?' 라는 의문점이 들었다. 하지만 내가 프로젝트 수업을 구상하고 진행해 보니 이 말의 진정한 뜻을 알 수 있었다.

물론 앞서 언급한 것처럼 교사가 힘들이지 않고 즐겁게 수업을 할 수 있는 방법도 있다. 하지만 내가 겪은 바로는 교사가 더욱 열과 성의를 다할수록 힘들다. 그리고 열정과 힘을 들일수록 학생들이 더 높이 발전할 수 있는 가능성이 커진다. 마지막으로 학생들의 성장을 보면서 행복감을 느끼고 교사라는 직업을 가진 것에 감사함을 느낀다. 물론 요즘 많이 나오는 책의 주제처럼 힘을 빼고 기대를 낮추는 것이 오히려 좋은 결과를 가져올 수도 있다. 하지만 진심을 다한 열정과 노력은 배신하지 않는다고 생각한다.

한 때 무력감에 빠진 적이 있다. 수업 준비에도 크게 시간을 배분하지 않았다. 결국 내가 만족할만한 수업 결과도 나오지 않고 더 깊은 동굴 속으로 빠지게 되었다. 이런 나에게 프로젝트 수업이 손을 내밀었고 깜깜한 동굴 속에서 나를 꺼내주었다. 프로젝트 수업! 참 힘들었다. 그럼에도 프로젝트 수업은 힘듦의 긍정적인 힘을 일깨워주었다. 그리고 다시 일어서서 달려갈 수 있는 추진력을 선물했다. 모순처럼 들리겠지만 말이다.

지금도 생각한다. '나 혼자 프로젝트 수업을 시작했다면 과연 긍정적인 힘을 얻을 수 있었을까?' 라고 말이다. 아마 혼자 출발했다면 막막함에 금방 포기했을 것이다. 그리고 따분함이라는 쳇바퀴를 계속 돌았을테다. 혼자가 아닌, 동학년 선생님들과 함께 출발했기 때문에 부담감을 줄일 수 있었고 좋은 아이디어로 마무리할 수 있었다. 함께 있는 시간이 길어짐에 따라 서로에 대한 믿음 또한 커졌기 때문에 의견이 다를 때에도 큰 갈등 없이 지혜롭게 헤쳐나갈 수 있었다.

프로젝트 수업을 하며 학생들도 많이 성장했다. 하지만 나도 교사라는 직업에서 벗어나 하나의 인격체로서 한 뼘 더 성장할 수 있었다. 반복되는 수업 패턴으로 걱정과 고민을 하고 계시는 선생님께 동학년 프로젝트 공동체를 조심스레 추천해보며 글을 마치겠다.

13년차, 이영기 선생님이 전해주는 프로젝트 학습 이야기

[환경프로젝트 – 인간과 환경을 잇다]

내가 환경교육에 관심을 가지게 된 이유는 개인적이며 단순한 일 때문이다. 바로 올해 8살이 되는 딸로 인한 것이다. 딸이 태어나자 먹는 것, 입는 것, 숨 쉬는 것 등 어느 하나 마음 놓고 할 수 있는 것이 없을 정도로 신경이 많이 쓰였다. 환경이 많이 오염된 탓이다. 우리 아이가 컸을 때에는 적어도 지금보다는 더 깨끗하고 안전한 환경이 되었으면 좋겠다는 바람이 생겼고, 자연스레 환경교육에 관심을 가지게 되었다.

현재 초등교육에서의 환경교육은 교과와 창의적 체험활동 등 교육 활동 전반에 걸쳐 통합적으로 다루는 범교과 학습 주제 중 '환경 · 지속가능발전 교육'에서 찾을 수 있는데, 환경교육의 필요성과 중요성은 증가함에도 불구하고 초등학교에서 환경교육을 실시하는 경우는 많지 않다. 환경교육은 교과와 분절되거나 경험과 괴리가 있어서는 그 효과를 기대하기 힘들다. 초등학교에서는 환경 교과목이 따로 존재하지 않기 때문에 주제를 중심으로 한 프로젝트 학습으로 환경교육을 하는 것이 매우 적합하다. 또한 환경교육의 시작은 학생들과 자주 접하고, 익숙하며, 실천으로 이어질 수 있는 소재와 내용으로 이루어지는 것이 좋다.

물, 흙, 공기는 초등학생들의 삶과 밀접한 관련이 있으며, 초등학교 3학년 교육과정 내용과도 관련성이 높아 교육과정 재구성을 통한 자연스러운 환경교육을 할 수 있다는 점에서 물, 흙, 공기를 주제로 한 환경교육은 꼭 필요하며 큰 효과를 기대할 수 있다.

이에 학생들의 삶과 밀접한 관련이 있고, 주변에서 흔히 볼 수 있으며 가장 기본적인 환경 요소이면서 교육과정에서도 다루어지는 물, 흙, 공기를 주제로 교육과정과 연계한 프로젝트 학습을 실시하였다.

프로젝트 수업 구성하기

프로젝트 수업의 흐름

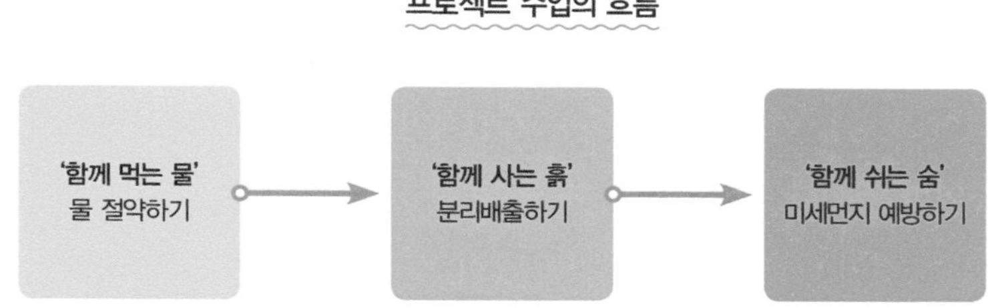

이번 프로젝트는 기존에 일회성 또는 분산적으로 이루어지던 환경교육에서 벗어나 학년성과 학교 여건, 지역의 특성에 맞는 특화된 프로그램으로 아이들이 인간과 환경의 관계와 생활 속에서 실천할 수 있는 것을 흥미롭고 재미있게 풀어나가도록 하였다.

3학년 교과 및 창의적 체험활동시간과 연계하여 활용할 수 있도록 성취기준을 분석하여 개발하되, 학생들이 실생활에서 느끼고 생각하고 익힌 내용을 실제로 적용 및 실천할 수 있는 자기주도적 학습을 강조하여 성취감을 동반한 학습에 즐거움과 실천력을 높여 환경에 흥미와 관심을 지속적으로 가질 수 있도록 하였다.

〈프로젝트 개요〉

프로그램	관련성취기준	활동 내용
함께 먹는 물	[4도01-02] [4사01-01] [4도01-02] [4국03-01] [4음01-03] [4미02-04]	들성지에서 자연환경과 교감하기
		우리 고장의 물 관련 알림 카드 만들기
		강을 중심으로 우리 고장 모습 표현하기
		물이 사용되는 곳 알아보기
		수자원공사 견학하기
		물이 부족한 이유 알아보기
		물을 절약하는 방법 알고 실천하기
		물 절약 주제로 문단 만들기
		물절약 노래개사하기
		물발자국의 의미
		물절약 포스터로 홍보하기, 평가 및 성찰
함께 사는 흙	[4과03-02] [4과04-02] [4도04-01] [4미02-05] [4국03-03] [4국03-03]	텃밭가꾸기
		지렁이와 흙
		흙을 지키는 생활 속 실천 방법
		매립된 쓰레기가 분해되는 기간
		분리배출! 어떻게 할까?
		마트 전단지로 분리배출하기
		우리 집과 동네 분리수거장 살펴보기
		우리 학교 분리수거장 개선하기
		우유팩의 변신! 재생종이 만들기
		지역 알뜰벼룩장터 참여하기, 평가 및 성찰
함께 쉬는 숨	[4과16-03] [4과07-02] [4국01-03] [4미02-05] [4미02-05]	비눗방울 만들기
		종이비행기 날리기
		생활 속 공기의 역할 알아보기
		미세먼지 바로 알기
		사진으로 살펴보는 우리 동네 미세먼지
		비쥬얼씽킹으로 정리하는 미세먼지 예방과 대처
		공기정화식물 심고 그리기
		뱃지만들기로 미세먼지 홍보하기, 평가 및 성찰

프로젝트 수업 이야기

함께 먹는 물

학교 주변에 들성지, 한국수자원공사, 낙동강 등 물과 관련된 곳이 많이 있으며, 아이들이 매일 사용하면서도 관심을 가지지 않는 것이 물이다. 물에 대해 일상생활과 관련지어 공부하고, 물 환경을 체험하며, 실생활에 실천하는 과정을 거치면서 물의 가치를 올바로 이해하는 과정을 통해 물의 소중함을 깨닫고, 생활 속에서 물절약을 실천하며 학교에서의 배움이 즐거운 활동이라는 것을 체험하도록 하였다.

▶ 들성지에서 자연환경과 교감하기

본교에서 4차선 도로만 건너면 작은 호수인 들성지가 있다. 들성지 둘레로 산책로가 잘 정비되어 있고, 거북이, 수달, 가물치를 비롯하여 다양한 동식물이 살고 있어 현장체험학습의 장으로 활용하기에 매우 좋은 곳이다.

들성지 체험 전에 아이들은 들성지에 살고 있는 동식물을 조사하였다. 미리 조사한 동식물을 직접 보겠다는 생각으로 유심히 이곳저곳을 살펴보았다.

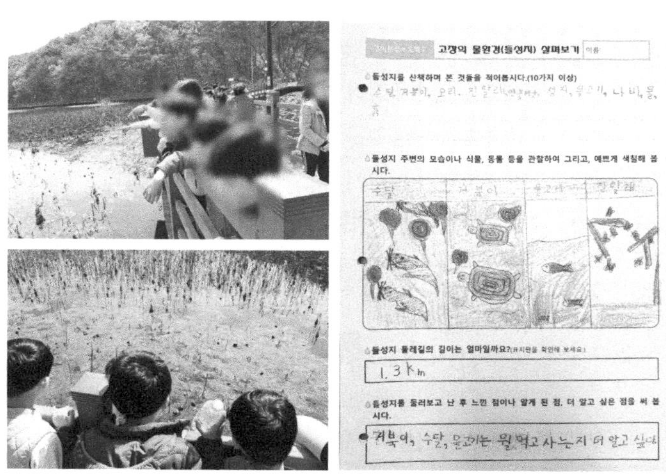

고장의 물환경(들성지) 살펴보기 이름

들성지를 산책하며 본 것들을 적어봅시다.(10가지 이상)

들성지 주변의 모습이나 식물, 동물 등을 관찰하여 그리고, 예쁘게 색칠해 봅시다.

들성지 둘레길의 길이는 얼마일까요?(표지판을 확인해 보세요)

1.3Km

들성지를 둘러보고 난 후 느낀 점이나 알게 된 점, 더 알고 싶은 점을 써 봅시다.

거북이, 수달, 물고기는 뭘 먹고 사는지 더 알고 싶다 교실로 돌아와서는 들성지에서 본 것을 그림으로 그리고 소감을 작성하였다. 많은 아이들이 수달과 거북이를 떠올렸고, 깨끗한 물이 있어 다양한 동식물이 함께 살아갈 수 있고, 아름다운 자연환경을 우리도 누릴 수 있다는 것을 알게 되었다.

TIP 환경교육에서 현장체험 학습은 주변의 자연환경을 학습의 장으로 활용할 수 있으며, 아이들이 느끼는 환경과 학교에서 가르쳐지고 있는 환경 사이의 간극을 좁힐 수 있다. 그리고 환경교육이 교육적 효과를 높이기 위해서는 환경에 대해 '알고 있는 것'과 '행동하는 것'을 연결시켜야 한다. 환경에 대해 지식으로 아는 것뿐만 아니라 태도 및 가치관에 영향을 끼칠 수 있는 환경 감수성을 키우는 것이 매우 중요하며, 이러한 감수성은 자신과의 관계를 쉽게 인식할 수 있는 공원, 저수지 등 일상적으로 접하는 가까운 곳에서의 체험학습을 통해 보다 쉽게 학습될 수 있다.

▶ 우리 고장의 물 관련 장소 알림 카드 만들기

우리 고장에서 머릿속에 떠오르는 장소를 이야기해 보고 이 중에서 물과 관련이 있는 장소를 골라 디지털 영상 지도를 활용해 주요 장소의 위치를 파악하고, 장소의 이름과 설명을 적어 알림 카드 만들기를 하였다. 디지털 영상 지도를 통해 본 고장의 다양한 모습을 그림과 글로 표현하여 알림 카드로 만들어 모둠별로 소개하고, 교실 뒤편 게시판에 붙여 우리 반 전체가 공유하였다.

▶ 강을 중심으로 우리 고장 모습 나타내기

디지털 영상 지도를 통해 살펴본 우리 고장의 모습을 낙동강을 중심으로 모둠별로 2절지에 표현했다. 우리 고장을 한 가운데로 낙동강이 가고 지르고 있으므로 낙동강을 먼저 그린 후에 고장의 모습을 그리도록 하여 물을 중심으로 한 고장의 모습을 살펴보도록 하였다.

고장을 가로지르는 강을 중심으로 사람들이 농사를 짓거나 공장을 세워 물건을 만들고 있었고, 한국수자원공사에서는 강물을 끌어와 정수과정을 거쳐 수돗물을 만든다는 것을 알았다.

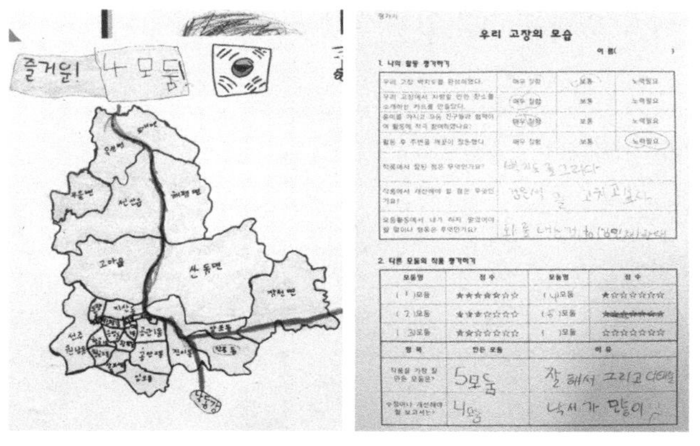

그리고 우리 고장에서 자랑할 만한 장소를 카드 형태로 표현하였다. 자랑할 만한 곳이 많이 있으나 아이들은 각자 겪어본 장소라야 자랑거리를 말하거나 쓸 수 있어 각자 경험한 곳 중에서 가장 자랑하고 싶은 장소를 1~2군데씩 정하여 그림과 글을 포함한 카드 형태로 제작하여 지역별 관광 명소를 소개하는 것처럼 지도 옆에 붙였다. 각자 경험한 장소가 다르고, 같은 장소라도 느낌이나 관점에 따라 다른 모습을 본 아이들은 장소에 대한 이야기를 서로 나누면서 경험을 확장할 수 있었다. 장소에 대한 소개는 3학년 지역화 교과서와 고장의 문화유산을 소개하는 사이트를 통해 알아보았다.

▶ 물이 사용되는 곳 알아보기

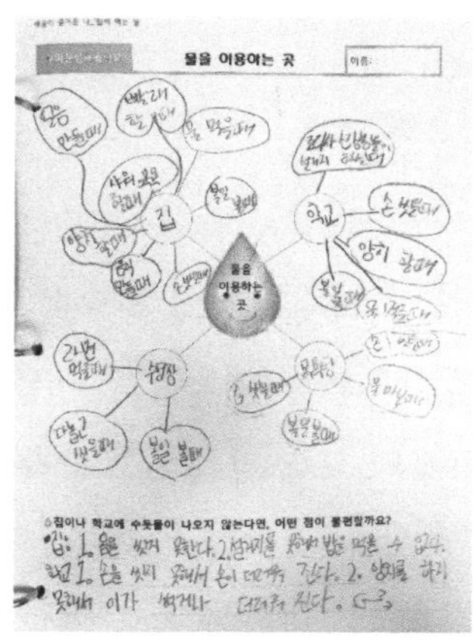

아이들이 주로 생활하고 자주 가는 집, 학교, 목욕탕 등 생활 속에서 물을 사용하는 곳을 마인드맵을 통해 알아보았다. 아침에 일어나서 저녁에 잠이 들 때까지 자신의 생활을 가만히 들여다보며 물을 사용하는 곳을 떠올려보고, 장소에 따라 물을 사용하는 경우를 찾아보았다. 집에서는 빨래, 설거지, 요리, 샤워, 변기 등에 물을 사용하고, 학교에서는 손씻기, 양치질, 야외에서는 물놀이, 손씻기 등에 물을 사용하고 있다는 것을 알게 되었다. 아이들은 생각보다 많은 상황에서 물을 사용하고 있었으며 물을 많이 사용하고 있다는 것도 알게 되었다.

이런 상황에서 집이나 학교에서 수돗물이 나오지 않는다면, 물을 사용하는 경우를 떠올리며 어떤 불편한 점이 생길지 상상해 보게 하였다. 샤워나 양치질을 하지 못해 건강이 나빠진다거나 요리를 하지 못해 음식도 제대로 먹지 못하며, 변기 물이 내려가지 않아 악취가 진동한다는 등의 답변이 있었다.

▶ 한국수자원공사 견학하기

학교에서 약 3km 떨어진 곳에 한국수자원공사 구미권관리단이 위치해 있어 전화로 학생들 체험 협조를 구하였다. 걸어가기는 먼 거리이고, 버스를 대절할 예산도 마련되어 있지 않아 방법을 고민하던 중 한국수자원공사 측에서 버스도 제공해 주기로 하여 체험을 할 수 있었다.

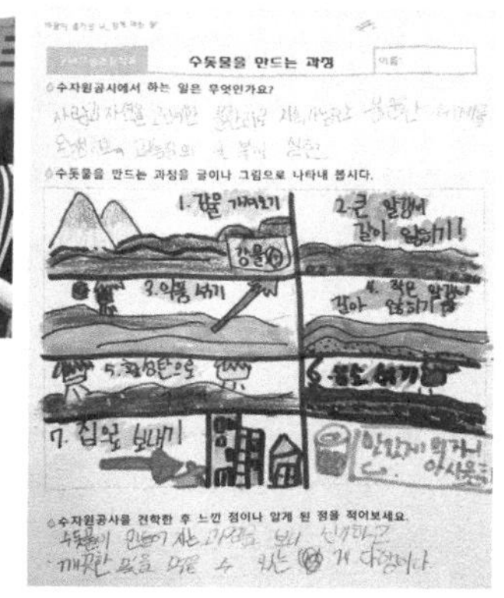

수돗물을 만드는 과정

이름:

수자원공사에서 하는 일은 무엇인가요?

수돗물을 만드는 과정을 글이나 그림으로 나타내 봅시다.

수자원공사를 견학한 후 느낀 점이나 알게 된 점을 적어보세요.

수돗물이 만들어지는 과정에 체험을 해 본다는 사실만으로도 아이들은 무척 들떠 있었다. 사전에 체험을 하는 목적과 한국수자원공사에서 하는 일에 대해서 알아보고, 궁금한 점을 미리 작성하였다.

현장 관계자께서 처음부터 끝까지 현장을 둘러보면서 수돗물을 만드는 과정을 아이들이 쉽게 알아들을 수 있도록 설명해 주셨고, 아이들의 질문에 친절히 답변을 해 주셨으며 간이정수기를 만들어 깨끗한 물을 만드는 과정도 체험하였다.

학교로 돌아와서 수돗물이 만들어지는 과정을 정리해서 그림으로 표현하고, 소감을 작성하였다.

TIP 현장체험학습을 갈 때에 학습을 한다는 생각보다는 소풍의 느낌으로 놀러간다는 생각을 가진 아이들이 대부분이었다. 현장체험학습이 교실 수업의 연장으로 실시되기보다는 단순히 교실수업에서 하지 못했던 체험을 위한 방안으로 실시되는 경우가 많았기 때문이다. 이번 체험학습은 '함께 먹는 물' 프로젝트 학습의 과정으로 실시된다는 것을 아이들에게 미리 인지시키고, 프로젝트 학습의 과정으로써 의미 있는 경험이 될 수 있도록 체험 전에 수자원공사에서 하는 일, 궁금한 점, 다녀와서 정리해야 할 사항 등을 꼼꼼히 준비하였다. 이에 아이들도 단순한 체험으로 느끼는 것이 아니라 학습의 과정으로 인식하게 되고, 자신이 해야 할 일에 대해서 잘 알고, 주도적으로 참여하는 모습을 볼 수 있었다.

▶ 물이 부족한 이유 알아보기

이전 학습에서 아이들이 주로 생활하는 곳에서 물이 사용되는 곳을 알아보았다. 이를 바탕으로 우리나라가 물이 부족한 이유를 추리하여 써보고, 물을 아껴 쓰지 않는다면(부정적 가지), 또한 물을 아껴 쓴다면(긍정적 가지) 어떤 일이 일어날지 상상해 보게 하였다.

모둠별로 자신이 쓴 이야기와 상상한 글을 발표하여 공유하고, 동료평가를 통해 자신의 학습을 되돌아보는 시간을 가졌다. 동료평가를 할 때에는 평가 관점을 충분히 설명해 주어 이에 따라 친구의 평가가 이루어지도록 하고, 남녀에 따라, 친분에 따라 평가의 정도가 좌우되지 않도록 지도하였다.

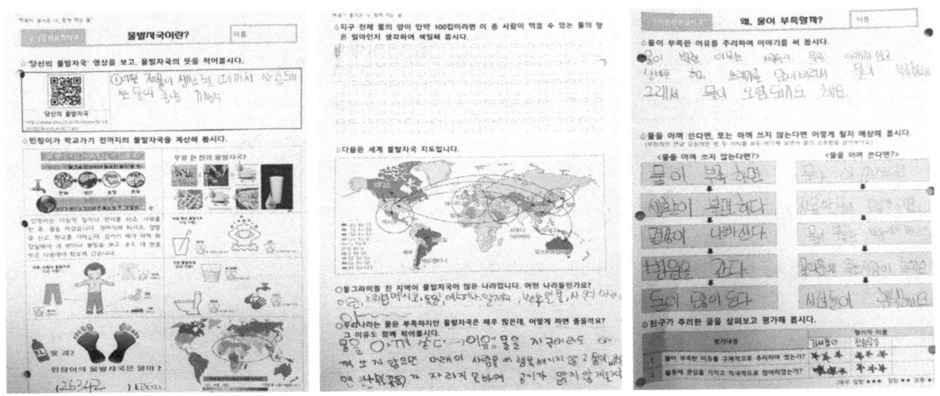

▶ 물을 절약하는 방법을 알고 실천하기

각자 물을 사용하는 상황을 떠올리며 물을 절약하는 방법에 대해서 생각한 후에 포스트잇에 적는다. 각자 포스트잇에 적은 물 절약 방법을 모둠 학습지에 붙여 서로의 의견을 친구들에게 설명해 주고 난 후에 다시 각자 포스트잇에 추가 내용을 작성한다. 친구의 설명을 듣고 새로운 지식을 습득하게 되고, 생각의 폭을 넓히게 되며, 스스로 학습한 내용을 의미화하게 된다.

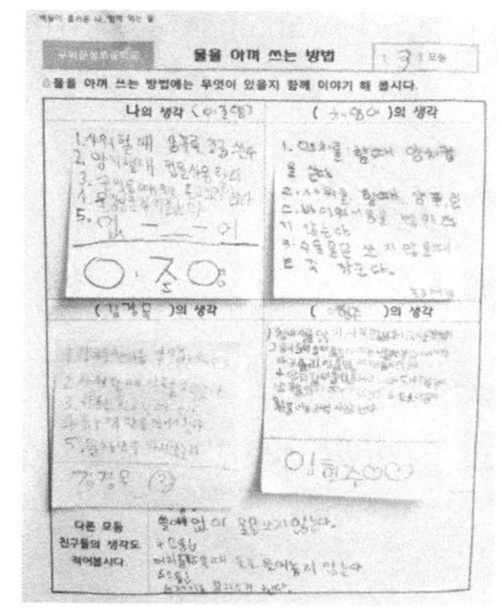

물을 아껴 쓰는 방법

물을 아껴 쓰는 방법에는 무엇이 있을지 함께 이야기 해 봅시다.

나의 생각	( )의 생각
( )의 생각	( )의 생각

다른 모둠 친구들의 생각도 적어봅시다.

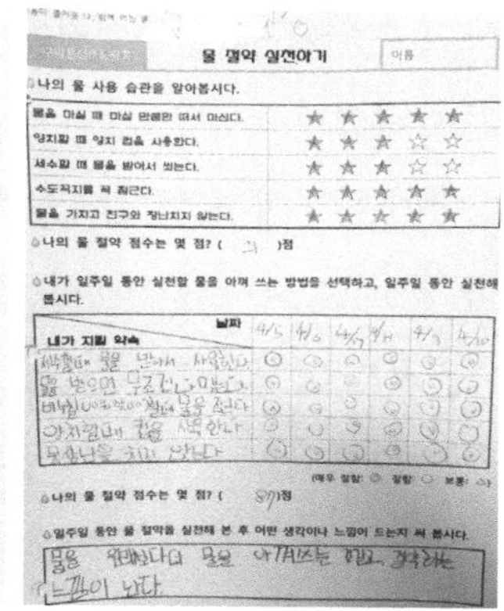

물 절약 실천하기

이름

나의 물 사용 습관을 알아봅시다.

물을 마실 때 마실 만큼만 따서 마신다.	★ ★ ★ ★ ★
양치할 때 양치 컵을 사용한다.	★ ★ ★ ☆ ☆
세수할 때 물을 받아서 씻는다.	★ ★ ★ ☆ ☆
수도꼭지를 꼭 잠근다.	★ ★ ★ ★ ★
물을 가지고 친구와 장난치지 않는다.	★ ★ ★ ★ ★

나의 물 절약 점수는 몇 점? ( )점

내가 일주일 동안 실천할 물을 아껴 쓰는 방법을 선택하고, 일주일 동안 실천해 봅시다.

내가 지킬 약속 \ 날짜	4/5	4/6	4/7	4/8	4/9	4/10

(매우 잘함: ◎ 잘함: ○ 보통: △)

나의 물 절약 점수는 몇 점? ( )점

일주일 동안 물 절약을 실천해 본 후 어떤 생각이나 느낌이 드는지 써 봅시다.

생활 속에서 자신의 물 사용 습관을 체크해 보고, 각자 물 절약 실천 방법을 선택하여 일주일 동안 실천하는 시간을 가졌다. 일주일 후 살펴보니, 물 절약 실천을 잘 지킨 날도 있었고, 그렇지 않은 날도 있었다. 그래도 대부분의 아이들이 솔직하게 자신의 실천을 체크하였고, 평소보다 물을 절약했다는 생각에 뿌듯한 마음을 가지고 있었다. 지속적으로 물 절약 실천이 이루어질 수 있도록 알림장과 SNS를 통해 안내하였다.

▶물절약 주제로 문단 만들기

물을 절약하는 방법을 알고 실천한 활동에 이어서 중심문장과 뒷받침 문장을 갖추어 문단의 짜임에 맞게 글쓰기를 하였다. 물 절약을 주제로 각자 생각그물을 만들었는데, 각자 실천한 내용을 중심으로 작성토록 하니 대부분 막힘없이 생각그물을 작성하였다.

작성한 생각그물을 바탕으로 중심문장과 뒷받침문장으로 구성된 문단 만들기를 하였다. 문단을 쓴 후에 모둠에서 각자 자신이 쓴 글을 발표하고 서로 평가하면서 물 절약 방법에 대한 새로운 관점을 나누고, 물 절약 실천 의지를 다지는 시간을 가졌다.

▶물절약 노래 개사하기

3학년 4개 반이 함께 진행한 프로젝트 수업인데, 노래 가사 바꿔 부르기 다음 활동으로 학교 근처에 있는 들성지에서 물 절약 노래를 부르며 홍보활동과 동시에 경연대회를 열기로 하였다.

아이들과 함께 물 절약을 주제로 노래 가사를 바꿔 부를 노래를 음악수업에 배운 제재곡 중 배운 하나를 선정하였다.

원곡의 악보와 가사 밑에 노래 가사를 바꿔 적을 수 있는 별도의 공간을 마련한 학습지를 만들어 모둠별로 물 절약을 알릴 수 있는 가사로 바꾸었다.

전체 앞에서 모둠별로 노래를 불러 발표하고, 친구들에게 피드백을 받았다. 자기 모둠을 제외하고 각자 마음에 와 닿는 가사를 만든 모둠의 학습지에 스티커를 붙였다. 가장 많은 스티커를 받은 모둠의 노래 가사를 우리 반 물 절약 노래로 정하고, 노래 가사를 살펴보며 수정, 보완하여 만든 노래를 함께 부르며 익혔다.

노래를 익히던 아이들인 '선생님, 율동도 함께 하면 안돼요?' 라며 노래와 율동을 함께 하기를 원했고, 춤을 잘 추는 아이를 중심으로 수차례 협의과정을 거쳐 간단한 율동을 만들어 노래와 함께 연습하였다.

교감선생님을 심사위원으로 위촉하여 3학년 4개 반 모두 들성지로 이동하여 동네 어르신들 앞에서 물절약 노래 경연대회를 열었다. 아이들이 순위에는 연연해하지 않고, 각 반에서 만든 노래의 가사를 전달해 주는 것에 목적을 두고 즐거운 마음으로 경연대회를 치르고, 동네 어르신들에게 홍보활동도 하였다.

▶ 물발자국의 의미

지식채널e '당신의 물발자국' 시청을 통해 물발자국의 뜻과 직접 사용하지는 않지만, 음식이나 제품을 만드는데 사용되는 물이 많이 든다는 사실을 알게 되었다.

지구상에서 인간이 먹을 수 있는 물의 양이 예상외로 무척 적다는 사실을 알고, 학습지를 통해 가상의 상황을 가정하여 물발자국을 얼마나 사용했는지 계산해 보았다. 우리나라가 물부족국가임에도 불구하고 물발자국이 높다는 사실을 안 아이들은, "지금 물을 아껴 쓰지 않으면, 나중에는 쓸 수 있는 물이 없어질 수도 있겠어요." "물을 아껴 써야 해요, 물이 부족한데도 많이 쓰고 있어요." 등등 아이들은 물의 소중함을 깨닫고, 물을 아껴 써야겠다는 마음가짐을 가지게 되었다.

TIP 물발자국의 개념이 어렵다는 것을 알고 있었지만, 굳이 아이들과 함께 공부한 이유는 물을 절약하는 방법에 대한 사고의 폭을 넓혀주기 위함이었다. 눈에 보이는 물 뿐만 아니라 눈에 보이지 않지만, 물이 낭비되는 상황이 있음을 이해하고 생활 속에서 물절약을 실천할 수 있는 일이 많이 있다는 것을 알려주고 싶었다. 물발자국에 대해 충분히 이해하지는 못했지만, 오늘 배운 내용이 마중물이 되어 훗날 물발자국을 다시 접했을 때 아이들의 태도나 마음가짐에 분명히 의미 있는 영향을 주리라 생각한다.

▶ 물절약 포스터로 홍보하기

'함께 하는 물' 프로젝트 학습을 통해 배운 내용을 실제 삶에 적용하기 위한 방안을 아이들과 협의하여 물 절약을 알리는 포스터를 그려서 학교에서 물을 사용하는 곳에 붙여 홍보하기로 하였다.

먼저 3학년 4개 반을 대상으로 각자 경험을 바탕으로 우리 학교에서 물을 사용하는 장소 중에서 물이 낭비되는 곳이 어디라고 생각하는지 설문조사를 실시했다. 설문조사 결과를 바탕으로 가장 물이 많이 낭비된다고 생각하는 화장실, 양치공간, 급식실 급수대 등 세 군데에 보는 사람으로 하여금 기억에 남을 만한 문구나 그림으로 포스터를 만들어 붙여 홍보하였다.

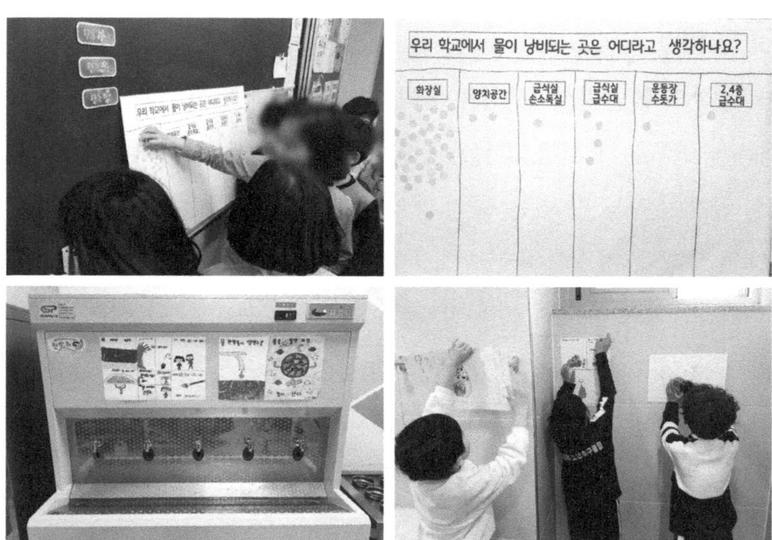

▶ 성찰하기

학습지를 마련하여 '함께 먹는 물' 프로젝트 학습을 통해 알게 된 점, 느낀 점, 더 알고 싶은 점 등을 스스로 생각해보고 성찰하는 시간을 가졌다.

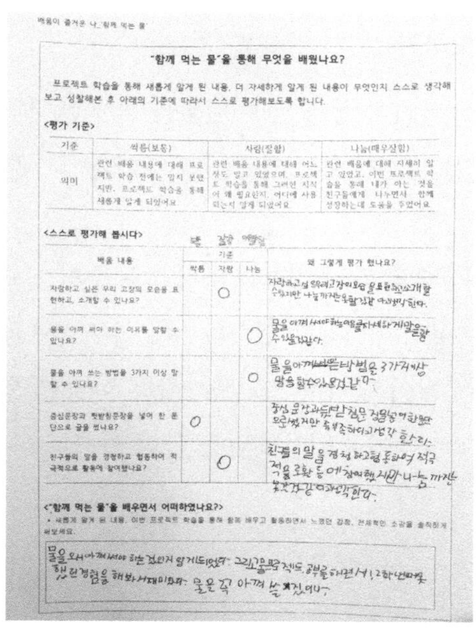

배움이 즐거운 나_'함께 먹는 물'

"함께 먹는 물"을 통해 무엇을 배웠나요?

프로젝트 학습을 통해 새롭게 알게 된 내용, 더 자세하게 알게 된 내용이 무엇인지 스스로 생각해보고 성찰해본 후 아래의 기준에 따라서 스스로 평가해보도록 합니다.

<평가 기준>

기준	싹틈(보통)	자람(잘함)	나눔(매우잘함)
의미	관련 배움 내용에 대해 프로젝트 학습 전에는 알지 못했지만, 프로젝트 학습을 통해 새롭게 알게 되었어요.	관련 배움 내용에 대해 어느 정도 알고 있었으며, 프로젝트 학습을 통해 그러한 지식이 왜 필요한지, 어디에 사용되는지 알게 되었어요.	관련 배움에 대해 자세히 알고 있었고, 이번 프로젝트 학습을 통해 내가 아는 것을 친구들에게 나누면서 함께 성장하는데 도움을 주었어요.

<스스로 평가해 봅시다>

배움 내용	기준: 싹틈 (보통)	기준: 자람 (잘함)	기준: 나눔 (매우잘함)	왜 그렇게 평가 했나요?
자랑하고 싶은 우리 고장의 모습을 표현하고, 소개할 수 있나요?		○		자랑하고 싶은 우리 고장의 모습을 표현하고 소개할 수 있지만 나눔까지는 못할 것 같다고 생각한다.
물을 아껴 써야 하는 이유를 말할 수 있나요?			○	물을 아껴 써야 하는 이유를 자세하게 말을 할 수 있을 것 같다.
물을 아껴 쓰는 방법을 3가지 이상 말할 수 있나요?			○	물을 아껴 쓰는 방법을 3가지 이상 말을 할 수 있을 것 같다.
중심문장과 뒷받침문장을 넣어 한 문단으로 글을 썼나요?	○			중심 문장과 뒷받침 문장을 넣어 한 문단으로 썼지만 좀 부족하다고 생각합니다.
친구들의 말을 경청하고 협동하여 적극적으로 활동에 참여했나요?		○		친구들의 말을 경청하고 협동하여 적극적으로 활동에 참여했지만 나눔까지는 못 갈 것 같다고 생각한다.

<"함께 먹는 물"을 배우면서 어떠하였나요?>

• 새롭게 알게 된 내용, 이번 프로젝트 학습을 통해 함께 배우고 활동하면서 느꼈던 감정, 전체적인 소감을 솔직하게 써보세요.

물을 왜 아껴 써야 하는 것인지 알게 되었다. 그리고 물 프로젝트도 공부를 하면서 1, 2학년 때 못 했던 경험을 해봐서 재미있었다. 물을 꼭 아껴 쓸 것이다.

프로젝트 수업 이야기

함께 사는 흙

2017년도를 기준으로 우리나라에서 나오는 폐기물은 재활용, 매립, 소각, 해양배출 등 네 가지 방법으로 처리가 되고 있다. 이 중에서 재활용을 제외한 나머지 폐기물의 절반 이상이 매립으로 처리되고 있다. 즉, 종량제 봉투에 버려지는 쓰레기의 절반을 흙 속에 묻어서 처리하고 있다는 것이다. 그런데 한 단체에서 종량제 봉투를 수거하여 그 내용물을 살펴본 결과, 종량제 봉투에 들어 있는 쓰레기의 절반 이상은 재활용이 가능한 것이라고 한다. 생활 속에서 조금만 관심을 기울이면 우리가 버리는 것이 쓰레기가 아닌 자원으로 재활용할 수 있다.

환경교육은 지식과 이해의 교육이 아니라 가치관과 태도의 교육이다. 또한 배운 것은 생활 속 실천으로 이어져야 하며, 올바른 일은 주위 사람들에게 알리며 함께 실천할 수 있도록 하는 것이 보람된 일이며, 이것은 함께 살아가는 일이다.

이에 흙을 살려 지구를 건강하게 하는 지렁이를 도입하여 흙의 소중함을 깨닫고, 아이들의 생활과 밀접한 관련이 있고, 경험이 있는 분리수거의 필요성과 방법을 탐구하고, 가정과 동네에서의 쓰레기 처리 방법을 살펴본 뒤, 개선할 점을 찾아본다. 마트에서 흔히 볼 수 있는 전단지의 사진을 활용하여 간접적으로 분리수거를 경험해 본다. 마지막으로 지역 알뜰벼룩장터에 참여하여 아나바다를 실천함으로써 지속적으로 분리수거와 쓰레기를 줄이는 노력을 해 나가는 태도를 길러주고자 하였다.

▶ 텃밭가꾸기

'함께 사는 흙' 프로젝트 학습은 학교 텃밭 가꾸기 활동으로 시작하였다. 학교 텃밭에 심을 식물은 조사와 토의 과정을 거쳐 고구마로 정하였다.

고구마를 구입하고 텃밭에 거름을 뿌리는 것까지는 교사가 준비를 해 주었고, 그 후에 고랑을 만들어 비닐을 씌우고 심고 가꾸는 모든 과정은 아이들이 직접 하였다.

아이들은 매주 목요일 창의적 체험활동 시간에 학교 텃밭에 가서 고구마의 자람을 관찰하고, 잡초를 뽑아주었다.

TIP 학교 텃밭 활동은 삶의 토대인 흙의 중요성을 되새기고, 좋은 식물을 기르기 위해서는 흙이 건강해야 하며 우리도 건강한 삶을 살 수 있다는 지혜를 터득할 수 있다. 또한 식물의 자람을 보면서 자연스레 계절의 변화와 자연계의 순환을 느끼고, 이를 통해 풍부한 정서와 바른 인성 함양에도 도움을 준다.

▶ 지렁이와 흙의 관계

아이들의 지렁이 경험에 대한 이야기를 나누면서 수업을 시작하였다. 지렁이가 땅 속에서 어떤 역할을 하는지 아는 아이들은 몇 명 없었고, 그나마 단편적으로만 알고 있었다. 이에 지렁이 이해를 돕기 위해 환경부에서 제작한 '지렁이 똥 이야기' 동영상을 보고 지렁이 마인드맵을 작성했다.

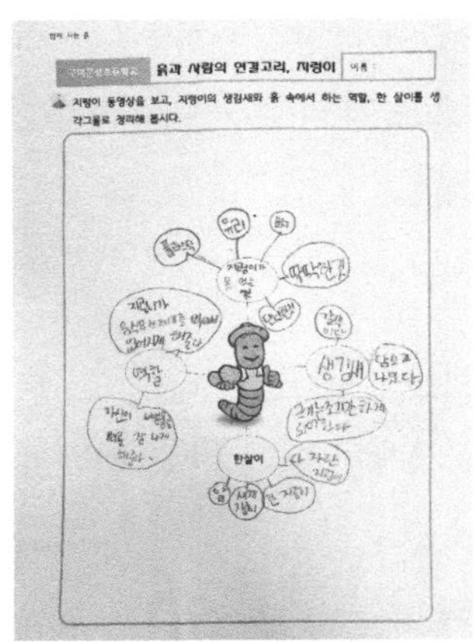

아이들은 지렁이의 몸이 잘려도 재생된다는 것과 지렁이 분변토가 냄새가 나지 않고 흙을 비옥하게 만들어 식물의 성장에 도움을 준다는 것에 매우 흥미를 느끼며 지렁이에 대한 것을 생각그물로 그렸다.

작은 동물이지만, 흙을 건강하게 만들어 지구 생태계를 건강하게 만들어주는 지렁이에 더 관심을 가지게 되었고, 지렁이에게 감사의 마음을 전하는 쪽지를 적어 공유하는 시간을 가졌다.

▶ 소중한 흙을 지키는 생활 속 실천 방법

모둠별로 생활 속에서 흙에 대한 경험을 이야기 나누고 각자 포스트잇에 적어 보았다. 환경교육포털에서 제공하는 포스터를 활용하여 흙의 다양한 역할과 쓰임새, 오염 원인에 대해 알아보았다. 흙 안의 빈 공간에 수분을 저장하여 필요할 때 식물에게 공급하거나 오염물질을 정화하는 등 아이들이 잘 알지 못했던 내용을 중심으로 학습하였다. 또한 다양한 오염원인 중 생활폐기물에 대해 집중적으로 이야기를 나눔으로써 우리의 행동으로 오염을 예방할 수 있다는 인식을 가지도록 하였다.

소중한 흙을 지키는 방법에 대해 배운 내용을 바탕으로 모둠별로 이야기를 나누어 포스트잇에 적고, 이젤패드에 붙여 모두가 공유하며 사고의 폭을 넓히는 시간을 가졌다.

마지막으로 자신과 친구들이 생각한 흙을 지키는 방법 중 생활 속에서 실천할 수 있는 방법을 한 가지씩 선택하여 일주일 동안 실천하고, 일주일 뒤에 점검, 반성, 실천다짐을 하였다.

TIP 오염위주의 환경교육은 자칫 아이들에게 환경에 대해 부정적인 생각을 가지게 할 수 있고, 인간을 생태계의 일부분으로 그 역할을 책임감 있게 실천해 나가야 할 대상으로 인식하는 것이 아니라 인간을 생태계를 복원하기 위한 역할로 인식함으로 인간중심적인 생각을 가지게 할 수도 있다. 따라서 아름답고 소중한 존재하며 긍정적으로 환경을 인식할 수 있도록 자신의 행동이 미래에 미치는 긍정적인 영향을 중심으로 생각할 수 있도록 하였다.

▶ 매립된 쓰레기가 분해되는 기간

우리나라의 폐기물을 처리하는 방법에 대해 PPT를 활용하여 아이들에게 알려주었다. 재활용되는 쓰레기를 제외한 나머지의 절반 이상을 땅에 묻어서 처리한다는 사실을 알고, 매립된 쓰레기가 분해되는 기간을 알아보는 학습지를 만들었다. 실제 분해되는 기간을 알려주기 전에 쓰레기 종류에 따라 분해되는 기간을 각자 예상하여 적어보게 하였다. 일부 아이들이 터무니없이 긴 기간을 적는 경우가 있어 적절한 기간의 범위를 안내해 주는 것이 필요했다.

▶ 분리배출! 어떻게 할까?

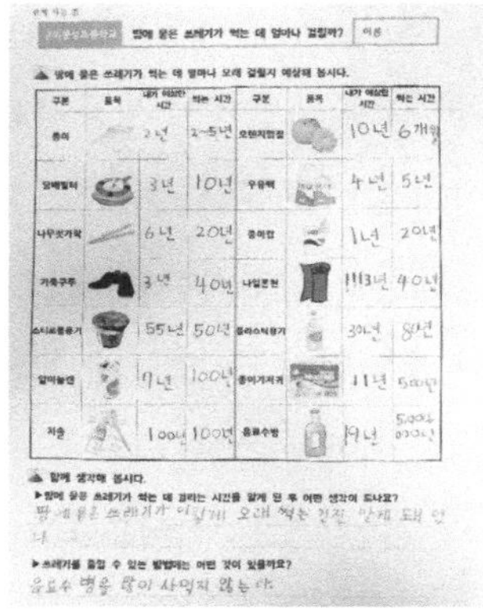

먼저 쓰레기를 분리배출 해야 하는 이유에 대해서 생각해 보는 시간을 가졌다. 각자 자신의 생각을 적고 짝과 자신의 생각을 공유하여 적은 후에 교실을 자유롭게 다니며 친구들과 만나 생각을 나누고, 기록하였다. 그리고 컴퓨터실에서 지자체 홈페이지에서 안내하는 분리배출 방법을 살펴보고, 궁금한 점이나 이해가 되지 않는 점을 포스트잇에 적어 이젤패드에 붙여 서로가 가르쳐주는 시간을 가졌다. 마지막으로 교사가 지자체의 분리배출 방법을 빈칸이 있는 학습지로 만들어 분리배출 방법을 상세히 정리하였다. 지자체마다 분리배출 방법이 조금씩 다르기 때문에 각 지자체별 분리배출 방법을 알아야 한다.

수업 과정에서 각자 집에서 경험한 분리배출에 대해 이야기를 하는 아이들이 많았다. 가정에서 분리배출을 강조하며 잘 지키고 있는 아이들의 경우에는 분리배출에 대한 배경지식이 상당히 많은 것을 알 수 있었다. 이에 각 가정에서 분리배출 현황을 조사하여 이야기를 나누는 시간을 가졌는데, 대부분 대단지 아파트에 거주하는 아이들이라 분리수거장이 잘 갖추어져 있어 가정에서도 분리배출이 비교적 잘 이루어지고 있었다. 다만, 세부적인 면에서 분리배출에 미흡한 점이 있어 배운 내용을 부모님께 알려드리고 보완할 수 있도록 하였다.

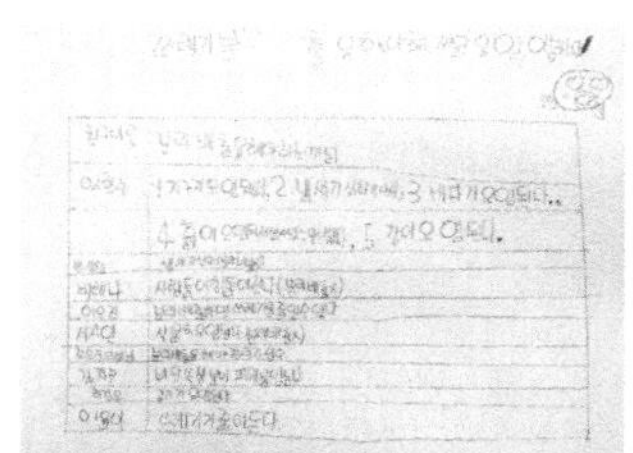
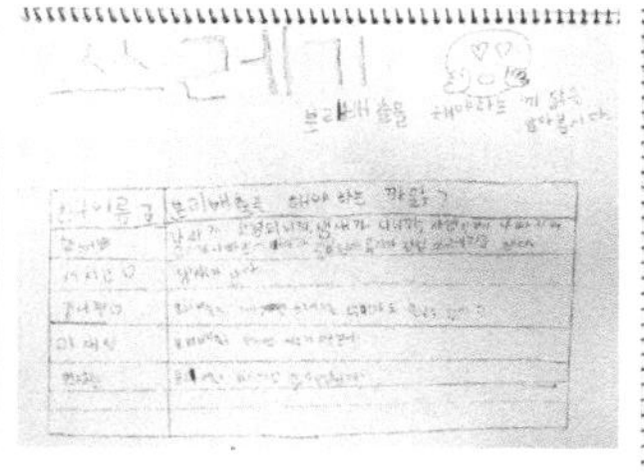

TIP 분리배출을 통한 폐기물은 소중한 자원이며, 경제적으로도 충분한 가치가 있을 뿐만 아니라 환경을 보호하기 위한 효과적인 방법 중에 하나이다. 분리배출을 포함하여 환경 친화적 행동에 관련지식이 큰 영향을 미친다는 것은 널리 알려진 사실이다. 즉 지식수준과 내용이 개인의 행동과 밀접한 관계가 있고 상세한 지식을 습득한 분야에서 적절한 환경친화적 행동을 보인다는 것이다. 분리배출의 경우 포장재, 제품의 제질 등에 대한 지식이 필요함을 고려하였을 때, 단순히 포괄적인 지식의 정도보다 분리배출에 관련된 세부적인 지식이 개인의 분리배출에 중요한 영향을 미칠 수 있다.

▶ 마트 전단지로 분리배출하기

분리배출 방법을 학교에서 직접 실천해 보고자 하였는데, 집에서 종류별, 재질별로 재활용 쓰레기를 가져오는 것이 쉽지 않고, 위생과 안전의 위험이 있어 마트 전단지의 사진을 이용하여 간접적으로 실천해 보았다.

각자 마트에 방문하여 흔히 홍보용으로 안내하는 전단지를 하나씩 준비하고, 전단지의 물건에 따라 모둠별로 4절지에 종류별로 분리배출을 위한 공간을 마련하여 전단지의 사진을 오려 붙였다. 여러 종류의 재질이 있는 경우에는 잘라서 붙일 수 있는 것은 자르고, 분리하기 힘든 것은 가장 많은 부분을 차지하는 재질로 분류하였다. 전단지를 활용하다보니 형광등이나 건전지, 유리병류로 분류할 수 있는 물건은 없었고, 플라스틱에 붙어 있는 라벨을 뗄 수 없다는 단점은 있었다.

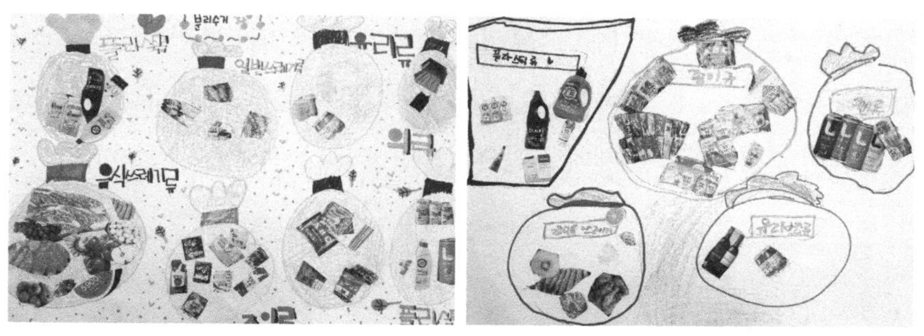

TIP 배운 것을 실천으로 옮기는 환경교육은 아이들에게 자연과 인간의 이해를 바탕으로 환경을 소중히 여기는 마음을 심어주고, 일상생활 속에서 친환경적인 생활에 적극적으로 참여하여 환경 보전을 생활화하는 데에 도움을 준다.

▶ 우리 집과 동네 분리수거장 살펴보기

각 가정에서 분리배출을 어떻게 하고 있으며, 분리수거장을 어떻게 만들어 놓고 있는지 살펴본 후에 이야기를 나누어 보았다. 종이류, 비닐류는 따로 분류하고, 캔류는 가정에서 배출량이 많지 않아 플라스틱류와 함께 담아 동네 분리수거장에서 다시 분류하여 배출하고 있었다. 특이한 점은 우유팩이나 두유팩을 종이류와 함께 배출했던 가정이 많았는데, 분리수거 방법을 학습한 후에는 내용물을 비워 말린 후에 따로 버리고 있는 가정이 많이 늘었다는 것을 알 수 있었다.

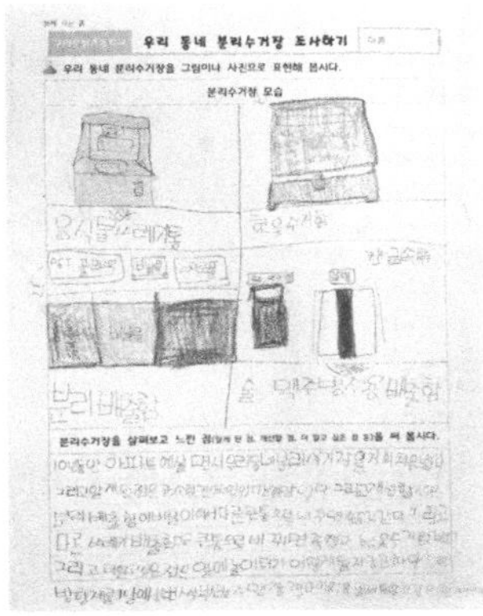

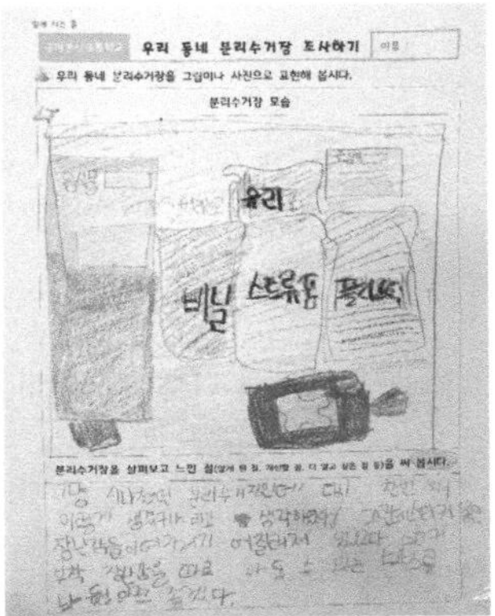

가정에서 배출하는 생활쓰레기를 한꺼번에 모으는 동네분리수거장을 살펴보고, 잘된 점이나 개선할 점에 대해서 사진이나 그림을 포함하여 보고서를 작성하도록 하였다. 대부분 부모님이 쓰레기를 버리러 가는 길에 함께 들러 여태껏 자세히 살펴보지 못한 동네 분리수거장을 꼼꼼히 살펴보며 어떤 항목으로 분류되어 있는지, 개선할 점은 무엇인지 등을 생각하며 보고서를 작성하였다. 특히 주택가의 경우 길가에 간이 분리수거함을 매우 부실하게 만들어 놓아 분리수거의 기능을 제대로 하지 못하고, 오히려 주위가 다른 곳보다 지저분하여 분리수거장을 제대로 만들었으면 좋겠다는 의견이 있었다.

TIP 일반적으로 가정에서 부모가 분리수거에 관심을 가지고 잘 실천하는 가정의 아이들일수록 환경에 대한 지식의 정도와 실천행위가 높게 나타난다. 분리수거의 행위가 대물림되는 것이다. 아이들이 집에서 행하고 있는 분리수거의 모습을 살펴보는 행위를 통해 자연스레 부모님과 대화를 하며 궁금한 점을 해결하고, 관심을 가지게 할 수 있으며, 분리수거의 필요성을 실감할 수 있을 것이다. 또한 동네 분리수거장은 집에서 분리수거한 생활쓰레기를 버리는 곳으로써 동네 분리수거장이 어떻게 꾸며져 있고, 어떠한 항목으로 분류되어 있느냐에 따라 가정에서의 분리배출에 많은 영향을 주게 된다.

▶ 우리 학교 분리수거장 개선하기

아이들과 함께 우리 학교 분리수거장을 살펴보고, 잘된 점과 개선할 점을 작성하였다. 동네 분리수거장에 있던 형광등 수거함, 폐건전지 수거함, 비닐류, 스티로폼류, 음식물 쓰레기 등이 없다는 것을 금세 알아챘고, 종이류를 수거하는 장소가 땅에 떨어진 종이로 지저분하다는 것을 발견했다. 또 어떤 아이는 분리수거장이 너무 작다거나 교실에서 멀리 떨어져 있다는 의견을 내기도 했다.

우리 학교에는 형광등을 사용하지 않고, 폐건전지 수거함은 효율성의 측면에서 중앙현관에 있으며, 스티로폼류는 학교의 특성에 따라 거의 배출되지 않고, 음식물 쓰레기는 주로 급식실에서 나오므로 음식물 쓰레기 처리장은 급식실 앞에 따로 마련이 되어 있다. 납득이 갈만한 점은 제외하고, 세 가지의 의견을 채택하였다. 첫째, 일반쓰레기에 가득담긴 비닐을 보았을 때, 학교에서 비닐류의 쓰레기가 많이 나옴에도 불구하고 비닐류 분리수거함이 없으므로 비닐류 수거함을 만들자. 둘째, 종이류를 버리는 곳에 종이를 담을 수 있는 통을 놓아 배출과 수거를 편리하게 하자. 셋째, 분리수거 항목이 적혀 있음에도 불구하고, 실제로 분리수거가 제대로 되어 있지 않으므로 분리배출 방법을 분리수거장에 게시하자.

우리의 의견을 모아 제안서를 작성하여 모두 함께 교장실에 가서 제안서를 직접 읽고 드렸다. 제안서를 작성 할 것이란 사실을 교장선생님께 미리 말씀드리고, 현실적인 것은 학교 차원에서 지원해 주신다는 약속을 받았다. 아이들이 작성한 제안서를 미리 교장선생님께 드렸기 때문에 즉석에서 아이들에게 제안서에 대한 답변을 들을 수 있었다. 비닐류와 종이류 수거함은 빠른 시일 내에 설치를 약속해 주셨고, 분리배출 방법은 아이들이 직접 작성하여 분리수거장에 현수막으로 게시할 것을 부탁하셨다. 아이들은 흔쾌히 교장선생님의 의견을 수락하였다.

모둠별로 한 가지 항목씩 정하여 4절지에 분리수거 방법을 한 눈에 알 수 있도록 글과 그림으로 작성하고 이를 스캔하여 현수막으로 만들어 분리수거장에 게시하였다.

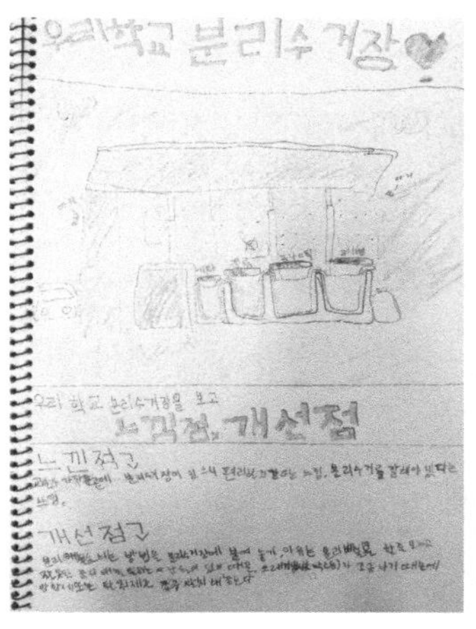

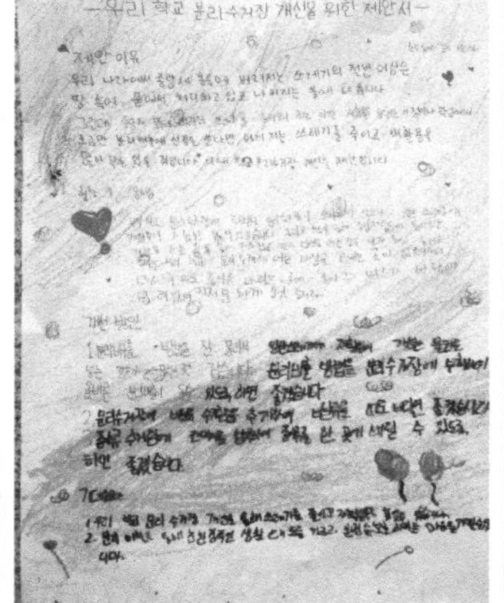

▶ 우유팩의 변신! 재생종이 만들기

1. 우유를 먹고 우유팩을 깨끗이 씻어 말린다.
2. 네 면에 맞추어 찢는다.(1명 당 우유팩 4~5개 정도가 필요하다.)
3. 물에 하루 정도 불려 종이의 양쪽 코팅된 면을 벗겨 잘게 찢는다.
4. 다시 하루 정도 물에 불린다.
5. 믹서로 곱게 간다.(나뭇잎이나 꽃잎을 넣으면 예쁜 색을 만들 수 있다.)
6. 곱게 갈린 종이를 손수건에 원하는 모양으로 만든 후 평평하게 편다.
7. 꽃잎이나 나뭇잎으로 장식한다.
8. 이틀 정도 말리고, 손수건에서 떼어내면 완성!

완성된 재생종이의 한 쪽은 울퉁불퉁하지만, 손수건에 맞댄 부분은 평평해서 글씨를 쓰기에 큰 어려움이 없었다. 꽃잎과 나뭇잎으로 예쁘게 꾸민 세상에서 하나 뿐인 자기만의 종이에 아이들은 무척 좋아했다. 아이들은 어버이날에 맞춰 재생종이에 감사의 편지를 적어 부모님께 드렸다.

TIP 우유팩은 외국에서 수입된 최고급 목재로 만들어 일반 종이보다 가격이 2~3배는 비싼 '고급 펄프'이며, 재활용되어 화장지 원료로 쓴다. 그런데 환경부에 따르면 2016년 유리병, 금속캔 재활용률이 70~80%에 이르는데 비해, 종이팩의 재활용률은 25%에 머문다고 한다. 그 이유는 우유팩을 제대로 분리배출 하지 않았기 때문이다. 우유팩은 일반 종이와 섞어 버리게 되면 다시 분류작업을 해야 하는데, 이 경우 단가가 높아져서 재활용을 할 수가 없게 된다. 우유팩을 바르게 재활용하면 우리나라 인구 1/3이상이 1년간 사용할 수 있는 화장지를 만들 수 있다. 교실에서 먹고 남은 우유팩을 재활용하여 직접 재생종이를 만들 수 있다.

▶ 지역 알뜰벼룩장터 참여하기

알뜰벼룩장터에 참여하기 위해 ① 알뜰벼룩장터 참여 계획 세우기 ② 알뜰벼룩장터에 내놓을 물건 모으고 정리하기 ③ 알뜰벼룩장터 홍보 준비하기 ④ 알뜰벼룩장터 운영하기 등 네 가지 활동으로 구성하였다.

세부 활동 내용은 다음과 같다.

① 알뜰벼룩장터 참여 계획 세우기

알뜰벼룩장터에 참여하는 목적과 그 의미에 대해 이야기를 나누었다. 교실 밖에서 이루어지는 활동이라 아이들의 기대는 매우 높았고, 들뜬 기분으로 활동을 하다보면 자칫 본래의 목적과 의미가 퇴색될 수 있어 서로의 이야기를 들으며 참여 목적과 의미를 마음속에 새기는 시간을 가졌다.

그리고 고장에서 열리는 알뜰벼룩장터가 열리는 장소, 날짜, 시간, 장터의 규칙 등을 자세히 알아보았다.

그리고 판매한 수익금을 어떻게 사용할지 결정하였다. 아이들이 자유롭게 그 이유와 함께 사용처를 발표하였고, 이를 칠판에 적었다. 투표를 통해 결정하였는데, 불우이웃돕기를 위한 기부를 하자는 의견이 압도적으로 많이 나와 연말에 불우이웃돕기 성금을 내기로 하였다.

마지막으로 아이들과 이야기를 나누며 계획한 알뜰벼룩장터 참여 안내장을 학부모님께 배부하였다.

② 알뜰벼룩장터에 내놓을 물건 모으고 정리하기

현재 사용하고 있지는 않지만, 다른 사람이 사용할만한 물건으로 장터에서 팔 물건의 기준을 정하고, 일주일 동안 각자 집이나 이웃집, 친척집 등에서 물건을 가져와서 교실에 모았다. 그리고 3학년의 다른 반에도 협조를 구하여 각자 집에서 사용하지 않는 물건을 받았다. 아이들은 직접 참여하지 않아서 그런지 다른 세 반에서 모은 물건보다 우리 반에서 모은 물건을 훨씬 많았다.

모은 물건 중에서 고장 나서 사용하지 못하는 장난감이나 너무 헤져서 입기 어려운 옷, 떨어진 운동화 등 다른 사람이 사용하기에도 가치가 없는 물건은 제외하고 150여 가지가 넘는 물건이 모였다.

100원~2000원까지 작은 팻말을 만들어 아이들이 스스로 가격에 적합하게 물건을 분류하였다. 1차 분류한 물건을 살펴보며 이야기를 나누었다. 아이들은 물건을 비싸게 팔아서 많은 이득을 남겨 기부를 하면 좋겠다고 생각하여 생각보다 물건의 가치를 높게 매겼다. 이에 물건의 가치에 비해 높은 가격을 매긴 것은 가격을 낮추고, 그 반대의 경우는 가격을 높여 조정을 하였다.

③ 알뜰벼룩장터 홍보 준비하기

동아리에서 운영하는 장터에 사람들이 많이 와서 환경보전에 대해서 알리고, 물건도 많이 팔아서 수익금이 많았으면 좋겠다는 바람이 있어 그 방법에 대해 이야기를 나누었다.

일단 우리가 어느 학교 어느 동아리인지를 알리기 위해 현수막이 필요하다는 데에 의견을 모았다. 현수막 문구와 꾸밈은 아이들에게 공모하여 정하였다. 그리고 우리 장터에 오는 사람들에게 환경보전을 알리는 홍보문구를 만들어 게시하기로 하고, 모둠별로 제작하였다.

④ 알뜰벼룩장터 운영하기

6월임에도 무더운 날씨가 예상되어 알뜰벼룩장터가 운영되는 4시간 중 우리는 2시간만 운영하기로 하였고, 두 팀으로 나누어 다음과 같이 활동하였다.

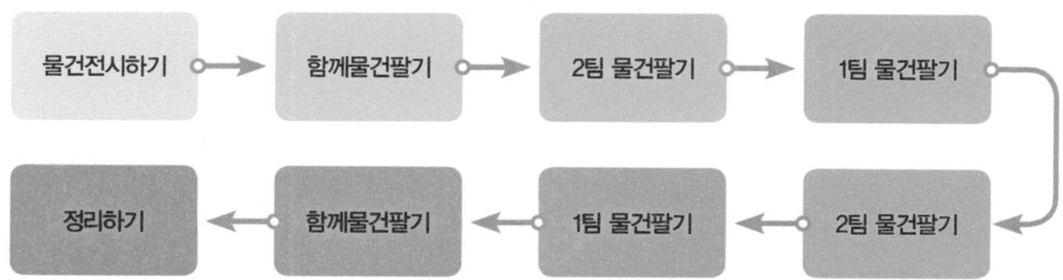

알뜰벼룩장터에 온 사람들은 반티셔츠를 입고 오밀조밀 앉아 큰 소리로 물건을 사라고 외치는 아이들에게 많은 관심을 보였고, 더불어 물건도 다른 곳에 비해 많이 팔렸다.

우리가 마칠 시간이 다 되었음에도 남아있는 물건은 필요한 사람들에게 무료로 나누어주었다. 수익금을 많이 남기기 위한 것이 목적이 아니라 안 쓰고 있어 쓰레기가 될 수 있는 물건을 다른 사람들이 가치 있게 사용함으로써 환경을 보전하기 위함을 목적임을 잘 알기에 아이들도 기분 좋게 물건을 나누어주었다.

알뜰벼룩장터를 마치고 구입한 물건과 사용처를 적고, 활동에 대한 평가를 스스로 하고, 느낀 점을 작성하여 활동을 정리하였다.

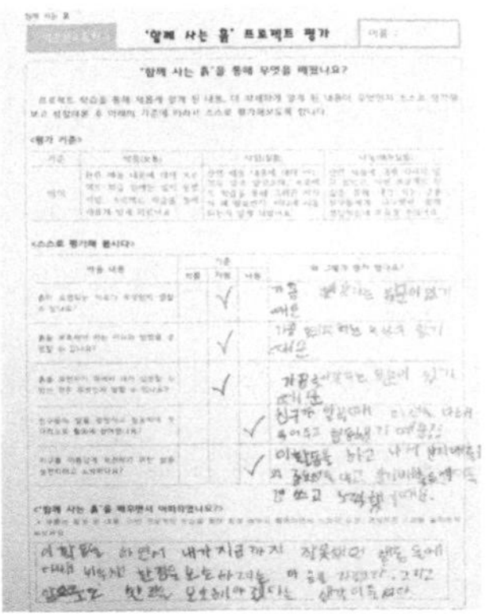

'함께 사는 흙' 프로젝트 평가

이름 :

'함께 사는 흙'을 통해 무엇을 배웠나요?

<평가 기준>

<스스로 평가해 봅시다>

▶ 성찰하기

학습지를 마련하여 '함께 사는 흙' 프로젝트 학습을 통해 알게 된 점, 느낀 점, 더 알고 싶은 점 등을 스스로 생각해보고 성찰하는 시간을 가졌다.

프로젝트 수업 이야기

함께 쉬는 숨

우리나라 겨울날씨를 상징하는 '삼한사온(三寒四溫)'이라는 말 대신에 '삼한사미(三寒四微)' 신조어가 생길만큼 미세먼지는 우리 생활에 막대한 영향을 미치고 있다. 매순간 공기를 마시며 살고 있는 우리에게 미세먼지는 건강뿐만 아니라 생명이 달린 문제이다. 특히 2018년 OECD 회원국에 속한 도시 중에서 공기의 질이 나쁜 100대 도시 가운데 44개가 우리나라에 있을 정도로 미세먼지에 대한 경각심이 요구되고 있다. 이에 아이들과 미세먼지의 원인과 영향을 올바로 인식하고, 미세먼지 예방법을 탐구하여 생활 속 미세먼지 예방 수칙을 정해 실천하고 하고, 이를 주위 사람들에게 홍보하며 교실에서 미세먼지를 줄이기 위한 노력을 통해 건강한 생활을 영위하고, 환경감수성을 기르고자 하였다.

▶ 비눗방울 만들기, 종이비행기 날리기

공기를 눈으로 확인할 수 있는 좋은 방법이자 즐겁게 활동할 수 있는 것은 비눗방울 만들기와 종이비행기 날리기이다.

비눗방울이 잘 터지지 않고 크게 만들 수 있으면 좋은데, 비눗방울이 작게 불어지고, 빨리 터지면 아이들이 금세 흥미를 잃을 수 있기 때문이다. 이를 위해서 주방세제와 물만으로는 부족하고 점성을 높여 비눗방울 수면의 수분이 증발하는 것을 막아 표면이 말라터지는 것을 늦춰주는 글리세린을 함께 사용하였다. 글리세린은 약국에서 저렴하게 구입할 수 있다.

종이비행기가 날기 위해서는 공기가 필요함을 알려주고, 이면지를 이용하여 종이비행기를 함께 접었다. 강당으로 이동하여 초시계를 이용하여 종이비행기가 난 시간을 재었더니 대부분 3초 안에 땅에 떨어졌다. 의아한 표정의 아이들이었지만, 만약 공기가 없다면 단 1초도 날 수 없을 것이라 알려주고, 종이비행기를 이리저리 수정하여 친구들과 누가 더 오래 나는지 시합도 하였다. 활동 마지막에는 공기가 있어 고마운 점을 적으면서 공기의 소중함을 느낄 수 있었다.

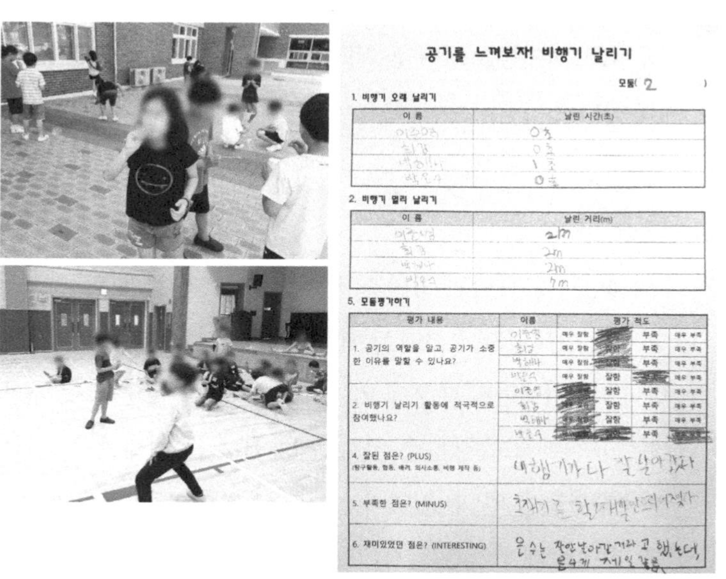

공기를 느껴보자! 비행기 날리기

모둠(2)

1. 비행기 오래 날리기

이 름	날린 시간(초)
	0초
	0초
	1초
	0초

2. 비행기 멀리 날리기

이 름	날린 거리(m)
	2m
	2m
	2m
	7m

5. 모둠평가하기

평가 내용	이름	평가 척도			
1. 공기의 역할을 알고, 공기가 소중한 이유를 말할 수 있나요?		매우 잘함	잘함	부족	매우 부족
2. 비행기 날리기 활동에 적극적으로 참여했나요?		매우 잘함	잘함	부족	매우 부족
4. 잘된 점은? (PLUS) (탐구활동, 협동, 배려, 의사소통, 비행 제작 등)					
5. 부족한 점은? (MINUS)					
6. 재미있었던 점은? (INTERESTING)					

▶ 생활 속 공기의 역할 알아보기

3학년 과학교과서에 공기의 다양한 역할을 그림으로 표현하여 그림을 보고 공기의 역할을 추론할 수 있도록 하였다. 생명을 유지하거나 열기구 띄우기, 연날리기, 풍력발전으로 전기 만들기 등 아이들이 쉽게 공기의 역할을 알 수 있도록 하였다. 하지만 다양한 매체나 경험을 통해 알 수 있는 공기의 역할은 훨씬 더 많기에 우리 생활에서 공기를 이용하는 모습을 모둠별로 최대한 많이 적어보게 하였다. 혼자서 생각하는 것보다 서로 머리를 맞대고 이야기를 나누며 생각을 해 보니 공기를 이용하는 것이 상당히 많다는 것을 아이들 스스로 알게 되었다. 평소 무심코 지나쳤지만, 공기가 있어야만 할 수 있는 것을 실감하면서 자연스레 공기에 관심을 가지게 되었다.

또한 이를 바탕으로 공기가 없으면 어떤 일이 벌어질지 상상하여 적어보았다. 공기가 있어야 할 수 있는 일들을 반대로 생각해 보면 쉬운 일이기는 하지만, 가상의 상황을 상상해 보기도 하고, 글로 적어봄으로써 좀 더 실감이 나고 소중한 공기를 지키는 것이 필요하다는 느끼게 되었다.

▶ 미세먼지 바로 알기

아이들이 가진 미세먼지와 관련된 경험을 포스트잇에 적어보게 한 후, 모둠별로 자신이 적은 내용을 바탕으로 미세먼지 경험에 대해 이야기를 나누었다. '미세먼지가 나쁨인 날에는 마스크를 썼어요.' '미세먼지 때문에 엄마가 밖에 나가서 놀지 못하게 했어요.' '미세먼지가 많은 날에는 교실에서도 창문을 열지 않았어요.' 등 미세먼지로 인해 아이들도 생활에 불편함을 많이 겪었음을 알 수 있었다.

미세먼지가 어떤 것이며, 왜 발생하는지, 그로 인해 생기는 문제점이 무엇인지 바르게 인식할 필요가 있었다. 아이들은 미세먼지에 대해서는 매스컴을 통해서 간헐적으로, 가볍게 접하는 경우가 대부분이라 미세먼지가 무엇인지, 원인은 무엇인지, 어떤 영향을 주는지 잘 알지 못하였다. 그래서 미세먼지 발생원인, 미세먼지로 인해 발생하는 문제를 프로젝트 스케치북에 정리하며 미세먼지를 구체적으로 살펴보는 시간을 가졌다.

▶ 사진으로 살펴보는 우리 동네 미세먼지

교실의 창문 밖 일정한 장소의 모습을 여러 날에 걸쳐서 사진을 찍고, 미세먼지와 초미세먼지의 수치를 기록하고, 사진으로 보이는 모습을 관찰하여 기록하였다. 미세먼지가 좋을 때와 나쁠 때의 사진 두 장을 비교해서 보면 아이들도 금방 다른 점을 느끼고 이야기했다. 아이들은 먼 곳을 바라보는 일이 거의 없었는데, 미세먼지가 많은 것은 먼 곳의 모습을 비교해 볼 때 더 확연히 드러났다. 미세먼지가 좋은 날에는 공기가 맑다는 느낌을 받을 정도로 사진으로 나타난 모습이 선명하고, 멀리 있는 산의 윤곽도 확연히 드러났다. 하지만 미세먼지가 나쁜 날에는 사진의 선명도가 떨어지고, 멀리 있는 산의 모습도 흐릿하거나 보이지 곳도 있었다.

아이들이 생활하는 장소에서 미세먼지 수치가 다른 날의 사진을 비교해 보내 미세먼지가 얼마나 많이 있는지 직접 확인할 수 있었다.

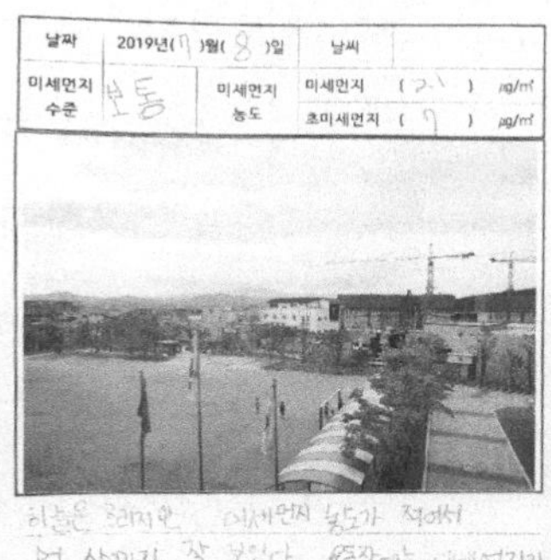

날짜	2019년( )월(8)일	날씨	
미세먼지 수준	보통	미세먼지 농도	미세먼지 ( ) ㎍/㎥
			초미세먼지 ( ) ㎍/㎥

날짜	2019년( )월( )일	날씨	
미세먼지 수준		미세먼지 농도	미세먼지 ( ) ㎍/㎥
			초미세먼지 ( ) ㎍/㎥

TIP 미세먼지가 많은 날과 많지 않은 날은 육안으로 구분하기가 쉽지 않다. 부모님 말씀이나 앱, 뉴스를 통해서 미세먼지가 나쁨이라는 정보를 얻기는 하지만, 극소수의 민감한 아이들을 제외하고는 미세먼지가 많아서 불편하거나 건강에 생기는 문제를 당장 체감하지도 못한다. 이에 아이들이 미세먼지가 많은 날과 그렇지 않은 날의 차이를 눈으로 확인할 수 있다면, 심각성을 인지하고 학습에 적극적으로 참여할 수 있을 것이다.

▶ 비주얼씽킹으로 정리하는 미세먼지 예방과 대처

미세먼지 발생 원인을 학습한 후 알게 된 사실이 하나있었다. 물을 절약하거나 흙을 보호하기 위해서 생활 속에서 아이들이 효과적으로 실천할 수 있는 일들이 있다. 하지만 미세먼지를 예방하기 위해 생활 속에서 효과적으로 아이들이 할 수 있는 일은 거의 없었다. 미세먼지 발생 원인이 발전소, 공장, 자동차 배기가스 등 아이들의 생활과 괴리가 있어 실천할 수 있는 일에 한계가 있기 때문이다. 따라서 아이들의 입장에서 미세먼지는 예방과 대처 방법을 함께 지도하는 것이 효과적이라 생각되었다.

서울환경연합에서는 생활 속에서 실천할 수 있는 미세먼지 예방법 10가지를 제시하였다. 아이들과 함께 10가지 약속을 하나씩 살펴보며 왜 그런 수칙을 만들었는지, 어떻게 실천할 수 있는지 이야기를 나누어 보았다. 미세먼지가 예방되는 원리와 함께 경제적인 면이나 건강에 유익한 점 등도 제시하였다.

미세먼지 예방법에 대해 공부한 아이들은 생활 속에서 먼지가 많이 발생하는 경우를 생각해 보며 포스트잇에 모둠별로 적어 분류해 보았다.

아이들이 적은 내용을 바탕으로 비주얼씽킹을 이용하여 생활 속에서 실천할 미세먼지 예방 수칙을 만들고, 각자 지킬 수 있는 사항을 2가지씩 선택하여 일주일 동안 실천하고, 반성하며 지속적 실천을 위한 다짐을 하였다.

미세먼지의 예방과 더불어 미세먼지 농도에 따른 대처 방법도 알아보았다. 환경부에서 제공하는 미세먼지 바로알기 카드 뉴스를 이용하여 미세먼지 예보 확인하기, 물과 과일, 야채 충분히 섭취하기, 실내공기 환기시키기 등 생활 속에서 실천할 수 있는 대처 방법을 공부하고 비주얼씽킹으로 정리하였다.

TIP 비주얼씽킹은 글과 함께 그림으로 이용해서 자신의 생각이나 정보를 표현하고 기록하는 것이다. 비주얼씽킹을 이용하면 이해가 빨라지고, 공감대 형성이 쉬워지며 커뮤니케이션 과정에서 새로운 영감을 얻을 수 있고 설득력도 높아진다.

▶공기정화식물 심고 그리기

실내에서 기를 수 있는 대부분의 식물이 공기정화 기능이 있으나 미세먼지 제거에 더 좋은 효과를 보이는 식물을 몇 가지 선정하여 아이들에게 소개해 주고, 각자 기르고 싶은 식물은 정하였다.

포트에 담긴 식물을 협소한 창가 자리에 적합한 화분을 구입하여 옮겨 심고 미술시간에 쓰고 모아둔 꼬치를 이용하여 이름표를 만들어 꽂았다.

식물에 관심을 가지게 하고, 미세먼지를 줄여주어 고마운 마음을 가지고 자신이 심은 공기정화식물을 자세히 관찰하여 그림을 그렸다.

완성한 공기정화식물 화분을 교실 창가에 두고 길렀다.

TIP 세계보건기구(WTO) 건강을 해치는 가장 위험한 환경 요소로 미세먼지를 지목했는데, 실외보다 실내에서 오염 물질이 폐에 도달할 확률이 월등히 높다는 보고가 있다. 교실은 좁은 공간에 많은 아이들이 생활하는 공간인 만큼 미세먼지 발생량이 상당할 것이므로 이를 인식하고 미세먼지를 줄이는 노력을 기울여야 할 것이다.

▶ 뱃지만들기로 미세먼지 홍보하기

뱃지가 크지 않고 홍보의 효과가 잘 나타나게 한 눈에 알아볼 수 있도록 제작해야 하므로 복잡한 그림이나 많은 글이 들어가는 것은 좋지 않다. 따라서 앞서 비주얼씽킹으로 정리한 미세먼지 예방과 대처법을 활용하여 뱃지를 만들었다. 각자 미세먼지 예방과 대처법 세 가지를 고른 후에 비주얼씽킹으로 표현한 그림과 글을 뱃지만들기에 사용할 동그란 공간 안에 표현하고, 눈에 잘 띄도록 색칠을 한다.

둥근 종이에 표현한 미세먼지 예방과 대처법은 버튼프레스기를 이용하여 뱃지로 만들었다. 완성한 뱃지 중에서 자신이 실천할 사항은 가방이나 옷에 달고, 부모님께 드릴 뱃지는 집에 가져가서 부모님께 뱃지에 대한 설명을 해 드리고, 부모님 가방이나 차에 두도록 했다.

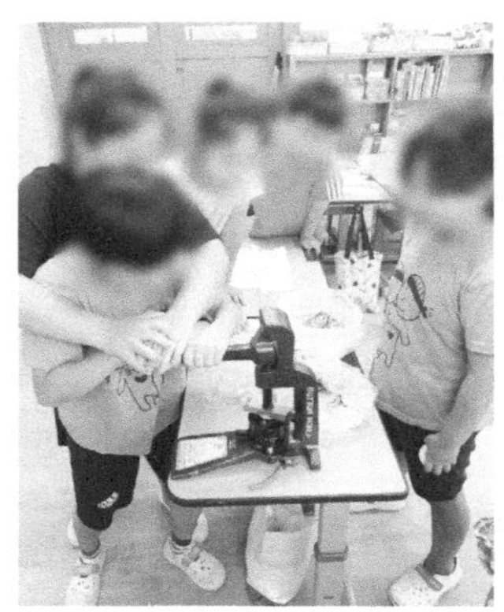

성찰하기

학습지를 마련하여 '함께 쉬는 숨' 프로젝트 학습을 통해 알게 된 점, 느낀 점, 더 알고 싶은 점 등을 스스로 생각해보고 성찰하는 시간을 가졌다.

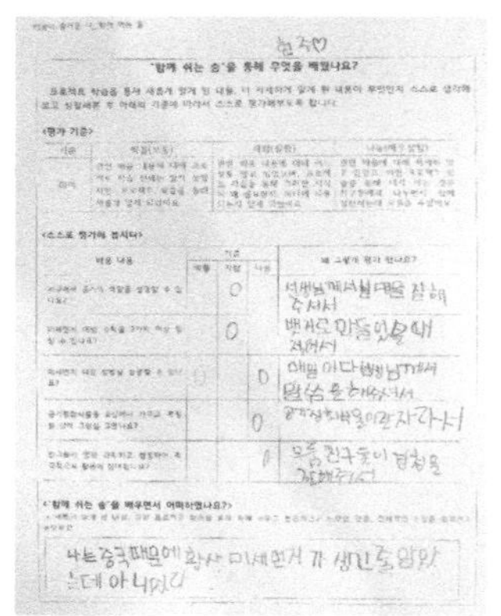

'함께 쉬는 숨'을 통해 무엇을 배웠나요?

<평가 기준>

<스스로 평가해 봅시다>

배운 내용	기준	왜 그렇게 평가 했나요?

<'함께 쉬는 숨'을 배우면서 어떠하였나요?>

이렇게도 실천했어요!

#1. 착한 에너지 실천학교 현장체험학습

영남에너지서비스에서 주관하는 친환경에너지로 행복을 만드는 '착한에너지학교' 프로그램으로 체험과 실습 중심으로 구성된 교육으로 이루어진다. 환경교육으로 생태체험 및 실습을 착한에너지 체험으로 태양광 비행기 만들기 등 신재생에너지 체험을 하였다. 안전교육에서는 비눗물을 활용한 가스 누출 확인 등 생활 속에서 안전한 도시가스 사용방법을 배울 수 있었다.

신재생에너지

비행기 만들기

LNG

VR체험

#2. 구미에코랜드 현장체험학습

구미에코랜드는 구미시산림문화관, 생태탐방 모노레일, 산동참생태숲, 자생식물단지. 어린이테마교과숲, 문수산림욕장 등의 산림문화시설이 잘 갖추어져 학생들이 산림, 문화, 전시, 체험을 다양하게 경험함으로써 환경을 올바르고, 깊게 이해할 수 있다. 이와 더불어 국어 교과의 시쓰기 단원과 관련지어 자생식물단지에서 각자 식물을 하나 선택하여 오래도록 바라보며 관찰한 후에 시화 그리기를 하고, 자생식물단지에 있는 식물을 이용하여 각자 하나씩 문제를 만들어 모은 후에 '도전! 그린벨' 퀴즈 대회를 열었다.

숲 탐방

도전, 그린벨!

시화그리기

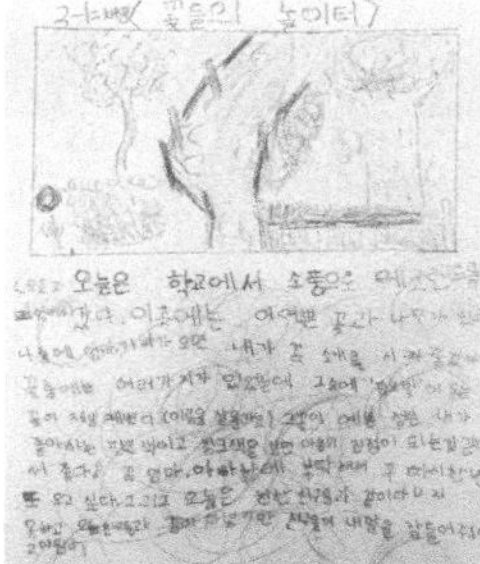

시화 작품

#3. 김천녹색미래과학관 현장체험학습

김천녹색미래과학관은 생활과 자연의 에너지를 생각하고 무한한 상상의 나래를 현실로 만들어가는 아이들을 위한 체험공간으로 프로젝트 학습을 마무리하고, 궁금한 점을 해결하며 직접 체험함으로써 환경과 사람의 관계를 실감할 수 있는 기회가 되었다. 전시관을 꼼꼼히 둘러보며 미리 준비한 학습지의 문제를 하나씩 해결하여 확인을 받은 아이들은 4층에 마련된 방탈출 게임과 비슷한 방식으로 마련된 환경미션방을 체험하였다. 이곳은 방마다 주어지는 환경 문제를 팀별로 수행함으로써 최종 방까지 도달하는 것이다. 최종 방에 도달한 아이들은 마지막으로 환경 퀴즈를 푸는 것으로 환경미션방 체험을 완수하게 된다.

기후변화

남극체험

재생에너지체험

환경미션

환경 퀴즈

환경 4D 애니메이션

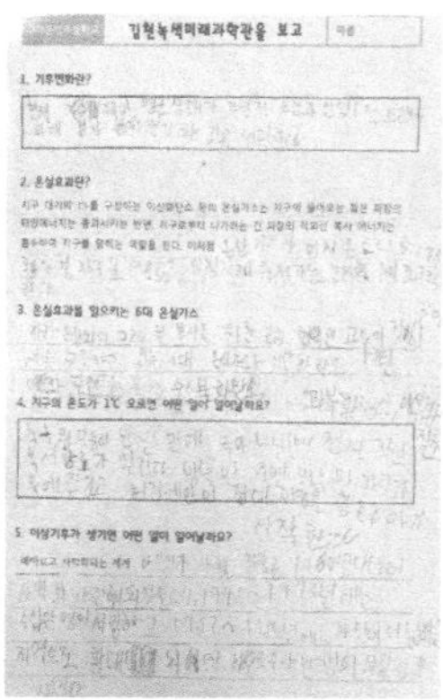

김천녹색미래과학관을 보고

1. 기후변화란?

2. 온실효과란?

3. 온실효과를 일으키는 6대 온실가스

4. 지구의 온도가 1℃ 오르면 어떤 일이 일어날까요?

5. 이상기후가 생기면 어떤 일이 일어날까요?

김천녹색미래과학관 학습지

#4. 푸름이 이동환경교실

푸름이 이동환경교실은 이동환경교육 차량을 이용하여 학교 현장에 직접 찾아와 학생들의 눈높이에 맞는 환경교육을 체계적으로 실시해 주는 서비스이다. 본교는 경상북도에서는 유일하게 4회에 걸쳐 실시하는 교육 프로그램에 선정되어 보다 체계적이며 지속적인 환경교육을 받을 수 있었다. 매주 1회씩 환경교육 전문 강사가 방문하여 에코노트를 활용하여 이론과 체험교육을 병행함으로써 아이들의 이해도를 높이고, 초등학생들의 특성과 수준에 맞는 눈높이 교육을 받을 수 있다.

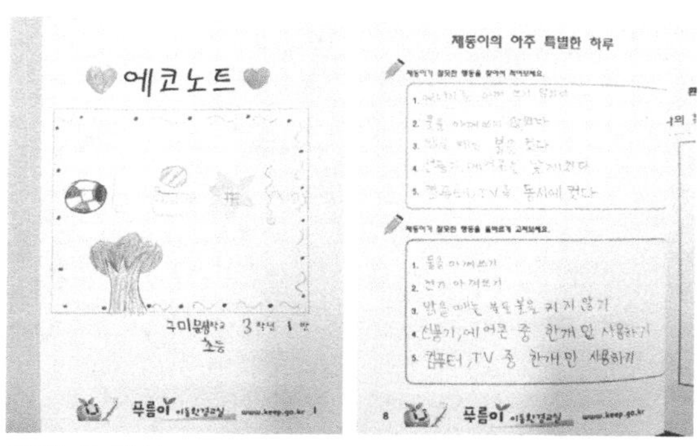

에코노트 작성

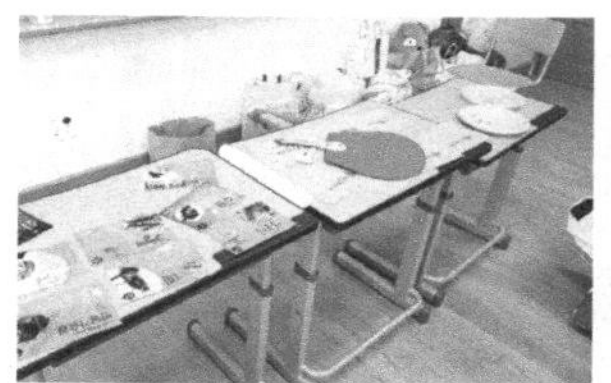

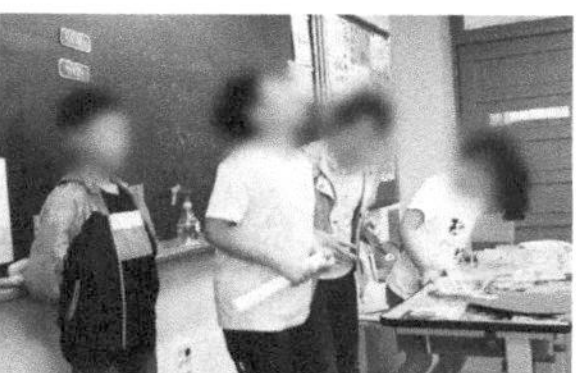

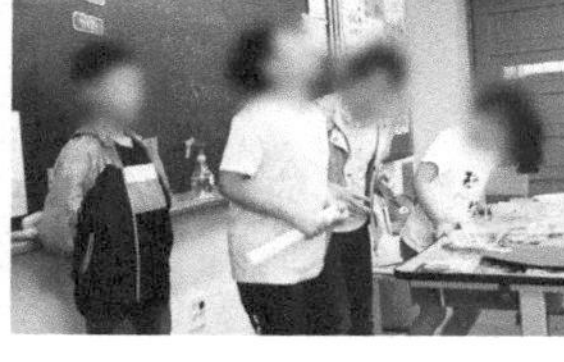

환경올림픽

멸종위기동물 손수건 만들기

푸름이 이동환경교실 차량 체험

재활용 종이로 필통 만들기

▶ 활동 결과

프로젝트 학습이 끝날 때마다 스스로의 학습을 평가하고 성찰하는 시간을 가지면서 학생들의 소감을 살펴보니, 일단 많은 학생들이 프로젝트 학습이 재미있었다는 반응을 보였다. 단순히 새로운 것을 알게 되고 새로운 경험을 하게 되어서 재미있는 것이 아니라, 프로젝트 학습 과정에서 학습한 내용을 자신의 삶에 적용하고, 자신의 행동이 어떠한 변화를 가져오는지 직접 경험했기 때문에 유의미한 즐거움으로 다가왔던 것이다. 이런 점에서 친환경적인 습관을 자신들의 삶에서 실천하려는 태도를 높일 수 있었다.

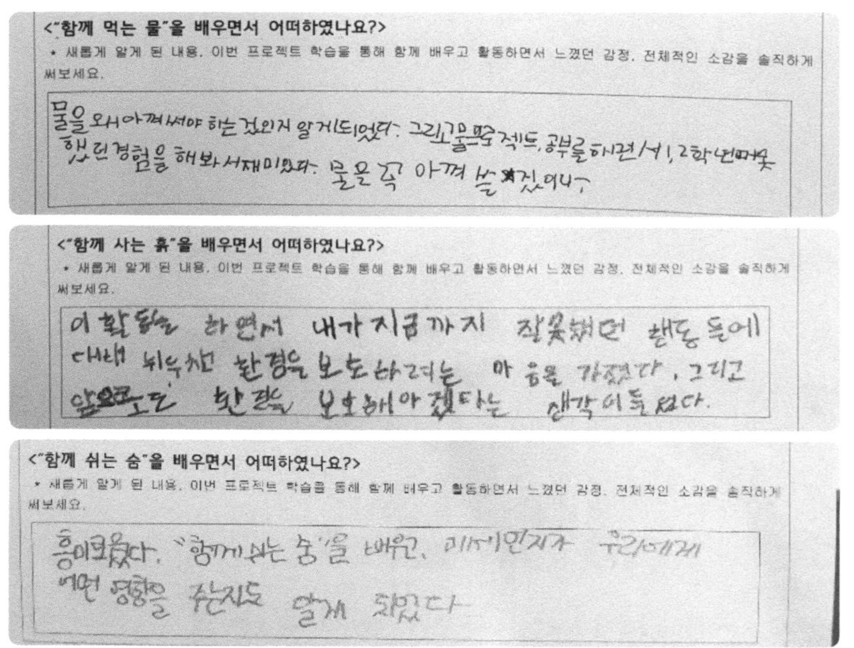
<"함께 먹는 물"을 배우면서 어떠하였나요?>

* 새롭게 알게 된 내용, 이번 프로젝트 학습을 통해 함께 배우고 활동하면서 느꼈던 감정, 전체적인 소감을 솔직하게 써보세요.

물을 왜 아껴써야 하는 것인지 알게되었다. 그리고 물 프로젝트, 공부를 하면서 1, 2학년때 못 했던 경험을 해봐서 재미있었다. 물을 꼭 아껴 쓸 것입니다.

<"함께 사는 흙"을 배우면서 어떠하였나요?>

* 새롭게 알게 된 내용, 이번 프로젝트 학습을 통해 함께 배우고 활동하면서 느꼈던 감정, 전체적인 소감을 솔직하게 써보세요.

이 활동을 하면서 내가 지금까지 잘못했던 행동들에 대해 뉘우치고 환경을 보호하려는 마음을 가졌다, 그리고 앞으로도 환경을 보호해야겠다는 생각이 들었다.

<"함께 쉬는 숨"을 배우면서 어떠하였나요?>

* 새롭게 알게 된 내용, 이번 프로젝트 학습을 통해 함께 배우고 활동하면서 느꼈던 감정, 전체적인 소감을 솔직하게 써보세요.

흥미로웠다. "함께 쉬는 숨"을 배우고, 미세먼지가 우리에게 어떤 영향을 주는지도 알게 되었다

학생들이 삶에서 의식하지 않고 습관적으로 했던 행동이 환경에 미치는 영향을 알아보고, 주변의 환경을 직접 개선해 보며, 삶의 일부로써 주변에 늘 존재하던 환경요소나 자연의 모습을 살펴보는 활동 등을 통해 환경의 변화를 민감하게 받아들이고, 환경문제를 예방하려는 태도와 환경감수성을 길렀다.

일주일 동안 물 절약을 실천해 본 후 어떤 생각이나 느낌이 드는지 써 봅시다.

물을 원래보다 더 물을 아끼쓰는 것같고, 절약하는 느낌이 난다.

분리수거장을 살펴보고 느낀 점(알게 된 점, 개선할 점, 더 알고 싶은 점 등)을 써 봅시다.

10년동안 아파트에살면서 우리동네분리수거장을 거의 처음봤다 그리고알게된점은 금속류 캔도있었다는걸알았다 그리고개선할점은 분리배출함이비닐이어서 다른큰통으로 바꾸면좋을거같다 그리고 다른 쓰레기 배출함도 큰통으로 바뀌면 좋겠다 헌옷수거함빼고 그리고 더알고싶은점은 옆에 놓이더가 어떻게될지궁금하다? 그리고 방향제를 1달에 1번씩 뿌려주면 좋겠다 이유: 냄새토할것같아 왝ㅋㅋㅋ

우리학교 분리수거장을 보고 느낀점과 개선점 쓰레기를 버리는 곳이 많아 보이지만 헌옷수거함이 없고, 종량제봉투에는 비닐류가 많은데 비닐을 버리는 것도 없으며, 알류미늄을 버리는 곳이 없다. 또 분리수거장 안은 넓은데 비어 있다. 나는 분리수거장이 [illegible] 알았다.

하늘이 밝아보이지만 미세먼지 때문에 멀리 있는 산이 잘 안보인다. 미세먼지 농도가 많아서 아이들이 노는 모습이 없다 그리고 전체적으로 뿌옇게도 보인다.

학생들의 환경교육 활동과 사진을 클래스팅(학급홈페이지)에 올려 학부모와 공유함으로써 자연스럽게 활동 내용에 대해 부모와 자녀가 이야기를 나누고, 가정과 학교가 연계하여 긍정적인 변화를 가져올 수 있었다.

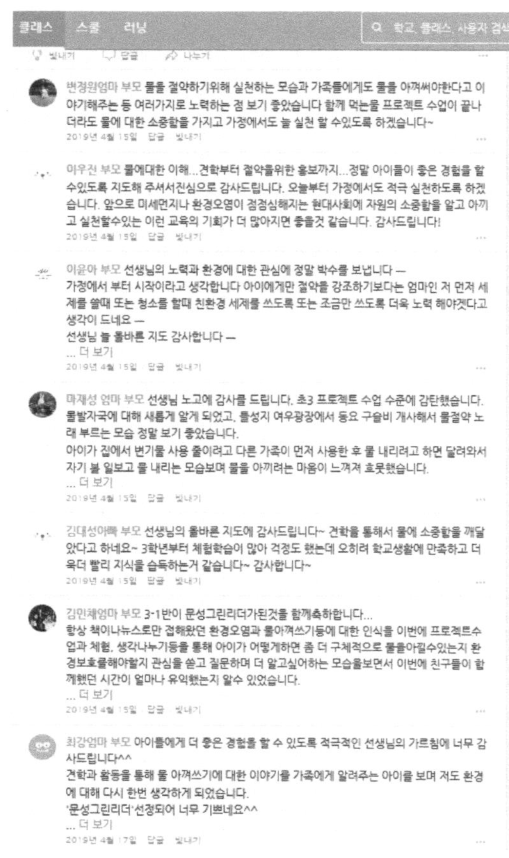

프로젝트 수업 이래서 좋아요

1. 아이들이 이렇게 변화해요!

프로젝트 학습으로 아이들이 눈에 띄게 변한 모습은 아이들이 수업에 주도적으로 참여한다는 것이다. 수업이 시작되기 전 아이들의 평소 모습을 보면, 쉬는 시간에 친구들과 정신없이 놀다가 종이 치면 부랴부랴 앉아서 이번 시간에 배울 교과서를 꺼내놓고, 선생님 얼굴을 쳐다보고 있는 것이다. 조금 관심이 있는 소수의 아이들은 "선생님, 몇 쪽이에요?" 라고 물어보고, 교사가 대답하면 교과서를 펼쳐서 배울 내용을 살펴본다.

하지만 프로젝트 학습은 계획 단계에서부터 아이들이 참여하여 공부할 내용과 방법, 결과물 발표 방법을 미리 정하기 때문에 아이들은 다음 시간에 무엇을 배울지, 무엇을 준비해야 할지, 어떤 방법으로 공부할지 미리 알고 있다. 대부분 모둠별로 진행하기 때문에 모둠의 의견이나 더 좋은 아이디어에 따라 계획의 변경이 이루어지기도 하고, 그에 따라 수업에 주인공으로 참여하여 교사와 함께 수업을 이끌어가는 역할을 한다.

아이들의 생각과 의견이 반영된 수업이므로 자신들이 수업의 주인공이 되는 것은 물론이거니와 학습 동기가 강력해지고, 그에 따른 흥미와 재미도 매우 높은 수준을 유지했다. 특히 수업이 진행되는 가운데 자신들의 경험과 생각을 보태 자신들의 의견을 적극적으로 개진하면서 더 나은 방법의 학습을 모색해 나가는 모습을 볼 수 있었다. 교사의 입만 보며 소극적으로 따르는 수업에서는 좀처럼 보기 힘든 모습이었다.

모둠별 수업은 교사의 상당한 인내심과 꾸준한 지도가 필요하다. 나도 한때는 모둠별 수업의 필요성과 그 효과를 확신하고 모둠별 수업을 진행하면서 여러 번의 내적 갈등을 겪었다. 자신의 주장이 강한 아이, 무기력한 아이, 장난만 치는 아이, 의학적 치료가 필요한 아이, 화를 잘 내는 아이 등 다양한 아이들이 모여 모둠 활동을 하다보면, 하루에서 많은 갈등이 생기고, 그 갈등을 해결하다보면 수업을 진행해나가기가 너무 힘들고, 나 스스로도 에너지를 많이 쏟아 다음 수업을 진행하는 데에 지장이 생길 정도였다. 하지만 지금 생각해 보면, 일시적으로나마 그 모둠의 갈등을 해결하여 수업을 진행해야겠다는 생각이 강력했던 것 같다. 그래서 모둠의 문제는 해결되지 않고 반복되었던 것이다. 처음에는 시간이 걸릴지도 모른다. 하지만 모둠원들끼리 충분히 의견을 교환하고, 서로를 존중, 배려하고, 양보하는 문화를 만들기 위해서 꾸준히 인내심을 가지고 지도하면, 교사가 의도한 대로 모둠활동이 이루어질 수 있다. 여러 해 동안 내가 경험한 일이다. 이를 통해 의사소통과 존중, 배려, 갈등해결 등 여러 사람들과 어울려 살아가는 방법을 배워 스스의 성장과 발달의 가속을 높일 수 있었다.

2. 학부모들이 이렇게 반응해요!

요즘 SNS가 활발히 이루어져서 교실 수업을 학부모님께 알려주고, 협조를 구하는 것도 훨씬 수월해졌다. 나는 '클래스팅' 앱을 사용하는데, 특별한 이유가 있는 것은 아니고 지인의 추천으로 사용하고 있으며, 불편함 없이 잘 사용하고 있다.

학기 초에 클래스팅 가입을 안내하고, 모든 학부모가 가입하도록 한다. 간혹 가입하지 않은 학부모도 있는데, 강요하지는 않지만 클래스팅에 올라오는 글에 대한 이야기를 다른 사람들에게 들으면 자연스럽게 가입을 한다. 3년째 운영 중인데 여태껏 가입하지 않은 학부모는 없었다.

클래스팅에는 교실 수업과 학교생활, 학부모의 협조 사항, 준비물에 대해서 거의 매일 클래스팅에 일기처럼 글을 써서 학부모와 공유한다. 어떤 내용과 방법으로 수업을 진행하고, 아이들의 활동 모습을 사진으로 찍어 올리고, 아이들의 반응도 곁들인다. 그리고 학부모들에게는 가급적 댓글을 달지 않도록 당부를 한다. 누군가 댓글을 달면, 심리적으로 부담을 느껴 쓰고 싶지 않은 댓글을 써야 하는 경우가 생기고, 이것 자체가 부담이 될 수 있기 때문이다. 대신에 프로젝트 학습이 하나 끝나고 나면, 그 프로젝트 학습에 대한 전체적인 의견을 댓글로 써 달라고 부탁을 한다. 학부모의 의견을 솔직하게 듣고, 다음 프로젝트 학습을 진행하는 데에 반영한다.

학부모들의 첫 번째 반응은 프로젝트 학습에 대한 것보다는 클래스팅에 올라오는 글에 대한 반응이다. 교실에서 공부하는 내용과 방법, 학교생활 등에 대해서 비교적 자세히 알 수 있어서 교사에 대한 신뢰가 높아졌다는 것이다. 첫인상의 중요성은 누구나 잘 알고 있다. 교사에 대한 신뢰가 생기면, 교사들도 심리적으로 안정되고, 자신감과 수업에 대한 열정도 높아진다.

클래스팅 글에 대한 학부모의 두 번째 반응은 아이들과 집에서 이야기를 나눌 소재가 많아졌다는 것이다. 집에 돌아오면 학교에서 있었던 일을 재잘재잘 이야기를 하는 아이들이 있는 반면에 별 얘기를 하지 않는 아이들도 있다. 두 경우 모두 아이들의 입을 통해서 듣는 이야기라 한계가 있고, 학부모 입장에서는 아이들의 일과를 공유하고 있다는 느낌은 아니다. 하지만 클래스팅을 통해 알게 된 사실을 아이들에게 먼저 이야기를 하면, 부모님이 자신에 학교생활에 대해서 관심이 있고, 신경을 쓴다는 느낌을 받게 되고, 이에 아이들은 그 일에 대해서 더 자세히 이야기를 하고 싶은 마음이 생기며, 자연스레 가족 간의 대화가 늘어난다는 것이다.

프로젝트 학습에 대한 학부모의 의견은 아이들이 수업을 예전보다 재미있게 느끼며, 자율적으로 참여한다는 것이다. 학교에서 돌아오면, 교사가 따로 과제를 내준 것도 아닌데 스스로 수업에 필요한 것들을 준비한다고 한다. 예를 들면, 학교 컴퓨터실에서 조사학습을 실시하기 전에 집에서 관련된 사이트와 내용을 조사하거나 사진을 뽑아 결과 발표를 준비한다거나, 동영상 자료를 만들어 모둠 친구들과 정보를 공유한다거나, 방과 후에 한 친구 집에 모둠이 모여 함께 발표 준비를 하는 것이다. 학습의 결과도 중요하지만, 그 과정을 지켜본 학부모들은 즐겁게 공부를 하는 모습이 신기하고, 대견하다고 했다.

3. 교사들이 이렇게 함께 성장해요!

현재 근무하고 있는 학교(30학급)에 오기 전에는 6학급에 8년, 29학급에 3년 근무를 했었다. 6학급에 근무할 때에는 동학년이 없을 뿐만 아니라 과도한 업무로 심신이 지쳐 수업보다 업무에 더 많은 에너지를 쏟았고, 29학급의 학교에서는 운동회나 현장체험학습 등 학년 전체 행사를 위한 동학년 협의가 있었을 뿐 수업에 대해서 협의한 적은 거의 없었다. 그러던 중 대학교 동기에게 프로젝트 학습을 함께 해보자는 제안을 받게 되었고, 프로젝트 학습에 관심을 가지던 중이라 흔쾌히 응하게 되었다.

2018년 신설 학교의 30학급 규모에 동학년이 4반이었다. 신설 학교라 업무를 처리하고 학교 시설을 갖추고, 학교 문화를 만들어가는 데에 어려움이 있었지만, 무엇보다 수업을 가장 우선순위에 두어야겠다는 생각이 앞섰고, 동학년을 중심으로 공동체를 만들어 함께 프로젝트 수업을 진행하였다. 모두가 프로젝트 수업이 익숙지 않고 학교 일이 생각보다 많았기 때문에 처음에는 내가 전체적인 계획을 세우고 난 후에 그 계획을 토대로 협의하여 함께 또 따로 프로젝트 수업을 하였다. 선생님들마다 선호하는 활동과 의도한 바가 다르고, 학생들의 특성도 다르기 때문에 4반이 모두 함께 해야 하는 활동을 제외하고는 각 반마다 조금씩 다른 활동으로 프로젝트 수업을 하였다. 목표는 같지만, 가는 길이 다른 것이다.

그렇게 첫 번째 프로젝트 수업이 끝난 후에 다행히 선생님들과 아이들의 반응이 좋았다. 교사와 학생 모두 수업이 좀 더 재미있어지고, 수업에 대한 부담도 오히려 줄어들었을 뿐만 아니라 함께 협의하여 수업을 해 나가는 것이 힘이 된다는 것이다. 물론 각 선생님들의 역량이 높았기 때문에 혼자서도 훌륭히 잘 해내실 것이지만, 함께의 힘은 혼자의 힘을 훨씬 능가하는 교육 에너지를 생산하였다. 이후 두 번의 프로젝트 수업을 함께 하였고, '수업나눔 축제'에 참가하여 우리 공동체의 수업을 다른 선생님들과 공유하고, 다른 선생님들의 수업도 살펴보며 수업에 대한 안목을 높이고, 앞으로의 수업은 더 잘할 수 있겠다는 자신감과 더불어 부족한 점도 많은 것을 스스로 깨달을 수 있었다.

2018년에는 3월 중순에 계획을 세워 프로젝트 수업을 진행하니 다른 선생님들이 각자 세운 수업 계획을 변경하고, 일정을 조정하는 데에 어려움이 있었다. 이에 2019년에는 동학년이 꾸려지고 난 후 새 학기에 시작하기 전 2월 말에 3일 동안 함께 프로젝트 수업을 준비하였다. 물론 동학년 선생님들을 설득하는 것이 쉽지는 않았지만, 프로젝트 수업이라기보다는 함께 교실 수업을 준비하다는 생각으로 의견을 나누는 취지를 잘 설명하였고, 함께 해보자는 분위기가 조성되었다.

그렇게 시작한 2019년 프로젝트 수업은 그 전보다 훨씬 매끄럽고, 시간에 쫓김이 없이 진행되었다. 교과 내용과 학교 일정을 맞추고, 준비물 구입과 외부 기관의 협조도 미리 구하여 수업 시간에 아이들에게 더 많은 시간을 할애하여 지도할 수 있었다. 각 반마다 활동과 내용, 일정이 조금씩 달랐지만, 지속적으로 협의회를 가지면서 수업을 만들어가는 과정에서 나의 의견과 상대방의 의견을 적극적으로 나누고, 이런 과정이 서로에게 도움이 된다는 것을 알게 되었다.

나의 비슷한 연차의 선생님은 "제가 여태껏 동학년 모임을 하면서 수업 이야기를 한 적이 한 번도 없었는데, 수업이야기를 하니까 너무 기분이 좋아서 남편에게 자랑도 많이 하고, 잠도 잘 와요."라고 했다. 다른 선생님은 "수업을 준비하는 맛이 나요. 예전에는 분절된 느낌으로 한 시간 안에 끝내는 활동을 준비하면서 혼자서 고민을 많이 했었는데, 함께 수업을 준비하면서 수업 부담과 고민이 줄었고, 수업 과정을 아이들과 협의해서 자유롭게 변형이 가능하니까 다양한 시도를 해 볼 수도 있어서 수업을 준비할 맛이 나요."라며 프로젝트 수업에 대한 긍정적인 의견을 주시기도 했다.

'뭉치면 살고, 흩어지면 죽는다.'는 말이 있다. 프로젝트 수업을 통해 느낀 바는 '뭉치면 함께 많이 성장하고, 흩어지면 혼자서 조금씩 성장한다.'이다. 함께하는 프로젝트 학습이 그러하다.

4. 나도 이렇게 발전해요!

어느 한 선생님은 "요즘 아이들과 함께 공부하는 게 가장 즐거워요."라는 이야기를 한 적이 있다. 프로젝트 수업을 하는 선생님도 아니었다. 진심으로 아이들과 함께 공부하고, 지도하는 것이 보람되고, 이를 큰 기쁨으로 여기고 계셨다.

사실 나는 이 선생님 정도로 아이들과 공부하는 것이 큰 기쁨이 되지는 않는다. 수업이 의도대로 잘 되고, 아이들이 성장하는 것을 보면서 마음속으로 뿌듯한 마음이 들 뿐이다. 하지만 나와 함께 공부하는 아이들에게 내가 할 수 있는 한 최선을 다해 가장 좋은 교육 환경을 만들어주고 주고 싶은 욕심은 누구보다 강하다. 그것은 내가 교사로서 마땅히 해야 할 일이고, 내가 할 수 있는 한 최선을 다하고 싶을 뿐이다. 내가 준비하고 노력하는 만큼 아이들이 더 많이 성장한다는 것을 지난 13년 동안의 교직생활을 통해 고스란히 느꼈기 때문이다.

다른 초등학교로 강의를 나간 적이 있었다. 강의를 마친 후 한 남자 선생님께서 나에게 물었다. "선생님께서는 도대체 이런 수업을 언제 준비를 하시나요? 제가 생각하기에는 초과근무를 많이 하셨을 것 같아요. 저는 제 인생에서 가정을 가장 우선으로 생각하고, 육아시간도 사용해서 일찍 퇴근하기 때문에 선생님처럼 수업을 준비해서 하기는 어려울 것 같아요." 수업을 준비하기 위해 초과근무를 한 것은 손에 꼽을 정도다. 개인적인 사정이나 중요한 약속이 있어 미처 준비하지 못했을 경우인데, 그렇지 않고서는 나도 육아시간을 쓰고 일찍 귀가하거나 정시에 퇴근을 했다. 이 선생님의 질문 속에는 자신도 수업을 준비를 잘해서 아이들에게 보다 나은 수업을 제공해 주고 싶다는 열망이 있다는 것을 알 수 있다. 하지만 자신이 처한 여러 가지 상황 때문에 그러지 못해 안타깝다는 마음을 표현한 것으로 여겨진다.

시간과 노력은 배신을 하지 않는다. 프로젝트 수업은 아이들 못지않게 나를 한층 더 성장시켰다고 생각한다. 그 전에는 짧은 호흡으로 매 시간 부담을 느끼며, 때로는 준비하지도 못하며 했던 수업으로 나 스스로도 수업이 체계적이지 않다는 생각이 들 정도였다. 하지만 조금 더 긴 호흡으로 준비한 프로젝트 수업으로 학습에 흥미를 느끼며 능동적으로 참여하는 아이들을 통해 나 스스로를 뿌듯해하는 마음을 처음 느낄 수 있었다. 다음 수업이 어떻게 진행될지 궁금하고, 기대되기도 했으며, 분절된 수업들이 하나로 어우러지는 느낌도 받았다. 내가 의도한 수업이 올바른 것인지 교육과정을 다시 살펴보고, 다른 선생님들과 이야기를 나누며 성찰하는 시간도 가지고, 관련된 책도 찾아 읽었다. 하나의 과정이 다른 것의 디딤돌이 되면서 조금씩 성장했다고 생각한다.

2년 차, 임윤혜 선생님이 전해주는 프로젝트 학습 이야기

[나와 너, 공감하는 우리]

프로젝트 주제를 선정하기 위해 동료 선생님들과 모여 내가 바라는 아이들, 내가 만들고 싶은 교실에 대한 생각을 나누기로 하였다. 머릿속에 떠오른 생각들을 포스트잇에 적어 공유했다. 그중 우리가 가장 만들고 싶은 교실은 아이들이 싸우지 않고 사이좋게 지내는 교실이었다. 나는 교실에서 아이들이 사이좋게 지내는 것은 모든 교사가 원하는 이상적인 교실이라 프로젝트 주제로 선정해도 될까라는 의문을 가졌다. 하지만 우리는 이 주제로 프로젝트를 해보기로 하였다. 프로젝트 주제는 특별해야 한다고 생각했는데 프로젝트 수업의 시작은 내가 만들고 싶은 교실을 함께 만드는 것이었다. 나는 아이들에게 작은 사회인 교실에서 다른 사람과 함께 살아가는 법을 배우는게 가장 중요하다고 생각했다. 먼저 우리반 아이들이 왜 싸우게 되는지 생각해보았다. 아이들은 자신만의 기준을 가지고 다른 사람을 대한다. 그래서 나의 기준과 어긋나는 친구의 행동을 이해하지 못하고 화를 낸다. 말하지 않아도 다른 사람들이 자신을 이해해주길 바라며 자신을 표현하지 않는다. 아이들이 싸우지 않고 사이좋게 지내기 위해선 서로의 다름을 이해하는 교실이 필요했다. 사회에서의 많은 갈등처럼 작은 사회인 교실 속 문제들도 다름을 이해하지 못하는 아이들로 인해 생겨났다. 아이들이 나와 같은 사람은 없다는 것을 인식하는 것만으로도 교실 속 문제들은 조금씩 해결될 것이라고 생각했다. 사람들이 다르기 때문에 나를 표현해야 하고 배려해야 한다고 생각할 수 있기 때문이다. 아이들은 학교를 다니면서 계속 친구와 사이좋게 지내야 한다는 것, 서로 배려해야 한다는 것을 배웠다. 하지만 이유를 물어보면 배려하는 사람이 좋은 사람이기 때문이라고 대답한다. 또한, 아이들은 자신을 기준으로 다른 사람을 배려한다. 친구가 울고 있으면 가서 왜 울고 있냐고 물어본다. 어떤 아이들은 물어보지 말라며 화를 내기도 한다. 좋은 의도였지만 모든 아이들에게 좋은 행동은 아닐 것이다. 우리 반 아이들은 이해하고 배려하는 방법을 모르는 아이들이었다. 그래서 아이들에게 수업을 통해 다름을 이해하고 배려하는 작은 경험을 만들어주는 것이 필요하다는 생각을 했다. 아이들에게 한 번의 긍정적인 경험을 만들어주면 아이들에게 조금의 변화가 일어나 교실에는 큰 변화가 만들어질 것이라고 생각했다.

프로젝트 수업 구성하기

관련 교과	도덕
적용 학년	3학년
수업 차시	**3-1. 1단원 나와 너, 우리함께** 1. 친구는 왜 소중할까요? 2. 친구와 사이좋게 지내요.
관련 교과	국어
적용 학년	3학년
수업 차시	**3-1. 2단원 문단의 짜임** 6~7. 중심 문장과 뒷받침 문장을 생각하며 문단 쓰기
관련 교과	체육
적용 학년	3학년
수업 차시	**3-1. 3단원** 협동게임하기

프로젝트 수업의 흐름

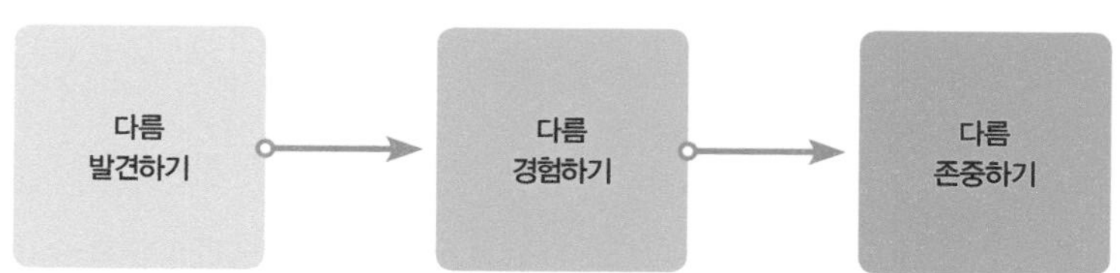

아이들이 교실에서 서로에 대해 알아갈 수 있는 시간이 얼마나 될까? 아이들은 생각보다 서로를 알아가려는 노력을 하지 않는다. 이 프로젝트 수업은 수업뿐만 아니라 생활 속에서 서로를 관찰하고 나와 다른 긍정적인 점과 내가 몰랐던 점을 찾는다. 그러면서 아이들은 서로를 알아가는 노력을 하고 관심을 가지는 경험을 가진다. 먼저 아이들에게 다름을 인식할 수 있게 하고 작은 사회에서 다름을 관찰하여 존중하여 표현하며 누군가 나에게 관심을 가지고 노력하고 있다는 긍정적인 경험을 하게 된다.

프로젝트 수업 이야기

프로젝트 수업을 시작하기 전에 도덕 '우정'과 관련된 차시를 시작하여 친구의 소중함에 대해 배우고 프로젝트 수업을 시작했다.

다름을 발견해요

먼저 3학년 아이들이 구체적으로 자신이 어떤 사람인지 생각할 기회가 필요했다. 내가 어떤 사람인지 알고 있어야 다른 사람의 이야기를 들었을 때 다름을 인식할 수 있고 만약 자신에 대한 존중 없이 다른 사람을 관찰하고 이해하라고 한다면 아이들이 자신을 소중히 하지 않고 남을 배려할 수 있을 것이라 걱정이 되었다. 3학년 아이들과 요시타케 신스케의 '이게 정말 나일까' 그림책을 읽고 나는 어떤 사람인지 물음에 답해보는 시간을 가졌다. 3학년 아이들은 아직 자신에 대해서 잘 모르고 있어 대답을 하는 것에 어려움을 느꼈다. 나는 자신에 대해 생각해볼 기회가 없었기 때문이라고 생각했다. 그래서 시간을 충분히 주어 다시 작성을 하였다. 그 후 자신에 대해 서로 공유하면서 공감 스티커를 붙여 서로 비슷한 점이 있지만 나와 다른 점이 있는 친구들도 있다는 것에 대해 간단하게 이해하는 시간을 가졌다. 나를 간단하게 이해한 후 조금 더 깊이 있게 구체적인 상황에 따른 나는 어떤지에 대해 생각해 나 사용법을 작성했다. 내가 짜증이 날 때, 내가 화가 났을 때, 내가 기분이 좋을 때에 대해 작성을 했다. 내가 화가 났을 때는 바로 사과를 해달라는 아이도 있었고 화가 풀릴 때까지 시간이 필요하다는 아이들도 있었다. 아이들이 서로 작성한 것을 공유하면서 '나는 화날 때 누가 말 걸면 더 짜증내고 싶어지던데 너는 먼저 말 걸어주고 사과해주는 걸 좋아하구나' 라고 서로 반응해주며 다름 있다는 것을 자연스럽게 인식하게 되었다. 아이들이 나를 표현하고 다른 사람을 알아가는 과정에 관심이 있어 다양한 반응이 오가게 되었다. 나 사용법을 작성하고 함께 읽는 시간을 가지니 친구들을 이해하려고 노력하게 되었고 나중에 다툼이 생겼을 때 읽어보고 내가 친구에 갈등을 해결하는 데 도움이 되었다.

다름을 경험해요

다름이 있다는 것을 이해한 아이들이 교실에서 다름을 이해하며 배려하는 경험을 가질 수 있도록 비밀 친구 활동을 진행하였다. 비밀 친구 활동은 비밀 친구로 정해진 친구가 좋아할 만한 미션들을 고민하고 수행하며 비밀 친구의 여러 가지 새로운 면들을 관찰하여 찾아 관찰 일지를 적는 활동이다. 먼저 아이들과 비밀 친구 활동을 할 때 교사가 비밀 친구를 정해주는 것이 아이들끼리 갈등을 줄이고 평소 알던 친구가 아닌 새로운 친구를 알아볼 수 있는 방법이라 생각하여 아이들이 교실에서 어떤 관계를 맺고 있는지 파악해보았다. 친한 친구, 친해지고 싶은 친구, 보통인 친구, 친하지 않은 친구를 조사하였다. 반 아이들 이름이 적힌 표를 주고 색깔을 정해 친한 친구, 친해지고 싶은 친구, 보통인 친구, 친하지 않은 친구를 색칠하도록 하였다. 아이들에게는 비밀로 할 것이라고 이야기하여 아이들이 솔직하게 관계를 표현할 수 있도록 했다. 친한 친구와 친해지고 싶은 친구 친하지 않은 친구를 조사하다보니 교실 내에 학생들의 관계에 대해 잘 알 수 있는 장점이 있었다. 그런데 아이들이 관계를 직접적으로 들여다보면서 친한 친구가 많이 없다는 것에 상심하는 친구들도 있었다. 친해지고 싶은 친구 위주로 활동을 축소한다면 좋을 것 같다고 생각했다. 또, 활동을 하면서 한 아이가 한 명의 친구가 친하긴 한데 아직 어색하기도 해서 무슨 색을 칠해야 할 지 모르겠다는 질문을 하였다. 아이가 생각을 해보더니 색칠을 할 때 다양한 색을 섞어서 색칠해왔다. 만약에 한 명의 친구를 하나의 색을 칠하는 데 고민을 하는 학생이 있다면 알려주고 싶은 좋은 방법이었다.

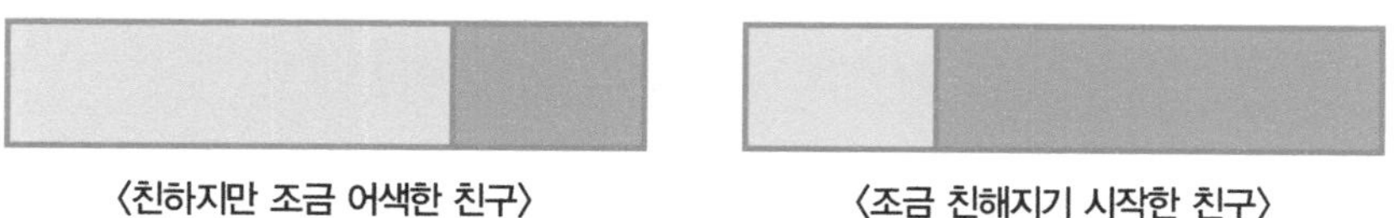

〈친하지만 조금 어색한 친구〉 〈조금 친해지기 시작한 친구〉

색칠한 결과를 가지고 교사가 아이들에게 비밀 친구를 정해주었다. 비밀 친구는 서로 상호적으로(A ⟺ B) 맺어지는게 아니라 일방향으로(A ➡ B ➡ C) 맺어주었다. 그 이유는 아이들이 상호적으로 배려를 주고 받으면 둘만 친해지는 마니또 활동과 다른 점이 없다고 생각했기 때문이다. 두 명의 친구가 친해지는 것도 좋지만 내가 누군가에게 받은 배려를 다른 사람에게 나누어주는 느낌을 가지며 작은 배려의 시작으로 모든 아이들이 서로 행복해지는 반을 경험하기 바랐다. 또 비밀 친구를 선정할 때 친하지 않은 친구로 색칠된 친구는 제외하였다. 그 이유는 친하지 않은 친구로 색칠된 친구는 부정적인 감정을 가진 친구이기 때문에 아이들이 활동 의욕이 사라질 수 있다고 판단했기 때문이다. 비밀 친구 활동을 시작하며 아이들에게 일주일 동안 끝까지 들키지 않고 미션을 수행하여 많은 점수(별점)를 얻는 사람에게 마지막에 상을 수여한다고 안내했다. 아이들은 비밀 친구를 생각하며 그 친구의 특성에 따라 어떤 행동이 그 친구가 좋아하는 행동일지 생각하여 미션 리스트를 작성하도록 하였다. 아이들이 미션리스트를 여러 개 작성하는 데 어려움을 겪을 것 같아서 미리 기본적으로 수행해야 할 미션리스트를 작성하여 제시하였다. 미션마다 별점을 부여하였는데 아이들이 그냥 미션을 하는 것보다 별점을 부여하니 더 성취감을 느끼며 활동의 즐거움을 더욱 많이 느끼게 되었다. 아이들이 스스로 작성한 미션은 별점 5개를 얻을 수 있게 하고 아이가 그 친구를 고려하여 고민 끝에 결정한 미션이기 때문에 더 가치 있는 것이라는 것을 함께 이야기를 나누었다. 아이들은 미션리스트로 수업 시간에 책을 준비하지 않아 혼나는 친구에게는 자신이 책을 챙길 때 책을 준비하자고 알려주는 미션, 쉬는 시간 늦게 보드 게임을 챙기러와 게임을 못하는 친구에게는 미리 보드게임을 챙겨 같이 하자고 말하는 미션 등 나와 다른 친구의 특징을 잘 생각해서 친구와 친해질 방법들을 찾았다. 아이들이 다른 사람이 어떻게 해주면 좋아할까라는 생각을 해본 적이 없었는데 이 경험을 통해서 다른 사람을 배려하는 방법이 어떤 것인지 이해하게 되는 의미 있는 활동이었다.

미션리스트

① 비밀친구와 악수하기 또는 하이파이브하기 (난이도: ★)	② 비밀친구가 잘 했을 때 박수 열심히 쳐주기 (난이도: ★)
③ 학교 왔을 때와 집에 갈 때 인사하기 (난이도: ★)	④ 비밀친구에게 물건 빌려주기 (난이도: ★★)
⑤ 비밀친구 수업 중 활동 도와주기 (난이도: ★★★★)	⑥ 비밀친구 실내화 가방 정리해주기 (난이도: ★★)
⑦ 친구들 앞에서 비밀친구 칭찬하기 (난이도: ★★★)	⑧ 비밀친구가 듣고 기분 좋아질 말 해주기 (난이도: ★★★)
⑨ 비밀친구의 장점(칭찬) 3가지 적어서 몰래 책상 위에 올려두기 (난이도: ★★★★)	⑩ 비밀친구 웃게 만들기 (난이도: ★★★)
⑪ 비밀친구와 중간놀이 함께 하기 (난이도: ★★★★)	⑫ 비밀친구 자리 청소해주기 (난이도: ★★★)
⑬	
⑭	

아이들이 선정한 미션리스트를 수행하니 평소보다 친구에게 더 관심을 가지고 친구를 관찰하고 일지를 기록했다. 오랫동안 일지를 기록하다보면 아이들이 숙제처럼 느끼게 될 것 같아서 일주일의 시간동안 친구들을 관찰하게 하였다. 아이들에게 활동이 놀이에서 숙제가 되어버리면 아이들이 다름을 이해하고 존중하는 일이 힘든 일이라는 인식을 가지게 될 것 같았다. 아이들이 교사가 제시한 기본 미션 리스트를 들키지 않고 수행하기 위해서는 자신의 비밀 친구 외에 다른 친구들에게도 기본 미션을 수행하여야 했다. 그래서 아침에 학교에 오면 아이들이 서로 인사하고 하이파이브하고 모든 아이들이 서

로 박수치고 칭찬하는 모습들이 보였다. 그래서 교실에 소외되는 친구가 없이 교실 분위기가 밝아지는 효과를 가지게 되었다. 그리고 아이들이 관찰 일지를 쓰면서 아이들이 친구의 다양한 면을 발견하고 서로에 대해 많은 점들을 알게 되었다. 특히, 관찰 일지를 적으면서 아이들에게 칭찬하고 싶은 점을 찾으라고 강조를 하였다. 사람마다 가지고 있는 다양한 점들이 나와 달라서 나쁜 것이 아니라 당연한 것이고 좋은 점도 있다는 것을 아이들이 경험할 수 있도록 하였다.

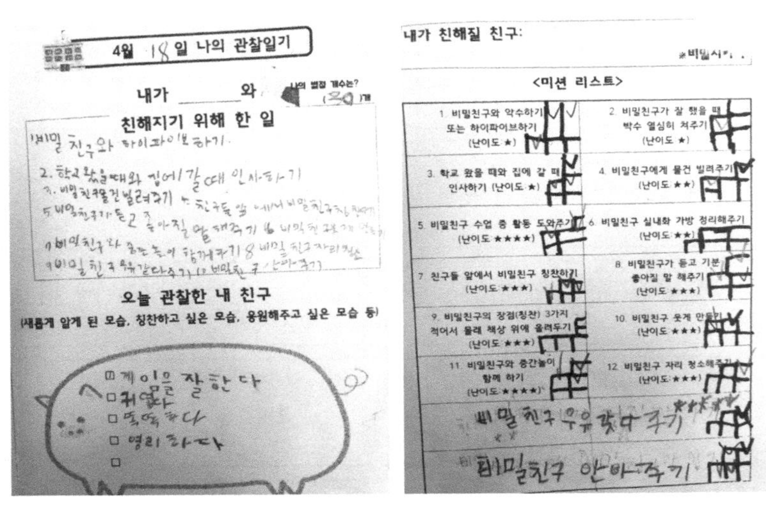

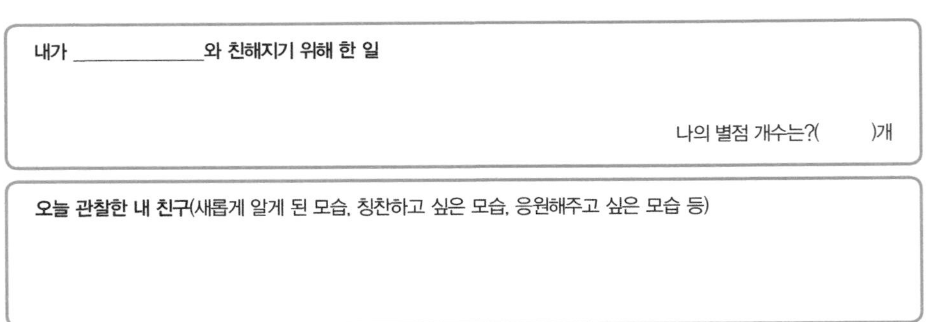
내가 ______와 친해지기 위해 한 일

나의 별점 개수는?(   )개

오늘 관찰한 내 친구(새롭게 알게 된 모습, 칭찬하고 싶은 모습, 응원해주고 싶은 모습 등)

활동을 하면서 어려웠던 점은 관찰한 내용을 바로 일지로 옮겨 적어야 하는데 아이들이 관찰한 내용을 적을 수 있는 시간이 없어서 활동 진행이 어려웠다. 또한, 관찰 일기를 매일 적을 수 있도록 하였더니 학생들이 매일 친구의 장점과 의외의 면을 찾아내는 것을 힘들어하였다. 다음에 활동을 한다면 일지 형식도 좋지만 친구의 10가지 특징 찾기 정도로 바꿔서 진행하는 등의 방법을 좋을 것 같다고 생각을 하였다.

비밀 친구 활동을 마무리 하면서 아이들이 신체활동을 하며 서로 가까워지고 배려하는 모습을 느낄 수 있도록 학년 전체로 협동 운동회를 진행하였다. 활동 전에 종목은 큰 공 굴리기, 릴레이 가위바위보, 2인 3각이 있었다. 학년 전체로 활동을 하니 아이들이 경쟁심을 느끼고 꼭 이겨야겠다는 생각을 가졌다. 그래서 협동 운동회를 하기 전에 목적을 함께 이야기 나누었다. 아이들이 운동회라고 하면 경쟁에 집중하게 되는데 이 운동회는 협동 운동회이며 운동회를 하면서 비밀 친구를 더 관찰해보고 비밀 친구 외의 친구들과도 협동하며 즐기는 목표를 기억하며 활동에 참가하자고 미리 이야기를 하고 활동을 진행하였더니 이기지 못해 속상해하는 학생들도 있었지만 남을 원망하는 학생이 없었고 친구들과 함께 운동회를 했다는 것 만으로 즐거웠다고 이야기하는 아이들이 많았다.

비밀 친구 활동과 미니 운동회 활동으로 아이들이 다른 사람의 다름을 알고 각각의 사람에게 배려하는 방법을 경험할 수 있었다.

다름을 존중해요

비밀 친구 활동을 정리하며 관찰 일지 속 내가 친구에게 전하고 싶은 장점들, 이야기를 편지로 써 전달하는 방법으로 비밀 친구를 공개하였다. 편지를 받은 아이들은 자신도 몰랐던 자신의 좋은 점을 알게 되고 누군가 나에게 관심을 가져주고 칭찬을 해주니 자존감도 많이 올라가게 되었다. 마지막으로 관찰 일지 속 내가 수행한 비밀 미션의 점수를 매겨보고 스스로 노력의 정도를 평가해보았다. 점수는 아이들마다 천차만별이었

지만 일주일동안 지켜본 우리 반아이들은 각자 비밀 친구를 위해 노력을 기울였다. 그래서 처음에 아이들에게 점수가 높은 학생들에게 상을 주겠다고 이야기를 하였지만 모든 아이들에게 우정상을 나누어주었다. 우정상은 배려를 받은 친구가 나에게 배려해준 친구에게 직접 만들어서 수여식을 했다. 아이들은 일주일 동안 나를 관찰해주고 나도 몰랐던 나의 장점을 발견해주고 나에게 관심을 가져 준 친구가 있다는 것에 더 큰 기쁨을 느꼈다. 그래서 우정상으로 그 고마운 마음을 표현할 수 있도록 하였다. 내가 생각한 것 보다 아이들에게 상장의 의미가 매우 컸다. 아이들이 상장을 받으며 일주일동안 내가 한 사소한 배려들에 보람을 느끼고 자신이 좋은 사람이라는 생각이 든다는 이야기를 하였다. 그래서 활동이 끝난 이후에도 우리 반 아이들은 다른 친구들에게 배려하려고 노력하는 모습을 보이게 되었다. 아이들이 가진 긍정적인 경험이 아이들을 노력하게 만든 것 같았다. 교실에서 서로의 좋은 점을 관찰하면서 친구들의 좋은 점을 배우고 싶다는 이야기를 아이들이 많이 하였다. 이 활동을 끝내면서 아이들에게 교과서에 있는 것만 아니라 교실에서 생활하면서 다른 사람에게도 참 배울 점이 많다는 이야기를 해주었다. 3학년 아이들이 다름을 존중하고 이해하는 것이 어렵겠지만 활동을 통해 친구가 이상하다고 생각하기보다는 친구 자체를 이해하려고 노력하게 되었다.

프로젝트 수업 이래서 좋아요

1. 아이들이 이렇게 변화해요!

교사가 노력해도 아이들은 변하지 않는다는 이야기를 들은 적이 있다. 교사가 아이들에게 너무 큰 기대를 가지면 많이 실망을 하게 된다는 이야기일 것이다. 하지만 프로젝트 수업을 하고 배운 것을 실천하며 서로 이해하려고 노력하는 모습들이 생겨났다. 당연히 처음 프로젝트를 구성했을 때의 바람처럼 아이들이 모두 사이좋게 지내고 싸움이 없는 교실을 만들 수는 없었다. 이 수업으로 아이들에게는 조금의 변화가 생겼다.

사람마다 생각과 감정이 다르다는 것을 이해하게 되었다. 처음에 우리 반 아이들은 화난 친구가 도대체 왜 저런 행동을 하는지 설명을 해줘도 이해하기 힘들어했다. 하지만 이제는 체육이 끝나고 시무룩한 친구에게는 혼자 마음을 달랠 시간이 필요하다는 것을 이해하는 모습도 생겨났다. 이 수업이 우리 반 아이들끼리는 서로를 충분히 알아가는 시간이 되었다.

서로에 대해 관심을 가져주고 표현하면서 같은 반이라는 소속감이 생기게 되었다. 서로에 대한 관심이 대화를 만들고 아이들끼리도 교사와도 좋은 관계를 형성할 수 있었다. 그래서 비난하거나 부족한 부분을 지적하는 것이 아니라 서로의 장점을 인정하며 도와주는 아이들이 되었다. 우리 반 아이들은 반 아이들에 대해 서로 많이 알고 있는 반이라 생각한다.

나를 표현할 수 있게 되었다. 친구와 다툼이 생겨도 소리 지르고 짜증내기보다는 '니가 이런 행동을 하면 나는 기분이 나쁠 수도 있는거야 나는 그래.' 라고 이야기한다. 대화의 끝에는 서로 생각이 달랐고 누구의 잘못도 아니었다는 것을 알고 같이 사과를 한다. 내가 다른 사람에 다름을 이해하면서 내가 어떤 사람인지도 표현할 수 있게 되었다.

수업 면에서 달라지는 것은 아이들이 교실에서의 활동을 기대하게 되었다. 처음 만난 아이들은 매일 무엇을 할 것이라고 안내를 해도 기대를 하지 않고 의욕적으로 나서지도 않았다. 그렇지만 교실에서 아이들이 흥미로워하는 활동을 진행하면서 교실에서 하는 활동에 기대를 가지게 되었다. 또한 교실에서 긍정적인 경험을 한 아이들은 다른 수업을 할 때도 의욕을 가지게 되었고 서로 도움을 주고 받으며 교사의 도움보다는 긍정적인 상호작용을 통해 문제를 해결하는 주체적인 아이들이 되었다.

교과서로 수업을 하는 것만이 배움이 아니라는 걸 알게 되었다. 교과서를 펴지 않고 하는 수업은 모두 노는 것이라고 생각했던 아이들이 교과서를 펴지 않고 활동을 해도 그 속에서 배움이 있다는 것을 알게 되었다. 매번 교사가 여기서 무엇을 배워야하고 이런 걸 느껴야한다는 힌트를 주는 것이 아닌 아이들이 스스로 배움을 찾고 무엇을 배웠는지 이야기할 수 있게 되었다.

아이들이 프로젝트 수업으로 완전히 달라지고 완벽한 사람이 될 것이라고 기대하지 않는다. 하지만 교실에서 함께한 수업이 아이들이 조금은 더 나은 방향으로 성장할 수 있는 경험이 될 수 있다. 아이들은 서로 긍정적인 영향력을 주고받고 내가 기대하는 것보다 더 많이 변화하였다.

2. 학부모들이 이렇게 반응해요!

프로젝트 수업을 하며 학부모들이 교사에 대한 믿음을 가지기 시작했다. 아이들이 학교생활에 대한 긍정적인 생각을 가지게 되었고 학교를 좋아하게 되었기 때문이다. 학부모가 바라는 교실은 아이들이 흥미로워하고 즐거워하는 교실일 것이다. 이번 프로젝트 수업을 통해서 아이들이 교실에서 다툼 없이 지내고 교실에 있는 시간을 즐거워 하니 학부모님도 교실에서 하는 수업에 믿음을 가지고 도움을 주려고 노력하게 되어 교실을 교사 혼자 이끄는 것이 아닌 교사, 학부모, 학생이 모두 만들어가게 되었다.

학생들과 소통하게 되었다. 프로젝트 수업을 하며 수업 내용을 학부모에게 알린다. 그러면서 '오늘은 아이들과 수업 내용으로 대화를 나누어보세요.'라고 안내한다. 아이들이 집에서 학교 이야기를 하지 않아 고민이었던 학부모님들은 학교에서 있었던 이야기로 가정에서 대화를 나눌 수 있는 점에 매우 기뻐하셨고 가정에서 수업에 대한 이야기를 하며 아이들도 배움을 넓힐 수 있었다.

3. 교사들이 이렇게 함께 성장해요!

프로젝트 수업은 학생뿐만 아니라 교사를 성장하게 한다. 프로젝트 수업을 구성하기 위해 교육과정을 살펴보고 수업에 대해 고민하게 만든다. 그리고 함께 프로젝트 수업을 구성하니 교실 안에서 끝나는 것이 아니라 교실 밖 넓은 범위까지 고려하여 수업을 생각하게 된다. 함께하는 프로젝트 수업을 통해 교사가 교실 안에 얽매이지 않고 아이들도 경험을 더 넓힐 수 있었다.

함께 프로젝트 수업을 하다 보니 함께 만나면 수업에 대한 이야기가 자연스럽게 나왔다. 다른 교사들과 수업에 대해 이야기를 나누는 자체가 교사들에게는 많은 배움이 된다. 서로 가지고 있는 다양한 생각들을 나누며 다양한 수업 방법을 많이 알게 되고 혼자 생각하는 것보다 생각이 커져 아이들에게 색다른 수업을 할 수 있게 된다. 또한 수업을 했다고 끝이 아니라 수업 중 좋았던 부분과 보안하였으면 하는 부분에 대해서 고민할 수 있게 되었다.

다양한 수업 경험과 방법들을 대리 경험할 수 있다. 경험이 많지 않은 나에게는 특히 동학년 선생님들과 함께 프로젝트 수업을 진행한 것이 많은 도움이 되었다. 여러 아이들과 비슷한 내용의 수업을 해봤던 경험을 들을 수 있었고 그 대리 경험으로 아이들이 이해할 수 있는 난이도나 수업을 하는 도중 겪을 수 있는 시행착오를 많이 줄일 수 있었다.

함께 수업을 만들어가며 다른 교사에게서 추진력을 얻는다. 혼자 나태해질 때 함께 수업을 준비하는 선생님을 보며 추진력을 얻게 된다. 혼자 했다면 한계를 느꼈을 수도 중간에 추진력을 잃어 끝까지 하지 못했을 수 있는 수업을 함께 하면서 끝까지 할 수 있었다.

4. 나도 이렇게 발전해요!

처음 프로젝트 수업을 함께 할 때는 부담감이 컸다. 대학교에서 배운 프로젝트 수업은 마음에 와닿지 않았고 아직 학급 경영, 수업이 부족한 내가 프로젝트를 감당할 수 없을 것이라 생각했기 때문이다. 하지만 2년 동안 프로젝트 수업을 조금씩 해내며 프로젝트 수업에 대한 편견을 깰 수 있게 되었다. 프로젝트 수업은 교사로서 교실과 수업에 대해 고민할 수 있는 토대가 되었다.

첫 번째로 아이들 앞에서 자신감을 가지게 되었다. 처음 어떤 교사가 좋은 교사라고 물었을 때 나는 수업을 잘하는 교사가 되고 싶다고 대답했다. 그런데 교사가 되고 수업 준비를 하고 수업을 하면서 교실에서 만족을 할 수 없었고 자신감이 많이 떨어졌다. 하지만 프로젝트 수업을 하고 내가 교육과정을 살펴보고 이해하며 수업을 미리 하나의 그림처럼 생각할 수 있게 되었다. 그래서 아이들 앞에서 어떤 질문을 해야 하고 어떻게 학습을 이끌어 가야 하는지 방향을 잡고 수업을 할 수 있었다.

두 번째는 교사로서 발전하는 내가 되었다. 프로젝트 수업을 경험하지 않았다면 지금에 만족하는 교사가 되었을 것이다. 프로젝트를 하며 아이들이 수업으로 즐거움을 느끼고 내가 준비한 정도에 따라 달라지는 아이들의 모습을 본 후 내가 좀 더 많이 아이들에 대해 고민하고 수업을 연구할 수 있게 되었다. 내가 노력하고 더 나아질수록 교실이 달라지고 아이들이 달라졌다. 수업의 변화로 내 교실이 좀 더 만족스러운 교실이 되었다.

마지막으로, 편견을 깨고 좀 더 넓게 생각하는 교사가 되었다. 프로젝트 수업을 해보지 않았다면 교과서에 있는 것을 열심히 가르치는 교사가 되었을 것이다. 하지만 프로젝트 수업을 하며 교과서를 벗어나서도 함께 배울 수 있고 교실을 벗어나서도 배울 수 있다는 것을 알게 되었고 아이들과 함께 도전해보고 싶은 것이 늘어났다.

아직 나만의 교실에 대한 방향은 찾아가고 있지만 프로젝트 수업의 경험이 나를 좀 더 좋은 교사로 만들어주었다.

8년차, 오상준 선생님이 전해주는 프로젝트 학습 이야기

[얼굴 마주한, 아름다운 만남]

인간은 일생 동안 성장 발달하는 과정에서 각각의 단계마다 경험하고 학습해야 할 과제가 생기는데 그 과제를 발달과업이라고 하며, 이를 성공적으로 완수하면 자부심과 만족감을 경험할 뿐만 아니라 발달과업을 성공적으로 완수함으로써 다음 단계의 발달과업을 완수하는데 필요한 기술을 습득하게 된다. 이 중 초등학교 아동기의 발달 과업 중 가장 중요한 것이 바로 또래와 어울리는 법을 학습하는 것이다.

– Robert Harvighurst

학생들은 초등학교에 입학하게 되면서 그동안 가족 중심으로 이루어지던 인간관계의 범위가 친구, 교사로 확대되게 된다. 특히, 그 중에서도 또래 집단은 아동의 사회적 행동에 중요한 영향을 미친다. 또래 집단은 자기중심적 사고에서 벗어나 객관적인 현상을 지각하도록 할 뿐만 아니라 또래와의 동등한 입장에서 상호작용을 통해 교우 관계를 지속시켜 나가야 할 사회집단이기 때문이다. 초등학생 고학년은 또래와의 상호작용이 빈번하게 일어나게 되며, 특히 신체 및 정신적으로 크게 성장하는 초등학교 시기의 교우관계는 대인관계 능력을 비롯하여 사회성 발달, 성격과 정서, 인지 발달에 커다란 영향을 미치게 된다(김지은, 2012). 또한 대부분의 시간을 학급이라는 집단에서 친구들과 함께 생활하면서, 학급 내에서 이루어지는 다양한 또래 관계의 상호작용을 통해 겪게 되는 경험이 아동의 성격 및 태도, 행동 형성에 미치는 영향력이 매주 크다고 할 수 있다.

또래와의 원만한 교우관계는 사회성 발달에 영향을 끼친다. 원만한 교우관계를 맺은 아동은 즐거움과 애정을 느끼며 학교생활에 잘 적응하겠지만, 교우관계가 원만하지 않은 아동은 인정과 관심의 대상에서 벗어나 자기존중감이 낮아지고 학교 적응력 역시 하락할 수 있다. 이렇듯 초등학생 시절 또래와의 친밀한 교우관계가 사회성 발달 측면에서 다양한 영향력을 미치게 된다.

친밀한 교우관계의 사회성 발달에의 영향력

① 또래의 행동을 관찰하고 모방하여 내면화하는 역할 모델

② 아동의 칭찬이나 비난이 강력한 영향을 미치는 강화

③ 자신을 평가할 수 있는 기준을 제공해주는 사회적 비교

④ 사회에서 무엇이 수용되고 거부되는지를 배워나가는 사회화

또한 초등학생의 교우관계는 인지 발달에도 영향을 끼친다. Piaget는 아동이 자기중심성을 벗어나는 데 있어 권위적·통제적인 존재인 성인은 큰 도움이 되지 못하는 반면, 또래와의 의사소통을 통한 관계 형성은 타인의 관심을 이해하고 논리적으로 사고하며 성숙한 도덕적 판단 형성에 큰 도움이 된다고 하였다.

초등학생의 원만한 교우관계는 아동의 사회성 발달 및 인지발달에 지대한 영향을 미친다고 할 수 있다(박민영, 2017).

그리고 초등학생들은 친구들과의 관계를 통해 자신의 성격, 능력, 인기 등을 파악할 수 있고 다른 친구들과 비교하는 과정을 통해 자아 개념을 형성해 나가기도 한다. 타인이 자신을 어떻게 평가하는 가를 중요시 여기게 되면서 자신감도 더불어 높아질 수 있다. 학

교에서 학생들의 성격형성은 학생들과 교우 관계에 의해 큰 양향을 받는다. 학생들은 학교에 다니면서 친구가 생기고 또래 집단에 의해 자기 자신을 발견할 수 있으며, 때때로 학업성취를 위하여 동료들과 경쟁을 하고, 그러한 친구들과의 관계 속에서 양보와 배려를 터득하기도 한다. 이보다도 친구 관계가 더 중요한 이유는 보다 넓은 사회에서 살 수 있는 역량을 길러 줄 수 있는 데 있다. 즉 학생들은 교우관계를 통해 사회 지식을 넓혀주고 집단생활에서 주고받는 요령을 습득하게 되는 것이다.

이에 "얼굴 마주한, 아름다운 만남"을 주제로 한 프로젝트 학습을 통해 교우관계를 바르게 형성하는 방법, 실천할 수 있는 행동과 다짐, 그리고 직접적인 실천을 통해 사회성 발달과 인지발달에 긍정적인 영향을 줄 수 있는 바른 교우관계의 형성 기회를 프로젝트 학습 기반의 교실 수업으로 제공해주고자 하였다.

프로젝트 수업 구성하기

관련 교과	창체, 미술, 수학, 국어, 도덕
적용학년	5학년

프로젝트 수업의 흐름

<table>
<tr><td rowspan="5">①
나에게
친구는?</td><td colspan="2">교실 놀이하기</td></tr>
<tr><td rowspan="4">미술</td><td>돌려가며 그림그리기</td></tr>
<tr><td>[6미01-02]
• 대상이나 현상에서 시각적 특징을 발견할 수 있다.</td></tr>
<tr><td>내 친구의 뒷모습은 어떨까?</td></tr>
<tr><td>[6미02-06]
• 작품 제작의 전체 과정에서 느낀 점, 알게 된 점 등을 서로 이야기할 수 있다.</td></tr>
</table>

	수학	친구 조사하기 조사한 자료와 나와의 관련된 배수관계 찾기
		[6수01-02] • 약수, 공약수, 최대공약수의 의미를 알고 구할 수 있다. [6수01-03] • 배수, 공배수, 최소공배수의 의미를 알고 구할 수 있다. [6수01-04] • 약수와 배수의 관계를 이해한다.
	국어	친구에게 문장 구조에 맞는 칭찬과 고마움 전달하기
		[6국04-05] • 국어의 문장 성분을 이해하고 호응 관계가 올바른 문장을 구성한다.
② 아름다운 친구란?	도덕	배려하고 바른 소통을 하는 아름다운 사람이 되고자 다짐하기
		[6도02-02] • 다양한 갈등을 평화적으로 해결하는 것의 중요성과 방법을 알고, 평화적으로 갈등을 해결하려는 의지를 기른다.
	국어	시를 바꾸어 아름다운 친구가 되고자 하는 마음 표현하기
		[6국05-03] • 비유적 표현의 특성과 효과를 살려 생각과 느낌을 다양하게 표현한다.
③ 아름다운 친구가 되자!	국어	친구를 배려하고 소통하는 행동의 방법과 중요성을 글로 나타내기
		[6국03-04] • 적절한 근거와 알맞은 표현을 사용하여 주장하는 글을 쓴다.
	창체	아름다운 친구와 함께하는 올림픽

프로젝트 수업 이야기

나에게 친구는?

▶ 함께 즐겁게 놀이해요

친구와 한 뼘 더 가까워지기 위한 방법으로 게임만큼 좋은 것이 있을까? 프로젝트를 본격적으로 시작함에 앞서 다양한 교실 놀이를 진행해 보았다. 교실 놀이를 선택할 때에는 친구들과의 소통, 감정의 나눔이 일어날 수 있는 종류를 선정하기 위해 노력했다. 그래서 선택한 것은 '신문지 놀이'와 '친구의 변한 부분 찾기', '어떤 친구가 없어졌을까?' 놀이이다.

우선 〈신문지 게임〉은 4명~5명이 한 모둠이 되어 신문지 위에 모두 올라가는 게임이다. 한 단계를 통과할 때마다 신문지를 반으로 접어 난이도가 어려워진다. 친구와 밀착해야 하는 부분이 있으므로 모둠을 형성할 때에는 동성끼리 만드는 것이 좋다. 또한 안전을 고려하여 바닥에 푹신한 매트를 깔고하는 것이 더욱 좋을 것이다.

〈친구의 변한 부분 찾기〉는 한 모둠이 나와 30초 동안 변하기 전의 모습을 보여주고 잠시 복도에 나간다. 복도에서 한 사람을 선택해 그 친구에게 다섯 가지 변화를 준다. 1~2분 정도 시간을 준다. 시간이 지난 후에 다시 교실로 들어오면 나머지 친구들이 어떤 친구가 변했는지, 변한 점은 무엇인지를 써서 맞혀보는 게임이다.

〈어떤 친구가 없어졌을까?〉는 우선 뽑기를 통해 한 학생을 선택한다. 그 친구는 교실 앞으로 나와 안대를 쓴다. 그리고 뽑기를 한 번 더 한다. 여기서 뽑힌 학생은 살금살금 교실 밖으로 나간다. 후에 모든 친구들이 일어서서 자리를 바꾼다. 마지막으로 안대를 쓴 친구는 안대를 벗고 1분간 우리 반에서 누가 없어졌는지를 맞혀본다.

이 세 가지 게임 만으로도 학생들은 즐거움을 한껏 느낄 수 있었으며 이전보다 친구를 가깝게 느낄 수 있었다.

학생들은 신체를 이용한 게임을 통해 한층 더 가까워짐을 느꼈다. 이에 '신체' 적인 측면과 함께 '생각' 에 집중하는 시간을 가지며 친구의 필요성도 함께 느낄 수 있는 활동이 필요하다고 판단되었다. 피아제의 인지 발달 이론에 따르면 현재 5학년 학생들은 어느 정도 자아 중심적 사고에서 벗어난 상태이다. 하지만 사회의 분위기가 변화함에 따라 자신만을 생각하는 학생들이 많아지고 있다. 즉, 사회를 살아가는 과정에서 친구의 필요성을 느끼지 못하는 상태이다. 이렇게 상대방을 이해하지 못하니 서로 갈등이 생기고 학교 폭력도 심해지고 있지 않을까? 이 같은 생각에서 활동이 시작되었다.

돌려가며 함께 그림을 그려요

게임을 통해 서로에 대한 마음의 물꼬를 튼 다음 친구의 그림을 돌려가며 친구의 의도를 파악하고 그림을 완성해가는 활동을 하였다.

먼저 책걸상을 옮겨 교실에 하나의 큰 원을 만들었다. (찌그러진 모양도 괜찮다) 그리고 자신이 좋아하는 색깔의 색연필 또는 사인펜을 한 자루 준비한다. 준비가 되었다면 빈 도화지에 1분간 자신이 원하는 그림의 일부분만을 그린다. 이 때 다른 친구들이 자신의 의도를 파악할 수 있도록 특징을 잘 살려 그리는 것이 중요하다.

1분이 지난 후 앞 사람에게 자신의 그림을 준다. 그림을 받은 학생은 친구가 무엇을 그리고자 했는지 생각한 다음 30초 동안 그림을 이어 그린다. 이와 같은 방식으로 원래 그림의 주인에게 도화지가 도착할 때까지 계속 돌려가며 그림을 그린다.

이 활동을 하며 학생들은 엄청난 집중력과 흥미를 보였다. 새로운 그림을 받을 때마다 '와, 이건 뭐지?', '오 멋있다!', '내가 더 멋지게 그려줄테다' 라고 말하며 흥미진진하다는 표정을 지었다. 그리고 마지막으로 완성된 자신을 그림을 받았을 때 아이들의 얼굴에는 웃음꽃이 만발해 있었다. 그 모습을 보고 있는 나의 얼굴에도 미소가 번졌다.

활동이 끝난 후 느낀 점을 그림 뒷면에다가 써보았다. '내 의도를 친구들이 파악해준 점이 참 고맙다.', '비록 내 의도와는 조금 달랐지만 친구들이 더 멋지게 완성시켜준 느낌이다.' '여러 색깔이 모여 알록달록 예뻐진 내 도화지를 보니 뿌듯하고 행복하다.' 라는 반응이 참 많았다.

애초에 돌려가며 그리기의 목표는 두 가지였다. 첫째, 내가 선택한 한 가지 색으로만 그리는 것보다 친구들의 여러 색깔이 모여서 훨씬 아름다운 그림이 그려지고 이를 통해 삶은 혼자가 아니라 함께 살아갈 때 훨씬 다채롭고 즐겁다는 점을 학생들이 깨닫길 바랐다. 둘째, 개개인의 생각은 모두 다르지만 그 다름 속에서도 긴밀하게 연결된 부분이 있다는 점을 느끼도록 하고 싶었다. 학생들의 활동 후 모습을 보니 이 두 목표에 매우 가깝게 도달했다고 생각한다. 또한 '이전보다 친구의 필요성을 마음 한 구석에 깊이 새기지 않았을까?' 라고 본다.

돌려가며 그림을 그려요 활동을 하고 나서

이름:

질문1. 원래 어떠한 그림을 그리고 싶었었나요? 친구들이 나의 생각이나 배경에 따라서 그림을 이어서 잘 그려준 것 같나요?

그림 가운데 우정이 있고 친구들끼리 사이좋게 노는 모습을 그리고 싶었다 내가 생각한 그림은 아니지만 친구들이 그려준 그림도 예뻤다

질문2. 모두가 각자 좋아하는 색으로만 그림을 그려주었습니다. 만약 지금 내가 가지고 있는 그림이 내가 좋아하는 하나의 색으로만 그림이 그려졌다면 어땠을까요?

그림이 살짝 심심하고 예쁘고 아름답게 안 될 것 같다

질문3. 질문2에 이어서, 다양한 색으로 그림이 그려진 것을 보니 어떠한가요? 하나의 색만으로 그려진 그림과 비교했을 때 어떠한가요?

그림이 더 아름답고 색깔이 알록달록 해서 그림이 살아난 것 같다.
그리고 하나의 색으로만 그린 그림과 비교하면 그림이 더 예뻐졌다

질문4. 이어가며 그림을 그려주기 활동을 한 뒤, 활동지에 글을 적어가며 무엇을 느꼈나요? 선생님이 이 활동을 왜 여러분에게 하게 했을까요?

하나의 색깔보다 여러가지 색깔이 모이면 더 예쁘고 아름다운 것 처럼 친구도 서로의 성격, 의견 등 등이 모두 다르지만 서로의 차이를 인정하면 더 친해질수 있기 때문이다

질문5. 평소에 나와 생각이나 의견이 다른 친구들이 많습니다. 그런데 나와 비슷한 생각과 모습만을 가지고, 비슷한 것을 좋아하는 친구만으로 우리 교실이 만들어진다면 어떨까요? 비록 나와 생각과 의견이 다르고 좋아하는 것도 다르지만... 여러분에게 친구는 어떠한 존재인가요?

나에게 친구라는 존재는 가족처럼 매일 같이 있고 같이 노니까 가족같은 존재입니다

••• 친구들의 그림을 이어그린 작품과 소감을 찍은 사진이다. 여러 색이 어울려 다채롭고 화려한 느낌이 든다.

내 친구의 뒷모습은 어떨까?

앞의 활동들을 통해 친구의 중요성을 알게 되었다. 그 중요성을 이어가며 친구에 대하여 조금 더 깊게 알아가는 시간을 갖기로 했다. 먼저 친구의 뒷모습을 관찰하였다. 의외로 학생들은 친구들의 생김새에 대해 많은 시간을 학교에서 함께 보내면서도 자세히 파악하지 못하고 있다.

처음에는 '친구의 앞모습을 그리는 것이 어떨까?' 라는 생각을 했다. 그런데 5학년 특성상 학생들이 부끄러워할 수도 있고 결과물로 인해 의도하지 않은 갈등이 발생할 수도 있다는 점을 감안하여 뒷모습 그리기로 결정하였다.

학생들은 또다시 교실에 큰 원을 만들었다. 그리고 친구의 뒷모습을 볼 수 있도록 책상의 방향을 바꾸었다. 이는 〈돌려가면 그리기〉와 같은 배치이다. 그리고 20분 동안 앞에 있는 친구의 뒷모습을 연필로 묘사했다. 이 때 중요한 점은 친구의 뒷모습을 세밀하게 관찰하는 것이다. 친구의 머리카락은 어떤 색이고 길이는 어깨를 기준으로 어느 정도인지 꼼꼼히 살펴보도록 했다. 사실 활동에 앞서 20분이라는 시간이 아이들에게 자칫 지루할 수도 있겠다는 생각을 했다. 그런데 예상과는 달리 주어진 시간동안 아이들은 엄청난 집중력을 보여주었다. 그리고 그림을 그리며 앞친구에게 "오 몰랐는데 너 머릿결 되게 좋다!", "어깨가 직각이여서 용감해보여." 등의 말을 건네기도 했다.

그림을 다 그린 학생은 자신이 그린 친구의 현재 기분이나 감정은 어떨지, 지금 무슨 생각을 하고 있을지 그림의 뒷면에 적도록 하자 더욱 집중하여 친구의 모습과 그림을 관찰하였다. 완성된 작품은 칠판에 붙여 다 같이 감상하며 뒷면의 글을 읽어 보았다. 그림의 피사체가 된 학생에게 친구가 생각한 것이 맞는지 물어보고 맞았을 경우 자신의 감정, 기분, 생각을 다른 친구가 알아줬을 때의 느낌이 어떤지 물어보았다. 친구가 자신의 속마음을 알아줘 신기하며 고마움과 기쁨을 느낀다고 하였다. 이것으로 공감의 중요성을 알 수 있었지 않을까?.

마지막으로 활동을 한 소감을 돌아가며 말해보았다. 많은 친구들이 지금까지 친구의 뒷모습을 이렇게 유심히 살펴본 적이 없었다고 말했으며 이번 시간을 통해 친구의 몰랐던 부분을 더 알게 되어 가까워진 느낌이 들었다고 평했다.

••• 큰 원을 만든 다음 자신의 앞에 앉은 친구의 뒷모습을 세밀하게 그린다. 20분 동안 집중한 결과 꽤나 멋진 소묘 작품이 나왔다.

▶ 친구의 느낌을 점, 선, 면, 색으로 나타내어 보아요.

앞에서는 친구의 생김새를 표현했다면 이번에는 친구가 가지고 있는 분위기, 성격, 느낌을 표현했다. 한층 수준이 높아진 활동이다. 친구의 성격과 느낌을 떠올리기 위해선 지금까지 친구와 함께 한 경험, 대화들을 되짚어보아야 하기 때문이다. 친구의 성격과 분위기, 느낌을 떠올린 후 이를 점, 선, 면, 색으로 표현했다. 다시 말해 추상화를 그리는 것이다. '성격', '느낌'이라는 것 자체가 일정한 형태가 없는 것이기 때문에 추상화에 필요한 요소를 접목시키는 것이 바람직하다 보았다.

활동에 앞서 여러 가지 추상화를 보여주었다. 추상화는 학생들이 알고 있는 미술 작품과는 사뭇 다르기 때문이다. 학생들이 추상화를 보고 한 첫마디는 '선생님 이것도 작품이에요?' 라는 말이었다. 어찌 보면 자연스러운 반응이다. 왜냐하면 가드너(Gardner)의 감상 능력 발달 단계에서 초등학교 5학년은 사실적인 단계와 탈 사실적 단계의 현상을 모두 보여줄 수 있기 때문이다. 그 시점이 학기 초라면 더더욱 그렇다. 그래서 나는 학생들에게 이렇게 물었다. '이 작품을 30초만 자세히 살펴보자. 그런데 눈으로만 관찰하는 건 아니야. 작품을 그린 사람이 어떤 생각과 감정을 가지고 그렸을 지 마음으로 살펴보자.' 많은 작품 중 하나의 예를 들면 칸딘스키의 〈구성9〉를 본 후 한 학생은 '칸딘스키는 활발한 사람 같아요. 색깔도 따뜻한 색을 많이 사용했고 선이나 면도 구불구불한 것, 똑바른 것 등 종류가 다양하기 때문이에요.' 라고 답했다. 또 다른 학생은 '점, 선, 면, 색이 한 가지가 아니라 다양한 걸 보니 이 작품을 그릴 때 칸딘스키는 머릿속이 복잡했었나 봐요.' 라고 말했다. 학생들의 생각을 모아서 원래와 똑같이 그린 그림만이 잘 그린 미술 작품이 아니라는 걸 스스로 느끼게 할 수 있었다. 또한 그리는 사람의 마음 상태와 성격, 느낌을 점, 선, 면, 색을 이용하여 상징적으로 나타내는 것 또한 미술 작품이며 이를 추상화라고 한다는 점도 배울 수 있었다.

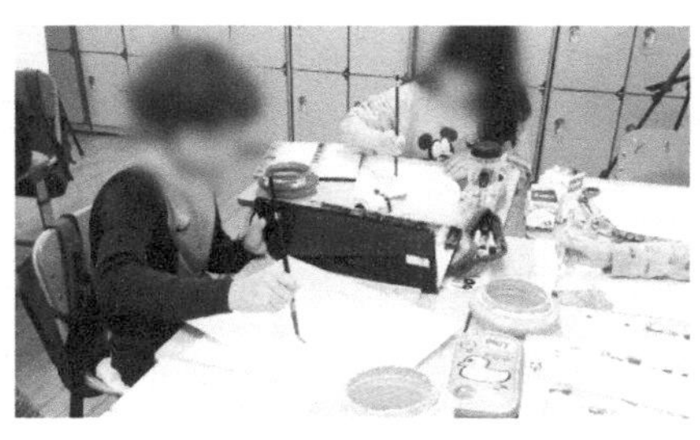

추상화에 대해 알아본 다음 제비뽑기를 하여 자신이 그릴 친구를 정했다. 과연 어떤 친구가 뽑힐지 두근거린다며 한껏 들뜬 학생들의 모습이 아직도 떠오른다. 제비뽑기를 한 후 학생들은 아주 신중한 모습을 보였다. 아마도 그 친구의 말과 행동을 곱씹어보는 과정을 거치고 있었을 것이다. 그 신중한 모습에서 '활동의 목표는 여기서 이루어졌구나.' 라는 생각이 스쳐갔다. 학생들은 제각각 여러 종류의 점, 선, 면, 색을 이용하여 다채로운 작품을 완성해갔다. 작품을 완성한 후에는 작품 설명서를 작성하였으며 그림의 주인공에게 짧은 편지를 써서 작품 뒤에 붙였다.

작품을 완성한 후에는 각자 그린 작품을 들고 나온 다음 나머지 학생들이 그림의 주인공을 맞혀보는 시간을 가졌다. 이때 맞히는 학생들은 그림의 주인공이 왜 그 친구라고 생각하는지 반드시 이유를 말하였다. 그 이유를 말하는 과정에서 서로를 한 번 더 짚어보고 떠올려보며 가까워질 수 있기 때문이다. 친구들의 의견을 들어본 후 마지막으로 그림을 그린 친구가 그림의 주인공을 발표하고 작품 설명을 하였다.

아직도 생각나는 작품이 하나 있다. 우리 반에는 자신의 감정을 표현하는 데에 서툴러

직설적으로 말하고 새로운 환경에 대해 단단한 벽을 쌓는 학생이 한 명 있다. 장점이라 하면 어떤 일이든지 두려워하지 않고 해나가는 대담한 면모를 지니고 있다. 그런데 학생들은 그 장점보다 친구의 서툰 면을 먼저 보게 된다. 그런데 이 학생을 뽑아 작품을 그린 학생이 작품 설명서에 이렇게 적었다. '거침없이 잘 해결하여 (직선)패턴으로 표현하였다.' 그리고 그 친구에게 보는 이의 마음을 따스함으로 물들게 하는 짧은 편지를 썼다. '너는 나에게 운명처럼 다가온 친구야!'

그림의 주인공은 그 그림을 보고 미소를 지었다. 이 활동을 하며 가장 뿌듯한 순간이 아니었나 싶다.

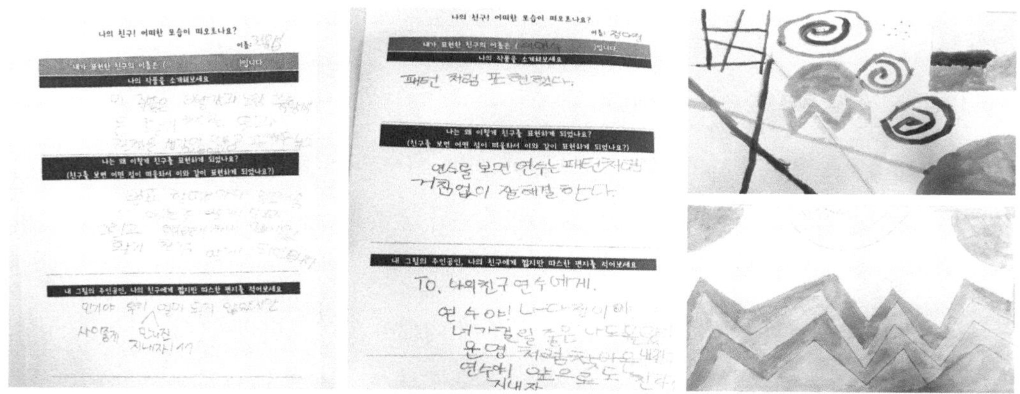

••• 각자 다양한 점, 선, 면, 색에 의미를 부여하여 친구의 분위기를 나타내는 추상화를 완성했다. 작품 설명을 보면 지금까지 함께 생활하면서 그 친구의 성격을 어느 정도 파악한 듯하다. 친구가 자신을 주인공으로 작품을 그려준 것, 그리고 마음에 울림을 주는 짧은 편지를 받은 것에서 학생들은 큰 벅참을 느꼈다.

▶ 우리는 모두 약수와 배수로 연결된 존재!

친구들의 생일을 이용하여 약수 배수와 적용하고자 하였다. 수학 1단원 약수와 배수 단원을 끝맺는 단계에서 아주 적절한 활동이었다. 우선 10분간 교실을 돌아다니며 친구들의 생일을 조사한다. 거의 대부분의 사람들이 그렇겠지만 특히나 어린 학생들에게 '생일'이란 그 무엇보다도 특별한 날일 것이다. 때문에 친구들과 묻고 답하는 내내 학생들의 얼굴엔 환한 웃음이 끊이질 않았다. "어! 너 나랑 같은 달에 생일이 있구나?", "우리는 딱 한 달 차이네!"라면서 신기해하기도 했다. 아마 여기에서부터 친구와 나는 이어진 존재라는 걸 조금이나마 체감하지 않았을까 싶다.

생일을 조사한 후 나의 생일과 친구의 생일의 달, 일을 사용하여 최대공약수, 최소공배수를 구하였다. 혹여나 '최대공약수의 경우 구할 수 없지도 않은가? 그렇게 되면 우리의 목표인 친구와 나는 이어진 존재라는 점을 학생들이 알 수 없지 않은가?'라고 반문할 수도 있겠다. 하지만 최소공배수를 구할 수 있기 때문에 그와 같은 걱정은 잠시 접어두어도 괜찮다고 본다.

▶ 나의 동작을 문장으로 나타내봐!

친구에게 칭찬의 말을 건네며 좀 더 따스한 관계 형성을 하고자 한다. 이 활동은 국어 문장의 구조와 접목시켰다. 즉, 주어, 서술어, 목적어, 호응 관계에 맞게 칭찬의 문장을 써 보는 것이 이번 활동의 목표이다.

우선 주어, 서술어, 목적어와 같은 문장 성분에 대해서 알아보아야 한다. 사실 학생들은 각 문장 성분의 이름을 모를 뿐이지 생활 속에서 문장 성분에 맞게 대화하고 있다. 그러므로 교사의 간단한 예문을 들려주기 보단 학생들의 말과 행동에서 문장 성분을 이끌어 내는 것이 훨씬 재미있고 효과적이라고 생각했다.

먼저 동작 표현을 할 5명의 친구를 뽑는다. 그리고 이 친구들은 잠시 복도에 나가 각자 어떤 동작을 할 것인지 구상하고 연습한다. 교실에 있는 친구들은 5명의 친구가 차례대로 교실에 들어와 동작을 할 때마다 그 동작에 맞는 문장을 적는다. 동작 표현이 끝나면 친구들과 함께 의견을 나누었다. '솔지가 살금살금 걷는다.', '예진이가 콜록콜록 기침을 한다.', '종호가 킹콩처럼 가슴을 친다.'처럼 다양한 문장이 나왔다. 똑같은 동작에서도 보는 관점이 달라 재미있는 문장이 많이 나오기도 했다.

학생들의 문장을 함께 칠판에 쓴 후 공통점을 찾아보며 문장 성분을 정리했다.

① 문장의 처음에는 동작을 하는 사람이 나왔고 이처럼 '누가'에 해당하는 것을 '주어'라고 한다.

② 문장의 끝은 어떤 상태나 동작이 나오고 이를 '서술어'라고 한다.

③ 문장의 중간에 ~을,~를에 해당하는 부분이 있는데 이는 '목적어'라고 한다.

이 때 살금살금, 콜록콜록과 같은 것은 무엇이냐는 질문을 받았다. 우선 그 낱말을 없앴을 때 느낌이 어떤지 되물었다. 문장이 재미없어지는 느낌이지만 이상한 부분은 없다는 학생의 답변에서 살금살금, 콜록콜록과 같은 낱말은 문장을 더 풍부하게 해주는 '꾸며주는 말'로 약속했다.

••• 살금살금 걸어가는 동작을 표현하고 있다. 다른 학생들이 무척이나 흐뭇하게 보며 동작을 문장성분에 맞게 적고 있다.

▶ 문장 성분을 이용하여 칭찬의 문장을 써볼까요?

문장성분을 기억하며 우리 반 친구들에게 칭찬의 문장을 써 보았다. 칭찬의 문장은 같은 모둠원 친구들에게 하나씩, 그리고 다른 모둠 친구 두 명에게 썼다. 때문에 한 학생당 포스트잇은 5~6장정도 배부되었다. 같은 모둠원 친구들에게 하나씩 쓴 이유는 혹시나 원하는 친구에게만 쓸 경우 칭찬 포스트잇을 받지 못하는 친구가 생길 수도 있기 때문이다.

이렇게 칭찬의 문장을 쓴 후 친구에게 가서 직접 전달하였다. 칭찬을 받은 학생들은 쑥스러워함과 동시에 뿌듯해하는 모습을 보였다. 칭찬 포스트잇 중 가장 마음에 드는 포스트잇을 두 개씩 뽑아 칠판에 붙였다.

마지막으로 진행한 것은 이 포스트잇을 분류하는 것이다. 점심시간, 쉬는 시간을 이용하여 모든 학생들이 포스트잇을 보고 분류에 참여할 수 있도록 하였다. 이 분류 활동은 다음의 '아름다운 친구란?'으로 넘어가는 연계 활동으로 볼 수 있다. 분류를 하고 하니 우리 반은 '책임감이 있는 친구', '다른 사람이 어려울 때 도와주는 친구', '수업시간에 열심히 참여하는 친구', '긍정적인 친구' 네 가지로 분류되었다. 분류된 내용은 〈아름다움의 의미 찾기〉와 이어진다.

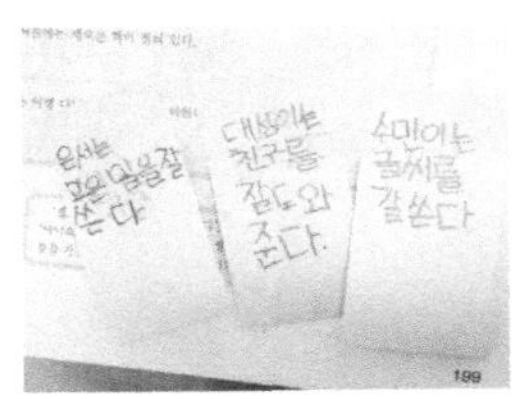
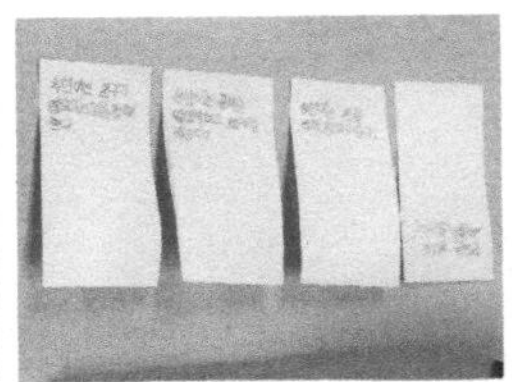

••• 칭찬의 문장을 문장 성분에 알맞게 적어보았다. 그리고 자신이 받은 칭찬 포스트잇 중 두 개를 칠판에 붙이고 학생들이 비슷한 칭찬끼리 분류해보았다.

아름다운 친구란

▶ 우리 주변의 아름다움을 찾아보아요

이번에는 '아름다움 친구'의 의미를 찾아가게 된다. 이를 위해서는 먼저 '아름다움'의 의미를 먼저 알 필요가 있다.

5학년 도덕 교과서에서는 아름다움을 '외면적 아름다움', '내면적 아름다움', '도덕적 삶의 아름다움' 세 가지로 정의하고 있다. 외면적 아름다움은 외모에서 드러나는 아름다움이며 내면적 아름다움은 교양, 지성, 인내심, 긍정적인 마음 등 개인이 가지고 있는 마음에서 우러나는 아름다움이다. 마지막으로 도덕적 삶의 아름다움이란 다른 사람과의 관계 속에서 바르게 행동하는 아름다움이라 볼 수 있다.

앞의 활동에서 칭찬 포스트잇을 분류하여 '책임감이 있는 친구', '다른 사람이 어려울 때 도와주는 친구', '수업시간에 열심히 참여하는 친구', '긍정적인 친구' 네 가지로 간추렸다. 여기서 학생들은 아름다움의 세 가지 의미 중 2가지를 찾은 셈이다. 나는 책임감 있는 친구와 수업시간에 열심히 참여하는 친구, 긍정적인 친구를 함께 묶어 다시 두 가지로 나누었다. 그리고 학생들에게 어떤 기준으로 선생님이 묶었을지 추리해보도록 했다. 처음에는 선뜻 대답을 하지 못했다. 하지만 곰곰이 생각해보더니 다른 사람에게 어떤 도움을 주는 것과 그렇지 않은 것으로 분류를 하게 되었다. 이와 같이 '내면적 아름다움'과 '도덕적 삶의 아름다움'의 의미에 가깝게 접근했을 때 함께 교과서를 보며 아름다움의 의미에 대해 살펴보았다.

마지막으로 세 가지 아름다움에 해당하는 주변 사람들을 발표해보는 시간을 가졌다. 우선 '외면적 아름다움'에는 아이돌이 많이 나왔다. 예상했던 바이다. 그런데 '내면적 아름다움'과 '도덕적 삶의 아름다움'에 해당하는 사람들을 발표할 때는 나의 예상을 많이 빗나갔다. 나는 학생들이 위인전에서 접한 위인이나 환경 미화원, 봉사활동을 하는 사람이 많이 나올 줄 알았다. 그런데 학생들의 대답은 우리 반 친구들, 그리고 부모님이였다. '대성이는 어려운 일도 듬직하고 묵묵하게 해결해서 내면적 아름다움을 가지고 있어요.', '저희 어머니는 항상 저희가 안전하게 길을 건널 수 있도록 녹색 어머니회에 가입하세요. 그래서 도덕적 삶의 아름다움을 가지고 계세요.'라는 답변은 교사의 마음 한 켠을 뭉클하게 만들었다. 여담이지만 프로젝트 학습의 긍정적인 측면이 조금씩 나타나는 느낌을 받았다.

▶ 나에게는 이 아름다움이 참된 아름다움이에요

세 가지 아름다움을 가치 수직선에 나타내보았다. 학생들 개개인이 느끼는 세 가지 아름다움의 중요도는 모두 다를 것이다. 빨간색(외면적 아름다움), 노란색(내면적 아름다움), 파란색(도덕적 삶의 아름다움) 별 스티커를 자신에게 중요할수록 수직선의 오른쪽에 붙여보았다.

가치 수직선을 완성한 후 자신의 가치 수직선을 친구들에게 소개했다. 각자 소개를 하고 나니 자연스럽게 토의가 시작되었다. 과연 '참된 아름다움이란 어떤 아름다움인가?'를 주제로 말이다. 대부분의 학생들이 '도덕적 삶의 아름다움'이 가장 중요한 아름다움이라고 했다. 우리는 혼자 살아가는 것이 아니라 항상 어울려 살아가기 때문이라는 이유에서이다. 그런데 몇몇 학생은 '내면적 아름다움'이 가장 중요하다는 말을 했다. 결국 도덕적 삶의 아름다움도 한 사람의 개인적인 내면적 아름다움이 있기 때문에 가능한 것이라는, 나름대로 날카로운 근거를 들면서 말이다. 이 말을 들은 다른 학생들이 잠깐 멍해지는 표정을 지었다. 사실 나는 그 학생의 의견에 반박을 할 수 있었지만 아직 학생들의 사고로는 반박이 어려웠던 모양이다. 그 와중에 한 학생이 "선생님, 내면적 아름다움과 도덕적 삶의 아름다움은 똑같이 중요한 것 같아요. 대신 저는 그 두 아름다움이 외면적 아름다움과 비교했을 땐 훨씬 가치 있다고 확신해요."라는 의견을 제시했다. 다른 학생들도 그 말에 동의하며 고개를 끄덕였다. 그 말에 또 다른 의견이 꼬리를 물었다. "그래도 엄청나게 차이가 나면 안돼요. 옷차림이 너무 더럽거나 제대로 씻지 않아서 냄새가 나면 아무래도 가까이 가기 싫어지는걸요." 학생들은 이 말에도 동의하였다. 이렇게 토의를 하고 나니 우리 반만의 가치 수직선이 완성되었다. 내면적, 도덕적 삶의 아름다움은 5점 만점에 5점, 외면적 아름다움은 3점으로 말이다.

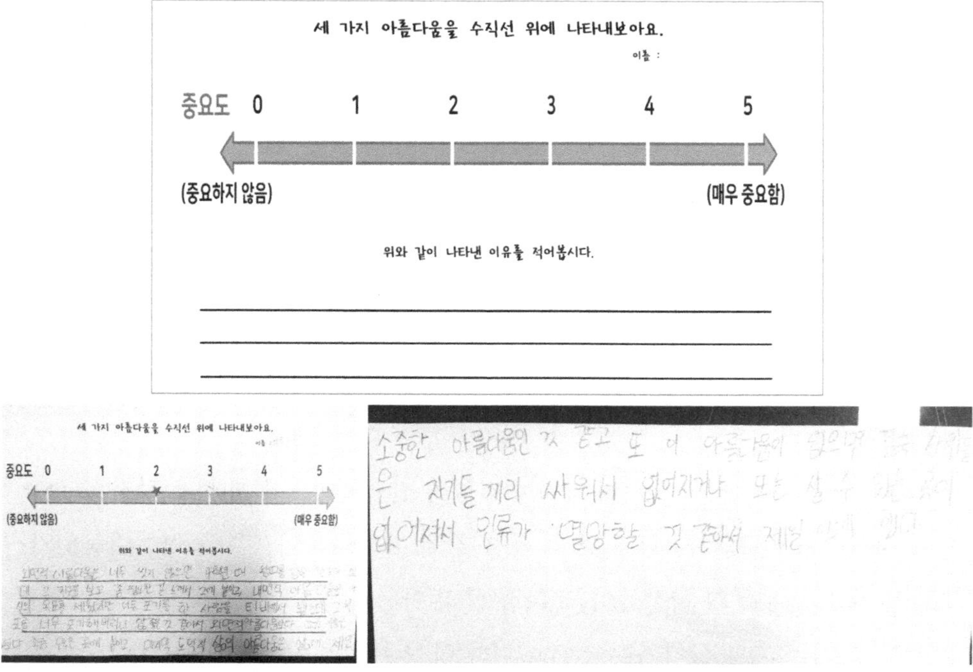

••• 각자 자신의 생각에 따라 세 가지 아름다움을 가치 수직선 위에 나타내어 보았다. 외면적 아름다움은 빨간색, 내면적 아름다움은 노란색, 도덕적 삶의 아름다움은 파란색 별 스티커로 나타내었다. 완성한 후 원으로 둘러앉아 자신의 가치 수직선을 소개하고 토의를 나누어 보았다.

▶ 내가 생각하는 아름다운 사람을 소개해보아요.

학생들이 아름다움의 의미에 대해 어느 정도 알게 되었다. 배운 내용을 바탕으로 자신이 생각하는 아름다운 사람을 한 명 조사해오도록 했다. 자신의 어머니, 김연아 선수, 유관순 열사, 세월호 사고 당시 자신보다 학생들을 먼저 살린 선생님, 아이돌 등 다양한 사람을 조사해왔다. 조사해 온 내용을 바탕으로 모둠별로 자신이 조사한 사람을 소개했다.

그다음 모둠별로 4절 크기의 하드보드지에 〈아름다운 사람〉을 주제로 마인드맵을 만들었다. 가장 중간에는 〈아름다운 사람〉 제목을 적고 각자 가지를 그려 자신이 조사한 사람의 사진을 붙였다. 그리고 다시 사진에서 여러 가지를 뻗어 그 사람이 아름다운 이유를 적었다. 사실 우리 반 학생들은 아이돌을 꽤 많이 조사해왔다. 그 조사 내용을 보며 '가치 수직선에 적은 것과는 달리 어쩔 수 없이 아이들에겐 외면적 아름다움이 가장 중요한 것일까?' 라는 고민이 생겼다. 그런데 조사한 이유를 보니 큰 오산이었다는 걸 알게 되었다. 아이돌이라도 단지 외모가 뛰어난 것이 아니라 어려운 사람들에게 많은 기부를 했다는 점에서 조사를 해온 것이다.

마인드맵을 다 완성한 후에는 모둠원이 각자 적은 아름다운 이유를 전체적으로 보고 비슷한 이유끼리 같은 색깔의 색연필로 색칠해보았다. 그 결과 아름다운 사람은 '다른 사람을 배려하는 마음을 가지고 있다.' 라는 공통점을 이끌어 낼 수 있었다. 그리고 그 공통점은 마인드맵의 끝부분에 직접 적어보았다.

마인드맵을 완성한 후에는 모둠별로 교실 앞에 나와 다른 모둠 친구들에게 소개하는 시간을 가졌다. 모든 학생들이 자신이 조사해 온 아름다운 사람을 소개하고 모둠의 이끔이가 모둠원이 함께 이끌어 낸 공통점을 소개하였다.

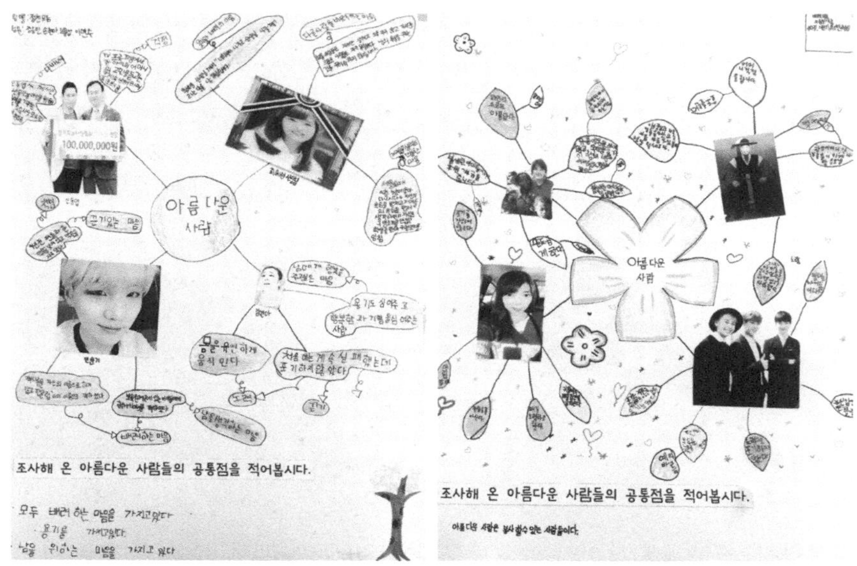

••• 학생들이 만든 마인드맵이다. 먼저 각자 자신의 조사해 온 사람들을 소개하고 공통점을 같은 색으로 색칠했다. 모둠원이 함께 뽑아낸 공통점은 마지막에 글쓰미가 적었다.

아름다운 사람의 공통점을 바탕으로 각자 아름다운 사람이란 어떤 사람인지 정의 내려 보았다. 이 정의는 수업 전에 만든 개인별 〈가치 사전〉에 적었다.

★ 가치사전

'가치'라는 건 쉽게 말해 '소중한 것'이다. 학생들은 앞으로 배움의 과정을 거치면서 성장하는 데 꼭 필요한, 소중한 덕목, 가치 있는 개념에 대해 많이 배울 것이다. 이번 프로젝트에서 배우는 '아름다움'도 사회를 살아가는 데 있어서 꼭 갖추어야 할 소중한 덕목이다. 이 외의 '환경 보호', '배려', '규칙 준수'와 같이 5학년 과정에서 배우는 개념들도 큰 가치를 지니고 있다. 그런데 이와 같은 덕목들을 그냥 말로써, 학습지에 적는 것으로써 끝내면 학생들은 금방 잊게 될 것이다. 이 단어들을 차곡차곡 모아두고 계속해서 눈에 익힌다면 좀 더 습관화하는 데 도움이 될 것이라 보고 가치 사전을 활용하였다.

배움에서 알게 된 가치 덕목과 개념을 자신이 만든 가치 사전 한 페이지에 쓰고 교실 뒤에 전시해 두면 보다 자연스럽게 체득할 수 있을 것이다.

자신만의 가치 사전에 정의를 쓰기 전에 <국어 문장의 구조> 중 호응 관계를 배운다. '결코', '비록', '전혀'와 같은 말 뒤에는 '~않다'라는 부정적인 서술어가 나온다는 내용이다. 이 내용을 접목시켜 '아름다운 사람'이란 어떤 사람인지 학습지를 활용하여 정의를 내렸다. 후에 자신의 정의를 좀 더 다듬어 가치사전에 정리하였다.

학생들의 가치 사전을 보니

① 아름다운 사람이란 결코 포기하지 않는 사람이다.

② 아름다운 사람이란 나쁜 말을 전혀 사용하지 않는 사람이다.

③ 아름다운 사람이란 자신의 돈을 결코 쉽게 쓰지 않는 사람이다.

와 같은 여러 가지 정의가 나왔다.

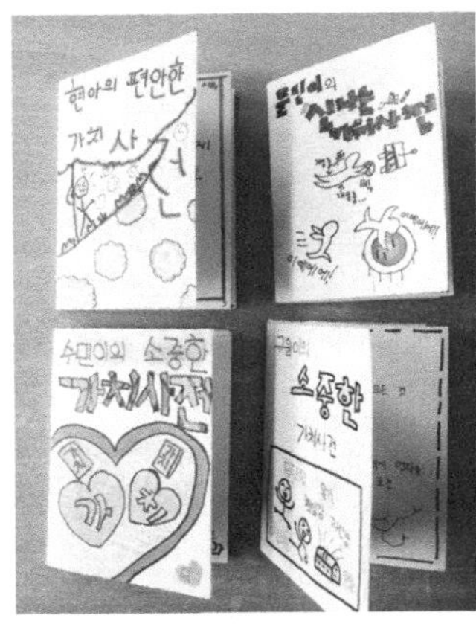

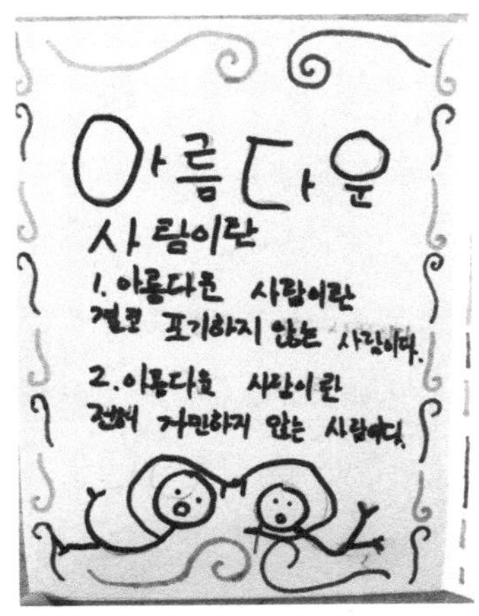

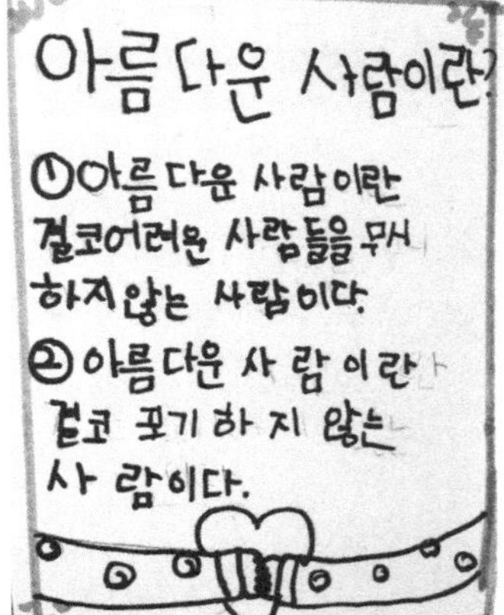

••• ① 학생들이 만든 가치사전이다. '가치'란 '소중한'과 비슷한 말임을 알려준 후 학생 스스로 가치사전의 제목을 짓고 관련된 그림을 그려보도록 하였다.

••• ②, ③가치사전에 적은 '아름다운 사람'의 정의를 찍은 사진이다. 호응관계에 맞게 정의를 내려보았다.

오늘은 내가 가치 사전 지은이!

문장의 호응관계를 고려하여 <아름다운 사람>을 정의 내려 보세요

이름:

1. 아래의 조건에 맞게 아름다운 사람을 정의 내려 보세요.

정의1 (활용 호응 관계: 결코, 전혀, 별로 + 부정의 뜻을 가진 서술어)

아름다운 사람이란 (결코, 전혀, 별로) ______________________

______________________ 하지 않는 사람이다.

왜냐하면, ______________________ 때문이다.

정의2 (활용 호응 관계: 결코, 전혀, 별로 + 부정의 뜻을 가진 서술어)

아름다운 사람이란 (결코, 전혀, 별로) ______________________

______________________ 사람이다.

왜냐하면, ______________________ 때문이다.

2. 아름다운 사람을 정의내리면서, 스스로 무엇을 배웠고, 얼마나 알게 되었는지 자기 평가를 해 주세요.

평가1: 얼마나 알게 되었나요?				평가2: 얼마나 할 줄 알게 되었나요?			
자기 평가 내용	상	중	하	자기 평가 내용	상	중	하
주어. 서술어 목적어를 알게 되었나요?				문장을 보고 주어. 서술어. 목적어를 구분할 줄 알게 되었나요?			
문장의 호응관계를 알게 되었나요?				부정적 서술어를 보고서. 호응관계를 고려하여 문장을 만들 수 있게 되었나요?			
호응관계를 고려하여 문장을 작성하게 되었나요?				이번 활동을 통해 알게 된 것들을 친구들과 함께 나누면서 알려주게 되었나요?			

▶ 아름다운 사람은 관점의 차이를 이해할 수 있어요.

아름다운 사람은 다른 사람을 먼저 생각하고 배려할 수 있는 사람이라고 정의를 내렸다. 이 정의는 서로의 관점의 차이를 이해할 수 있는 사람으로 바꾸어 말할 수 있다. 학생들은 학교 생활을 하며 서로 다투고 갈등을 겪는다. 그 안을 들여다보면 서로의 다름을 '틀림'으로 받아들여 발생하는 것이 대부분이었다. 즉, 같은 현상을 바라보는 생각인 '관점'의 차이를 이해하지 못한 것이다. 도덕적 삶의 아름다움의 첫 걸음은 바로 '관점의 이해'에서 출발하지 않을까?

학생들이 뽑은 공통점과 관련된 '관점의 이해'를 조금 더 짚고 넘어가고자 한다. 국어 교과서에 실린 『늑대가 들려주는 아기 돼지 삼형제 이야기』를 함께 읽으면서 말이다. 이 이야기에는 우리가 평소 알고 있는 아기 돼지 삼형제 이야기를 늑대의 입장에서 말하고 있다. 늑대는 아기 돼지 삼형제를 먼저 괴롭힌 것이 아니라 단지 부족한 설탕을 구하러 찾아갔을 뿐이다. 그 때 심한 감기가 걸려 재채기가 나왔고 자신도 모르게 아기 돼지의 집을 무너뜨리게 된다. 게다가 마지막 막내 돼지는 늑대의 할머니에 대해 험담을 하기 까지 한다. 이 이야기를 읽고 난 아이들은 오히려 늑대가 불쌍하고 누명을 썼으니 얼마나 억울할까? 라는 동정심도 가졌다.

늑대에게 더욱 더 동감할 수 있도록 "너희들도 혹시 억울한 누명을 쓴 적이 있니?"라는 질문을 해보았다. 그러니 형제자매와 다툰 적, 선생님께 억울하게 혼난 적 등 다양한 경험이 나왔다. 그 경험을 나눈 후 "그것이 바로 관점의 차이에서 온 거야. 서로의 입장을 조금 더 생각해주고 개개인의 생각은 모두 다르다는 것을 알면 갈등이 생기지 않겠지?"라는 말을 남기니 학생들이 고개를 끄덕였다.

▶ '언젠가는 나도' 시를 바꾸어 써보아요.

국어활동에는 '언젠가는 나도'라는 시가 실려 있다. 올챙이의 관점에서 쓴 시이다. 언젠가는 개구리가 되어 더 넓은 세상을 볼 수 있을 것이란 생각이 드러나 있다. 이 시의 관점을 학생 개인으로 돌려 '언젠가는 나도 아름다운 사람이 될 것이다'라는 주제로 학습지를 활용해 시를 바꾸어 써보았다.

프로젝트 1에서 시를 쓰는 방법을 익혀서 이번 시는 조금 더 쉽게 쓸 수 있었다. 완성한 시는 〈곰책 만들기〉 북아트를 접목시켜 하나의 작품을 만들어 보았다.

••• 도덕적 삶의 아름다움을 녹여 '언젠가는 나도' 시를 바꾸어 본 작품이다.

아름다운 친구가 되자

▶ 나의 주장을 나타내어요

지금까지 배운 아름다움을 바탕으로 '아름다운 친구가 되자'를 주제로 한 주장 글쓰기를 시작한다. 그 전에 주장과 근거란 무엇인지와 주장하는 글의 구조를 알아보았다.

학생들은 어느 정도 주장과 근거에 대해 알고 있다. 단지 그 낱말 자체가 생소한 것이다. 그러므로 개념을 알기 전에 학생들과 쉬운 주제로 대화를 해보았다.

◉ 선생님 : "학교 생활을 하면서 가장 화가 났던 적이 무엇이니?"

◈ 학생 : "화장실에 갔는데 볼일을 보고 안 내린 걸 봐버렸어요. 그 때 정말 화가 머리 끝까지 치밀었어요!"

◉ 선생님 : "그 무서운 광경을 만든 친구에게 뭐라고 말하고 싶었어?"

☆ 학생들 : "볼 일을 본 후엔 반드시 물을 내리자고 강하게 말하고 싶어요!"

◉ 선생님 : "그 행동을 우리 학교 모든 학생들이 실천하면 어떤 좋은 점이 있을까?"

◈ 학생 : "우선 뒤에 사용하는 사람의 기분이 나빠지지 않아요."

◈ 학생 : "볼 일을 보고 물을 안 내리면 화장실 환경이 더러워지잖아요. 만약 물을 내린다면 보다 청결한 환경이 만들어질거에요."

여기에서 〈하고 싶은 말〉이 바로 주장이며 〈그 하고 싶은 말을 실천했을 때의 좋은 점〉이 바로 근거이다. 이렇게 일상 생활에서 일어나는 일로 대화를 하니 주장과 근거를 쉽게 깨우칠 수 있었다.

다음으로 주장하는 글의 구조는 학생들에게는 새로운 내용이기 때문에 예시를 보여주며 함께 알아가기로 했다. 그 예시는 국어 교과서에 실려 있는 지문이다. 그 지문을 살펴보며 주장하는 글은 다음과 같은 구조를 가지고 있음을 알아냈다.

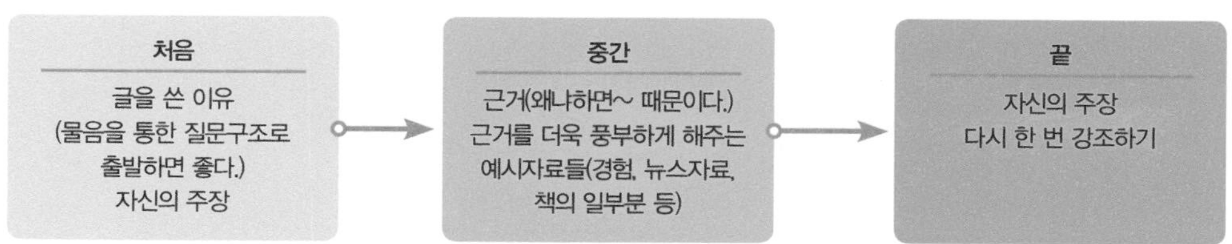

이렇게 주장하는 글에 대해 알아본 후 본격적으로 〈아름다운 친구가 되자〉를 주제로 글쓰기를 시작했다. 가장 먼저 '아름다운 친구' 하면 생각나는 것들을 마인드맵으로 그려보았다. 배려, 양보, 고운 말, 준비물 빌려주기, 학교 폭력 등 다양한 낱말이 나왔다.

그 낱말 중에서 아름다운 친구가 되기 위해 실천하자고 말하고 싶은 것을 하나 골라 주장으로 정했다. 그리고 그 행동을 실천하면 좋은 점을 근거로 잡았다. 여기에서 정한 주장과 근거는 간단하게 개요식으로 학습지에 정리하였다.

그리고 개요를 다시 자연스럽게 하나의 글 형식으로 완성하였다. 이번 활동에 활용한 활동지는 아래의 그림과 같다.

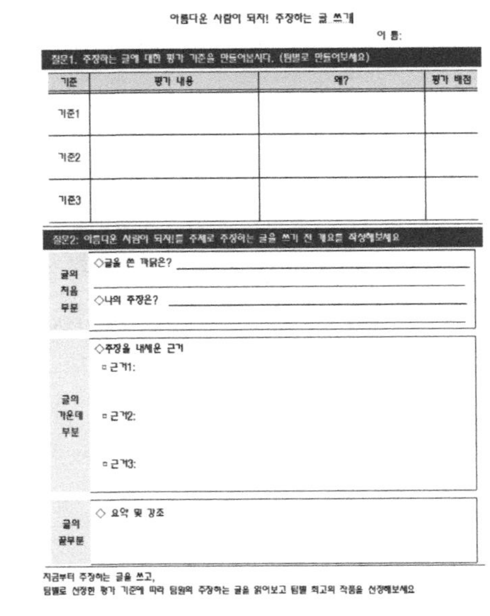

아름다운 사람이 되자! 주장하는 글 쓰기

이 름:

질문1. 주장하는 글에 대한 평가 기준을 만들어봅시다. (팀별로 만들어보세요)

기준	평가 내용	왜?	평가 배점
기준1			
기준2			
기준3			

질문2: 아름다운 사람이 되자!를 주제로 주장하는 글을 쓰기 전 개요를 작성해보세요

글의 처음 부분	◇글을 쓴 까닭은? ◇나의 주장은?
글의 가운데 부분	◇주장을 내세운 근거 ▫근거1: ▫근거2: ▫근거3:
글의 끝부분	◇ 요약 및 강조

지금부터 주장하는 글을 쓰고,
팀별로 선정한 평가 기준에 따라 팀원의 주장하는 글을 읽어보고 팀별 최고의 작품을 선정해보세요

질문3: 앞에 작성한 개요에 따라 아름다운 사람이 되자!를 주제로 주장하는 글을 써 보세요. 우리 반 최고의 글로 선정된 친구는 협동 미니 올림픽 마지막 시간에 주장하는 글을 발표하는 기회도 생깁니다.

팀원 이름						나의점수
기준1 점수						
기준2 점수						
기준3 점수						

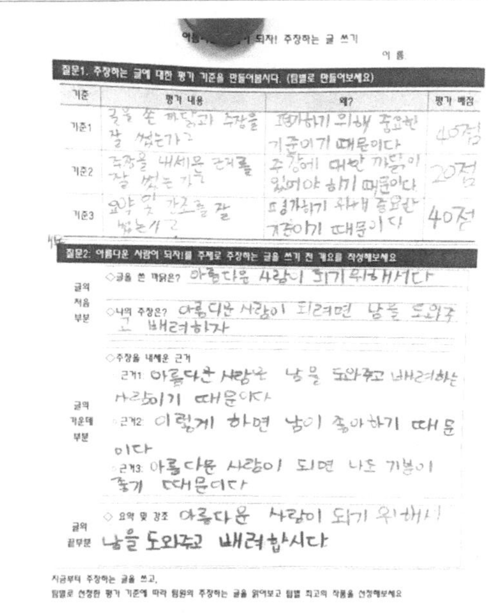

아름다운 사람이 되자! 주장하는 글 쓰기

이 름

질문1. 주장하는 글에 대한 평가 기준을 만들어봅시다. (팀별로 만들어보세요)

기준	평가 내용	왜?	평가 배점
기준1	글을 쓴 까닭과 주장을 잘 썼는가?	평가하기 위해 중요한 기준이기 때문이다	40점
기준2	주장을 내세운 근거를 잘 썼는가	주장에 대한 까닭이 있어야 하기 때문이다	20점
기준3	요약 및 강조를 잘 썼는가	평가하기 위해 중요한 기준이기 때문이다	40점

질문2: 아름다운 사람이 되자!를 주제로 주장하는 글을 쓰기 전 개요를 작성해보세요

글의 처음 부분	◇글을 쓴 까닭은? 아름다운 사람이 되기 위해서다 ◇나의 주장은? 아름다운 사람이 되려면 남을 도와주고 배려하자
글의 가운데 부분	◇주장을 내세운 근거 ▫근거1: 아름다운 사람은 남을 도와주고 배려하는 사람이기 때문이다 ▫근거2: 이렇게 하면 남이 좋아하기 때문이다 ▫근거3: 아름다운 사람이 되면 나도 기분이 좋기 때문이다
글의 끝부분	◇ 요약 및 강조 아름다운 사람이 되기 위해서 남을 도와주고 배려합시다

지금부터 주장하는 글을 쓰고,
팀별로 선정한 평가 기준에 따라 팀원의 주장하는 글을 읽어보고 팀별 최고의 작품을 선정해보세요

질문3: 앞에 작성한 개요에 따라 아름다운 사람이 되자!를 주제로 주장하는 글을 써 보세요. 우리 반 최고의 글로 선정된 친구는 협동 미니 올림픽 마지막 시간에 주장하는 글을 발표하는 기회도 생깁니다.

아름다운 사람이 되자!

안녕하세요? 여러분께! 알려드릴 것이 있습니다 남을 도와주고 배려하는 아름다운 사람이 됩시다 요즈음 나쁜 사람들이 있습니다 남에게 나쁘게 대하면 남이 싫어합니다

까닭은 첫째, 아름다운 사람은 남을 도와주고 배려하는 사람이기 때문입니다

둘째, 남을 도와주고 배려하면 남이 좋아하기 때문입니다

셋째, 자신이 아름다운 사람이 되면 자신도 뿌듯하고 기분이 좋기 때문입니다

마지막으로 저희 모두 아름다운 사람이 되기 위해서 남을 도와주고 배려합시다

5학년 5반 ○○○

팀원 이름	[illegible]	[illegible]	[illegible]	[illegible]	[illegible]	나의점수
기준1 점수	30	40	20	50	40	40점
기준2 점수	40	20	20	20	20	20점
기준3 점수	40	40	40	30	40	40점

▶ 아름다운 친구와 함께하는 올림픽

5학년 학생들은 지금까지 아름다운 친구란 상대방을 배려하며 바르게 대화할 수 있는 사람이라는 점을 배워왔다. 이번 활동에서는 그 배움을 몸소 실천해보는 기회를 주기로 했다.

그래서 이번 학교 운동회는 학년별 운동회로 실시하기로 하였고, 학년에서는 '적극적인 참여와 협동', '상대방에 대한 배려'의 스포츠 정신을 나타내는 올림픽을 개최하고자 하였다.

올림픽의 종목은 '학생들의 흥미도'와 '배려의 실천'을 기준으로 정하였고 신체적 능력으로 우위가 정해지는 종목은 피하였다. 종목을 정하면서 특히 유의했던 점은 점수로 인해 협동심이 무너지지 않도록 하는 것이었다. 게임의 결과로 등수를 정하였지만 등수는 점수를 뽑을 수 있는 〈우선권〉을 주는 것으로 정했다. 즉, 1등이 높은 점수를 가져가는 것이 아니라 6개의 점수 제비 중 하나를 먼저 뽑을 수 있는 것이다. 실제로 이렇게 진행되다보니 학생들 사이의 경쟁심도 줄어들고 즐겁고 화기애애한 분위기를 형성할 수 있었다.

운동회를 하는 과정에서 프로젝트 목표인 〈아름다운 친구〉가 되기 위해 필요한 자세를 틈틈이 말해주었다. 짧지 않은 시간동안 학생들 스스로도 이 주제에 대해 많은 활동을 했고 스스로 느끼는 바가 있었을 것이다. 그 깨달음을 계속해서 자극을 함으로써 학생들의 마음속에 자리 잡은 배려심이 행동으로 보다 쉽게 표출될 수 있었다. 게임이 끝날 때 마다 '야, 너는 왜 이것밖에 못하냐?' 라는 말보다 '와 너 되게 잘한다.', '너는 신의 손이야. 나는 뽑기에 소질이 없는데 너는 어떻게 좋은 숫자만 쏙쏙 뽑니?' 라는 응원의 메시지가 내 귀에 들린 걸 보면 말이다.

우리가 함께 이야기하며 결정한 종목은 아래의 표를 참고하면 좋을 것 같다.

<table>
<tr><td rowspan="7">스테이지 게임</td><td colspan="2">각 반의 학생들을 여섯 팀으로 나누어 장소를 이동하며 다른 반의 팀들과 함께 대결하는 형식.(다양한 팀들을 만날 수 있도록 각 스테이지에 만나는 팀을 배정하였다)</td></tr>
<tr><td>2인 3각(체육관)</td><td>두 학생이 발을 묶고 함께 뛰는 게임. 서로의 배려심이 필요함.</td></tr>
<tr><td>고깔 게임(체육관)</td><td>고깔을 얼굴에 쓰고 고깔 끝 부분의 구멍만을 보며 의자를 찾는 게임.</td></tr>
<tr><td>색판 뒤집기(강당)</td><td>두 팀으로 나누어 자기 팀의 색판이 앞으로 많이 나오도록 뒤집어야 함.</td></tr>
<tr><td>내 콩주머니를 받아라!(교실1)</td><td>같은 팀 친구가 던진 콩주머니를 바구니에 최대한 많이 받는 게임. 서로의 배려심을 필요로 함.</td></tr>
<tr><td>몸으로 말해요 (교실2)</td><td>한 친구가 특정 낱말을 몸으로 표현하면 나머지 팀원들이 어떤 낱말인지 맞히는 게임.</td></tr>
<tr><td>디비디비딥 (교실3)</td><td>두 팀으로 나누어 공격팀과 수비팀을 나눈다. 공격팀 수비팀 모두 “디비디비~” 외치며 가슴앞에서 두 손을 올리다가 “딥” 구호에 맞춰서 3가지 동작 중 한 가지 동작을 선택한다. 공격팀과 행동이 같은 수비팀의 사람은 탈락되며 다른 수비팀의 사람으로 넘어간다. 최대한 빨리 수비팀을 탈락시키는 것이 중요함.</td></tr>
<tr><td rowspan="3">단체 게임</td><td colspan="2">한 반이 한 팀이 되어 다른 반과 함께 대결하는 형식</td></tr>
<tr><td>긴 줄 넘기 (운동장)</td><td>한 반의 인원을 세 팀으로 나누어 긴줄넘기를 하고 각 팀의 개수를 합산하여 점수를 매긴다.</td></tr>
<tr><td>이어달리기 (운동장)</td><td>보통 이어달리기는 각 반에서 가장 빠른 학생을 두 명 뽑아 진행한다. 하지만 여기서는 모든 학생들이 한 번씩 달리고 마지막에는 선생님이 뛰어 학생들과 함께 미션을 하며 결승점을 통과하는 것으로 마무리한다.</td></tr>
<tr><td colspan="3">5학년 모두가 함께하는 레크리에이션</td></tr>
</table>

••• 학생들과 선생님이 어울려 아름다운 운동회를 만들 수 있었다. 경쟁보다는 협동과 웃음으로 가득한 운동회가 되어 뿌듯함을 느꼈다.

운동회에서 단체 게임이 모두 끝난 후 5학년 학생들은 체육관으로 모여서, 앞의 활동에서 열심히 작성하였던 '아름다운 친구가 되자'의 주장하는 글을 발표하는 시간을 가졌다. 사전에 각 반에서 하나의 작품을 선정하였고 선정된 학생이 5학년 학생들 앞에서 발표하는 것으로 정했다.

••• 많은 친구들 앞에서 발표하는 것이 떨리지만 발표하는 학생들 모두 씩씩하게 자신의 주장과 근거를 잘 말해주었다. 아마 이 학생들에게는 잊지 못할 추억이 될 것이다.

발표가 끝난 후 5학년 모두가 자신이 생각하는 가장 감동적인 글에 스티커를 붙여보았다. 이때 자신의 반을 제외한 다른 반 친구에게 스티커를 붙여 공정성을 더하였다. 후에 스티커와 올림픽에서의 지금까지 활동 모습을 보며 각 반에게 타이틀(웃음이 많은 반, 사이좋은 반, 사랑이 넘치는 반, 서로를 응원하는 반, 아름다운 반, 함께하는 반 등)을 붙여주었다.

올림픽이 마무리된 다음 폐회식으로 음악과 함께 레크레이션 활동을 진행하여 하나된 마음을 더욱 고조시키며 마무리하였다.

프로젝트 수업 이래서 좋아요

1. 아이들이 이렇게 변화해요!

- 내가 아름다운 사람이 되기 위해 어떻게 실천해야 하는지 방법이 무엇인지 알게 되었다. 이 프로젝트를 하면서 프로젝트 학습이 왜 필요한지 알게 된 것 같다.
- 모르는 내용들이 많았는데, 프로젝트 학습을 한 후 많은 것을 이해하게 되고 알게

되어서 좋았다.

- 아름다운 사람이 누구인지 제대로 알게 되고, 아름다운 사람이 되기 위해 무엇을 실천해야 하는지도 알게 되었고, 실천하는 행동으로 옮기게 될 수 있었다. 이번 프로젝트를 통해 앞으로 아름다운 사람이 될 수 있을 것 같았다.
- 실천하는 방법을 알고 다짐하는 활동을 통해 모든 것이 새로워 보였고, 앞으로도 계속해서 실천해야겠다는 생각이 들었다. 함께 배워서 너무 좋고 행복했다.
- 아름다운 사람이 되기 위해 내가 실천할 수 있는 방법을 알게 되었고, 그 실천을 꼭 해야 겠다는 생각이 들었다.
- 5학년 때 이러한 활동과 수업을 할지 몰랐다. 아름다운 만남을 배우고 나서 친구들의 특징을 더 잘 알 수 있었던 것 같다.
- 아름다운 사람은 얼굴만 이쁜 것이 아니라 내면적, 도덕적으로 아름다워야 함을 알게 되었다.

2. 학부모들이 이렇게 반응해요!

- 공개수업에서 아이들이 아름다운 사람에 대해 발표하는 모습에서 단순한 겉모습이 아닌 행동과 생각으로 아름다운 사람을 선정하는 것을 보고 아이들의 생각 깊이가 깊어졌다는 것을 알 수 있었다.
- 단 한 시간의 수업이 아닌 장기간의 하나의 주제를 통해 학생들에게 꾸준히 전달되면서 심도 있는 학습이 된 것 같다.
- 올림픽에 모든 학생이 함께 참여하는 모습이 좋았다.
- 수줍음이 많아 평소 학교에서 발표도 어려워하는 아이였는데 자신의 글이 반에서 뽑히면서 많은 연습과 준비를 통해 5학년 학생들 앞에서 당당하게 글을 발표하였다고 하니 뿌듯했다.

3. 교사들이 이렇게 함께 성장해요!

- 이전에는 교우관계를 가르치고 배운다는 것을 생각해본 적이 없는 것 같다. 관계를 맺는 것은 개별 학생의 성격적인 문제로 교사의 역할은 교우관계에서 문제가 발생하였을 때의 중재자로 수동적인 자세를 취했었다. 이번 프로젝트를 통해 제시된 활동들을 통해 학생들의 태도가 점차 바뀌어 가는 것을 보면서 교사의 적극적인 문제 인식과 알맞은 활동을 제시하는 것이 중요함을 깨달았다.
- 평소 학교의 모든 선생님이 모여 준비하던 운동회를 학년에서 계획하여 추진하게 되었을 때 잘 진행 될 수 있을지 의문이 들었지만 더욱 알차고 즐거운 운동회가 되었다.

4. 나도 이렇게 발전해요!

- 교우관계 증진을 위한 활동을 여러 선생님이 함께 준비하면서 혼자서는 어려웠을 다채로운 활동들을 서로 다른 시각을 통해 제시할 수 있었다. 협동의 중요성을 몸소 익힌 기회였다.
- 학교에서 이루어지는 많은 행사 가운데 운동회는 규모면에서 가장 큰 행사였다. 전교생이 일사불란하게 각자가 맡은 역할을 완벽히 해내고 모두의 관심은 승패와 점수판의 숫자에 쏠렸다.

  이번 [얼굴 마주한 아름다운 만남] 프로젝트를 끝내면서 학교에서 이루어지는 행사의 목적에 대해 생각해 보게 되었다.

  기존의 운동회는 교육과정과는 상관없이 날짜가 정해지고 모두 실수를 하지 않기 위해 줄서기와 똑같은 활동을 반복해서 연습하였다. 그리고 운동회 당일은 짧은 순간을 위해 기다리고 기다렸다.

  교실 놀이로 시작된 이번 프로젝트는 교우관계 증진이라는 목적을 달성하기 위해 모든 활동이 이루어졌으며 올림픽 또한 단순한 경쟁심과 신체적 능력을 겨루는 것이 아닌 협동심과 상대에 대한 배려를 배우는 하나의 의식으로 모두의 참여를 이끌어내며 프로젝트의 마지막을 장식하였다.
물론 이를 위해 많은 준비가 필요하였지만 동학년 선생님들의 적극적인 참여로 완성도 높은 활동들이 이루어질 수 있었고 이는 구성원의 의견 합치 없이는 어려웠을 것이다.

15년차, 이규진 선생님이 전해주는 프로젝트 학습 이야기

[12살! 아름다운 나의 마음!]

흔히들 5학년은 사춘기가 시작되는 시기라고 말한다. 이 시기에 학생들은 자신의 감정을 잘 조절하지 못하는 경우가 많다. 예를 들어, 친구의 말이나 행동이 마음에 들지 않는다고 갑자기 소리를 지르거나 교실 밖으로 뛰쳐나가는 등 아주 사소한 일에도 자신의 감정을 조절하지 못하는 경우가 많다. 대부분의 사춘기에 접어든 학생들은 많은 고민과 걱정거리를 안고 살아가지만, 부모님이나 주변 어른들에게 말하지 않으려고 하는 경향이 강하다. 주변의 친구와 비교를 하거나 자신의 가정을 다른 가정과 비교하며 우월감이나 위축감을 느끼는 시기이기도 하다. 그리고 자신은 이미 어른이라고 생각하며 부모의 논리에 위축되기 보다는 자신의 논리를 내세워 부모님과의 마찰과 갈등이 많이 발생하기도 한다.

3월 학부모님과의 상담을 하면, 하나같이 '우리 애들이 이전까지는 착했는데, 요즘 들어서 말을 듣지 않고 자신의 생각을 고집한다'고 걱정과 푸념을 늘어놓는다. 고학년 담임 교사는 누구나 한번 쯤은 학부모님과 이런 문제를 상담한 경험이 있을 것이다. 그리고 아마도 '사춘기라서 그렇습니다. 이 시기가 지나가면 차츰 원래의 모습으로 돌아올 것입니다'라고 대답하고 넘어갔을 것이다. 그러나, 학생들이 더 성숙할수록 이런 상황이 쉽사리 해결될 수 있는 것이 아니라는 것을 알고 있을 것이다. 어떻게 보면 이것은 학생들이 성장할수록 겪게 되는 당연한 문제가 아닐까라는 생각을 한다.

그렇다면 학생이 겪고 있는 이러한 문제를 어떻게 해결할수 있을까? 라는 생각을 하게 되었다. 그리고 교사가 감정의 소용돌이에 있는 학생에게 어떤 도움을 줄 수 있을까라는 점에서 출발의 필요성을 느끼고 그 해결책을 찾고자 하였다. 소크라테스의 명언 '너 자신을 알라!'에서 그 시작점을 찾았다. 현재 우리가 속한 사회와 학교에서는 학생의 마음을 보듬고 돌아볼 시간적 여유가 없다. 정해진 교육과정과 학교에서 이루어져야 할 다양한 교육들로 가득 짜여져 있다. 그런 톱니바퀴와 같이 빈틈없이 돌아가는 상황에서 학생은 인지적인 능력은 높아지고 있지만, 학생의 정의적 능력은 그에 발맞춰 성정하도록 도움을 주지 못하고 있다. 학생은 학교와 학원 그리고 가정에서까지 학습의 굴레에서 살아가고 있다. 또한 우리 사회에서 학생이 스트레스를 풀거나 할 공간과 시간적 여유도 존재하지 않는 게 현실이다. 이런 상황에서 학생들이 자신을 되돌아볼 여유도 없고 알고 싶지도 않을 것이다. 이에 우리는 먼저 학생에게 자신의 마음을 자세히 들여다볼 수 있는 기회를 제공하고자 하였다. 내 안에 존재하는 다양한 감정을 들여다보고 그러한 감정이 왜 생겨났는지를 이해하게 하였다. 내 안의 좋은 감정과 안 좋은 감정 모두 내가 가진 감정의 종류임을 알고, 안 좋은 감정 또한 나의 감정임을 알게 하는 동시에 그러한 안 좋은 감정이 행동으로 표출될 때에 나쁜 감정이고 행동이라는 사실을 알게 하고 싶었다. 그리고 자신의 다양한 감정과 마음을 부모님께 자연스럽게 표현하는 방법을 알려줌으로써, 부모와의 바른 관계 형성에 도움을 주고자 이번 프로젝트를 계획하게 되었다.

프로젝트 수업 구성하기

관련 교과	국어, 미술(동아), 도덕, 실과(미래엔)
적용 학년	5학년
적용 학년	5-1. 2단원 작품을 감상해요. 5-1. 2단원 우리를 둘러싼 색(동아) 5-1. 2단원 내 안의 소중한 친구 5-1. 1단원 나의 발달 1. 아동기 발달의 특징
관련 성취기준	[6국05-05] 작품에 대한 이해와 감상을 바탕으로 하여 다른 사람과 적극적으로 소통한다. [6미02-05] 다양한 표현 방법의 특징과 과정을 탐색하여 활용할 수 있다. [6미01-01] 자신의 특징을 다양한 방법으로 탐색할 수 있다. [6도01-01] 감정과 욕구를 조절하지 못해 나타날 수 있는 결과를 도덕적으로 상상해 보고, 올바르게 자신의 감정을 조절하고 표현할 수 있는 방법을 습관화한다. [6실01-04] 강한 가정생활을 위해 가족 구성원의 다양한 요구에 대하여 서로 간의 배려와 돌봄이 필요함을 이해한다.

[감정 프로젝트] 수업의 흐름

'감정'의 사전적 의미를 살펴보면, 어떤 일이나 현상, 사물에 대하여 느끼어 나타나는 기분을 뜻한다. 우리 삶에서 '감정'은 중요한 역할을 한다. '감정'이 사람과 사람 사이의 관계 속에서 많은 작용을 하며 이를 통해 관계가 형성되기 때문이다. 그럼에도 불구하고 우리는 감정을 이해하고 바르게 표현하는 방법을 지도하는 데에는 인색하지 않았나 생각한다. 대다수의 사람들은 어른이 되면 자연스럽게 자신의 감정을 이해하고 조절할 수 있다고 믿고 있다. 그러나 어른이지만 자신의 감정을 조절하지 못해 발생하는 사건을 뉴스에서 쉽게 찾아 볼 수 있다.

학생은 학교에서는 학교폭력의 문제나 친구와의 갈등 문제 그리고 가정에서는 부모님과의 소통 문제 등으로 많은 고민을 가지고 있다. '이러한 문제는 왜 일어나는 것일까?' 는 의문에서【감정 프로젝트】를 시작하게 되었다.【감정 프로젝트】는 크게 세 개의 소(小) 주제로 구성된다.

첫 번째 소(小) 프로젝트 [내 안의 감정 들여다보기]는 내 안의 감정 살펴보기, 감정 이해하기, 친구와 생각 나누기, 감정 공유하기 등 4개의 활동을 통해 자신의 감정을 객관적으로 들여다보고 자신을 이해할 수 있도록 수업을 재구성했다.

두 번째 소(小) 프로젝트 [다양한 감정 이해하기]는 다양한 감정 이해하기, 다양한 감정을 말로 표현하기, 다양한 감정 심화하기, 다양한 감정을 색으로 표현하기, 다양한 감정 이입하기 등 5개의 활동을 통해 다양한 감정을 이해할 수 있도록 수업을 재구성했다.

세 번째 소(小) 프로젝트 [감정을 바르게 표현하기]는 올바른 감정 이해하기, 올바른 감정 표현 방법 찾기, 올바른 감정 표현하기, 올바른 감정 표현 실천 다지기 등 4개의 활동을 통해 학생이 올바른 감정 표현 방법을 직접 찾아 실천할 수 있도록 수업을 재구성했다.

【감정 프로젝트】는 '점진적 범위 확장' 을 기반으로 구성하였다. 학생이 자신의 감정을 스스로 살펴봄으로써 다른 사람의 감정과 입장을 이해하고 나아가 생활 속에서 자신의 감정을 바르게 표현할 수 있는 능력을 길러주도록 하였다.

프로젝트 수업 이야기

내 안의 감정 들여다보기

학생은 자신의 생활과 관련된 이야기에서 흥미를 찾는다. 대부분의 사람이 그러하듯 나와 관련 없는 이야기에는 금세 흥미를 잃어버린다. [내 안의 감정 들여다보기]에서는 '감정'이라는 낱말을 이해하고 자신의 감정을 살펴보도록 계획했다. 학생에게 '감정'이라는 말은 친근하면서도 매우 어려울 수 있다. 그래서 '학생이 자신의 감정을 어떻게 살펴볼 수 있을까?'라는 고민에서 출발했다. 그리고 국어 활동에서 학생이 가장 싫어하는 영역이 '쓰기'이다. 이러한 두 가지 고민을 동시에 해결하는 방법으로 학생에게 가장 친근한 『주제 일기 쓰기』 과제로 제시했다. 이를 통해 학생이 자신의 감정을 살펴봄으로써 이번 프로젝트를 시작하게 되었다.

소(小) 프로젝트 [내 안의 감정 들여다보기]는 다음 4개의 활동 순서로 진행했다. 첫째, 『주제 일기 쓰기』를 통해 학생은 글의 구조인 문단과 문장의 차이를 이해한 후 글에서 사실과 감정을 구분했다. 둘째, 『일기를 시로 바꾸어 쓰기』를 통해 시의 구조와 특징을 이해한 후 자신의 일기를 시로 고쳐 썼다. 셋째, 『시 돌려 읽기』를 통해 모둠별로 친구의 시를 읽고 느낀 점에 대한 피드백(Feedback)을 주고받았다. 넷째, 『쇼윈도책 만들기』를 통해 개별 작품의 감정과 생각을 친구와 공유함으로써 학습의 내적동기를 강화했다. 위의 학습 활동을 통해 학생은 자신의 내면에 있는 감정을 찬찬히 살펴보고 이해할 수 있었을 뿐만 아니라, 다른 사람의 생각을 함께 나누면서 성장할 수 있었다.

▶내 안의 감정 살펴보기(주제 일기 쓰기)

어릴 때에는 누구나 책 읽기를 좋아하지만 점점 클수록 책을 멀리하게 된다. 이는 아마도 학생 자신의 삶과 관련 없는 내용을 읽기 때문일 것이다. 읽기뿐만 아니라 글쓰기 역시 같은 맥락으로 이해할 수 있다. 관심 없는 주제에 대해 글을 쓰는 것은 학생에게 큰 스트레스를 줄 수 있다. 이러한 관점에서 학생이 자신의 삶 속에서 이야기 주제를 찾아 '가장 기억에 남는 일'을 일기로 쓰게 하였다. 학생은 가족여행, 현장체험학습, 친구들과 놀러간 일 등 다양한 주제로 일기를 썼다. 다양한 주제의 일기를 읽던 중 다음과 같은 공통적인 현상을 볼 수 있었다.

첫째, 대부분의 학생이 문장과 문단을 구분하지 못했다. 일기에서 한 문장이 한 문단으로 표현된 부분이 대부분이었다. 실제 학급의 학생 대부분이 문단의 의미를 잘 모르고 있었으며 특히 문단 나누기를 어려워했다. 그래서 먼저, 학생이 쓴 일기 중 문단이 나누어진 일기와 그렇지 않은 일기를 함께 비교해서 읽었다. 그리고 그 차이점을 살펴보며 문단 나누기의 필요성을 스스로 깨닫도록 한 다음 문단 나누는 방법을 설명하였다. 하나의 사건과 관련된 경험과 감정은 한 문단으로 표현하고 문단이 시작되는 부분에서는 들여쓰기를 하도록 약속했다.

둘째, 일기 내용의 대부분이 보고 들은 사실로 이루어져 있었고, 상대적으로 자신의 감정과 생각을 표현하는 부분이 부족했다. 그래서 학생이 자신의 경험을 떠올리고, 그 상황에서 어떤 감정을 느꼈는지 곰곰이 생각해보도록 하였다. 그리고 자신이 경험한 사실에 대한 생각과 느낌이 표현된 부분을 밑줄로 찾아보도록 하였다.

문단 나누기가 '『감정』 주제의 프로젝트에서 필요할까?' 라고 생각할 수도 있다. 그러나 문단을 이해하는 개념은 초등학교 교육과정에서 성취해야 할 필수학습요소이므로 글쓰기에 있어 매우 중요한 개념이다. 또한 후속 활동으로 '일기를 시로 바꿔 쓰기' 할 때 보다 쉽게 연을 나눌 수 있었다는 점에서 효과적이었다.

이 두 가지 점을 생각하면서 학생이 일기를 고쳐 쓰도록 하였다. 물론 감정에 대해서 본격적으로 배우지 않았기 때문에 감정과 관련된 낱말을 사용하는 데 한계는 있었다. 그러나 처음과 비교했을 때보다 학생은 자신의 언어로 다양한 감정을 표현할 수 있었고, 문단 나누기가 이루어져 글을 읽고 이해하기 쉬웠다.

••• 일기를 글의 구조에 따라 수정했다.
하나의 사건과 관련된 경험은 한 문단으로 묶고 문단을 구분하기 위해 들여쓰기를 하였다. 그리고 경험한 사실에 대한 감정 부분은 밑줄을 그어 보기 쉽게 나타냈다.

▶ 감정 이해하기(일기를 시로 바꾸어 쓰기)

『일기를 시로 바꾸어 쓰기』 활동에 앞서, 교과서의 '출렁출렁' 작품을 읽고 시의 구조와 특징을 이해했다. 초등학교 고학년 학생일지라도 시의 구조와 특징을 잘 이해하지 못하고 있는 경우가 많기 때문에, 먼저 시의 구조와 특징을 공부했다.

★ 연과 행　　★ 각운(rhyme)

★ 반복되는 말　　★ 빗대어 표현하기

위 표와 같이 시의 구조와 특징을 이해하는 데 있어서 네 가지를 중점적으로 공부했다. 이 중 학생이 가장 어려워하는 부분은 『연을 나누는 방법』이었다. 이는 성인에게도 어려운 질문일 것이다. 나 역시 많은 고민을 하였지만 구체적으로 어떻게 연을 나눌 것인지를 정하기 어려웠다. 그래서 학생과 함께 연을 나누는 방법에 대해서 토의를 했고, 그 과정에서 우리는 일기에서 나눈 문단을 한 연으로 표현하기로 정했다.

학생은 네 가지 방법을 생각하며 일기를 시로 바꿔 쓰기 시작했다. 처음에는 『일기를 시로 바꾸어 쓰기』 활동을 하면서 어려워하였다. 자신감이 있는 학생의 경우에는 적극적으로 참여하였지만, 그렇지 못한 학생은 혼자서 안절부절하는 모습을 볼 수 있었다. 교사가 직접 도와줄 수도 있지만, 조금 더 학생의 성장에 도움을 줄 수 있는 방법을 고민하였고, 그 결과 『친구와 함께 시를 고쳐쓰기』 활동을 계획하게 되었다.

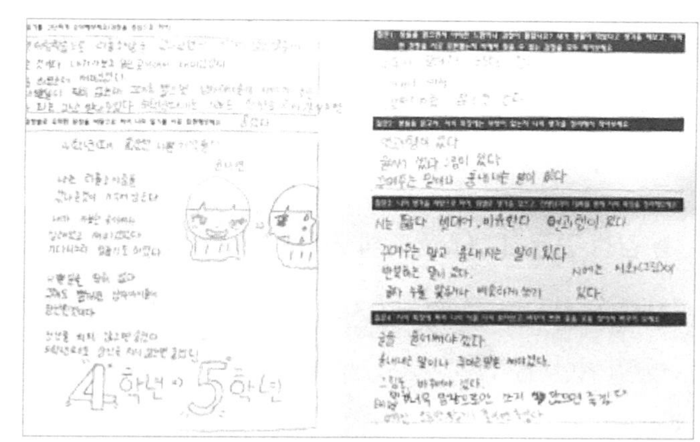

••• 일기를 시로 바꾸어 표현했다.
학생은 놀이공원에서 경험한 내용을 중심으로 문단을 나누어 일기를 썼다. 따라서 시에서도 놀이공원에서 경험한 사실과 그 때의 감정을 같은 연으로 묶어 표현하였다.

▶ 친구와 생각 나누기(시 돌려 읽기)

혼자서 시를 쓴 후 친구와 함께 시를 돌려 읽었다. 친구와 함께 시를 돌려 읽는 이유는 다른 사람의 시를 통해 스스로를 평가할 수 있는 힘을 길러주기 위해서이다. 그리고 친구의 시를 읽은 후 자신의 생각이나 느낌을 포스트잇에 써서 붙여주었다. 처음에는 '친구의 시를 읽고 진지한 태도로 활동에 참여할 수 있을까?' 라는 불안감이 들었다. 그러나 학생 대부분이 친구의 시를 읽고 시의 구조와 특징을 중심으로 진지하게 자신의 의견을 표현하였다. 친구의 시를 읽고 함께 생각을 나눈 후, 친구가 준 포스트잇 내용을 참고하여 자신의 시를 보완하거나 다듬었다.

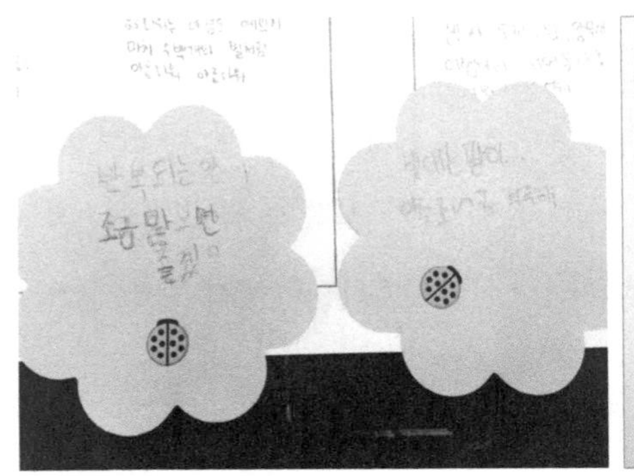

시를 돌려 읽은 후 의견을 표현했다.

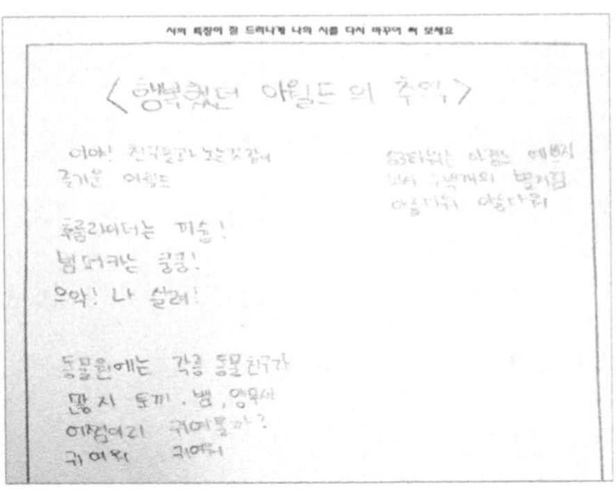

친구의 의견을 반영하여 시를 수정했다.

▶ 감정 공유하기(쇼윈도책 만들기)

학생은 자신의 작품이 전시되었을 때 학습에 기쁨을 느끼고 더욱 적극적으로 수업활동에 참여한다. 또한 다른 친구의 작품을 통해 수업시간에 배우는 것보다 더 많은 것을 배울 수 있다. 학생이 쓴 시를 미술수업과 접목하여 북아트 활동으로 표현했다. 특히 북아트 활동의 여러 기법 중 『쇼윈도책 만들기』 기법을 활용했다.

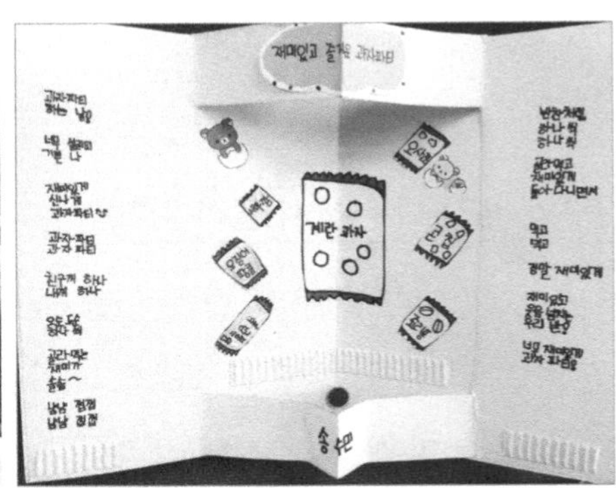

『쇼윈도책 만들기』를 활용해 작품 게시판에 전시한 모습이다.

▶[내 안의 감정 들여다보기 – 활동지]

나의 일기를 시로 바꾸어 써보세요

이름:

1.내가 쓴 일기를 간단하게 요약해보세요(감정을 중심으로 하여)

2. 위에서 감정별로 요약한 문장을 바탕으로 하여 나의 일기를 시로 표현해보세요

『출렁출렁』을 함께 읽고, 시의 특징을 찾아봅시다.

질문1: 출렁출렁을 읽으면서 어떠한 느낌(감정)이 들었나요? 내가 글쓴이가 되었다고 생각을 해보고, 어떤 감정을 시로 표현했는지 시에서 찾을 수 있는 감정을 모두 적어보세요

질문2: 출렁출렁을 읽고서, 시의 특징에는 무엇이 있는지 나의 생각을 정리해서 적어보세요

질문3: 나의 생각을 바탕으로 모둠별로 생각을 모으고, 선생님과의 대화를 통해 시의 특징을 정리해보세요

질문4: 시의 특징에 따라 나의 시를 다시 읽어보고 바꾸어 쓰면 좋을 곳을 찾아서 바꾸어 보세요

시의 특징이 잘 드러나게 나의 시를 다시 바꾸어 써 보세요

친구의 시를 읽어보고, 아래의 질문에 나의 생각을 자세하게 써보세요

질문1: 친구의 시를 읽으면서, 어떠한 감정과 생각이 들었나요? (이유도 함께 적어보세요)

질문2: 친구의 경험과 비슷한 경험, 혹은 친구의 감정과 비슷한 감정을 느꼈던 적이 있었나요?

질문3: 친구의 시에 제목을 붙여주세요. 제목은 감정과 관련되도록 적어보세요

질문4: 위의 3번 질문에 그렇게 제목을 정한 이유를 적절한 근거를 들어서 주장하는 글로 표현해보세요

친구의 답변을 보고서, 나의 생각과 얼마나 비슷한지 살펴보고서 평가를 해 주세요.

평가1: 나의 감정을 얼마나 잘 알고 있었나요?		평가2: 적절한 이유를 들어서 제목을 정했나요?	
나의 감정과 일치한다.		적절한 이유를 들어가면서, 내가 원하던 제목을 정해주었다.	
나의 감정과 어느 정도 비슷하다		이유는 적절하지 않지만 내가 원하던 제목과 비슷하다	
나의 감정과 다르기는 하지만, 적절한 이유를 들어서 감정을 설명한다.		내가 원하던 제목은 아니지만, 적절한 이유로 제목을 정해주었다.	

다양한 감정 이해하기

학생의 주된 관심사는 자기 자신이다. 대부분의 학생이 그러하듯 다른 사람에 대한 이야기에는 관심을 가지지 않는다. [다양한 감정 이해하기]에서는 내가 아닌 다른 사람의 다양한 감정을 공감하고 나아가 자신의 감정을 깊이 이해하도록 계획했다. 그러나 초등학교 고학년 학생일지라도 다른 사람의 감정을 제대로 이해하고 공감하기란 쉽지 않다. '다른 사람의 감정을 어떻게 이해할 수 있을까?' 라는 고민에서 출발했다. 또한 앞에서 다양한 활동을 통해 '감정' 을 학습한 이후라 식상할 수 있었다. 이러한 두 가지 고민을 동시에 해결하는 방법으로 학생의 흥미를 유발할 수 있는 '인사이드아웃' 애니메이션을 수업자료로 활용했다. 이를 통해 학생은 타인의 감정에 관심을 가짐으로써 이번 프로젝트를 시작했다.

소(小) 프로젝트 [다양한 감정 이해하기]는 다음 5개의 활동 순서로 진행했다. 첫째, 『감정 그리기』를 통해 학생은 다양한 종류의 감정이 있으며 그 중 긍정적인 감정과 부정적인 감정이 존재한다는 사실을 이해했다. 둘째, 『쇼미 게임』을 통해 다양한 감정을 상황에 따라 말로 표현하는 능력을 길렀다. 셋째, 『이미지 프리즘 카드 게임』을 통해 풍부한 감정 표현력을 길러주고 같은 사물 및 상황에서도 다양한 감정이 존재할 수 있음을 이해했다. 넷째, 『뇌구조 그리기』를 통해 다양한 감정을 색으로 표현해봄으로써 자신의 감정을 보다 깊이 이해했다. 다섯째, 『글에서 감정 찾기』를 통해 다른 사람의 입장에서 감정을 이해했다. 위의 학습 활동을 통해 학생은 다양한 감정을 이해할 수 있었고, 다른 사람의 입장을 고려하는 모습으로 성장할 수 있었다.

▶ 다양한 감정 찾아보기(감정 그리기)

현재 학교에서는 다양한 멀티미디어 자료를 수업에 활용하고 있다. 과거에는 멀티미디어 자료의 수업 활용 효과성에 대한 논란도 많았지만, 실제 학습 활동과 관련된 경우에는 학습에 도움을 줄 수 있다는 결론이 지배적이다. 학생이 다양한 감정을 이해하기 위한 방법으로 학습과 관련된 영화를 수업에 활용하였다. 이를 통해 학습의 동기와 필요성을 가지도록 하였다.

앞의 활동에서 학생의 감정은 한정적으로 표현된 경우가 대다수였다. 예를 들어, '기쁘다', '슬프다', '즐겁다' 등이 표현된 감정의 대부분이었다. 그래서 다양한 감정을 이해하고자 '인사이드아웃' 애니메이션 영화를 수업에 활용하였다. 영화에서 등장하는 주요 인물은 실제 사람이 아닌, 사람의 머릿속에 존재하는 다양한 감정이다. 여러 감정을 각각의 특성과 이미지에 맞게 캐릭터화한 것이다. 예를 들어 '버럭이'는 화를 참지 못한다. 화를 낼 때 얼굴이 붉어지는 것처럼 캐릭터의 색도 빨간색이다. 그리고 머리위로 불이 나오기도 한다. '소심이'는 일어날 일에 항상 걱정하며 자신의 주장을 내세우지 못한다. 그래서인지 아주 말랐다.

내 마음 들여다보기
- 영화 <인사이드 아웃> -

이름

질문1: 다섯 감정 중 나의 마음 본부에서 대장은 누구이며 그렇게 생각하는 까닭은 무엇인가요?

질문2: 내 마음 본부에서 중요한 만큼 공간을 나누고 해당 감정의 이름과 얼굴을 그려봅시다.

질문3: 내가 <인사이드 아웃>의 영화감독이라면 내 마음 본부에 어떤 감정을 넣고 싶은지 나만의 캐릭터를 만들어봅시다

< 디자인 >

이름(감정)	
성격	
넣고 싶은 이유	

애니메이션을 통해 학생은 사람에게 다양한 종류의 감정이 있음을 알게 되었다. 『다양한 감정 찾아보기』 활동에서 학생은 '감정'이라는 것을 떠올릴 때 '즐겁다', '신난다', '기쁘다', '재밌다', '좋다'와 같은, 상투적인 낱말만을 나열하는 경우가 많았다. 하지만 영화를 통해 등장인물과 연계된 '화나다', '슬프다', '조심스럽다', '당황스럽다' 등의 다양한 감정을 이해할 수 있었다. 뿐만 아니라 우리 마음속에는 긍정적인 감정과 부정적인 감정이 함께 존재하고 있다는 점도 알 수 있었다.

애니메이션을 감상한 후에는 『감정 그리기』 활동을 통해 서로의 생각을 공유했다. 먼저, 학생의 마음 속 감정 본부에는 어떤 감정 캐릭터가 가장 큰 역할을 하는지 그렸다. 어떤 학생은 기쁨이를 중앙에 그렸고 다른 캐릭터들은 주변에 배치했다. 반면 다른 학생은 버럭이를 그리고 아무것도 그리지 않았다. 감정 그림을 표현한 후에는 한 사람씩 돌아가면서 그림에 대한 설명을 발표했다. 대부분 그 날에 있었던 일이 많은 영향을 끼쳤다. 한 학생의 인상적인 그림 설명을 소개한다.

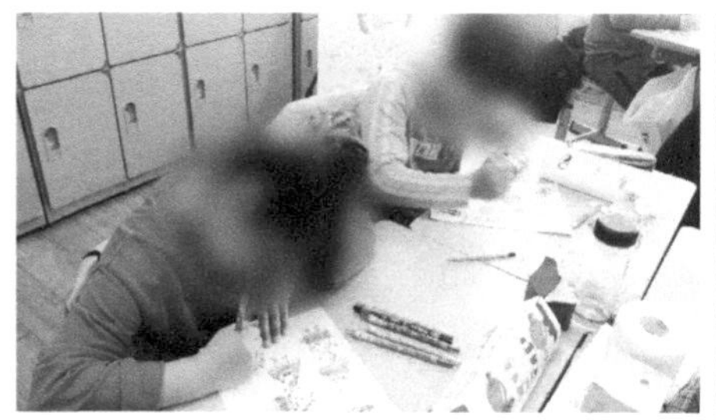

"오늘 아침에 늦잠을 자서 엄마한테 혼났거든요. 그래서 처음엔 버럭이를 가장 크게 그렸어요. 그런데 진짜 버럭이를 제일 크게 그리면 진짜 하루 종일 제가 화만 낼 것 같은 거에요. 지금부터 기쁜 일만 생기면 좋겠다 싶어서 기쁨이를 중간에 크게 그렸어요."

학생의 말을 듣고 자신의 감정에 대한 이해와 함께 성찰하는 태도로 발전했음에 흐뭇했다. '감정 본부'를 표현한 후, 학생이 시나리오 작가가 되어 새로운 캐릭터를 창조했다. '행복이', '사랑이', '우울이', '당황이', '짜증이' 등 다양한 캐릭터 이름이 나왔다. 그러나 캐릭터 이름을 자세히 살펴보니, 학생 대부분이 '성격'과 '감정'을 혼돈하고 있었다. 사실 영화 속에 나오는 '소심이'도 '소심하다'에서 나온 캐릭터이다. '소심하다'는 감정보다 한 사람의 특징, 성격이라고 봐야하지 않을까? 감정과 성격의 차이점을 학생에게 알려주고 다양한 예시를 함께 이야기한 후, 감정 캐릭터를 계속해서 만들었다.

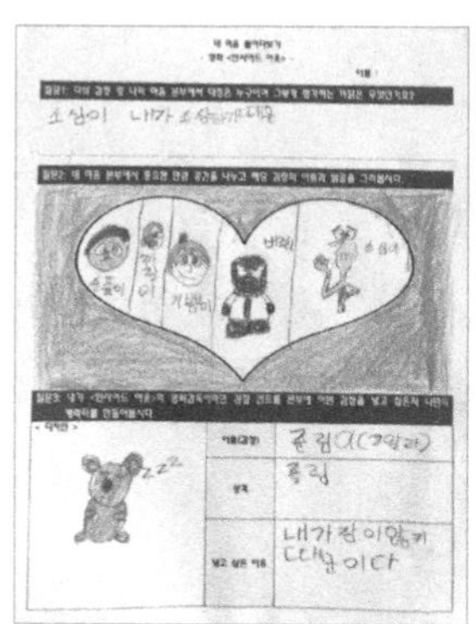

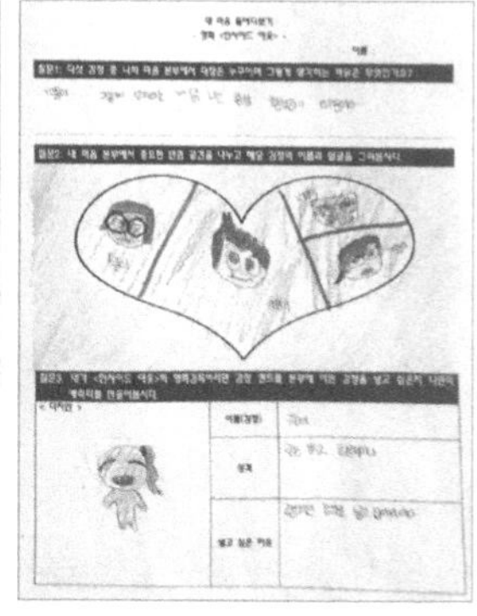

••• 『감정 그리기』 활동지 결과물이다.
위쪽은 자신의 감정 본부를 표현한 것이고, 아래쪽은 시나리오 작가가 되어 학생이 감정캐릭터를 창조했다.

▶다양한 감정을 말로 표현하기(쇼미 게임)

『감정 그리기』 활동을 통해 다양한 감정을 이해할 수 있었다. 다양한 감정을 더 쉽고 재미있게 이해할 수 있도록 하기 위해 인성교육자료인 '감정카드'를 활용하였다. 『쇼미 게임』을 통해 친구와 함께 다양한 감정을 상황과 함께 말로 표현하였다. 카드를 활용한 게임은 학생이 어렵지 않으면서도 쉽고 재미있게 즐길 수 있다는 장점이 있다. 또한 학생은 카드 모으는 것을 즐거움으로 여긴다. 그래서 다양한 감정을 카드 게임으로 배운다면 좀 더 쉽게 접근할 수 있겠다는 생각을 했다.

'감정 카드'는 한 팩에 29종류의 감정 카드가 있으며, 감정 카드의 앞면에는 감정이름과 관련 그림이 있고 뒤면에는 해당 감정에 대한 설명이 있다. 총 여섯 팩을 모아 똑같은 종류의 감정 카드가 6개씩 모이게 되었다. 게임 규칙은 다음과 같다.

① 모둠별로 모둠원 수에 따라 6장의 감정 카드를 섞어서 나눠준다. 예를 들어, 한 모둠이 6명일 때는 6종류의 감정 카드를 6장, 총 36장이 필요하고 한 사람당 6장씩 나눠준다.

② 자신이 가진 감정 카드의 종류가 모두 같으면 승리한다.

③ "쇼미" 게임의 방향은 오른쪽으로 진행한다.

④ 자신에게 필요 없는 감정 카드를 오른쪽 사람에게 준다. 단, 카드를 줄 때, 해당 감정 카드를 느낀 상황을 설명해야 한다. 예를 들어, 슬픔 카드를 줄 때는 "친한 친구가 전학을 가서 느낀 감정이야"라고 설명한다.

⑤ 모두 동일한 감정 카드 6장을 모았을 때 "쇼미"를 외치면 게임은 끝난다.

학생은 '감정 카드' 게임을 통해 29종류의 새로운 감정을 재미있고 자연스럽게 이해했다. 그리고 자신의 경험과 연결하여 말함으로써 감정을 내재화할 수 있었고 '감정 표현력'도 기를 수 있었다. 학생은 '어떠어떠해서 어떻게 느꼈어요.'라는 기본적인 감정 표현을 잘 하지 못하는 경우가 많다. 그러나 즐겁게 게임에 참여면서 감정 표현의 두려움을 잊을 수 있었고, 반복적인 게임을 통해 자연스럽게 자신의 감정을 표현하는 모습을 볼 수 있었다.

••• 『쇼미 게임』에 활용한 감정 카드이다.

그러나 『쇼미 게임』을 하면서 '같은 감정을 반복하면 지루하지 않을까?' 라는 우려가 있을 수 있다. 그러나 동일한 감정일지라도 하나의 상황에서만 나타나지는 않는다. 예를 들어, '힘들다' 는 감정은 공부를 할 때, 운동을 할 때, 책을 읽을 때, 아플 때 등 다양한 경험에서 나올 수 있다. 이러한 점은 학생들에게 꼭 지도해야 할 부분이다. 따라서 특정 감정을 느끼는 상황을 반복하여 생각하는 것은 하나의 사고력을 키우는 방법이며, 감정을 깊게 이해할 수 있는 과정인 것이다. 또한 『쇼미 게임』의 목적은 단순한 재미가 아닌 다양한 감정을 이해하고 내면화하는 것이기 때문에 '같은 감정에 대한 다양한 상황으로 표현하는 것은 매우 중요하다.'

▶ 다양한 감정 심화하기(이미지 프리즘 카드 게임)

앞에서 『쇼미 게임』을 통해 감정을 어떤 상황에서 표현하는지를 이해할 수 있었다. 후속 활동으로 다양한 감정을 이해하는 활동을 한다. 학습에 필요한 준비물은 이미지 프리즘 카드와 포스트잇이다. 이미지 프리즘 카드란, 상상력을 높여줄 수 있는 다양한 풍경, 사물, 사람을 찍은 사진이다. 이미지 프리즘 카드를 활용한 게임 규칙은 다음과 같다.

① 이미지 프리즘 카드를 모둠별 인원수에 맞게 나눠준다.

② 각자 마음에 드는 카드를 선택한다. 단, 원하는 카드가 동일한 경우에는 공정하게 순서를 정한다.

③ 자신이 선택한 카드에서 느끼는 감정과 이유를 포스트잇에 정리하여 이미지 프리즘 카드에 붙인다.

④ 모둠원간에 돌아가면서 자신이 선택한 카드에 대한 감정과 이유를 설명한다.

⑤ 친구가 발표를 하면 나머지 모둠원은 자신이 느끼는 감정과 이유를 함께 공유한다.

이미지 프리즘 활동을 통해 같은 사진이라도 친구마다 다른 감정을 느낄 수 있음을 알 수 있었다. 그리고 우리 안에 다양한 감정이 함께 존재하고 있음을 이해할 수 있었다. 앞의 다양한 활동을 거치면서 보다 다채로운 감정을 이해하고 표현하고 있음을 확인했다.

『이미지 프리즘 카드 게임』 활동 모습이다.
자신이 선택한 카드에서 느끼는 감정과 이유를 포스트잇에 적어 이미지 프리즘 카드에 붙였다.

▶ 다양한 감정을 색으로 표현하기(뇌구조 그리기)

앞의 활동을 통해 다양한 감정을 이해하게 되었다. 이번 활동에서는 미술에서 배우는 색의 명도와 채도를 접목한 활동이다. 자신의 감정을 살펴보고 그 감정을 색으로 표현한다. 즉 감정을 글과 말로 표현하는 것에서 한걸음 더 나아가 깊이 성찰하는 것이다.

그리고 같은 주제라도 새로운 활동으로 진행하면 학생의 내적 동기를 더욱 높일 수 있다. 미술 활동이 접목되어 학생이 즐겁게 참여할 것이란 기대와 함께 출발하였다.

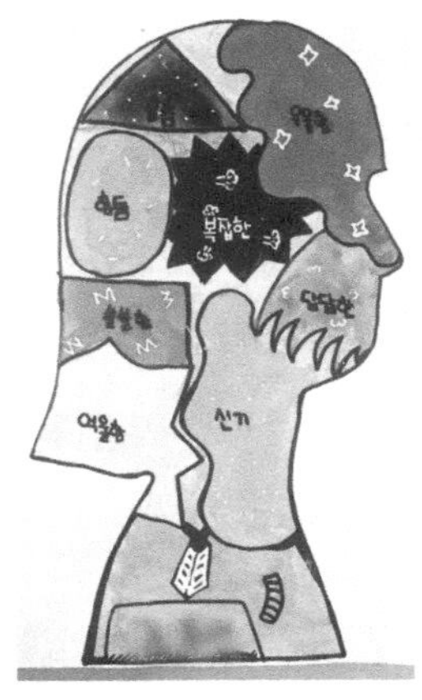

이 활동의 모티브는 뇌구조 그리기에서 가져왔다. 얼굴 테두리 안에 자신의 감정과 생각을 표현하는데 그 중요성에 따라 크기가 달라진다. 학생은 자신의 감정을 뇌구조로 표현하기 전에 활동지에 어떤 색으로 어떤 감정을 나타낼 것인지를 결정한다.

활동지를 통해 감정의 색깔에 대한 학생의 일반적인 개념을 살펴볼 수 있었다. 예를 들어, 학생 대부분이 '화남'의 감정에는 빨간색이 어울린다는 생각을 하고 있었다. 그러나 화남은 검정색일수도 있고 갈색일 수도 있다. 오히려 이러한 생각을 하고 있지만 대다수의 의견에 의해 군중심리로 따라가는 경우도 있었다. 나는 학생이 자신의 주관대로 감정의 색을 결정하길 바랐다. 그래서 "감정과 색을 연결짓는 것에는 정답이 없다. 자신의 생각대로 가는 것이 옳다. 나만의 감정 색을 정해보자" 등의 피드백을 많이 해주며 개방적 분위기를 형성하는 데 노력하였다.

그리고 비슷한 감정은 명도와 채도를 이용해 나타내보도록 지도하였다. 어떤 학생은 슬픔, 우울함, 짜증남을 같은 계열로 보고 슬픔은 파란색, 우울함은 파란색+회색, 짜증남은 파란색+검정색으로 표현하고자 했다. 학생 개인별로 계획을 세운 도화지를 잘라 만든 뇌구조 활동에 동그라미, 격자모양 등 다양하고 자유롭게 구역을 나누었다.

그리고 자신이 중요하게 생각하고 많이 느끼는 감정 순으로 크기와 위치를 정했다. 그런 후 자신의 감정을 다양한 색으로 표현했다. 이 활동을 통해 내가 느끼는 감정이 어떤 것들이냐를 넘어서서 감정을 내면화하고 객관적으로 분석하는 역량이 커졌으리라 기대한다.

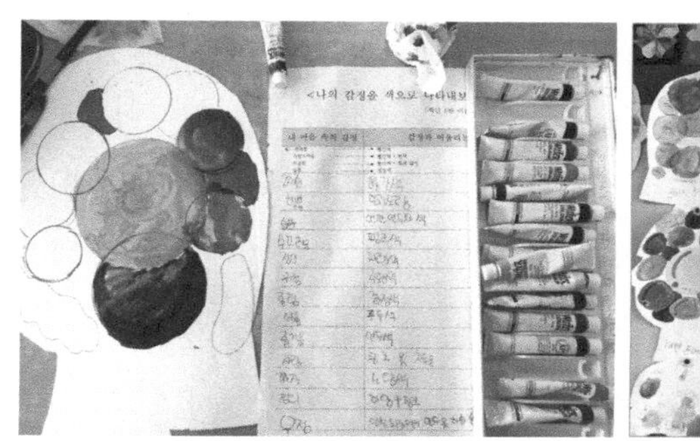
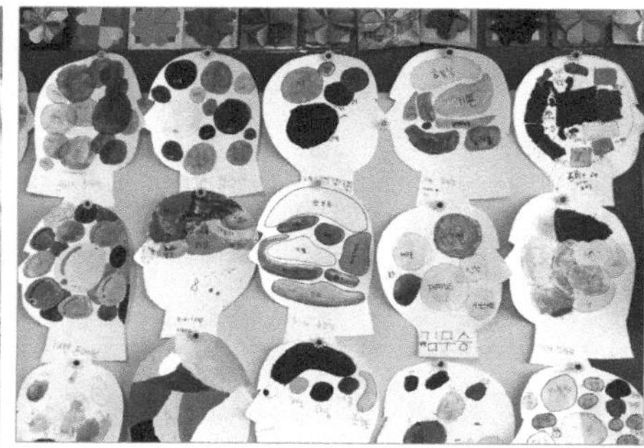

••• 『뇌구조 그리기』 활동 결과물이다.

▶ 다양한 감정 이입하기(책에서 감정 찾기)

『책에서 감정 찾기』 활동은 다른 사람의 입장에서 감정을 이해하고 생각하는 활동이다. 여기에서 '다른 사람' 은 책 속의 등장인물을 의미한다. 즉 다른 사람의 감정을 느끼는 것은 대면하여 이야기를 하는 방법만 있는 것은 아니다. 책 속의 등장인물에서도 감정을 느끼고 공감할 수 있다. 그렇기에 실생활에서 만나는 사람들의 감정을 생각해보기 전에 우선 책 속에서 등장인물의 감정을 살펴보는 활동을 하게 되었다.

5학년 국어(가) 2단원 〈작품을 감상해요〉에 나오는 「덕실이가 말을 해요」를 활용했다. 이야기에 나오는 인물의 말과 행동에 밑줄을 긋고 어떤 감정이 드러나는지 교과서에 정리했다. 그리고 이야기를 읽은 후 긍정적, 부정적인 감정이 느껴지는 말과 행동을 각각 나누어 학습지에 적었다. 그리고 부정적인 감정이 느껴지는 부분은 긍정적인 감정이 느껴지도록 말과 행동을 바꾸어 보도록 했다. 이러한 활동을 통해 학생이 다른 사람의 감정을 느끼고 이해할 수 있는 역량이 길러졌기를 바란다.

감정을 바르게 표현하기

자신의 감정을 바르게 표현한다는 것은 학생뿐만 아니라 어른에게도 매우 어려운 일이다. 요즘 뉴스에서 자기의 감정을 조절하지 못해 일어나는 사건을 쉽게 접할 수 있다. 학교에서 감정을 표현하는 방법을 지도하고 있지만, 학생이 자신의 감정을 바르게 표현하는 연습을 할 기회는 적다. 그래서 [감정을 바르게 표현하기]에서는 올바른 감정 표현의 방법을 알고 역할극으로 체험함으로써 바른 감정 표현 방법을 체득하도록 계획했다. 그러나 초등학교 고학년 학생에게 감정을 바르게 표현하도록 지도하기란 쉽지 않다. '자신의 감정을 바르게 표현하는 것이 왜 중요할까?' 라는 고민에서 출발했다. 그래서 학생 스스로 올바른 감정의 필요성을 이해하도록 토의수업을 진행했다. 이를 통해 올바른 감정 표현의 필요성을 이해함으로써 이번 프로젝트를 시작했다.

소(小) 프로젝트 [감정을 바르게 표현하기]는 다음 4개의 활동 순서로 진행했다. 첫째, 『토의하기』를 통해 학생은 자신의 감정 표현으로 발생했던 사건을 공유하고 올바른 감정 표현의 필요성을 이해했다. 둘째, 『감정 신호등』 규칙을 만듦으로써 자신의 감정을 조절하고 바르게 표현할 수 있는 방법을 찾았다. 셋째, 『역할극』을 통해 주어진 3개의 상황에서 어떻게 감정을 바르게 표현하는 것인지를 체험했다. 넷째, 『다짐카드』를 통해 친구 앞에서 공언함으로써 올바른 감정 표현의 실천의지를 다졌다. 위의 학습 활동을 통해 학생은 올바른 감정 표현이 필요성과 방법을 찾을 수 있었고, 실제 체험하고 공언함으로써 올바른 감정 표현을 할 수 있었다.

▶ 올바른 감정 표현의 필요성 이해하기(토의하기)

학교에서 학생간의 다툼은 빈번히 일어난다. 그런데 다툼의 원인을 자세히 살펴보면 자신의 감정을 그대로 표출하여 오해가 생기는 경우가 대부분이다. 자신의 부정적인 감정을 있는 그대로 표현하여 금방 해결 가능한 일도 갈등으로 인해 더 크게 번지게 된다. 이와 같은 경험을 학생의 입에서 이끌어내야만 감정을 올바르게 표현하는 방법의 필요성을 스스로 깨달을 수 있을 것이다.

그래서 먼저 학교와 가정에서 화가 났거나 짜증이 났던 경험을 떠올리고 이야기를 나누었다. 그 때 자신의 부정적인 감정을 어떻게 표현했는지 말해보고 그 때 갈등의 크기는 어떻게 되었는지도 이야기해보았다. 이 활동은 아이들과 둥글게 둘러앉아 이야기를 하는 방식으로 진행했다. 처음에는 서로의 얼굴을 보는 생소한 방식에 머쓱해했다. 하지만 곧 '친구'와 '동생', '형, 누나', '언니' 라는 공감대가 형성되어 서로 허심탄회하게 맞장구를 치며 적극적으로 대화에 참여했다.

친구들과의 대화를 통해 우리는 결론을 내릴 수 있었다. 대부분의 학생은 부정적인 감정을 '아 짜증나!', '너가 제일 싫어!' 와 같이 직접적으로 표현했다. 그리고 소리를 지르거나 물건을 던지는 등과 같은 거친 방식으로 문제를 해결했다. 그리고 이와 같은 행동이 갈등을 해결하는 데 전혀 도움이 되지 않았다는 점에 모두 고개를 끄덕였다. 특히 한 친구는 이로 인해 가장 친한 친구를 잃었다는 이야기가 다른 친구에게 큰 생각거리를 안겨주었다.

그렇다고 무조건 자신의 감정을 숨기고 참는 것도 좋지 않다. '자신의 감정을 표현하지 않고 마음 속으로 꾹꾹 누르기만 한다면 어떻게 될까?' 라고 질문을 던졌다. 그러자 한 학생이 '선생님, 제가 동생이랑 싸우면서 정말 많이 참아봤거든요. 그런데 화가 폭팔해서 아까 친구가 말한 감정 표현보다 더 심하게 표현했어요. 저도 모르게요.' 라고 대답했다. 그렇다. 감정을 표현하는 것은 인간의 본성이며 너무나 당연한 것이다. 40분 동안 학생과 이야기를 나누다 보니 마음속에 저절로 올바른 감정 표현을 배워야겠다는 필요성을 이해하게 되었다.

▶ 올바른 감정 표현 방법 찾기(감정 신호등)

학생에게 허니컴보드에 감정을 어떻게 표현하면 좋을지 의견을 쓰도록 했다. 각자의 의견을 적은 후 칠판에 허니컴보드를 붙였다. 이때 자신의 의견과 비슷한 것이 칠판에 있으며 그 뒤에 이어 붙이는 방법으로 진행했다. 허니컴보드는 한국협동학습연구회에서 제작한 교수학습자료로 학생의 의견을 수집하고 분류하는 데 매우 유용하게 활용할 수 있다.

칠판에 붙은 허니컴보드를 살펴보니 '2번 참고 이야기한다.'라는 의견이 많았다. 그러나 이 문장에서 변화를 주어야 할 부분은 '이야기한다.'였다. '어떻게' 이야기할 것인지 구체적으로 적는 것에 서툴렀다. 나는 예시 상황을 들어 질문했다. "너희가 사물함에서 벌레를 발견하고는 도망을 치려다가 옆에 있던 친구의 어깨를 부딪혔어. 그 때 그 친구가 너희에게 어떻게 감정을 표현했으면 좋겠니?"라고 말이다. 그러니 학생들은 '어깨가 아픈 것도 이해하는데 벌레가 무서웠던 제 감정도 헤아려주면서 말했으면 좋겠어요.', '먼저 왜 그랬냐고 물어봐주면 좋겠어요.'라고 대답했다. 그래서 학생의 대답과 도덕을 접목시켜 '감정 신호등'을 만들고 다음과 같이 약속했다.

빨(stop)	잠시 3초간 숨을 크게 들어 마시며 행동을 멈춘다.	
노(think)	감정 표현을 참아도 되는 상황인지, 감정을 표현해야 할지 판단한다.	
초(talk)	Fact	상대방의 행동을 있는 그대로 말한다.
	Feeling	지금 나의 감정을 차분하게 말한다.
	Wish	상대방에게 앞으로 바라는 점을 말한다.

▶ 올바른 감정 표현하기(역할극)

올바른 감정 표현 방법을 알아본 후 역할극 대본을 짰다. 앞의 활동에서 부정적인 감정을 느끼는 상황을 말할 때 '가정'에서의 경험이 가장 많았다. 그래서 학생의 의견을 수렴하여 가정에서 빈번히 발생하는 세 가지 상황을 정했다. 교육과정상 정해진 시간이 제한적인 관계로 상황별로 감정 표현이 잘못 이루어진 대사를 직접 만들어 학생에게 활동지로 주었다. 그런 다음 감정 표현이 바르지 못한 부분을 모둠별로 찾아 올바른 표현 방법으로 대사를 바꾸었다.

학급에는 총 여섯 모둠이 있기 때문에 두 모둠은 같은 상황이 주어졌다. 이 때문에 두 모둠의 감정 표현 차이를 비교해볼 수 있어서 흥미로웠고 학생도 경쟁심에 더 집중해서 역할극에 참여했다. 학생에게 주어진 세 개의 상황은 다음과 같다.

상황1	성적으로 부모님과 갈등을 빚는 상황
상황2	형제(자매)와 한 대의 컴퓨터를 가지고 다투는 상황
상황3	명절 때 여자 친척과 남자 친척이 다투는 상황

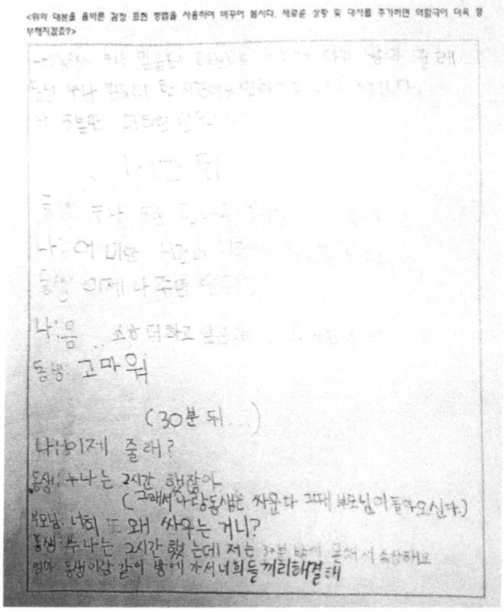
<위의 대본을 올바른 감정 표현 방법을 사용하여 바꾸어 봅시다. 새로운 상황 및 대사를 추가하면 역할극이 더욱 풍부해지겠죠?>

동생: 고마워

(30분 뒤...)

나: 이제 줄래?

동생: 누나는 2시간 했잖아

(그래서 나랑 동생은 싸운다 그때 부모님이 들어오신다.)

부모님: 너희 또 왜 싸우는 거니?

엄마: 동생이랑 같이 방에 가서 너희들끼리 해결해

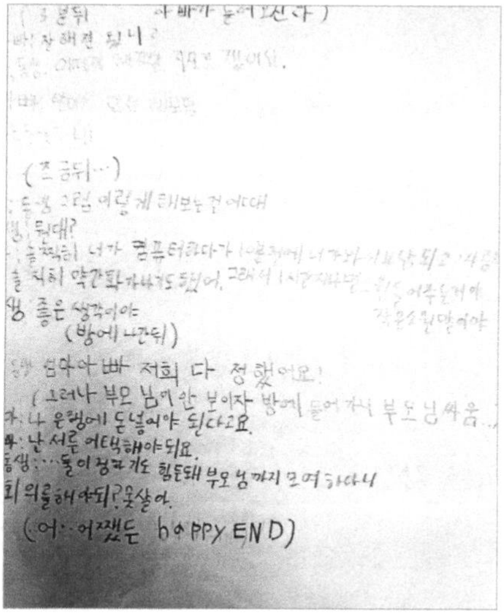
(조금 뒤...)

(방에 나간 뒤)

(어.. 어쨌든 happy END)

••• 『역할극』 상황1을 올바른 감정 표현으로 수정한 대본이다.

역할극 대본을 완성한 후 모둠별로 역할극 준비를 하도록 하였다. 학생은 역할극을 발표한다고 하자 점심시간에 미니TV와 핸드폰을 종이로 만들어오는 학생도 있었다. 5학년이지만 몸으로 표현하는 역할극에 대한 흥미는 매우 높았다. 그러나 우리의 학습 목표는 〈연기〉이 아니라 〈올바른 감정 표현 방법〉이다. 자칫, 역할극의 경우 주객전도가 될 가능성이 높을 수 있다. 따라서 모둠별로 역할극이 끝날 때 마다 감정 표현이 어떻게 이루어졌고 ,어떤 부분이 좋았는지에 대한 의견을 나누었다.

이번 역할극은 학생간에 작은 벽을 허무는 계기가 될 수 있었다. 우리 반에 한 친구는 4학년 때까지 장난을 많이 쳐서 친구에게 좋은 인상을 남기지 못해 잘 어울리지 못했다. 그리고 내성적인 성격으로 친구들과 잘 어울리지 못하는 학생도 있다. 그런데 역할극에서 이 두 친구는 대본을 바꿀 때에도 자신의 의견을 적극적으로 표현했을 뿐만 아니라 누구보다 실감나고 재미있게 연기를 해서 역할극을 진행하는 데 큰 도움을 주었다. 이 과정에서 사람마다 단점도 있지만 장점도 있음을 경험할 수 있었고, 나아가 친구의 개성과 다름을 존중하는 경험을 할 수 있었다.

『역할극』 활동 모습이다(상황 1).
평소에는 내성적인 학생이지만 역할극에서는 자신감을 가지고 참여하여 다른 친구의 박수를 받았다.

▶ 올바른 감정 표현 실천 다지기(다짐카드)

끝으로, 올바른 감정 표현을 어떻게 실천할 것인지 생각하고 다짐 카드를 작성했다. 다짐 카드는 북아트의 여러 기법 중 '사람 소개책'을 활용했다. 마음 가운데에는 올바른 감정 표현에 대한 자신의 다짐을 써서 붙였다. 그리고 왼쪽 팔에는 실천으로 옮긴 내용을, 오른쪽 팔에는 실천 후 자신의 느낌과 다른 친구들의 실천 내용을 듣고 느낀 점을 썼다. 자신의 다짐 카드는 다른 친구가 볼 수 있도록 1학기 동안 사물함에 붙여 두었다. 자신의 다짐을 친구에게 공언하고 매일 스스로 확인할 수 있었다.

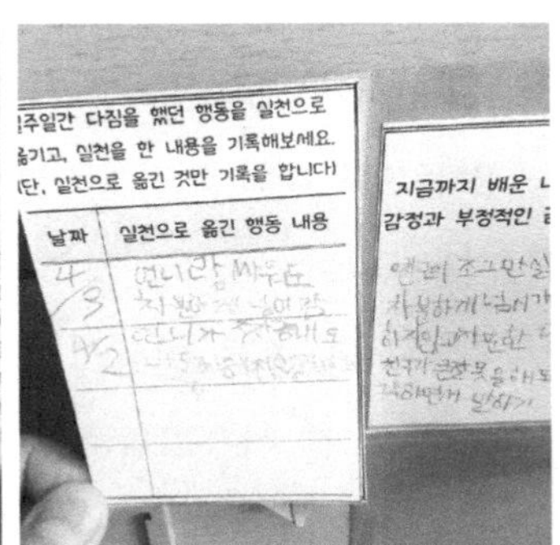

『다짐카드』를 사물함에 게시한 모습이다.

▶[감정을 바르게 표현하기 – 활동지]

<나는야 감정 시나리오 작가! - 상황1>

올바른 감정 표현 방법을 생각하며 대본을 바꾸어 봅시다.

모둠원 이름:

◆등장인물 : 아빠, 할머니, 형(누나/언니), 나
◆상황 : 숙제가 하기 싫은 나는 방 안에서 몰래 스마트폰으로 친구들과 카카오톡을 하고 있다.

나 : 역시 숙제가 지루해질 때 쯤이면 친구들하고 카카오톡으로 이야기하는게 최고지. 누구한테 연락해볼까나?

아빠 : OOO! 너 또 스마트폰 만지고 있지? 해라는 공부는 안하고. 어휴 스마트폰을 사준 내 잘못이지 내 잘못.

나 : 아 정말, 숙제 하다가 힘들어서 잠깐 본건데. 10분만 하고 다시 공부 할거에요.

아빠 : 아니, 그 말을 이제 어떻게 믿어? 매일 아빠한테 들킬 때마다 5분만, 10분만…… 조금 있음 1시간만이라고 하겠다!

할머니 : 아유, 아범아. 왜 이리 큰소리냐?

아빠 : 아니 어머니, 얘가 공부는 안하고 핸드폰가지고 친구들이랑 놀기만 하잖아요.

할머니 : 어리니까 친구들이랑 노는게 더 좋을 수도 있지. 그냥 놔두렴.

나 : 역시 할머니는 내 편이야! 할머니 말씀대로 나 좀 가만히 내버려 둬요 아빠!

아빠 : 안된다. 너 저번 기말성적 몇 점이였어? 옆 집에 정우는 세 과목이나 100점이던데. 너는 100점이 있기나 하냐?

나 : 성적 가지고 차별하지 마세요! 에이 짜증나! 내 방에서 다 나가요!

아빠 : 에휴 쯧쯧...

<위의 대본을 올바른 감정 표현 방법을 사용하여 바꾸어 봅시다. 새로운 상황 및 대사를 추가하면 역할극이 더욱 풍부해지겠죠?>

<나는야 감정 시나리오 작가! 활동지>

<나는야 감정 시나리오 작가! - 상황2>

올바른 감정 표현 방법을 생각하며 대본을 바꾸어 봅시다.

모둠원 이름:

◆등장인물 : 엄마, 아빠, 나, 동생
◆상황 : 나와 동생이 컴퓨터 한 대를 가지고 싸우다 엄마, 아빠에게 들킨다.

나 : 야 이 쪼끄만한게 어디서 형(누나/언니)이 컴퓨터 하는데 방해를 해?

동생 : 쪼그만한게? 나이 많으면 다냐? 컴퓨터 한 시간 이상 안하기로 가족끼리 약속했잖아. 왜 어겨?

나 : 내가 너보다 나이가 많으니까 조금 더 할 수도 있지. 5분만 더 할게. 좀 기다려

(동생이 컴퓨터 전원 코드를 뽑아버린다.)

나 : 야!!! 지금 뭐하는거야? 이 판만 이기면 레벨 올라가는데 너 때문에 한 시간 동안 게임한거 다 날라갔잖아!

동생 : 약속 먼저 어긴게 누군데?

(동생과 나는 몸싸움을 한다.)

엄마 : 얘들 봐라 얘들 봐. 왜 또 큰 소리를 치니?

나 : 아니 엄마, 이 쪼끄만한게 내가 게임하는데 코드를 뽑아버리잖아.

동생 : 그게 아니라 먼저 한 시간 동안만 게임 하기로 한 약속 먼저 어겼어.

엄마 : 으이구, 너는 형(누나/언니)이 돼서 동생한테 양보도 못하니? 동생한테 부끄럽지도 않아?

아빠 : (동생을 보며) 너는 왜 형(누나/언니)한테 대들어? 나이가 많으면 형(누나/언니)대접을 해줘야지. 둘 다 똑같애. 어휴

나,동생 : 왜 맨날 나만 잘못했다고 그래???

<나는야 감정 시나리오 작가! - 상황3>

올바른 감정 표현 방법을 생각하며 대본을 바꾸어 봅시다.

모둠원 이름:

◆등장인물 : 아빠, 엄마, 고모, 첫째(여자), 나(남자)
◆상황 : 설날 전 가족과 친척이 모여 함께 음식을 만들고 있다. 주방에는 엄마와 고모, 첫째만 함께 음식을 만들고 있다.

나, 아빠 : (누워서 TV를 보며) 와하하 역시 설날에는 명절 특집 예능이 최고지.

아빠 : 그래, 명절에는 이렇게 푹~쉬는게 참 좋더구나. 얼마만의 여유냐!

나 : 맞아 아빠. 나도 학교 안 가서 얼마나 좋은지 몰라.

아빠 : 그런데 계속 TV만 보니 배가 출출해져 오는데. 뭐라도 좀 먹어야겠어.

나 : 우리 떡 사왔잖아!

아빠 : 맞아! 떡이 있었지? (엄마를 부르며) 저기 여보~ 우리 떡 좀 가져다 줘. 그냥 가져오지 말고 따끈따끈하게 데워서~

나 : 누나~ 떡 뜨거우니까 시원한 식혜 두 잔도 가져다줘.

고모 : (혼잣말로) 으휴...명절 때는 매일 여자만 고생이야 고생.
(아빠와 나를 향해) 또 필요한 거 없어? 한 번에 가져가게 필요한 것 있으면 한꺼번에 말해.

첫째 : 아니에요 고모, 왜 우리가 가져가야 해요? 다리를 다친 것도 아니고. 아빠랑 너가 주방으로 와서 직접 들고 가! 짜증나게 왜 우리만 고생시켜?

아빠 : 아니 얘가 아빠한테 무슨 말버릇이야? 너 다시 말해봐.

엄마 : 아니 첫째가 맞는 말만 했는데 왜 첫째보고 뭐라 해요? 남자들도 이제 요리도 하고 음식 나르는 것도 돕고 해야죠. 매번 명절마다 TV만 보고 있으면 어떡해요? 우리는 못 놀아서 못 노는 줄 알아요?

아빠 : 이거 보자보자 하니까. 말 다했어?

나 : (중간에 나서서) 다들 그만해요 그만해! 기분 좋은 명절 연휴에 이게 무슨 일이람?

프로젝트 수업과의 만남

1. 나에게 프로젝트 수업이란?

학기초 학생이 바라는 교사상은 '공정한 선생님'이다. 그러나 현실에서 이루어지는 수업에서는 대부분 뛰어난 학생, 똑똑한 학생 등에게 더 많은 기회와 보상이 제공된다. 왜냐하면 개별적인 학습으로는 모든 학생이 학습 목표에 도달하는 데에 한계가 있고 그에 따라 뛰어난 학생이 학습에 참여할 수 있는 기회가 더 유리하기 때문이다. 반면에 우리 교실 한편에는 주목받지 못하고 조용히 앉아 있다가 집으로 가는 학생이 있을 것이다. 학교는 모든 학생에게 평등하고 다양한 학습의 기회가 제공되어야 한다. 물론 학생의 능력에 따른 평등이라는 점에서 학습 능력의 차이는 어쩔 수 없는 부분이기도 하다.

나는 프로젝트 수업을 많이 접목하려고 노력하고 있다. 그것은 프로젝트 학습을 통해 모든 학생이 수업에 참여할 수 있는 기회와 모두가 학습의 주인공이 될 수 있는 기회를 제공할 수 있는 좋은 방법이라고 믿기 때문이다. 그렇다고 주입식이나 일제식 수업 형태가 나쁘다고 생각하지도 않는다. 교육의 효율성 측면에서 이러한 교수법의 교육적 유용성은 이미 증명되었다. 단지 학생이 성장하는 데 도움을 줄 수 있는 교수학습방법 중 하나가 프로젝트 학습이라고 생각했고, 실제 수업에 적용함으로써 모두가 수업에 참여하고 함께 성장하고 있음을 볼 수 있었다.

어떤 사람은 프로젝트 수업이 무용지물이고 의미 없는 것이라 말한다. 물론 나 역시 프로젝트 수업은 보여주기 수업이고 알맹이 없는 수업으로 생각한 적도 있다. 그러나 실제 프로젝트 수업을 준비하면서 많은 것을 경험했다. 어떤 수업이든 똑같겠지만, 프로젝트 수업을 준비하기 위해서는 철저한 연구가 필요하고 교사가 많이 고민한 만큼 수업의 완성도와 학생의 즐거움이 커진다는 사실을 깨달았다. 나에게 프로젝트 수업이란, 학생 모두가 즐겁게 공부하고 함께 성장해나가도록 돕는 하나의 도구라고 생각한다.

교사 공동체로써 함께 하면서, 프로젝트 수업을 실천하기 위해 함께 교육에 대해 이야기를 나누고, 교사와 학교에 대한 이야기를 나누고, 어떠한 아이들로 성장하면 좋을 지를 함께 이야기 나누면서 참으로 행복했습니다. 그리고 3월의 학년 초가 너무나도 오랜만에 그리워지고, 더욱 기다려지게 되었습니다.

어쩌면 우리 교사들에게 새 학년이 시작되는 3월의 봄은 빨리 지나갔으면 하는 계절일지도 모릅니다. 아니 적어도 저에게만은 너무나도 힘든 계절이었고, 빨리 지났으면 하는 계절이었으며, 학교에서만은 3월의 봄이 오지 않았으면 좋겠다고 생각을 했습니다. 3월만 되면, 아이들과의 관계 형성으로 힘들어지고, 새로운 학부모들과의 관계 형성으로 어려움이 생기고, 이런 저런 학교 일, 시수 놀음이기는 하지만 1년의 교육과정을 어떡해든 만들어내야 하는 번거로움 등으로 인해 너무나도 힘든 계절이었습니다. 그런데, 함께 하면서, 공동체로써 함께 할 수 있게 되면서 3월의 봄이 다시 금 기다려지게 되었습니다.

1년을 편하게 지내기 위해 아이들을 무섭게 대하면서 생활지도를 할 필요도 없어졌고, 함께 만들어 갈 수 있기에 교사, 학생, 모두에게 의미 있는 교육과정을 구성할 수 있기에, 프로젝트 수업을 통해 자연스럽게 관계를 형성할 수 있기에, 그리고 프로젝트 수업을 통해 학부모의 신뢰를 얻게 되고 아이의 성장과 발전을 위해 함께 공동체를 형성하여 자연스럽게 관계를 형성할 수 있기에 3월의 봄이 사무치게 그리워지기도 하였습니다. 그리고 아이들과 어떠한 삶의 이야기를 함께 만들어가게 될지 기대가 되어졌습니다.

프로젝트 수업을 실천하면서 저희는 교사로서, 그리고 아이들은 학생으로서의 수많은 굴레를 벗게 되었던 것 같습니다. 교사는 설명을 해야 한다는 굴레, 평가를 통해 학습의 정도를 확인해야 한다는 굴레, 그리고 아이들은 점수라는 굴레, 가만히 앉아서 설명을 들어야 한다는 굴레, 조용히 해야 한다는 굴레, 어떠한 것이든 교사가 허락하지 않은 것은 하지 말아야 한다는 굴레를 벗게 된 것 같습니다. 굴레를 벗어 던지면서, 그리고 함께 하게 되면서 프로젝트 수업이 우리들에게 그리고 학생들에게는 어쩌면 하나의 힐링과도 같은 수업이 되었을지도 모릅니다.

프로젝트 수업을 실천하면 할수록, 함께 계획하고 이야기를 나누면 나눌수록 프로젝트 수업은 단순한 수업 방법론이 아니라는 확신을 가지게 됩니다. 프로젝트 수업은 하나의 프로세스일 뿐이며, 그러한 프로세스를 운영하기 위한 서로의 가치관, 그리고 생각 그 자체가 바로 프로젝트 수업인 것 같습니다.

우리가 어느 정도까지 아이들을 믿어 줄 수 있는가? 그리고 언제까지 기다려 줄 수 있는가? 우리들이 아이들에게 바라는 것이 진정으로 무엇인가? 아이들이 어떠한 방향으로 성장하고 발전하는 것이 올바른 것인가? 아이들의 성장과 발전이 사회에 어떠한 영향을 줄 수 있는가? 앞으로 우리들의 학교와 교실, 그리고 수업이 어떠한 방향으로 나아가야 하는가? 이러한 가치관과 생각들의 모임, 그 자체가 바로 프로젝트 수업인 것 같습니다.

프로젝트 수업은 단기간에 어떠한 성과를 보기는 힘들지도 모릅니다. 그러나 단기간에 어떠한 성과를 보기 위한 조급함이 우리 아이들로 하여금 학교를 등지게 하고, 수업 시간을 견디기 힘들어 했던 원인이 아니었을지도 모릅니다. 우리 아이들에게 필요한 것은 믿음을 주고, 기다려주는 것이었는지도 모릅니다. 그러한 기다림을 프로젝트 수업은 가능하게 합니다. 그러한 기다림 속에서 교사들 스스로 성장하게 되고, 학생들 스스로 성장하게 되며, 그러한 모습을 지켜보며 응원하게 될 학부모들 또한 성장하게 될 것입니다.

저 또한 교사 중심 수업을 선호하던 시기가 있었고, 우리들 모두 교사 중심 수업이 가장 효율적인 수업이라고 믿고 있었습니다. 경쟁과 서열, 통제의 방식으로 가르치고 윽박지르던 교사로서 그동안의 과오를 조금은 씻어내고, 과거의 굴레를 벗어나고자 하였습니다. 그래서 함께 하게 되었습니다. 그리고 함께 하게 되면서 모두가 조금씩 변하기 시작하였고, 변화 속에서 성장하게 되었습니다. 그러한 변화와 성장의 중심에는 프로젝트 수업이 존재하였습니다.

부족하고 별 볼일 없는 교사임에도 불구하고, 이야기를 나누며 서로가 서로에게 의지하며 함께 해 준 이규진 선생님, 오상준 선생님, 이영기 선생님, 김율리 선생님, 임윤혜 선생님, 진심으로 감사드립니다. 그리고 부족하고 아쉬움이 많이 남는 이야기임에도 불구하고, 저희들의 이야기가 많은 독자들과 만날 수 있도록 소중히 담아서 책으로 편찬해준 상상채널 모흥숙 대표님 이하 모든 관계자분들께 감사의 인사를 끝으로 전합니다.

프로젝트 수업이 있었기에 함께 할 수 있었고
함께 할 수 있었기에 성장할 수 있었고
성장할 수 있었기에 발전하게 되었고
그러한 발전이 있었기에
선생님으로써의 용기 있는 한 걸음을 더 내딛게 되었습니다.

대수롭지 않게 지나갔던 순간순간들이
하나씩 하나씩 의미를 갖기 시작하고,
그러한 의미들이 모여 새로운 길을 걸어가고 있는
저자 대표 최경민
머리 숙여 감사의 인사를 전합니다.

참고문헌

- 유경훈, 임정훈, 김병찬(2017). 핀란드 교육개혁의 특징 분석. 한국교육학연구, 23(1), 319-352.
- 최경민, 이영기, 손장호(2018). 학교가 행복한 우리 아이들. 공동체.
- 이은혜(2008). Tyler, Brunner, 장상호 이론에서의 학력 개념 비교 연구, 숙명여자대학교 석사학위 논문.
- 이성대, 김정옥, 이주원, 이경원, 공일영, 이혁제, 곽재은, 김지훈, 정성아(2015). 프로젝트 수업, 교육과정을 만나다. 행복한 미래.
- 임종헌, 최원석(2018). 과정중심평가의 특징과 의미에 관한 연구. 한국교육, 45(3), 31-59.
- 한국교육과정평가원(2017). 과정을 중시하는 수행평가 어떻게 할까요. 서울: 한국교육과정평가원.
- 전경희(2016). 과정 중심 수행평가의 방향과 과제. 서울: 한국교육개발원.
- 정종진(2012a). 학교폭력의 원인에 관한 이론 고찰. 초등교육연구논총, 28(1), 163-180.
- 정정진(2012b). 학교폭력 상담: 이론과 실제편. 서울: 학지사
- 키노쿠니어린이마을학원(2014). 프로젝트로 꽃피는 자율교육. 서울: 우리교육.
- 호리 신이치로(2008). 자유와 교육이 만났다, 배움이 커졌다. 서울: 민들레
- 조기성(2019). 교권의 개념과 보호 방안 연구. 인하대학교 박사학위논문.
- 손우정 역(2001). 교육개혁을 design한다. 사토 마나부 저, 교육개혁 Design, 공감.
- 송요원(2003). 교사의 수업권에 대한 연구. 인하대학교 박사학위논문.
- 김운종(2013). 교권보호조례를 통해서 본 교권의 재음미, 한국교원교육연구, 30(4), 117-138.
- 최경민, 김규태(2016). 학생 바보 교사의 용기, 경기: 양성원.
- 손상호(2010). 학교시대는 끝났다. 경기: 신인문사.
- 니시카와 준(2016). 함께 배움. 서울: 살림터.
- 최경민, 이규진, 김규태(2017). 가르치고 배워서 함께 성장하는 길, 경기: 양성원

찾아보기

ㄱ

거꾸로 교실 054
경제 마을 활동 206
경제 프로젝트 202
과정중심평가 125
교권 회복 144
교사의 역할 070

ㄴ

나와 너, 공감하는 우리 287

ㅁ

문제해결학습 052

ㅂ

바른 공동체를 형성 116

ㅇ

액션러닝 식 수업 052
얼굴 마주한, 아름다운 만남 301

ㅌ

팀 기반 학습 055

ㅍ

평가란 127
프로젝트 수업이란? 031

ㅎ

학교붕괴 178
학교와 교육에 대한 상식 179
학력이란 088
함께 배움 185
핵심 아이디어 062
환경프로젝트 245

기타

12살! 아름다운 나의 마음! 332
4차 산업혁명사회에서 교육의 변화 방향 042
4차 산업혁명시대 034